# 共犯者の自白と証人対面権

Confessions of an Accomplice and the Confrontation Clause

小早川義則

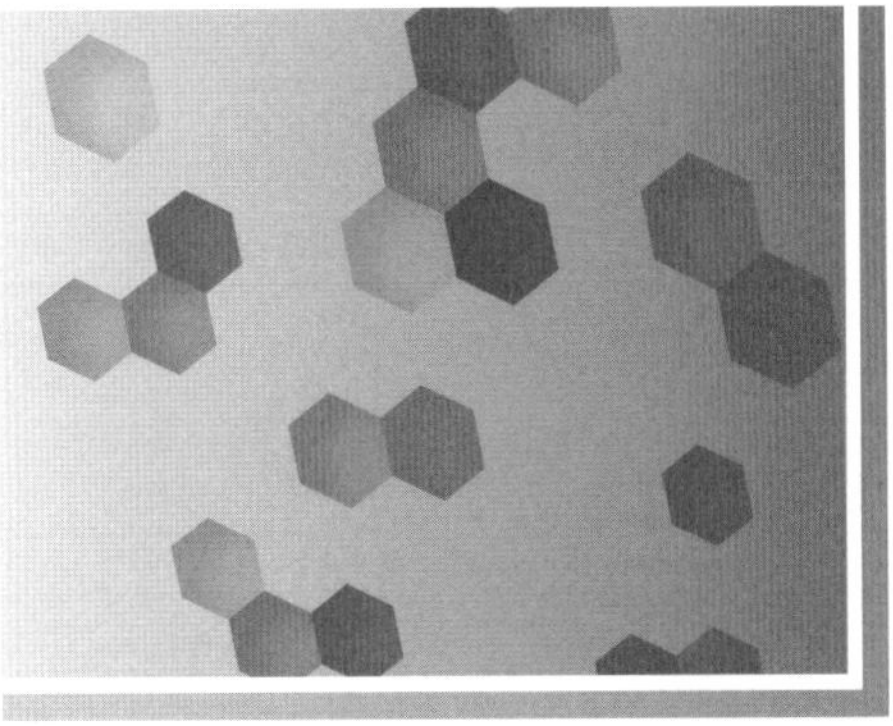

証拠法研究第三巻

成文堂

# はしがき

本書は、最新の合衆国最高裁判例を踏まえて古くて新しいわが国におけるいわゆる共犯者の自白（alleged confessions of an accomplice）について主として憲法上の証人対面（審）権の観点からその問題点を検討し、あわせて私見を提示しようとするものである。

早や四半世紀前のことになるが、筆者は、「被告人本人の自白については補強証拠を不可欠としつつ、同時にそれよりもはるかに信用性に欠ける共犯者供述についてはその許容性を裁判官の自由な判断に委ねるというのはまさに自家撞着というほかな〈い〉」としたうえで、「信用性の情況的保障に欠け、事後の反対尋問の奏功も期待し難い共犯者の検察官面前調書だけで被告人を有罪と認定することは憲法三七条二項にも違反する疑いがある」と主張した（小早川義則『共犯者の自白』三一四、三二七頁）。要するに、わが国ではいわゆる共犯者の自白については憲法三八条三項にいう「本人の自白」に含まれるかという専ら証明力の問題とされているが、共犯者の公判外供述を比較的容易に伝聞例外として許容する判例の問題点を別途検討する必要があると主張したのである。

その後も、現行刑事訴訟法のとりわけ証拠法に大きな影響を与えたとされるアメリカ法につきデュー・プロセス条項とのかかわりを中心にその解明に鋭意努力しつつ、なぜアメリカでは共犯者の自白（confession）ではなく専ら共犯者の供述（statement）という用語が用いられているのかという問題が脳裡を去らなかった。そして『デュー・プロセスと合衆国最高裁』全七巻本の完成を機会に改めて検討したところ、アメリカでは被告人を巻き込むいわゆる共犯者の自白はおよそ伝聞例外に該当しないため被告人に不利な証拠としてそれを用いるのは合衆国憲法第六修正の証人対面権および第一四修正のデュー・プロセス条項に違反することが判例上確立している、すなわち、そのような信用性に欠けることが一般に認められている共犯者の伝聞供述については被告人に不利な証拠としての利用を全面的に否定するという意味で共犯者の自白という用語が一貫して用いられていたのであり、共犯者の自白か共犯者の供述かは単なる用語上の問題ではなかったことが確認されたのである。

ところで筆者は、自白法則と伝聞法則とが複雑に絡み合う共犯者の自白の問題点を解明する作業の一環として一九七五年の米連邦証拠規則第八〇一条以下の伝聞法則に関する連邦控訴審の判例を徹底的に分析したところ「寝返り証言」の以前の不一致供述が同規則第八〇一条(d)(一)(A)に該当するとして法廷に顕出された事案のほとんどが被告人と共犯関係にある者の供述であること、そして少なくとも被告人を巻き込む身柄拘束中の共犯者の自白を被告人に不利な証拠として許容するのは合衆国憲法第六修正の保障する証人対面権の侵害にあたるとする点で連邦控訴審判決がほぼ一致していることが明らかとなった。そして合衆国最高裁は一九六五年の【3】ポインター判決において初めて第六修正の証人対面権は第一四修正のデュー・プロセス条項を介して州に適用されると判示したため各州法上の伝聞例外と連邦憲法上の証人対面権の関係をめぐる判例が相次いだ。このような状況下に合衆国最高裁は一九九四年の【19】ウィリアムソン判決において連邦証拠規則の解釈としていわゆる共犯者の自白の証拠能力をほぼ全面的に否定し、そして一九九九年の【21】リリー判決において被告人を巻き込む共犯者の自白を被告人に不利な証拠として許容するのは第六修正の証人対面権および第一四修正のデュー・プロセス条項に違反すると判示したのである。

本書は、このような近時の合衆国最高裁の動向を踏まえて、わが国における共犯者の自白の伝聞例外としての証拠能力の問題点について憲法上の証人対面権とのかかわりを中心にいささかの検討を加えようとするものである。厚労省元局長の郵便割引不正事件での無罪確定判決とともに大阪地検特捜部主任検察官による証拠改ざんという衝撃的な事件が発覚するとともに従前から指摘され続けている共犯者の自白の問題が急浮上するに至っている折柄、伝聞例外に関する現行証拠法制定の経緯を詳細に振り返りながら検面調書の問題点を再検討する好機と思われた。さらに確実視されているアメリカ型司法取引の導入による最大の効果は関係者とりわけ共犯者供述の利用であるにもかかわらず、右のような共犯者の自白の取扱いに関するアメリカ法の動向は必ずしも正確に紹介されていないだけに、やや複雑なアメリカ判例法の動向を見極めつつ従前から指摘されているわが国での共犯者の自白の問題点を改めて明らかにする好機と思われた次第である。

本書の出版につき成文堂の阿部成一社長、編集部の篠崎雄彦氏の格別のご高配をたまわり、校正段階ではとりわけ小林　等氏の実に誠実なご協力を得た。また本書の土台となった一連の旧稿のほか本書の浄書についても三〇有余年一貫して変わることのない八津谷由紀恵さんのお世話になった。心からお礼を申し上げる。

二〇一六年二月四日

小早川　義則

# 目　次

# 細目次

# 既発表主要関連論文等一覧

1 「共犯者の供述（一―二・完）――英米法について」刑法雑誌二一巻一、二号（一九七五―七六年）
2 『共犯者の自白』（成文堂、一九九〇年）
3 「共犯者の自白と利益に反する供述――米連邦最高裁判例を契機に――」鈴木義男先生古稀祝賀・アメリカ刑事法の諸相（成文堂、一九九六年）
4 「共犯者の自白と証人審問権――米連邦最高裁判例を契機に――」梶田英雄＝守屋克彦両判事退官記念論文集（現代人文社、二〇〇〇年）
5 合衆国最高裁判例紹介「Gray v. Maryland, 118 S.Ct. 1151 (1998)――被告人との共同犯行を認める、いわゆる共犯者の公判廷外の自白（調書）を併合審理において限定説示の下に、自白本人に対してのみ不利益な証拠として許容することは、たとえ被告人の名前が削除という文言に置き換えられ、あるいはその部分がコンマで区切られて空白になっていたとしても、第六修正の証人審問権に違反する」アメリカ法二〇〇〇年Ⅰ号
6 『共謀罪とコンスピラシー』（成文堂、二〇〇八年）
7 「証人審問権と伝聞法則（一―二・完）」名城ロースクール・レビュー第一九号、第二二号（二〇一一年二月、一〇月）
8 「事後的反対尋問と証人対面権」名城ロースクール・レビュー第二三号（二〇一二年三月）
9 『デュー・プロセスと合衆国最高裁（Ⅰ～Ⅶ）』（成文堂、二〇〇六～二〇一六年）

# 序　章

## 1

いわゆる共犯者の自白の証拠能力と証明力の問題については、明文規定がないだけに、現行法制定直後から実務および学説で激しい論争が展開されてきたが、判例は、公判廷における共犯者の供述（証言）についてはもとより、公判廷外の共犯者の供述（自白）についても刑訴法三二一条一項各号により被告人に対して証拠能力を認め、また証明力の問題については練馬事件大法廷判決以降、[1]一貫して公判廷におけると否とを問わず共犯者の自白には必ずしも補強証拠を要しないとする消極説の立場を採用している。他方、学説は団藤重光氏に代表される積極説と平野龍一氏に代表される消極説とががっぷり相四つに組んで互いに譲らず鋭く対立しており、両説が相半ばする状況にあり、そしてこの状況は現在においてもほぼ同一である。

ところで、共犯者の自白は「本人の自白」でないから必ずしも補強証拠を要しないとする平野説の背景には、共犯者の自白は「利益に反する供述」（statements against interest）であって、不利益な事実の承認（admission）ではない」という考えがある。わが国とは異なり、アメリカでは利益に反する供述も伝聞例外として証拠能力が認められているが、それはあくまでも金銭上ないし財産上のものに限られ、刑事上の利益に反する供述は除外されている。〝俺は借金がある〟という供述は信用できるが、〝俺は人を殺した〟という供述は信用できないということで「これは、りくつからいえばおかしいけれども、刑事上の利益に反する供述を伝聞証拠の例外とすると、共犯者の自白がみんなそのまま証拠になる。だから除いた」のであり、積極説はこのことを理解していないというのである。[2]

筆者は早くからこの問題に関心を抱き、とりあえず「利益に反する供述」につき、不十分ながらもコモンローの沿革を辿りつつ関連判例を分析した結果、いわゆる共犯者の自白は利益に反する供述ではないことを確信するに至り、[3] 次いで刑事上の利益に反する供述をも伝聞例外とする一九七五年の米連邦証拠規則八〇四条(b)(三)の立法経緯および関連判例の動向を詳細に検討し、右の確信の正しさを筆者なりにほぼ論証しておいた。[4] ただ、関連判例は網羅したものの連邦控訴審のものに限定されていたため、いずれ合衆国最高裁の判断が示された段階で改めて稿を草する予定でいたところ、果して合衆国最高裁は一九九四年六月二七日の「ウィリアムソン判決」[5] において、ほぼ私見と同様の観点に立脚し、共犯者の自白を利益に反する供述の伝聞例外として許容した原判決を全員一致で破棄差し戻した。[6]」さらに一九九九年の【21】リリー判決[7] において、被告人を自己の犯罪に巻き込む共犯者の自白を利益に反する供述の伝聞例外として許容するのは合衆国憲法第六修正の証人対面権に違反すると判示したのである。[8]

前述のように本書は、このような近時のアメリカ法の動向に照らし、わが国での理解が必ずしも十分とは思われない共犯者の自白と憲法上の証人対面権とのかかわりについて、現行法制定の過程にもやや詳しく言及しつつ、改めて関連する合衆国最高裁判例を綿密に分析することによりその問題点を明らかにしようとするものである。

（1）　最高裁（大法廷）昭和二三年五月二八日判決・刑集二巻八号一七一八頁。

（2）　平野龍一「共犯者の自白――黙秘権と反対尋問権」清宮四郎・佐藤功編『憲法演習』八四頁以下（有斐閣、一九五九年）、同『訴因と証拠』（刑事法研究第四巻）二五四頁、二六七頁等。なお、同・法学教室（旧版）一号一六七頁（一九六一年）参照。

（3）　小早川義則「利益に反する供述」大阪市大法学雑誌二二巻二号三一頁以下（一九七五年）。なお、同「共犯者の供述（一―二・完）」刑法雑誌二二巻一、二号（一九七五―七六年）参照。

（4）　小早川義則「共犯者の自白と刑事上の利益に反する供述（一―四・完）」名城法学三四巻一―四号（一九八四―八五年）。なお、同「共犯者の自白と刑事上の利益に反する供述」『共犯者の自白』（成文堂、一九九〇年）参照。

（5） Williamson v. United States, 512 U.S. 594, 114 S. Ct. 2431 (1994).

（6） 小早川義則「共犯者の自白と利益に反する供述——米連邦最高裁判例を契機に——」鈴木義男先生古稀祝賀『アメリカ刑事法の諸相』（成文堂、一九九六年）四一九頁、四二〇頁。なお、鈴木義男「刑事上の利益に反する供述」法律のひろば四九巻五号〔後に『日本の刑事司法再論』所収（成文堂、一九九七年）参照。

（7） Lilly v. Virginia, 527 U.S. 116, 119 S. Ct. 1887 (1999).

（8） 小早川義則「共犯者の自白と証人審問権——米連邦最高裁判例を契機に——」梶田英雄判事＝守田克彦判事退官記念論文集『刑事・少年司法の再生』（現代人文社、二〇〇〇年一〇月三〇日）三一一頁以下。なお、渥美東洋「利益に反する供述・共犯供述の証拠法上の処理——米最高裁のリリー判決を契機に日米対比」判例タイムズ一〇一五号二六頁以下（二〇〇〇年一月一五日）参照。

# 第一章　わが国の問題状況

このようにわが国では共犯者の自白については憲法三八条三項の「本人の自白」と同様に補強証拠を不可欠とするかという専ら証明力の観点から問題とされているが、合衆国最高裁が被告人を巻き込む共犯者の自白を被告人に不利な証拠として許容するのは憲法上の証人対面権に違反すると判示した以上、われわれもこの問題を証拠能力の観点から再検討する必要がある。そのためには刑訴法三二〇条以下の伝聞例外の成立過程を把握することが欠かせない。

以下、ひとまず立法に関与した横井大三氏に従って証拠法関連規定の成立過程に触れた後、その後の経過にも言及しつつ憲法とのかかわりを概観しておく。

## 第一節　証拠法関連規定の成立過程

刑訴法三一七条から三二八条までの一二ヵ条の規定は、現行証拠法中最も重要な規定で、然も最も難解な規定であるとされている。最も難解な規定であるとされているのは、明治一三年の治罪法以来、われわれは、証拠の証明力についてのみならず証拠能力についても余り厳格な制限を設けず、それらを殆んど裁判官に一任して来たため、証拠法に関する判例学説の発展がなかつたところへ、終戦と共に、にわかに証拠能力はもちろん証明力の判断についても裁判官に法的規制を加える英米証拠法の諸原則を取り入れ、然もその取り入れ方が極めて唐突であり、不正確であり、他の諸規定との関連が充分に考えられていなかつたためである。そして横井大三氏は、今日なお証拠法には日々幾多の疑問を生じ実務家を悩ましつづけているのはそのためであるとしたうえで、現行証拠法の規定の立法の経緯について次のように説明している。やや長いが、ほぼそのまま引用しておく。

## 一　現行証拠法制定の経緯

現行刑事訴訟法が従来の大陸法系のそれから英米法系のそれへと転換したといわれる理由の最も大なるものは証拠法の分野にあって、それまで全く英米法的素地のないところへ、英米法的基礎に立ってのみ良く理解し得る諸規定を急激に持ち込むという形で行われたので、その経緯を振り返ってみることは、現行法の解釈運用に対し特に重要であると思う。とりわけ、現行法を英米証拠法の基礎に立って理解して行うとしたここ数年間の傾向に対し、鋭い批判の抬頭しつつある現在、立法当時の事情を客観的に眺める材料を提供することは意義あることと思う。

周知のとおり、旧刑事訴訟法は証拠能力につき「被告人其ノ他ノ者ノ供述ヲ録取シタル書類ニシテ法令ニ依リ作成シタル訊問調書ニ非サルモノハ左ノ場合ニ限リ之ヲ証拠ト為スコトヲ得、一　供述者死亡シタルトキ、二　疾病其ノ他ノ事由ニ因リ訊問スルコト能ハサルトキ　三　訴訟関係人異議ナキトキ、区裁判所ノ事件ニ付テハ前項ニ規定スル制限ニ依ルコトヲ要セス」としただけであつて、他に別段の制限を設けていなかった。このようないわば形式的な制限の範囲内において証拠の採否は裁判官の自由裁量にゆだねられていた。そのため明治の中期一時かなり盛んであつた英米証拠法の研究、否、証拠法自体の研究は殆んど姿を消してしまつたといっても過言ではなかつた。そのような状態においても、裁判所における事実の認定に特に誤が多かつたとは思わない。しかし、事実認定の過程に被告人の不満の多かったことは否定し得ない。その一つは強要された自白が証拠に利用されているという不満であり、その二は被告人の不知の間に作成された第三者の供述調書が被告人の充分な批判にさらされることなく、そのまま証拠とされるという不満であつた。憲法は、その三八条において自白の強要禁止、強要された自白の証拠禁止、自白だけによる有罪認定の禁止をうたい、その三七条二項において被告人の証人に対する充分な審問権を保障した。ここから英米証拠法への転換が始まるのである。

現行憲法施行と同時に施行された日本国憲法の施行に伴う刑事訴訟法の応急的措置に関する法律は、その一〇条に憲法三八条と全く同文の規定を設けるとともに、一二条一項において、憲法三七条二項前段のいわゆる被告人の証人審問権の保障に関する規定をうけて、次の如く定めた。

「証人その他の者（被告人を除く。）の供述録取した書類又はこれに代わるべき書類は、被告人の請求があるときは、その供述者又は作成者を公判期日において訊問する機会を被告人に与えなければ、これを証拠とすることができない。但し、その機会を与えることができず、又は著しく困難な場合には、裁判所は、これらの書類についての制限及び被告人の憲法上の権利を適当に考慮して、これを証拠とすることができる。」

この規定は、当時としては、かなり大胆な憲法解釈を試みたものであつたが、最高裁判所は繰り返しその合憲性を確認しつつ憲法三七条二項の解釈を明らかにして行つた。現行刑訴三二一条一項一号又は二号を違憲とする学説はあるが、刑訴応急措置法一二条一項を違憲とするものは殆んど見当らない。その意味で、この規定は、その後の裁判の実務及び立法を指導したものということができよう。

刑訴応急措置法実施後約半年を経た昭和二二年一〇月当時の占領軍総司令部に提出された刑訴の全面的改正案は、次の如く規定していた。

第二五七条　証人その他の者（被告人を除く。以下同じ。）の供述（裁判官の面前における供述を除く。）を録取した書類で公訴の提起後に作成されたものは、これを証拠とすることができない。但し、公判期日において尋問することができず、又は著しく困難な者の供述を録取した書類は、この限りでない。

第二五八条　証人その他の者の供述を録取した書類（前条の規定により証拠とすることができないものを除く。）又はこれに代るべき書類は、その供述者又は作成者を公判期日において当該事件について判決をする裁判官の面前で尋問する機会を被告人に与えなければ、これを証拠とすることができない。但し、その機会を与えることができず、又は著しく困難な場合には、これらの書類についての制限及び被告人の憲法上の権利を適当に考慮してこれを証拠とすることができる。

前項の規定は、左の書類については、これを適用しない。

一　公務員の職務上証明することができる事実について公務員の作つた書類

二　前項の事実について外国の公務員の作つた書類でその真正なことの証明があるもの

第二五九条　証拠とすることについて被告人に異議がない書類は、前二条の規定にかかわらず、これを証拠とすることができる。公判手続の更新前に被告人に異議がなかつたものについても、同様である。

第二六〇条　強制、拷問若しくは脅迫による自白又は不当に長く拘留若しくは拘禁された後の自白は、これを証拠とすることができない。

被告人は、その自白が自己に不利益な唯一の証拠である場合には、有罪とされない。

この政府案に対し、占領軍総司令部から次のような修正案が提起された。

（一）　裁判官の前で録取された供述（testimony）の使用、被告人（又はその弁護人）及び検察官が同意した場合には、裁判所は、裁判官が公判（trial）前にとった供述の記録を、証人が公判に出頭しないでも、事実認定の基礎

(basis of findings of fact) として使用することができる。

裁判所は、裁判官が公判前にとった供述の記録を次の場合には常に事実認定の基礎として使用することができる。

(1) 証人がその供述を公判の時に再び述べること (repeat) ができない場合 (即ち証人が死亡し、日本国外にあり、又は肉体的若しくは精神的に無能力となって再び証言し得ないとき又は所在不明のとき)。

(2) 証人が公判の時に、以前に述べたことと異った (different from that given previously) 供述をした場合。

(二) 警察官及び検察官の取調の記録 (interrogation records) の使用

(1) 被告人が同意した場合には、検察官は、公判において、検察官又は司法警察職員によって準備された起訴前の取調記録を証拠として提出できる。裁判所は、かかる証拠を事実認定の基礎として使用することができる。

(2) 証人が公判において、検察官の取調記録の中でなしたと伝えられる供述と反対の (contrary) 又は実質的に異った (materially different) 証言をした場合には、検察官の取調記録は必ず証拠として提出されなければならない。裁判所は、特別の情況が存在するために公判においてなされた証言よりも (検察官の取調記録に存在する) 供述の方がより信用できる (more credible) と認める場合には、かかる証拠を事実認定の基礎として使用することができる。

(三) 被告人の供述 (statement of defendant) の使用

(1) 被告人が作成し又は署名した供述書 (written statement) 又は被告人がある人の面前でした供述 (statement) を叙述する (describe) その人 (証人) の証言 (oral testimony) は、次の場合にのみ公判において証拠として使用することができる。

(イ) 検察官も被告人もその提出に異議がないとき。

(ロ) その供述 (statement) が被告人の自己に不利益な事実の承認 (admission by defendant which is adverse to his interests) を内容としているとき。

（ハ）　その供述が特に信用すべき特別の情況の下（under unusual circumstances which lend a special credibility）になされたものであるとき。

前項の供述書又は証言を証拠として受理する前に、裁判所は、供述のなされたときの情況を調査し、供述が自由意思によりなされたことを確めなければならない。供述書が検察官又は司法警察官の取調記録で被告人の署名したものであるときは、検察官又は司法警察官の捜査綴中（in vestigation file）の他の事項（items）とは分離して裁判所に提出しなければならない。裁判所の同意があれば取調記録の原文に代えて認証ある謄本（certified copy）を提出することができる。

(2)　(1)の第一項の被告人の供述が罪を犯したことの自白である場合には、犯罪が行われたことを示す（show that a crime has been committed）他の証拠が受理される前にはその供述を提出することができない。裁判所は自白がいさかでも自由意思によりなされたものではない疑があるときはその自白を証拠とすることを拒否しなければならない。

（四）　証人の供述の使用

(1)　被告人以外の者で証人（witness）でない者の作成し若しくは署名した供述書又は被告人以外の者で証人でない者がある人の面前でなした供述に関するその人（証人）の証言は、次の場合にのみ公判において証拠として使用することができる。

（イ）　検察官も被告人もその提出に異議がないとき。

（ロ）　次の事実がすべてはじめに裁判所により充分確認されたとき。

（a）　証明せらるべき供述をした者が死亡し、日本国外にあり、証言が不可能な程肉体的若しくは精神的な故障があり又所在不明であること。

（b）その供述の使用が被告人の有罪又は無罪の決定に欠くべからざるものであること。

（c）その供述が特に信用すべき情況の下になされたものであること。（中略…この省略した部分は（三）の(1)の二項と同文）

(2) 証人の信憑性は、適当な方法であればどんな方法ででも、攻撃又は防禦することができる。その方法のうちには裁判所外で作成されたその証人の供述書又はその人の前で原証人によりなされた供述を叙述するその人（他の証人）の証言を裁判所の考慮に入れるということを含む。しかし、裁判所は、かかる付随的証拠（collateral evidence）は、証人の証言の証明力（weight which should attach to the witness's testimony）を決定するためにのみ使用することができ、判決において事実を認定するための基礎として使用してはならない。

（五）文書の使用

(1) 文書が作成保存された（prepared and preserved）情況を調査した後、裁判所は、公判において次の種類（category）の文書はどれも証拠として受理することができる。

（イ）業務の通常の過程（regular course of business）において保存されている帳簿又は覚書（books of account or memoranda）の記載

（ロ）日本政府たると外国政府たるとを問わず公務員による作成保存（preparation and maintenance）が要求されている記録

（ハ）その中に記載されている事実を確証するため特に信用性を与えるような情況の下に作成された一切の文書

しかし、警察または検察官の取調記録はこの法律の他の条文に規定されている場合を除き如何なる情況の下においても証拠として受理することはできない。

（六）協議書の使用（略）

（七）　証拠の受理に対する異議申立（略）

（八）　被告人の供述

被告人は彼自身の利益のために供述をする機会を与えられなければならない。而して彼は自発的に行つた供述のすべてに関してのみ訊問をされうる。

この司令部提出の修正案と現行法三一九条以下三二八条までの規定及び三〇〇条乃至三〇三条、三〇八条乃至三一一条の規定とを対照すれば、現行法に対する司令部の影響の極めて強かつたことが明らかであろう。当時の司令部の係官が大陸法系の刑事手続法についてどの程度の理解があったか明らかでないが、恐らく殆んど知るところがなかったであろうと推察されるのである。そこに現行証拠法のあらゆる問題の根源がある。現行法施行以来七年、裁判所は英米法を援用したり、現行法の法文の形式を頼りに自己に有利な解釈を主張する当事者の間にあって、自らも誤を犯しながら、具体的事案に即して数多くの問題を解釈して来たのであるが、これでもなお未解決の問題が少くない。そのうちには、今後解決される問題もあろうが、司法制度の相違、実体法の相違、それにもまして長年培われて來た司法慣習の相違がある以上、それに由來する問題は、法令の改正によって解決を計る外はないであろう。(1)

## 二　現行刑訴法の改正点

現行刑訴法の立案に関与し二十数年その運用に携わってきた横井大三氏は、一九七四年の段階で予審の廃止など重要と思われる四つの改正点を取り上げそれぞれについて簡潔に指摘しており、その第三点が証拠法である。

これはいわゆるアジ研でアジア各地から集まった研修者に対してした講演を起こしたものであるためすべて口語体で書かれており非常に分かり易いので、ほぼそのまま引用しておく。

改正の第三点は、証拠法であります。

旧法ではほとんど証拠能力についての制限はありませんでした、証拠能力の制限というのは形式的なものですから、証明力の有無や程度という実質的な面とは必ずしも一致しません。そこで、旧法では、証拠につき、形式的な制限をせず、原則としてすべての証拠に証拠能力を与え、その証明力を裁判官の判断にまかせるという態度をとったのでした。こういう態度は、すべての裁判官に証拠の実質的価値を見抜く力があれば極めて理想的なやり方といえましょう。しかし、現実にはそう立派な裁判官ばかりいるわけではありません。また、もし素人が裁判に関与する制度をとる場合には、このようなやり方は極めて危険であります。日本でも、陪審法ではかなり厳しい証拠能力の制限をしていました。

私は、旧法当時日本の刑事裁判に誤判が多かったとは思いません。手続の過程で人権尊重の念に欠けるところが多かったことは認めますが、最終的な有罪無罪の判断に誤りが多かったとは考えないのであります。ですから、敗戦後日本の刑事訴訟法の改正が論議されたときにも証拠能力の制限を厳重にするということは考えられなかったのであります。

そこへ、新憲法が制定されることになり、自白の任意性を保障するための厳重な規制のほかに、英米証拠法にある伝聞法則が取り入れられました。自白を強要してはならないとか強要された自白は証拠にしてはならないということは、古くからいわれており、われわれにも十分わかっていたことであります。問題はそれを実際にどう生かすかということでありました。しかし、伝聞法則の方は、大陸法系の刑事訴訟法で教育され、実務に当って来たわれわれにはなじみのうすいものでした。日本の学者も余り研究していないところでした、そのため日本国憲法の施行された一九四七年五月三日までには、憲法の要求する伝聞法則を刑事訴訟法の中に具体化して取り入れる余裕がありませんでしたので、とりあえず、憲法の条文をほとんどそのまま書き写したような臨時立法を作りました。そして、当時の占領軍総司令部のこまかい指示と、古くからあった日本の陪審法の証拠能力の制度とを参考にして、現在の刑事訴訟法の三二〇条から三二八条を作ったのでした。この九ヵ条は私自身が筆をとって書き、それがそのまま国会で認められた、私にとっては思い出深い条文です。それ以来二十数年、これらの規定はとかくの批判を受けながらも刑事裁判の基礎をなす証拠法として働いてきたのであります。

私は、立案当時はもちろん、現在でも伝聞法則が何であるかを正確には存じません。学者はもちろん、裁判官も検察官も、英米証拠法に関する文献を読み、あるいはアメリカへ出かけていって伝聞法則運用の実際を研究してきて、その研究の結果を発表しておりますが、大筋においては一致していても、こまかい点になるとまことに区々であります。それに、日本と英米では陪審の有無とか裁判官の任命方法とか刑事手続の構造とかに違いがあるばかりでなく、社会全般の裁判に対する考え方に違いがあることによるのではないかと思います。従って英米の伝聞法則をそのまま日本に持ち込むわけにはいかないと思います。先般こういう事件がありました。六歳の女の子が行きずりの男にいたずらされ、そのことをその直後母親に訴えました。被告人はいたずらした事実を否定しました。そこで母親が証人として法廷に呼ばれ子供が母親に語った話の内容を証言しました。この証言が被告人のいたずらをしたという事実の証明に使えるかということが問題になったのであります。私の理解する伝聞法則の建前からいうとその被害者を法廷に呼び出して、被告人の反対尋問にさらさなければならないのであります。しかし、被害者は六歳の幼児であり、被害は女の子に対するけしからぬ行為であります。われわれの感情からいうと、どう考えても、その幼児を法廷に喚問するのは適当でありません。裁判所は、喚問すべきであるという弁護人の主張を排斥して、六歳程度の子供に対する直接、端的な肉体への侵害行為が問題になっている場合には、まだ警察の捜査その他目的な意識の介入していない被害直後に母親が子供から感得した子供の言動は、大部分は所謂再構成を経た観念の伝達ではなく、被害に対する子供の原始的な反応の持続そのものについての母親の体験であり、その限りにおいてそれは伝聞に当らないといいました。甚だむずかしい言い方ですが、要するにこのような場合の子供の母親に対して話したことは伝聞には当たらないというのです。これが英米の伝聞法則上どういう取り扱いを受けるか知りませんが、裁判所は、伝聞法則がとり入れられて以来二十数年の経験を積んだ結果、いろいろな工夫をして、日本におけるその運用の妥当性を維持することにつとめてまいりました。私はその裁判所の努力に敬意を表するのであります。このような幼児の場合でなく、成熟期にある若い女性が強姦された場合その事件の被害者として法廷で被告人と対面し、その反対尋問を受けることは非常な苦痛であると思います。そこで裁判所は弁護人と相談して、被告人のいないところで被害者の証人尋問を行なったり、それもできないと、一九五八年の改正で新たに設けられた刑事訴訟法二八一条ノ二の規定を利用してその証人尋問中被告人を法廷から退廷させ、尋問終了後入廷させて概括的な反対尋問をさせてすませる方法などをとっています。

被告人の証人尋問権は確かに被告人にとって必要な権利であります。しかし、事件により、あるいは証人により、裁判所が妥当と思う制限があってよいと思います。日本では、伝聞法則の例外として検察官調書がかなり広く採用されています。それは、前述した、日本の検察官の性格、任務、伝聞法則の日本における育ち方の未熟なことなどに由来するものであるかもしれません。しかし、英米にはそういう検察官調書の取り扱い方がないという理由だけで、検察官調書に広い証拠能力を認める日本の制度を非難するのは当らないものと思います。(2)

このように現行刑訴法の問題点については種々指摘されているものの、アメリカ側の担当者が横井大三氏に向って「よくこんな少ない時間の制限内においてこれだけのものをつくりましたね」と、英語のような日本語で言われた旨の思い出（ジュリスト五五一号五八頁）が語られている。確かにそのとおりと思うが、それだけに横井大三氏自身が指摘しているように、なお積み残しの問題が山積していることは否定できない。そして同氏から後日「私は現行法の証拠に関する規定の立案に参画しましたが当時は英米法の証拠法則には全く無知でGHQの示唆を日本の法律の中に一応格好よく納めるにはどうしたらよいかだけを考えて筆を執ったに過ぎませんでした。それが施行後数十年無修正で生き長らえたことに不気味な静かさを感じていたのでした、（中略）次第に証拠法のボロが出はじめ、それがだんだん大きくなりつつあるのを知りこれは当然と思うようになりました」との述懐（私信）に接し、英米証拠法研究の必要性を改めて痛感したのである。

もっとも、わが国独自の法体系を築き上げたことは誇りとするに足りるとする次のような指摘がある。これは最高裁判所事務総局刑事局の見解であるだけにひとまずほぼそのまま引用しておく。

現行刑事訴訟法（昭和二三年法律第一三一号）が施行されてから、昭和四三年末をもって、二〇年の歳月が経過した。わが国における刑事訴訟の近代化は、フランス法を継受した治罪法（明治一三年公布、同一五年施行）の制定にはじまる。明治二三年の旧々刑事訴訟法は、大日本帝国憲法の制定に伴うものであるが、基本的には治罪法に大きな変更を加えるものではなく、やがて大正一一年の旧刑事訴訟法に取って代わられた。旧刑事訴訟法は、当時の社会状勢を反映してドイツ法の強い影響を受けたものであるが、ドイツ法に比してさえ、なお職権主義的色彩が濃厚であった。戦後、わが国の社会状勢は一変した。主権在民を「人類普遍の原理」とし、恒久の平和を念願して制定された日本国憲法は、国民の基本的人権の保障を高く掲げ、刑事手続における人権保障に多くの条項をあてている。昭和二二年の憲法施行に伴う応急措置を経て、昭和二四年一月一日から施行された現行刑事訴訟法は、治罪法以来の大陸法的訴訟体系に、英米法的諸原理を大幅にとり入れ、世界に先駆けて両法系の融合、調和を試みた画期的な立法であった。治罪法の制定が律令法系から西欧法系への転換であり、わが国の刑事訴訟法近代化の第一段階であったとすれば、現行刑事訴訟法の制定はこれと比肩しうべき近代化の第二段階ということができよう。終戦という外部的事情を契機とするものとはいえ、他に類例をみないわが国独自の法体系を築き上げたことは、誇りとするに足りるであろう。この大胆な試みが、両法系の特色を生かしつつこれを超克した「明日の刑事訴訟法」として世界の範となりうるか、両法系の矛盾に満ちた単なる混淆に終わるかは、一にかかってその運用のいかんにあるといえる。二〇年の運用実績を重ねたとはいえ、その解答を現時点でみいだそうとすることはいささか性急に過ぎるかもしれない。しかし、これを一つの区切りとして、現行刑事訴訟法制定の経緯をかえりみ、この期間中における法規の改正の動き、手続運用の実績および裁判例のすう勢を跡づけることは、現時点における問題状況を的確に把握し、将来への展望をはかる一助として、無益な試みではないであろう(3)。

## 三　その後の経過

前後するが、松尾浩也氏に従ってその後の経過について触れておく。

やがて講和条約が成立し、一九五二年四月、占領状態が終わる。そして、戦後改革の所産であった諸立法は、試練のときを迎えることになった。先ず、俎上に上ったのは刑事訴訟法である。一九四八年成立の新刑事訴訟法は、日米の協議を経たとはいえ、大陸法系から英米法系への転身というドラスティックな一面を伴っており、実務界を中心に見直しの声が上がるのは当然でもあった。一九五一年一月という早い時期に、法務総裁は、刑事訴訟法の改正を法制審議会に諮問した。法制審議会が、各方面の意見を聴いて多数の問題点を拾いあげたところ、その中には、訴因制度、起訴状一本主義、証拠法則など、新刑事訴訟法の根幹にかかわる事項も含まれていた。しかし、旧刑訴を懐かしむ熱気は急速に消え、審議の対象としては比較的マイナーな項目のみが「早急を要する」ものとして取り上げられた。必然的に法制審議会答申、及びこれに基づく一九五三年刑事訴訟法改正は限定されたものになり、むしろ新しい刑事訴訟法は定着したという印象を与えて終ったのである。

刑事法における当時の「立法ラッシュ」は、もっぱら手続法に関して生じたものであり、その実質は、アメリカ法への接近ないし導入であった。刑事訴訟法について言えば、被疑者・被告人の権利保障に努めるとともに、手続の進行を当事者、すなわち検察と弁護に委ねる当事者主義の採択である。この改正作業は、GHQと日本側法律家の綿密な協議を経て行われ、日本側では、團藤重光が大きな役割を果たした。GHQ側のリーダーだったアルフレッド・オプラー（一八九三〜一九八二）は、もともとドイツの人で、大陸法を熟知していたため、日本側との意見交換をスムーズにした部分もあった。一方、少年法に関しては、刑事訴訟法の場合のような日米協議はほとんど行われず、GHQ側の提案を基礎として改正作業が進行した。もし、「押しつけ」という観念を使うとすれば、それがもっとも良くあてはまるのは少年法の場合だったと言えよう。(4)

このようにみてくると、少なくとも証拠法の分野に関してはアメリカ法の影響が圧倒的であり、最近のアメリカ型司法取引の導入は端的にこのことを示している。そして最大の問題はいわゆる共犯者供述に関しても「検察官調書に広い証拠能力を認める日本の制度」にあるように思われる。この問題に関しては第三章以下で詳論することとしたい。

（1）　横井大三「証拠法（一）第一章総説」団藤重光責任編集『法律実務講座刑事編第八巻証拠法(1)一七三五〜四一頁以下（有斐閣、一九五六年）。

（2）横井大三「現行刑事訴訟法の四つの改正点——二十数年後に見る」ジュリスト五五一号一七三—一七四頁（一九七四年）。
（3）法務資料第四一六号「刑事訴訟法二十年のあゆみ」まえがき（一九七一年）。
（4）松尾浩也「最近の刑事立法」日本学士院紀要六十八巻二号一八二—一八三頁（二〇一四年）。

## 第二節　憲法とのかかわり

共犯者の自白の問題はわが国では憲法三八条三項の「本人の自白」に含まれるかという観点から争われているため、アメリカとは異なり憲法三七条二項の証人対面権とのかかわりの観点が完全に欠落している。

そこで以下、ひとまず『註解　日本国憲法　上巻』に従って日米両国憲法の関連規定について簡単に検討しておく。

### 一　憲法三六条

日本国憲法第三六条は「公務員による拷問及び残虐な刑罰は、絶対にこれを禁ずる。」と規定する。拷問及び残虐な刑罰は、従来も、むろん、法律上認められていたわけではなかつたが、ことに拷問について実際上その弊害があつたことは、蔽うことのできない事実であつた。これを絶対に禁じいわゆる人権蹂躙を根絶しようとするのが本条の趣旨である。

旧憲法には、かような規定はなかつた。ここに、簡単にわが国における法制上の沿革を述べれば、第一に拷問は、法定証拠主義と結びついて、明治初年までは法制上公認されていた。しかし明治九年に「凡ソ罪ヲ斷ズルハ口供結案ニ依ル」という改定律例第三一八条を改正して、「凡ソ罪ヲ斷ズルハ證ニ依ル」と改め、明治一二年には、すでに無用に帰した拷問に関する規定を削除し、さらに、明治一五年施行の旧刑法では公務員の拷問的行為を罪として規定し、それが現行刑法にまで引きつがれているのである。第二に、残虐な刑罰も、明治初年までは認められていたが、やがて消滅した。即ち明治三年の新律綱領では五刑の中に笞刑、杖刑があり、又死刑については梟首が認められていたが、笞杖は明治五年懲役に改められ、梟首も明治六年には事実上、明治一二年には法律上廃止された。旧刑法以来は刑の種類として、残虐な刑罰はあとを断っていたのである。

この規定は古い沿革をもち、すでに一六八九年のイギリスの権利章典に同趣旨の宣言がみられる。さらに一七七六年のヴァージニアの人権宣言第九条を経て、アメリカ憲法修正第八条に取り入れられた。アメリカ憲法修正第八条後段は、「残虐で異常な刑罰を科してはならない」と規定している。アメリカの各州憲法にも同趣旨の規定をおいているものが多く、また、他の諸国にもかような例がないではない。拷問については、アメリカの憲法には規定がない。

(1)　公務員による拷問は絶対に禁止される。私人による拷問も許されないことはもちろんであるが、公務員による拷問についてとくに規定したのは、おそらく種々の意味があるとおもわれる。第一に、刑罰と並べて規定したため公務員による拷問にかぎつたという形式的理由もあろう。第二に、公務員による拷問の弊害が従来いちじるしかつたという事実が、とくにこの規定を必要としたものとおもわれる。第三に、私人による拷問はどのような場合にも是認されえないのは性質上当然であるが、公務員による拷問は、かつての糺問的刑事手続の法制がこれを一定の要件のもとに正面からみとめていたように、なんらかの理由によって正当視される余地があるように考えられないともかぎらない。そこで、本条は、どのような理由があつても、公務員による拷問が「絶対に」許されないものであることをあきらかにしたのである。そうして、さらに、第四に、拷問そのものだけでなく、拷問の結果も是認されえないものであることをあきらかにする趣旨が含まれているであろう。「絶対に」というのは、この意味を含蓄するものとおもわれる。ことに拷問による自白を証拠とすることができないことについては、第三八条第二項に明文で規定されている。

(2)　残虐な刑罰もまた、絶対に禁止される。アメリカ憲法では「残虐で異常な刑」とされているのに対して、わが憲法では単に「残虐な刑罰」とされているが、そのことに特別の意味を認めるのは適当でなかろう。アメリカ諸州の憲法には、「残虐又は異常な刑罰」とし、又は単に「残虐な刑罰」とするものがあるのである。残虐とは反文化的・反人道的なものであつて、通常の人間的感情をもっている者に衝撃を与える種類のものをいうであろう。何がこれにあたるかは、結局、社会通念の問題に帰する。死刑も必ずしも残虐ではない。アメリカの判例も、死刑が残虐で異常の刑罰でないことをみとめており、わが最高裁判所の判例もこれをみとめている。本条を根拠として死刑の違憲性を主張する学説もないではないが、死刑が違憲でないことは、第三一条からも明白である、ただ、その執行方法の態様によつては残虐となりうることはいうまでもない。しかし、絞殺、銃殺、電気殺などが残虐な刑でないことは、また、アメリカの判例によつても認められているところである。無期の自由刑も、その執行の態様が残虐なものであれば格別、違憲でないことはもちろんであろう。(5)

## 二　憲法三七条

日本国憲法第三七条は、「①すべて刑事事件においては、被告人は、公平な裁判所の迅速な公開裁判を受ける権利を有する。②刑事被告人は、すべての証人に対して審問する機会を充分に与へられ、又、公費で自己のために強制的手続により証人を求める権利を有する。③刑事被告人は、いかなる場合にも、資格を有する弁護人を依頼することができる。被告人が自らこれを依頼することができないときは、国でこれを附する。」と規定する。

本条は、刑事裁判における被告人の権利を規定する。すでに第三二条によって、裁判所の裁判を受ける権利は、何人に対しても保障されているのであるが、とくに刑事裁判は人身の自由にかかわることが大きいので本条によつてその手続の態様を定め、刑事裁判の公正と被告人の保護とを担保しようとするものである。明治以來わが国の採用した刑事手続は大陸法に範をとつたもので、やはりフランスに伝統的な糺問手続の色彩を免れることはできなかつた。その結果として、裁判所は実体的真実を追及するのあまり、被告人の当事者としての権利の保護に欠けるところがあったことは否定できない。本条は被告人に対して、従来認められていなかった広汎な権利を与え、純弾劾主義的な英米の裁判手続を多分に加味しようとするものである。この意味において、本条及び第三八条の規定は、従来のわが国の刑事訴訟の形態に重大な変革を与えるものである。

⑴　旧憲法には単に裁判の対審判決の公開の点だけについて第五九条があったが、それはこの憲法第八二条に相当するもので、本条にあたる規定はなかつた。法律の上では、公平な裁判所の理念（除斥、忌避、回避など）や弁護人を選任する権利がある程度にみとめられていたのはもちろんであるが、それも不充分であり、また、証人に対しては、公判廷で証人訊問を行う際に被告人が必要とする事項につき証人を訊問することを裁判長に請求することがみとめられていただけで、伝聞証拠の証拠能力はなんら制限されるところなく、本条の保障するような証人審問権はまつたくみとめられていなかつた。

⑵　外国法においても、本条に類するような規定はきわめて少数である。アメリカ憲法修正第六条は「すべて刑事上の訴追において、被告人は……公平な陪審によつて行われる迅速公開の裁判を受……ける権利を有する。被告人は、又、自己に不利な証人との対審を求め、自己に有利な証人をうるために強制の手続をとり、又、弁護人の援

助を受ける権利を有する。」と規定する。これは大体本条と同様の規定であつて、本条はこの規定に由来するものと思われる。

(3)　本条は刑事被告人に三種の権利を保障する。

(イ)「すべての証人に対して審問する機会を充分に与へられ」るというのは、いわゆる反対尋問権を確保したものである。これは英米法の沿革に照しても疑を容れない。問題となるべき点を詳説すれば、次のとおりである。

(a)「すべての証人」とは、裁判所がその証言を証拠に採用するすべての証人の意味である。いいかえれば、被告人に審問の機会を充分に与えなかった証人の証言は証拠とすることが許されないことを意味する。

したがって、本項は、裁判所が被告人の申請にかかるすべての証人をことごとく喚問しなければならないという趣旨ではない。判例もこれをみとめている。ただ、判例が証人申請の採否を全く裁判所の自由裁量に属するものとしているのは、おそらく行き過ぎである。すでに述べたとおり、本条第一項、第二項の趣旨を総合して考えると き、当事者主義の理念がみとめられなければならない。そうして、その観点から、当事者の証拠調の請求は、例えば証拠能力がないとか、事件に関連がないとか、同じ点について他に同趣旨の証拠が十分にあつてさらにその証拠を重複的に調べることが無意味であり訴訟経済に反するとかいつたような、とくに積極的な理由がないかぎり、これを却下することは許されないと考えるべきであろう。しかし、それは、本項の「すべての証人」の語義から来るのではなく、したがつて証人の申請にかぎらないで証拠物や証拠書類の取調の請求についても同様に解しなければならない。

(b)「証人」とは、訴訟法の術語としての証人にかぎらず、ひろく人的証拠を指すものと解しなければならない。したがつて、鑑定人、参考人等はむろんのこと、共同被告人もその供述を証拠にするかぎりは、やはりこれに属する。

(c)「審問する機会を充分に与へ」るとは、もともと英米法における反対尋問を予想するものであろう。しかし、この規定が当然に英米法流の交互尋問の方式を要求するものと解することはできない。要は被告人に証人を審問する機会を充分に与えることを要し、かつ、それで足りるのである。刑事訴訟法は公判廷における証人尋問について一種の交互尋問類似の方法を認めている（刑訴三〇四条）。

(d)　被告人に証人に対し審問する機会を充分に与えなかったときは、その証人の証言は証拠とすることができないものと解しなければならない。伝聞証拠の禁止がこれである。もっとも、伝聞証拠の法則も絶対に例外を許さないものではありえない。被告人に当の証人に対して審問する機会を与えることが不可能またはいちじるしく困難であり、しかも、その供述が相当に信用に値するときは、これをしも証拠とすることを許さないというのが憲法の趣旨ではないであろう。すでに英米法でも必要性と信用性の両面からみて、ある程度に伝聞法則の例外がみとめられているのである。かような見地から、伝聞法則に英米法よりもさらに広い例外をみとめている（刑訴三二一条以下）。

審問する機会を充分に与えるためには証人の供述の際に被告人に立ち会わせて、これを審問する機会を与えることを要するであろう。したがって、被告人を退廷させて証人尋問を行い、しかるのち裁判長が被告人にその証言の要旨を告げてこれを尋問する機会を与えるのは、はたして審問の機会を「充分に」与えたものといえるかどうか疑問である。まして尋問当時に審問の機会を与えなかった尋問調書の類を証拠にすることは、――後述の伝聞法則の例外として是認される場合は格別――のちに公判期日において被告人にその者に対する審問の機会を与えても許されないものというべきであろう。(6)

## 三　憲法三八条

日本国憲法第三八条は、「①何人も、自己に不利益な供述を強要されない。②強制、拷問若しくは脅迫による自白または不当に長く抑留若しくは拘禁された後の自白は、これを証拠とすることができない。③何人も、自己に不利益な唯一の証拠が本人の自白である場合には、有罪とされ、又は刑罰を科せられない。」と規定する。

さきに第三六条について述べた通り、自白がなければ犯罪事実を認定することができないものとする法定証拠主義と、それに伴う拷問の制度とは、すでに明治初年以來、法制上は廃止されていたのであるが、実際上は、自白の偏重と拷問による自白の強要は、刑事司法における宿弊であつた、本条は、第三六条等と相まつて、かような弊害を根本的に除去しようとするものである。

旧憲法には規定がない。法律上も、少くとも本条第二項・第三項の趣旨はみとめられていなかった。

本条第一項はさかのぼればコモン・ローに由来するが、直接にはアメリカ憲法修正第五条の「何人も刑事事件において自己に不利益な証人（a witness against himself）となることを強制されることがなく……」という規定から由来する。第二項、第三項については、憲法にかような規定を設けている例は、みあたらないようである。第二項はコモン・ローに由来し、第三項はアメリカの諸州において判例法又は制定法によって認められている法則に由来するものと思われる。

(1)「何人も、自己に不利益な供述を強要されない」（一項）。これはいわゆる自己帰罪に対する特権（privilege against self-incrimination）を規定するものである。

(2)「強制、拷問若しくは脅迫による自白又は不当に長く拘留若しくは拘禁された後の自白は、これを証拠とすることができない」(二項)。これは、右に述べた第一項の規定をさらに証拠法的に保障するものである。自白が証拠能力を認められるためには、それが任意にされたものであることを要する。自白の任意性 (voluntary character) と呼ばれるのがそれである。

(イ)「自白」(confession) とは、狭義においては犯罪事実の全部または一部の供述をいい、広義においてはひろく不利益な事実の供述をいう。後者のことを承認 (admission――なお、刑訴三二二条参照) ともいう。本項および第三項の「自白」はいずれも広義において用いられているものと解するのが妥当である。かように自白は、もともと供述であるが、その供述を記載した書面をも含むのは当然である。そればかりでなく、本人が自己に不利益な事実を自ら記載した書面もこれに属するものというべく、さらに、自白の形式によるものにかぎらないで証言その他の形式によるものもすべてこれに含むものと解しなければならない。

(ロ)　本項は自白が任意性を欠く典型的な二種類の場合を類型的に取り上げて、かような場合には絶対にその自白を証拠とすることができない旨を規定したものである。

(3)「何人も、自己に不利益な唯一の証拠が本人の自白である場合には、有罪とされ、又は刑罰を科せられない」(三項)。任意性のない自白はもとより、任意性のない疑のある自白も右に述べたように証拠能力を有しないが、任意性のあることが明白な自白であってもそれを唯一の証拠とすることはできないのである。自白を唯一の証拠とすることを認めれば、第一に誤判の可能性が多くなるとともに、第二に自白強要の弊害を誘発する危険があるからである。自白の偏重を避けて、自白があった場合にも、なお充分な傍証を集めさせようとするもので、科学的採証法、ひいては科学的捜査を要請するものであり、将来の刑事手続の方向に対して重要な意味をもつものである。

(イ)「自白」の意義についてはすでに第二項の関係で説明したが、第三項についてとくに問題になるのは公判廷の自白を除外するかどうかである。最高裁判所の判例によれば、ここにいう自白は、公判廷外の自白だけを指し、公判廷における自白を包含しないものとされている。アメリカでは、公開の法廷における自白については補強証拠を必要としないとするのが判例であり、わが判例もこれにならつたものと推測される。しかし、憲法の規定には公判廷の自白と公判廷外の自白とを区別した形跡は、少くとも文理上は発見されない。もともと、イギリスのコモン・ローでは、公判廷の自白と公判廷外の自白とを問わず、原則として補強証拠を必要としないのであるが、アメリカでは一歩を進めて制定法の有無にかかわらず、判例上、公判廷外の自白については、補強証拠を必要とするものと解されるにいたつた。わが憲法はさらに一歩を進めて、公判廷における自白についても補強証拠を要求する趣旨と解するのが適当であろう。なるほど、公判廷における自白は、定型的に任意であるといえよう、しかし、かような理由を根拠にするときは公判廷外の自白であつても任意になされたことが証明される限り、これを唯一の証拠として妨げないという結論を導くおそれがある。任意な自白であつても唯一の証拠とすることができないというのが、まさしく第三項の趣旨なのである。（中略）いうまでもなく、英米法ではアレインメントの制度があつて、被告人が有罪の答弁をすればそれによつて有罪の判決をすることができる、先に言及したアメリカの判例ないし制定法も、かようなアレインメントの制度を前提とするものであることを忘れてはならない。かような制度のもとでは、公判廷の自白については補強証拠を不必要としなければ論理が一貫しないのである。これに反して、日本には従来かような制度はなく、憲法もかような制度を設けることを前提としているものとは思われない。むしろわが憲法のもとでは、アレインメントの制度をその純粋な形において採用することは違憲のうたがいが濃厚である（刑訴三一九条三項参照）。かようにして、アメリカの判例をそのままわが憲法の解釈として採用することは適当でない、公判廷の自白にせよ、これを唯一の証拠として犯罪事実を認定することは、誤判の危険性を含む。かようにして、ここに「自白」とは、公判廷の自白と公判廷外の自白と、又、裁判上の自白と裁判外の自白とをすべて含むものと解するのが適当と思われる。刑事訴訟法が、「被告人は、公判廷における自白であると否とを問わず、その自白が自己に不利益な唯一の証拠である場合には、有罪とされない」と規定しているのは（刑訴三一九条二項）、憲法の解釈をあきらかにしたものといわなければならない。

「本人の自白」の中に共犯者の自白を含むかどうかの問題がある。字義からいえば多少の無理があるが、これを肯定的に解するのが妥当とおもわれる。けだし、本項の意図する自白偏重の防止の趣旨からいつて、本人の自白と共犯者の自白とのあいだに差異はないからである。しかも、もし反対の見解をとるときは、共犯者の一人が自白し他の一人が否認した場合には、他に補強証拠がないかぎり、自白した者は無罪となり、否認した者は他の共犯者の自白を証拠として有罪とされるという不都合を生じることになる。

（ロ）「唯一の証拠」が自白である場合には有罪とされないというのは、補強証拠を必要とする趣旨である。どの程度の補強証拠が必要であるかについては問題がある。アメリカでは罪体（corpus delicti）について補強証拠があることを要し、かつそれで足りるものとされている。罪体とは概言すれば犯罪事実の客観的な側面である。(7)

（5）　法学協会『註解日本国憲法　上巻』六三三―六三六頁（有斐閣、一九五三年）。
（6）　同右六四一―六四九頁。
（7）　同右六五九―六七〇頁。

## 第三節　問題点

わが国では共犯者の自白には補強証拠を要するかの問題は当初から「本人の自白」に準じて不可欠とするという

証明力の問題として論じられているが、これに対し早くから次のような批判があった。すなわち

定義により自白は被告人自身の供述であるから、当該被告人以外の者の供述は、その者が共犯であろうと共同被告人であろうと、又その者にとつてそれが自白であろうと何であろうと、当該被告人に対する関係で自白であることは不可能である。であるから共犯又は共同被告人の供述が偶々その者にとつて自白である場合、その供述のみによつて当該被告人を有罪とすることができるか、はたまた補強証拠を要するかという問題は、自白とその補強証拠とは全く別個の問題でなければならない。ところがこの自明の論理がまるで無視されて、あたかもこの問題が自白に補強証拠を要するとの規則の一部であるかのように取扱われている。共犯の自白に若し補強証拠を要するものとすれば、それは共犯の供述だからであつて、共犯の自白だからではない。共犯の供述に補強証拠を要するかとの問題は自白のそれとは、第一に歴史を異にし（W. §2056）、第二にその根拠を異にし（W. §2057）、第三に補強証拠を要するとしてもその要求される補強の性質を異にする。このようなウィグモアの指摘を簡潔に引用しつつ、適切な批判が加えられていたのである(8)（W. §2059）。

共犯者の自白には「本人の自白」に準じて補強証拠を要するという積極説は憲法三八条三項の解釈論としてやや説得力に欠けるうらみがあることは否定できない。しかし、憲法三七条二項の規定は合衆国憲法第六修正の証人対面権に「由来する」以上、自己の犯罪に被告人を巻き込む共犯者の自白を被告人に不利な証拠として用いるのは証人対面権に違反するという合衆国最高裁の近時の動向は、わが国の憲法解釈としても無視できず共犯者の自白をめぐる検察官調書の現在の実務の取扱いへの影響は大きいと思われる。

（8）　藤岩睦郎「自白」法律実務講座刑事編第八巻証拠法⑴一八二三頁（有斐閣、一九五六年）。

# 第二章　英米法の概観

英米法はイギリスのコモンローに遡る膨大な判例群から成る。そして証拠法とりわけ伝聞法則に関してはウィグモアの大著（Wigmore on Evidence）（一九〇四年初版、一九四〇年第三版）を介して日本に紹介された。ただ、ウィグモアの著書は英米証拠法に関する金字塔であるが憲法とのかかわりについては触れていない。アメリカで伝聞法則と憲法との関係が問題になるのは一九六五年のポインター判決以降のことであり、その意味で当然とはいえ時代の制約を免れなかったのである。なお、ウィグモアの古典的名著の伝聞部分は早くも一九七〇年代にチャドバン教授（Prof. J. Chadbourn）により改訂が施されており、同改訂版（第四巻から第六巻）では最高裁判例に言及している。

以下、伝聞法則と憲法とのかかわりに簡単に触れた後、アメリカ法の重要な法源である一九七五年米連邦証拠規則に改めて言及することとしたい。

## 第一節　伝聞法則と憲法

わが国における伝聞法則に関する先駆的業績は、江家義男『刑事証拠法の基礎理論〔改訂版〕』（有斐閣、一九五二年）である。はしがきで「わが証拠法を正しく把握するためには、英米法の知識がなければならない。これなくしては、暗中摸索の域を脱し得ないことであろう。」と記されているように、同書は専らウィグモアの見解に依拠して英米法を紹介しつつわが法の解釈論を展開したものであるが、これほどウィグモアの見解を徹底的に把握した類書はないだけに今なお有益な記述が少なくない。問題は、伝聞法則と合衆国憲法とのかかわりの記述が完全に欠落していることである。

前述のようにアメリカで憲法上の証人対面権と各伝聞例外とのかかわりが正面から問題となるのは一九六五年のポインター判決以降のことであり、ウィグモアも当然、憲法問題には触れていない。そしてアメリカ法の影響を受けたとされる現行法制定当時において客観的に認識できる明確なアメリカ法なるものは存在していなかった。全米に適用される画一的アメリカ法が成立したのは、ウォーレン・コート（一九五三―一九六七年）下に第一四修正のデュー・プロセス条項を介して権利の章典に関する諸権利が各州にそのまま適用されることが確立した以降のことであり、それまでは各州毎に種々の憲法や判例法が存在していたにすぎなかったのである。

このような状況下の一九七五年に米連邦証拠規則が制定された、これは連邦法域における伝聞法則を中心にした最初の統一的な制定証拠法であり、アメリカ法の重要な法源であることは疑いない、しかし証拠法のすべてを網羅するものではなく、自白法則や違法収集証拠のほか証言拒否特権などの証拠法上の重要問題については触れておらず、これらはいずれも判例の発展に委ねられている。ただ、その後に多くの州はこれとほぼ同一または類似の証拠規則を制定しているため、連邦法域にとどまらずアメリカ各州法の重要な法源とされている。また連邦証拠規則制定時およびその後に合衆国最高裁判例との整合性が問題となる事案が多く発生しているだけに、米連邦証拠規則は各州法上の伝聞法則と連邦憲法とのかかわりを検討するうえでも極めて重要な意義を有するのである。

以下、ひとまず米連邦証拠規則制定の経緯に言及しその定める伝聞法則の概要に触れ、その全体像を鳥瞰しておく。

# 第二節　一九七五年米連邦証拠規則

## 一　証拠規則制定の経緯

米連邦司法審議会（Judicial Conference of the United States）は一九六一年三月、訴訟法規に関する常任委員会の証拠法制定の提案を入れて、ウォーレン最高裁長官に対し、連邦証拠法制定の可否について審議答申する諮問委員会を設置する権限を付与した。ウォーレン最高裁長官は一九六五年三月、証拠法制定のための諮問委員会を設置し、イリノイ大学教授クレアリー（Edward W. Cleary）を報告者に任命した。同委員会は、報告者クレアリーの作成した草案を中心に検討した結果、第一次（予備）草案を作成し、一九六九年一月これを常任委員会に提出した。常任委員会は同年三月、この予備草案を関係各方面に配布し意見を求めた。諮問委員会は一九七〇年、寄せられた意見を参考に修正案を作成した。この修正案は同年一〇月、常任委員会の審議を経て、連邦最高裁に提出されたが、最高裁はさらに慎重を期するためこれを差し戻した。

これを受けて諮問委員会は一九七一年三月、再び第二次草案を作成した。この修正案が公にされると、再び批判や意見が同委員会に寄せられた。諮問委員会は同年九月、若干の手直しをして最終案を作成した。バーガー最高裁長官は一九七二年一一月、この最終案を最高裁原案として公表し、翌七三年二月五日、諮問委員会作成の注釈とともにこれを連邦議会に提出した。

連邦議会では、まず下院司法委員会の刑事司法小委員会が、同月七日から延べ六日間にわたる公聴会を開き審議した結果、小委員会案を作成し、これを下院司法委員会に提出した。下院司法委員会は、若干の修正を加えてこれを採択し下院に上程した。下院は一九七四年二月、この案を可決し上院に回付した。上院は同年一一月、上院司法委員会の審議を経て、ある程度、最高裁規則原案に戻す形でこれを修正し可決した。両院協議会が上下両院の差異について審議した結果、やや上院案寄りの妥協が図られ、法案は同年一二月、両院を通過し、一九七五年一月二日、大統領の承認により成立、同年七月一日に発効した。(1)

## 二　証拠規則の定める伝聞法則の概要

証拠規則は、全部で一一章六二条から成るが、とりわけ伝聞法則に関する第八章が詳細である、第八章は六条からなる。第八〇一条は用語の定義、第八〇二条は伝聞排除の原則規定で、第八〇三条および第八〇四条はいずれもその例外規定である。第八〇五条は伝聞中の伝聞、第八〇六条は原供述者の信用性の弾劾および補強についてそれぞれ定めている。それは、次のように規定している。

第八〇一条〔定義〕　本章においては以下の定義を用いる。

(a)　供述　〈略〉
(b)　原供述者　〈略〉
(c)　伝聞――伝聞とは、公判または審問手続（hearing）において原供述者が証言中にした供述以外の供述であって、陳述された事柄の真実性を立証するための証拠として提出されたものをいう。
(d)　伝聞でない供述――次の供述は伝聞ではない。

(一)　証人の以前の供述――原供述者が公判又は公判準備手続において証言し、その際当該証人の以前の供述について反対尋問を受け、かつ、当該供述が、(A)その証言と矛盾し、かつ、公判、公判準備その他の手続又は供述書において偽証の制裁に係る宣誓のもと行なわれたものであるとき、又は、(B)その証言と矛盾しておらず、かつ、証人が最近の時点において事実をねつ造し、又は不当な影響又は動機のもと証言した旨の明示又は黙示の相手方当事者の主張に対し、反証として提供されたものであるとき、

(二)　相手方当事者の自認――一方の当事者に不利な供述が提出され、かつ、それが、(A)相手方当事者自身又はその代表の資格を有する者の供述であるとき、(B)相手方当事者が明白にそれを容認し又はその真実性を信じている旨表明したとき、(C)相手方当事者が当該事項につき供述を行なう権限を付与した人の供述であるとき、(D)相手方当事者の代理人ないし被雇用者が、その関係の存続中に、その権限の範囲内にある事項に関して行なった供述であるとき、又は、(E)相手方当事者の共謀者が、共謀の過程において共謀の発展のために行なった供述であるとき。

第八〇二条〔伝聞法則〕　〈略〉

第八〇三条〔伝聞例外〕　次の供述は、原供述者の証言が可能であるか否かにかかわらず、伝聞禁止の法則により排除されることはない。

(一)　現観察時の印象　原供述者が事件または状態の観察中またはその直後に、当該事件または状態を叙述しまたは説明した供述。

(二)　興奮時の発言　原供述者が人を驚かせるような事件または状態によって惹起された興奮状態の下に、当該事件または状態に関してした供述。

(三)　供述時に存在した精神的、情緒的ないし肉体的状態、原供述者の供述時点における精神、情緒、興奮または肉体の状態（意図、計画、動機、苦痛等）に関する供述。

(四)〜(二四)〈略〉

第八〇四条［伝聞例外］　原供述者が証人として利用不能である場合

(a)　利用不能の定義　証人として利用不能である場合とは、原供述者が次のような情況にある場合を含む。

(一)　証言拒否特権がある旨の裁判所の決定に基づき、供述内容に関して証言することを免除された場合、または、

(二)　裁判所から証言するよう命じられたにもかかわらず、供述内容に関して証言することを拒否し続けた場合、または、

(三)　供述内容に関して記憶を喪失していると証言した場合、または、

(四)　死亡または（審問）当時存在する肉体的ないし精神的な疾病または衰弱のため、審問に出頭することができない場合、または証言することができない場合、または、

(五)　審問に欠席し、かつ召喚令状その他の合理的方法によりその出頭を確保することができない場合。

原供述者の証言免除、証言拒否、記憶喪失の主張、証言不能または不出頭が、その供述を提出しようとする当事者自らがこれを招来し、または悪意で工作したことに起因するときは、原供述者は証人として利用不能であるとはいえない。

(b)　伝聞例外　次の供述は、原供述者が証人として利用不能である場合には、伝聞法則により排除されることはない。

(一)　以前の証言〈略〉

(二)　死の切迫の確信の下にした供述〈略〉

(三)　利益に反する供述　供述時において原供述者の金銭上ないし財産上の利益に反し、または原供述者に民事

上もしくは刑事上の責任を科すおそれがあり、または他の者に対する請求を無効ならしめるおそれがあるため、原供述者の立場にある合理的な人であれば、それを真実であると信じていない限りしないであろうような供述。ただし、原供述者に刑事上の責任を科すおそれがある供述で被告人の無実を晴らすために提出された供述は、補強情況がその供述の信用性を明示していない限り、許容されない。

㈣　個人または家族の経歴に関する供述〈略〉

㈤　その他の例外〈略〉

第八〇五条〔伝聞中の伝聞〕〈略〉

第八〇六条〔原供述者の信用性の弾劾および補強〕〈略〉

このように連邦証拠規則は、伝聞例外を第八〇三条の掲げる類型と第八〇四条の掲げる類型とに分け、「衝動的供述」や「精神状態の供述」など二四の伝聞供述については原供述者が証人として利用不能であるかどうかを問わず、「臨終の供述」や「利益に反する供述」など五の伝聞供述については原供述者の利用不能を要件にそれぞれ伝聞例外として許容することを明らかにしている。一方、証人の以前の供述については伝聞例外とせず、原供述者に対する反対尋問等を要件に伝聞ではないと定義したにとどまるが、実質証拠として許容されることに差異はない。

第八〇三条は原供述者の利用不能を要件としていないが、これは同条の掲げる二四の各号に該当する伝聞供述は「その証明力において原供述者の法廷証言と少なくとも同等である」から原供述者を証人として喚問してもさらに正確な供述を得ることは期待できない、したがって原供述者が証人として利用不能であることを許容性の要件とする必要はないという考えに基づく。他方、第八〇四条は原供述者の利用不能を要件とするが、これは優先法則を明らかにしているという。つまり、原供述者が証人として利用可能であれば、宣誓および反対尋問にさらされたその法廷証言が伝聞供述に優先する、しかし原供述者が利用不能であれば、同条(b)項の掲げる五の各号に該当する伝聞供述が証拠の完全喪失に優先するというのである。

また第八〇一条は、証人の以前の供述のほか、いわゆる不利益な事実の承認も伝聞ではないと定義する。相手方当事者の承認を実質証拠として許容する根拠については複雑な議論があったが、今日では一般に、当事者主義的訴訟構造に由来するものと理解されており、本号もこれに従い証人を伝聞の範疇から除外したのである。(2)

(1)　以上につき、小早川義則『共犯者の自白』三三一―三三三頁。

(2)　同右三四―三八頁。

## 第三節　問題点

米連邦証拠規則は、コモンローに反して、証人の以前の不一致供述を一定の要件の下に伝聞ではないと定義してこれを許容し、また原供述者に刑事上の責任を科すおそれのある供述をも利益に反する供述の伝聞例外として許容することを明らかにしたが、これはあくまでも証拠法上の伝聞法則の問題であるから、憲法上の証人対面権とのかかわりについて直接には触れていない。一方、米連邦最高裁は一九六五年の【3】ポインター判決で初めて、合衆国憲法第六修正の証人対面権は第一四修正のデュー・プロセス条項を介して州にも適用されると判示し、合衆国憲法の対面条項が州にも直接適用されることを明らかにした。その後、一連の判例で伝聞法則と証人対面権との関係につき重要な判断が示されることになるが、注目すべきは、その大半が共犯者の公判廷外の供述にかかわる事案であることである。

連邦証拠規則の制定作業はたまたまこの動きに併行して進められていただけに、伝聞法則と証人対面権をめぐる米連邦最高裁判例の動向を把握しておくことは、右証拠規則を理解するうえで不可欠であり、そして現に、その制定過程において再三、最高裁判例とのかかわりが論議されていたのである。

もっとも、アメリカで証人対面権と伝聞法則との関係が論じられるようになったのはポインター判決で第六修正の対面条項は第一四修正のデュー・プロセス条項を介して州に適用されると判示された以降のことであり、その中でも注目されたのが一九八〇年の【10】ロバツ判決である。同判決は原供述者が利用不能であるときにおいても当該供述が十分な〝信頼性の徴憑（indicia of reliability）を示している場合に限り、許容される。〟〝深く根を下ろした伝聞例外（firmly rooted hearsay exception）〟に該当する場合には、それだけで信頼性が推定される。その他の場合には、少なくとも〝特段の信用性の立証（a showing of particularized guarantees of trustworthiness）〟がない限り、その供述は排除されなければならないと判示し、伝聞例外として許容される供述が対面条項の要求をも満たしているかを判断するための一般的アプローチを明らかにした。そして同判決以降の関連判例はすべて当該伝聞供述につき証拠規則に依拠しつつ証人対面権に違反するかどうかを判断してきたのである。

このような状況下に合衆国最高裁は二〇〇四年のクロフォード判決において四半世紀にわたり確立していたロバツ判決を〝突如として〟変更した。第六修正の証人対面権制定当時（一七九一年）のコモンローでは原供述者の証人としての利用不能に加えて被告人に反対尋問の機会が与えられていなかった本件のような証言的伝聞供述は許容されていなかったことを理由にロバツ判決を正面から変更したのである。そして第六修正の証人対面権は当時のコモンローに即して解釈されなければならないとしたうえで〝証言的（testimonial）〟供述と非証言的供述とを区別し、前者の証言的供述に限り証人対面権の対象となると判示したため〝証言的〟供述の意味内容をめぐり激しい議論が展開されることになった。

なお、本判決についてはスカーリア裁判官が法廷意見を執筆したことから「スカーリアの長年にわたるConfrontation Clause の解釈を変えるべきだという説得が、ついに最高裁の多数意見を形成した」「スカーリアの第六修正についての独自の解釈がついに最高裁の多数意見を形成したと見ることができる」との指摘がある。(3)しかし、法廷意見も引用するフリードマン論文(4)の影響は明らかであり、(5)必ずしもスカーリア裁判官の独自の見解でないことは、スティヴンズ、ギンズバーグなどいわゆるリベラル派の裁判官も同意した七対二の判決であることに示されているように思われる。ただ、フリードマン論文を理解するには従前の関連判例の綿密な検討が欠かせないにもかかわらず、管見した限り、わが国ではこのような検討はなされていないのである。

ところで合衆国最高裁は二年後の二〇〇六年のデイヴィス判決（Davis v. United States, 547 U.S. 813）において初めて証言的供述について「取調べの主たる目的が警察官の援助があれば進行中の緊急状態に対処できることが客観的に示されている状況下での警察の取調べの過程でなされたとき、それらの供述は非証言的である。そのような進行中の緊急状態はなく、かつ取調べの主たる目的が後の刑事訴追に潜在的に関係する過去の出来事を確証ないし立証することを諸状況が客観的に示しているとき、それらの供述は証言的である」と定義した。そのうえで前ボーイフレンドから暴行を受けたとするDV被害者が九一一番通報中にしたオペレータとの交信記録等については原判決と同じく証言的供述でないから許容できるとし、他方、家庭内騒動の通報を受けて現場に臨場した警察官への夫からのDVを受けた旨の妻の供述については証言的であるのでクロフォード判決の適用を受けるとした。

そして合衆国最高裁は二〇〇八年のジャイリズ判決（Giles v. California, 554 U.S. 353）において元ガールフレンドを射殺したとして第一級謀殺罪で起訴された被告人が正当防衛を主張したため九一一番通報に応じて現場に駆けつけた警察官への被害者の生前の供述につき不正行為による権利喪失（forfeiture by wrongdoing）の法理の下で許容できるかが争われた事案につき、「建国時にまたはその後二〇〇年間にわたり耳にしたことのない対面条項の例外を是認することには応じられない」とした。もっとも、同判決は、【1】レイノルズ判決を引照しつつ「〝不正行為によ る権利喪失 (forfeiture by wrongdoing) のルールは本質的に衡平法上の理由に基づく対面の主張を喪失される。〟との先例を再確認したうえで一九九七年の新しい連邦証拠規則第八〇四条(b)(六)が権利喪失の法理を法典化したことを指摘しており、同法理自体を否定するものではない。

さらに合衆国最高裁は二〇〇九年のメレンデス・ディアス判決 (Melendez Diaz v. Massachusetts, 557 U.S. 305) において、警察官が適法に押収した薬物はコカインである旨の州研究所の分析人によって作成された宣誓供述書の許容性が争われた事案につき、同供述書は〝証言的〟供述であるので分析人が法廷で証言しない限り第六修正の証人対面権に違反するとして従前の確立していた捜査実務を正面から否定した。(6)

本判決の最大の意義は、従前問題とされたＤＶ被害者の警察官らへの公判外供述とは異なり、被告人から押収された薬物はコカインである旨の研究所の分析人による宣誓供述書について証言的供述に外ならないとしてクロフォード判決の適用を正面から肯定したことにある。従前のように「鑑識報告書で立証を済ませ」ることはできず「今後は、逐一鑑識官を法廷に呼んで証言させなければ」ならないことになり、合衆国最高裁がその後「類似の事案を扱った Briscoe v. Virginia の裁量上訴を受理したので、合衆国最高裁の真意がどこにあるのかが注目されて」い(7)たところ、最高裁は二〇一〇年一月二五日の Briscoe v. Virginia, 557 U.S. —, 130 S.Ct. 1316 (*per curiam*) において、何ら見解を明らかにすることなしに州最高裁判決を破棄し、メレンデス・ディアス判決と矛盾しない手続きに従ってさらに審理を尽くすよう命じて本件を処理した。したがって、本判決は合衆国最高裁によって改めて確認されたことになる。

このようにみてくると、ロバツ判決を〝突如として〟変更した二〇〇四年のクロフォード判決が判例として確立していることは明らかである。

（3）　寺尾美子ほか「座談会：合衆国最高裁判所二〇〇三—二〇〇四年開廷期重要判例概観」二〇〇四—二アメリカ法二五八—二六二頁（酒巻匡発言）。

（4）　Richard D. Friedman, Confrontation and the Definition of Chutzpa, 31 Isr. L. Rev. 506, 512 (1997), Confrontation : The Search for Basic Principles, 86 Geo. L. Rev. 1011 (1998).

（5）　Tom Lininger, Prosecuting Batterers After Crawford, 91 Virginia L. Rev. 755 n. 37 は、前出フリードマン論文がクロフォード判決での多数意見に「大きな影響を与えた（greatly influenced）」と指摘している。

（6）　以上につき、堀江慎司「特集　第六修正の対面条項の射程をめぐる最近の判例」二〇一〇—一アメリカ法一二〇頁。なお、津村政孝「対審権と伝聞法則の関係」ジュリスト一四三〇号（二〇一一年）七九頁。

（7）　芹澤英明ほか「合衆国最高裁判所二〇〇九—二〇一〇年開廷期重要判例概観」二〇一〇—二アメリカ法三二七頁（笹倉宏紀発言）。

# 第三章　証人対面権と伝聞法則

このようにわが国でも大いに話題となっているクロフォード判決の意義と問題点を解明するには、証人対面権と伝聞法則にかかわる従前の膨大な関連判例とりわけロバツ判決の理解が不可欠の前提となる。

以下、ひとまず対面条項に関する主要な合衆国最高裁判決をロバツ判決前後に分けて概観した後、各判決の具体的内容については節を改め時系列的に紹介することとしたい。フリードマン教授の最高裁批判については第四章で詳論する。

## 第一節　概　要

### 一　ロバツ判決以前

合衆国最高裁は早くも一八九五年の【2】マトックス判決において、証人の死亡を理由に同人の以前の法廷証言の速記録が被告人に不利な証拠として許容された事案につき「憲法上の対面条項の主たる目的は、……時おり民事事件で認められているような直接尋問および反対尋問に代えて証言録取書や一方的な宣誓供述書（depositions or ex parte affidavits）を被告人に不利な証拠として用いることを阻止することにあった。……しかし、この種の一般法則は、ときには公の政策や必要性に譲歩しなければならない」としたうえで、証人は先の公判で十分に反対尋問を受けていたから憲法上の証人対面権の侵害はないとした。なお、【1】レイノルズ判決はわが国ではほとんど知られていないが、モルモン教徒の重婚の教義を否定した際に重婚という不正行為に対面条項による救済は認められないとしたアメリカでは周知の判例である。

合衆国最高裁は七〇年後の一九六五年の【3】ポインター判決において、証人（被害者）の州外移住を理由に同人の予備審問（被告人には弁護人が付されていなかった）における証言調書が被告人に不利な証拠として許容された事案につき、同調書は「弁護人を通じて証人を十分に反対尋問する機会が被告人に与えられた情況下に作成されたものではない」ことを理由に第六修正により保障された対面条項の侵害に当たるとした。また同じ日に言い渡された【4】ダグラス判決では、証人（共犯者）が証言を拒否したので検察官が被告人を巻き込む同人の捜査段階での自白調書を朗読した事案につき、朗読は事実上〝証言〟に相当するにもかかわらず被告人は原供述者たる証人に反対尋問できなかったことを理由に証人対面権の侵害に当たるとした。そして一九六八年四月の【5】バーバ判決では、証人（共犯者）が法域外の連邦刑務所に収容されていることを理由に同人の予備審問における証言調書が許容された事案につき、たとえ予備審問において証人を反対尋問する機会が与えられていても「検察側が証人を公判廷に出頭させるための誠実な努力をしたのでない限り……〝利用不能〟とはいえず」本件ではかような努力は認められないから証人対面権の侵害に当たるとされた。さらに同年五月の【6】ブルートン判決では、被告人との共同犯行を認める共犯者の捜査段階での自白が被告人との併合審理においていわゆる限定説示の下に自白者本人に対してのみ不利な証拠として許容された事案につき、被告人に対する関係では共同被告人である共犯者の自白を無視しなければならない旨の明確な限定説示が与えられていても、陪審は被告人の有罪・無罪を認定する際に事実上このいわゆる共犯者の自白に注目する危険性があることを理由に被告人の証人対面権の侵害にあたるとされた。なお、一九九八年の【20】グレイ判決は、被告人との共同犯行を認める共犯者の公判外の自白（調書）を併合審理において限定説示の下に自白者本人に対してのみ不利な証拠として許容された事案につき、たとえ被告人の名前が削除という文言に置き換えられあるいはその部分がコンマで区切られて空白になっていたとしても、第六修正の証人対面権に違反するとしたものである。

以上の諸判決の中でとりわけ注目されるのは、一九六八年のブルートン判決が被告人を巻き込むいわゆる共犯者の自白を自白者本人に不利な証拠として許容するのは併合審理においては被告人の証人対面権の侵害にあたるとしたことである。つまり被告人との共同犯行を認める共犯者の捜査官に対する自白は伝聞例外に該当しないから被告人に不利な証拠としては許容できない、ところが併合審理の際に自白をした当の本人（共犯者）に対してのみ不利な証拠として許容できる旨のいわゆる限定説示の下にこれを許容すると裁判官の無視せよとの明示の説示にもかかわらず陪審が事実上この共犯者の自白を被告人に不利な証拠として用いる危険性がある、そしてこのような伝聞法則に反して用いられるおそれのある証拠を許容するのは証人対面権を侵害することになるというのであるから、証拠法上の伝聞法則と憲法上の証人対面権との関係は密接にならざるを得ない。そして現に、一九七五年の連邦証拠規則第八〇四条(b)(三)号制定時にブルートン判決の文言（Bruton sentence）を付加すべきかをめぐる激しい争いがあり両者の関係をめぐる従来からの議論が再燃したのである。

そして合衆国最高裁は一九七〇年六月の【7】グリーン判決においていわゆる手遅れの反対尋問（belated cross-examination）の違憲性を否定した、すなわち証人（マリファナの被交付者）が記憶喪失を主張しつつ曖昧な答弁に終始したので同人の予備審問における証言調書が以前の不一致供述を実質証拠として許容するカリフォルニア州法に基づき許容された事案につき、証拠法上の是非については格別、憲法上の証人対面権を侵害するものではないとした。「対面の要求に刺激を与えたのは、一方的な宣誓供述書や予審官（examining magistrates）によって作成された証言録取書のみから成る〝証拠〟に基づいて被告人を審理し、かくして事実審判者の面前で直接対面して自己の告発者に挑戦する機会を被告人に与えることを否定するという悪弊にほかならなかったことを指摘すれば十分である。」証人が法廷に出頭して自己の供述を繰り返し、そして事実審判者の面前で以前の矛盾供述を説明したり否認している限り、証人の公判外の証言録取書ないし供述を証拠として認めることに対して対面権を主張されることはなかったとしたうえで、このような信用性の問題に関連性がある若干の証拠が永久に失われるとしても、被告人の対面権は侵害されないと判示したのである。

さらに同年一二月の【8】ダットン判決では、警察官殺害の容疑で逮捕され刑務所に収容中の共犯者から被告人に不利な供述を聞知した旨の証人（収容者仲間）の証言がコンスピラシーの隠蔽段階における共謀者の供述をも伝聞例外として許容する州法に基づき許容された事案につき、州法の証拠法則が連邦の伝聞例外と正確に一致しないという理由だけでは憲法に違反するということにはならないとしたうえで、本件伝聞供述は被告人にとって決定的なものではなく思わず発せられた刑事上の利益に反する供述であるから信用性の徴憑も認められることを理由に、証人対面権を侵害するものではないとされた。また一九七二年の【9】マンクーシ判決では、やり直し裁判で当時すでに外国に永住していた被害者証人の以前の法廷証言の反訳記録の朗読が許された事案につき、利用不能の要件は満たされており〝信頼性の徴憑〟も認められるとして憲法上の対面権違反はないとされた。

## 二　ロバツ判決以降

一九八〇年の【10】ロバツ判決は、両親からの使用許可を得ずにクレジット・カードを被告人に渡した旨の娘（被告側証人）の予備審問での証言記録が同証人の所在不明を理由に使ってもよいとの諒解の下に同証人からクレジットをもらった旨の被告人の法廷証言の反証として許容された事案につき、予備審問時での弁護人の同証人への質問は明らかに反対尋問の様相を帯びており古典的な反対尋問の目的に実質的に適合しているとして信頼性の徴憑を認めたうえで利用不能の要件も満たされているので対面権に違反しないとした。このロバツ判決によって、原供述者の公判外供述は同人が証人として利用不能であるとしてもそれに〝信頼性の徴憑〟が認められる限り許容できる、そして〝深く根を下ろした伝聞例外〟に該当する場合にはそれだけで信頼性が認められる、それ以外の場合には〝信用性の特段の保障の立証〟がなされた場合に限り許容できることが確立する。

そして一九八〇年のロバツ判決の示したこのような判断枠組は二〇〇四年のクロフォード判決で変更されるまで各州法上の伝聞例外の事案に四半世紀にわたり適用されてきた。主要な関連判例は次のとおりである。

まず一九八六年の【11】イネイディ判決は、いわゆる共謀者の供述はコンスピラシーの継続中にかつコンスピラシーを推進するためになされたものであるから連邦証拠規則第八〇一条(d)(二)(E)の要件を満たしているとしたうえでロバツ判決の要求する利用不能の基準は共謀者の公判外供述には適用されないとした。たとえ原供述者が法廷で同一のことを証言したとしても、もはや繰り返すことのできないコンスピラシーの文脈下での証拠を提供するにすぎず、コンスピラシーの存続中における当該供述の重要な証拠価値を再現することはほとんどないのに対し、利用不能のルールの適用による訴追側への負担は大きい。対面条項はこのような法則を具体化していないというのである。そして【18】ホワイト判決はこれを受けて、強制猥せつの被害女児のベビーシッタや医師への伝聞供述が州法上の〝思わず発した供述〟〝医学的治療の過程における供述〟の伝聞例外として許容された事案につき、イネイディ判決は「共謀者の文脈の中で明示されたものであるが、それをそっくりそのまま本件に適用する」としたうえで、「〝深く根を下ろした〟伝聞例外として許容される供述は極めて信用性があり……本件での公判外供述とイネイディ判決で許容できるとされた供述とを区別して取り扱う理由はほとんどない」とした。

次に【13】ブルージェイリー判決は、共謀者の供述を許容する連邦証拠規則第八〇一条(d)(二)(E)は対面条項の要件と同一であるから同規則の下で許容される以上、憲法問題は生じないとした。要するに、第八〇一条(d)(二)(E)の要件を満たしている共謀者供述に関しては信頼性の徴憑の調査を対面条項は要求していないというのである。これに対し【16】ライト判決は、性犯罪の被害女児の診察にあたった小児科医の伝聞供述が州法上の〝その他の伝聞例外〟として許容された事案につき、対面権違反に当たるとした。〝深く根を下ろした〟伝聞例外に該当するので〝信頼性の徴憑〟が認められる共謀者供述の伝聞例外とは異なり、〝信用性の特段の保障の立証〟が欠かせないにもかかわらずそのような立証なしに伝聞例外として許容されたのは対面条項に違反するというのである。

そして【15】コイ判決は、猥せつ事件の被害者証人と被告人との間にスクリーンを置き証人からは被告人を見ることのできない状態で証人が証言した事案につき、対面権違反と断じた。「対面条項は事実認定者の面前で被告人が証人と直接会うことを被告人に保障しており、」このことを疑問とした判例は一切ない。本件でのスクリーンは証人が証言時に被告人を見ないで済むようにとの配慮の下で作られたが「証人と対面する被告人の権利をこれほど明白に侵害する事例を想定するのは難しい。」対面権に何らかの例外があるかの問題は後日に委ねるが、州法によって創出された本件伝聞例外は〝深く根を下ろした〟ものと考えることはできないというのである。これに対し、【17】クレイグ判決は、重大な情緒的障害のおそれを理由に一方向の有線テレビを用いた別室での被害者証言を許容する州法に基づいた被告人の有罪判決につき、証人対面権に違反しないとした。「対面条項は公判での直接的対面の優先を反映しているが、この優先は〝時には公の政策や必要性に譲歩しなければならない〟」「本件では宣誓の下に証言した子供の証人は全面的な反対尋問にさらされ、証言時に裁判官、陪審、および被告人によって観察されていたことに争いがないのであるから、そのような証言を許容したのは対面条項と一致している」と判示したのである。

【12】リー判決および【21】リリー判決は、いずれも共犯者の公判外の伝聞供述が許容された事案につき対面条項違反とした。前者では被害者殺害時に被告人との間で合意があったとする共犯者の捜査段階での供述を正当防衛である旨の被告人の主張に不利な証拠として考慮できるかが争われた事案につき、被告人を罪に陥れる共犯者の自白は内在的に信用できないことを理由に対面条項違反が肯定された。後者では、自己負罪拒否特権を行使して証言を拒否した共犯者の被告人を巻き込む捜査段階での自白を州法上の伝聞例外に該当するとして被告人に不利な証拠として許容された事案につき、第六修正の証人対面権に違反するとされた。すなわち〝被告人を罪に陥れる共犯者の自白は推定上信用できない〟ことは長年にわたり明言されてきたことであり、「刑事被告人を非難する共犯者の自白は〝深く根を下ろした伝聞例外〟に該当しない」というのである。そしてこの間の一九九四年の【19】ウィリアムソン判決において合衆国最高裁は、被告人ウィリアムソンの依頼でコカインを運搬していた旨の共犯者ハリスの捜査官への供述が連邦証拠規則第八〇四条(b)(三)の〝利益に反する供述〟の伝聞例外として許容できるかが争われた事案につき、同条の文言は広狭両様の解釈が可能であるが同規則の背後にある原理からすれば「限定的な解釈が」正しいとして、ハリス本人に負罪的な供述部分だけが許容されると判示した。要するに、被告人を巻き込む共犯者の自白は刑事上の利益に反する供述の伝聞例外に該当しないと判示したのである。

他方、【14】オウェンズ判決は、連邦刑務所職員が執務中何者かに鉄パイプで殴打され重傷を負って入院中、当初は思い出せなかったが容態がかなり回復した段階でＦＢＩ捜査官に対し「犯人として被告人を名指し、写真帳から被告人を犯人として識別した」旨の供述が連邦証拠規則第八〇一条(d)㈠(C)の下で許容された事案につき、証人対面権に違反しないとした。

## 第二節　主要関連判例の検討

アメリカ判例法は相互に錯綜した関係にあるため、それらをときほぐし一定の理論を正確に把握するのは容易でない。しかし、フリードマン教授らのロバツ判決批判も当然それを前提にしている以上、一連の関連判例を事実関係を含めてそのままの形で理解することが重要である。ただ、証人対面権にかかわる大半の判例はすでに『デュー・プロセスと合衆国最高裁Ⅱ――証人対面権、強制的証人喚問権』で紹介したので事件の経緯等については大幅に省略したが、クロフォード判決およびフリードマン教授の見解を理解するうえで欠かせないにもかかわらず欠落していた関連判例における反対意見や同調意見については問題意識の欠如を猛省しつつ新たに詳しくかなり補充することにした。

以下、改めて関連判例を判文に即して時系列的に紹介しておく。

## 一　ロバツ判決以前

### 【1】レイノルズ前公判証言許容重婚罪合憲判決（一八七九年五月五日）

本判決（Reynolds v. United States, 98 U.S. 145）は、いわゆるモルモン教の信者がその教えに従って妻がありながら他の女性と正式に婚姻したため重婚を禁止するユタ準州の制定法違反で起訴され、主として他の起訴状の下での同一犯罪に対する被告人に不利な重婚の相手女性の以前の法廷証言が認められた事案につき、合衆国憲法第六修正の証人対面権に違反しないとしたものである。クロフォード判決が不正行為による権利喪失を認めた唯一の先例として引用しているものであり、やや複雑な事実関係については省略し判示のみ紹介しておく。

**【判示】**　(1)　憲法は自己に不利な証人と公判で対面する権利を被告人に与えている、しかし彼（被告人）自身の不法な斡旋（wrongful procurement）によって証人が欠席するのであれば、彼が自ら遠ざけた（kept away）その場所を示す法的資格ある証拠が許容されるのであれば、彼は不服を申し立てることができない。憲法は自己に不利な証人と対面する特権を被告人に与えている、しかし彼が任意に証人を遠ざけるのであれば、彼は自己の特権を主張できない。それ故、彼の斡旋による欠席であり、それらの証拠が何らかの合法的方法で提供されるとき、彼は自己の憲法上の権利が侵害されたことを主張できないのである。

(2)　公判において被告人は、次のことを立証した、すなわち彼のいわゆる第二回目の結婚時にかつそのずっと前から彼は通常モルモン教会（the Mormon Church）と呼ばれている末日聖徒イエスキリスト教会（the Church of Jesus Christ of Latter-Day Saints）のメンバーでその教義の信奉者であったこと、事情が許せば重婚を実行することが同教会の男性のメンバーの義務であることが同教会の容認された教義であったこと……同教会のメンバーは同教会の設立者である Joseph Smith の啓示において重婚の実行は全能の神（Almighty God）によって男性のメンバーに直接要求されていると信じていたこと、同教会の男性メンバーが重婚をせずまたはそれを拒否したりすると処罰されること、そしてこのような不作為または拒否に対するペナルティは地獄に落ちる罪（damnation in the life to come）であることを立証した。彼はまた〝重婚の結婚生活を送ることにつき同教会の公認の権威者から許可を得ていたこと……同教会で結婚を司式する権限を有する Daniel H. Wells は本件犯罪が行われたとされる頃に被告人が Schofield という名前の女性と結婚することを認めていたこと、そしてそのような結婚の司式は同教会の教義の下でそれに従って行われたことを立証した。（at 161.）

このような立証に基づいて彼は、彼が宗教的義務であると信じていたことに従ってかつそれと一致して告発されているような結婚を――もし彼が結婚していたのであれば――したことを陪審が証拠から認定するのであれば、その評決は〝無罪〟でなければならない旨陪審に説示するよう裁判所に求めた。この要求は拒否された、そして裁判所は、陪審に次のような説示をした、すなわち〝犯意（criminal intent）がなければなりません、しかし、もし被告人が正しいという自らの宗教的信念の下に、生存している妻がありながら故意に二回目の結婚をしたとしても、悪意（evil intent）の意識の欠如――彼は罪を犯しているという彼の側での理解の欠如――は彼を免除（excuse）しません、そのような事案において法は犯意を暗示（implies）しています〟と陪審に説示した。

このような説示および説示の拒否に関して、宗教的信念は国の法によって犯罪とされる顕示行為（overt act）の正当化理由として認めることができるかという問題が提起されている。正当に制定された法をそれと知りつつ（knowingly）破る者に関して、もし彼がその法は誤っている（wrong）という宗教的信念を抱いているのであれば有罪とできるかの問題が提起されているのである。

議会は、準州の政府に対し信教の自由な行使を禁止する法を制定することはできない。憲法第一修正は、そのような立法を明示に禁止している。信教の自由は連邦議会の介入にかかわる限り、合衆国のどこにおいても保障されている。問題は、いま検討中の法はこの禁止の範囲内にあるかどうかである。

(3)　〝宗教〟という言葉は憲法の中で定義されていない。われわれは、それ故、その意味を確認するためにどこかに出かけなければならない、そしてこの規定が採用された当時の歴史ほど正確なものはないと考える。この調査の正確なポイントは、保障されてきた信教の自由とは何かである。(at 161-162.)

重婚はヨーロッパの北部および西部の諸国において常に憎悪(odious)されてきた、コモンローでは再度の結婚(重婚)は常に無効とされていた、そしてイギリスの初期の歴史から重婚は社会に対する犯罪として取り扱われてきた。例外的な指導者集団の下での重婚主義者の集落では一時存在しうるかもしれないが、その領土内での重婚または一夫一婦制が社会生活の法であるかどうかの判断は、あらゆる市民政府の正当な権限の範囲内にあることは疑い得ない。

(4)　われわれの見解によると、現にいま検討中の制定法は連邦議会の立法権限の範囲内にある。それは領土内に居住するすべての人に対する行動のルールを定めており合憲かつ有効である。そうすると残された唯一の問題は、重婚を彼らの信教の一部とする人々は制定法の効果から除外されるかである。人身御供(human sacrifices)は宗教的崇拝の当然の部分であると信じている人を想像せよ、彼がその下で生活している民間(civil)政府は犠牲を阻止するために介入できないと真面目に主張できるであろうか。あるいは妻が死亡した夫の火葬用の薪材の上で焼死することは彼女の義務であると宗教上信じているとせよ、彼女がその信念を実行するのを阻止するのは民間政府の権限を越えていることになるのか?

本件においても合衆国の排他的支配下にある社会の組織法として複数の結婚は許されないことが定められている。彼の宗教的信念を理由にそれに反する彼の行為を免除することができるのか?　このようなことを認めるのは、公認された宗教的信念の教義を国の法の上に置き、そしてすべての市民を自己自身の法とすることを認めることになろう。このような状況下において政府は単に名前においてのみ存在しうるにすぎないことになる。(at 166-167.)

### 【2】マトックス原供述者死亡後法廷証言許容合憲判決（一八九五年二月四日）

本判決（Mattox v. United States, 156 U.S. 237）は、やり直し裁判時にすでに死亡していた目撃証人の最初の公判での法廷証言の速記の反訳記録を被告人に不利な証拠として許容しても憲法上の対面条項に違反しないとした最も初期の関連判例として繰り返し引用されているものである。

【事　実】　被告人マトックス（X）は一八八九年一二月一二日の原住民居留地内での殺人事件に関して、一八九一年九月に第一級謀殺罪で起訴され有罪とされ誤審令状（writ of error）による救済を求めたところ合衆国最高裁は原判決を破棄して新公判を命じた。Xは一八九四年一月一六日に再び有罪とされ誤審令状による救済を求めたところ同年一二月三日「いわゆる矛盾供述の許容性の問題について」補充趣意書の作成が弁護人に認められ、次いで同月一〇日、全裁判官関与の下で弁護人の意見陳述（resubmission）が行われた。

本件での主たる争点は、(1)第一次公判での証人A、B――いずれも新公判時には死亡していた――の証言内容の速記の反訳記録の朗読を認め、(2)右A証言を弾劾するために提出されたXを本件射殺犯とする（Aの）法廷証言は虚偽である旨Aから聞知したとの証人甲、乙の証言を排除した下級審の判断に誤りがあったかであった。

合衆国最高裁は、いずれについても誤りはなかったと判示し、有罪判決を維持した。

【判　示】　(1)　本件公判時に以前の公判での二証人A、Bはすでに死亡していたため当時の証言の速記の反訳記録の朗読が認められ、被告人に不利な有力証拠となった。両証人はいずれも先の公判で十分に尋問され反対尋問を受けていた。しかし、被告人は「以前の公判で宣誓した証人の証言（内容）の朗読が認められることによって、自己に不利な証人と対面できるとする憲法上の規定が侵害されたことになると主張する。」(at 240.)

「問題とされている憲法上の規定の第一の目的は、時折、民事事件で認められているように、証人を直接尋問し反対尋問する代りに、証言録取書や一方的な宣誓供述書（depositions or *ex parte* affidavits）を被告人に不利な証拠として用いることを阻止することにあった。……たとえ証人が死亡したとしても、被告人はこのような防御上の利益を奪われるべきでない、証言記録の朗読が認められることになると法が意図した証人を直接陪審の面前に出頭させるという被告人の防御（for his protection）の利益が奪われることになるとの主張にはもちろん一理ある。しかし、この種の一般的な法のルールは、それが被告人にいかに有利に作用し価値あるものであるとしても、時には公の政策や証拠の必要性を考慮して譲歩しなければならない。ある証人の証言によって一旦有罪とされた犯罪者を、単に死が証人の口を閉ざしてしまったとの理由で罪を免れさせるべきであるというのは、憲法上の保護を不当なまでに拡大することになろう。法は自らの叡智において枝葉な利益を被告人に保持させるために公共の権利が完全に犠牲にされるようなことがあってはならないと宣言しているのである。」(Id. at 242-243.)

われわれは、憲法採用当時に存在したそのような法に照らして憲法を解釈しなければならない。権利の章典の性質を有する多くの規定には、憲法の採用のずっと以前に認められてきた例外があり、それらは憲法の精神に何ら抵触しない。例えば〝臨終の供述〟を許容することほど、問題の規定の文言に直接反するものはないであろう。それらは人の面前でなされることは稀である。それらは尋問および反対尋問の機会なしになされる。証人は陪審に直接対面する（face to face）ために引致されていない。しかし古くからそれらは資格ある証言として取り扱われてきたのであって、今日、その許容性を疑問視する大胆不敵な人はいないであろう。それらは証言の許容性に関する一般法則に合致するものとしてではなく単に必要性から、そのような法則の例外として明らかな正義の崩壊（failure of justice）を阻止するために許容されている。本件での第一次誤審令状（発付）の際に首席裁判官が指摘したように、死の切迫感は、虚偽の誘惑をすべて断ち切り、宣誓義務がそうであるように、真実への執着を厳しく要求する（enforce as strict an adherence to the truth）ものと考えられている。そのような供述は、宣誓下になされたものと同一の重みを与える状況下になされていることを理由に、本人がその後に死亡しても許容されるというのであれば、宣誓下になされたその人の供述に関する証言を許容する理由は、少なくともそれと同等に存在することになる。（at 243-244.）

(2)　証人Aから正式裁判後の一八九二年一一月、被害者射殺時に被告人を現認しておらず法廷証言は虚偽である旨聞いたとの証人甲、乙の証言排除に関する原審判断に誤りはない。「証人が証人台での証言と相異なるかまたは矛盾する供述をしていることを立証することによって証人を弾劾する前に、その証人自身にまずそのような供述をしたかどうかに関して質問をすることによって基礎固め（foundation）をしなければならない。」このことはほぼ確立している。被告人は、証人死亡の場合にこの法則は適用されないと主張するが「証人が死亡すれば、相手方当事者は一般に同証人の証言と矛盾する供述を立証する門戸を開放できるということになると、偽証や証言の捏造の誘発を招くこととなりそのような証人がうんざりするほど現れることとなろう。」そのような証言を許容することは不公平の重大な危険がある、例外を認めず基礎固めを要求するのが正しい。（at 245, 250.）

## 【3】ポインター予備審問証言対面条項州適用判決（一九六五年四月五日）

本判決（Pointer v. Texas, 380 U.S. 400）は、弁護人による反対尋問の機会のなかった予備審問における被害者証言の反訳記録が同証人の州外移住を理由に被告人に不利な証拠として許容された事案につき、初めて第六修正の対面条項は第一四修正のデュー・プロセス条項を介して州にも適用されると判示したうえで、本件ではこの憲法上の対面権は否定されたことになるとして原判決を破棄差し戻したものである。

**【事　実】**　被告人ポインター（X）とYの両名は、テキサス州でAから三五ドルを強奪したとして逮捕され予備審問のために裁判官の許に引致されたがいずれも弁護人が付されていなかった。被害者（A）は、検察側の主たる証人として強盗事件について詳細に説明しピストルで脅かし金を強奪した男はXであると述べた。Xは他の証人についても格別、Aには反対尋問しなかった。Xはその後、強盗の罪で起訴された。Aは公判開始前に、カリフォルニア州に移住した。検察側は公判廷でAは州外移住しテキサス州に戻る意思がないことを立証した後で予備審問におけるA証言の反訳記録をXに不利な証拠として提出した。Xの弁護人は対面権の否定であるとして直ちに異議を申し立てその後も同旨の異議を繰り返したが、自己に不利な証人を反対尋問する機会がXに与えられていたことを一つの理由にいずれも退けられた。州の最終審であるテキサス州刑事控訴裁判所も、Xの主張を退け、有罪判決を維持した。これに対し、合衆国最高裁は「本件に含まれている重要な憲法問題を検討するために」上告受理の申立てを容れ原判決を破棄した。

**【判　示】**　(1)　第六修正はいわゆる権利の章典の一部である。一九六三年のギデオン判決（Gideon v. Wainwright, 372 U.S. 335）で最高裁は、権利の章典の中で〝公正な裁判にとって基本的かつ不可欠〟である条項は、第一四修正によって州をも拘束するとの理由に基づいて第六修正の弁護人の援助を受ける権利は州をも拘束すると判示した。この前の開廷期に一九六四年のマロイ判決（Malloy v. Hogan, 378 U.S. 1）は、第五修正の自己負罪拒否特権の保障は第一四修正により州にも適用されると判示した際に第六修正の弁護権の保障は〝公正な裁判にとって不可欠な基本的権利〟であり第一四修正により州をも拘束するとのギデオン判決の判旨を繰り返した。「われわれは本日、第六修正の自己に不利な証人と対決する被告人の権利は、同様に基本的な権利であり、第一四修正によって州を拘束すると判示する。」（Id. at 403.）

反対尋問の権利が刑事事件において自己に不利な証人と対面する被告人の権利の中に含まれているというのは、

今さら本気で疑いえないことである。わが国の憲法が目的とするような公正な裁判をするためには対面と反対尋問の権利（the right of confrontation and cross-examination）が不可欠で基本的な要件であるという信念の表明ほど、当裁判所および他の裁判所が一致している問題はほとんどない。実際、われわれは、被告人から自己に不利な証人を反対尋問する機会を奪うことは第一四修正のデュー・プロセスの保障の否定であると明確に宣明してきたのである。「われわれは、被告人（X）には第六修正の対面権の保障の保護に従って審理される権利があり、そしてこの保障は、強制的な自己負罪を拒否する権利と同様、〝個人の権利を連邦の侵害から保護するのと同一の基準に従い第一四修正の下で州に対して強行されるべきである〟と判示する。」(at 406.)

(2)　当裁判所は、臨終の供述や以前の公判で証言しその後に死亡した証人の証言の許容性を肯定してきた。本件で判示することも何らこれらと異ならない。「Xに弁護人が付されており弁護人に十分かつ適切な反対尋問の機会が与えられていた十全な（full-fledged）審問で（被害者）Aの供述がなされていたというのであれば、本件は全く異なっていたことであろう。」自己に不利な証人と対面する被告人の権利は、連邦の手続であると州の手続であるとを問わず同一の基準によって判断されなければならないから、本件反訳記録を用いてXを有罪としたのはXに憲法上の権利を否定したことになり、Xの有罪判決は破棄されねばならないという結論になる。(at 406-408.)

## 【4】ダグラス共犯者証言拒否後自白調書朗読違憲判決（一九六五年四月五日）

本判決（Douglas v. Alabama, 380 U.S. 415）は、分離裁判で有罪判決を受けていた共犯者が被告人の公判で自己負罪拒否特権を行使して証言を拒否したため検察官が記憶を喚起すると称して同人の捜査段階での自白調書を朗読した事案につき、証人対面権の侵害に当たるとしたものである。

**【事　実】**　被告人ダグラス（X）とロイド（Y）は、謀殺の意図での暴行の罪で分離して審理されYがまず有罪と認定された。そこで検察側は、Xの公判で訴追側証人としてYを喚問した。ところがYは有罪判決に対し控訴する予定でいたのでXと共通の弁護人はYに自己負罪拒否の特権を援用して質問に答えないよう助言していた。Yは証人台に立ち住所氏名を明らかにしたが、弁護人の助言に従って特権を行使し当該犯罪に関する質問に答えることを拒否した。事実審裁判官は、すでに有罪判決を受けているので特権を行使できないとして証言を命じたが、Yはなおも答弁を拒否し続け法廷侮辱罪の威嚇も効果がなかったため裁判官は〝Yを敵対的証人（hostile witness）〟と宣言したうえで、反対尋問の特権を与えてほしい旨の検察側の申立てを容れた。検察官は、Yの署名のある自白（調書）を提出しYの記憶を喚起するための反対尋問であると称し二、三節ごとに朗読を中断してYに対し〝こうした供述をしたことがありますか〟と尋ねながら右書面を朗読しようとした。その度毎にYは特権を主張して答弁を拒否したが、検察官はこのような質問のやり方を自白調書をすべて朗読し終わるまで続けた。右自白調書は本件犯罪の状況を詳しく述べかつ被害者を猟銃で撃って負傷させた人物としてダグラス（X）を名指していた。州段階ではダグラスの有罪判決が維持された。（at 416-418.）

これに対し合衆国最高裁は、証人対面権の侵害に当たるとする被告人側の主張を容れ全員一致で原判決を破棄差し戻した。なお、法廷意見の執筆はブレナン裁判官である。

【判　示】　本件状況下にダグラス（X）がロイド（Y）の自白に関してロイド本人を反対尋問できなかったことは、対面条項により保障されている反対尋問権をXに否定したことになる。検察官によるYのしたという供述の朗読とYの答弁拒否は、技術的には証言ではないが、検察官の朗読は陪審の心の中ではYが実際にかかる供述をした旨の証言に相当するものといってよい。そしてYが特権に依拠したことは、当該供述が（現に）なされたこと、かつそれが真実であることを陪審が誤って推論するかもしれない状況を生み出した。検察官は証人でなかったから、彼の朗読からYが当該供述をしたと推論されてもこれは反対尋問により吟味できないことだった。同様にX

は、Yによって認められていないがYがしたとされる供述に関してYを反対尋問することができなかったのである。また法執行官（捜査官）を反対尋問する機会も、対面条項が保障する反対尋問の権利が否定されたことを救済するのに十分（adequate to redress）とはいえない。彼ら（捜査官）の供述は、ただ単にYが当該自白をしたことを立証するのに役立つにすぎない。（at 419–420.）

**【5】バーバ他州連邦刑務所収容共犯者予備審問証言許容違憲判決（一九六八年四月二三日）**

本判決（Barber v. Page, 390 U.S. 719）は、予備審問での共犯者証言の反訳記録を同人が法域外の連邦刑務所に収容されていることを理由に被告人に不利な証拠として許容したのは、たとえ予備審問時に反対尋問の権利が放棄されていたとしても訴追側が証人の出廷確保に誠実な努力をしていない限り、対面権の例外となる喚問不能とはいえないとして、被告人の証人対面権の侵害に当たるとしたものである。

**【事　実】**　被告人バーバ（X）とウッヅ（Y）の両名は、武器を用いた強盗の罪でオクラホマ州で起訴された。予備審問では同一の弁護人甲が付されていたが、Yが自己負罪拒否特権の放棄に同意したので甲はYの弁護人であることを辞任した。その後にYはXを巻き込む証言をしたが、XはYに反対尋問しなかった。数か月後のXの公判開始時にYはオクラホマ裁判所から二二五マイル離れたテキサス州の連邦刑務所に収容されていた。検察側は、管轄外のオクラホマ州にいるため証人として喚問不能であることを理由に予備審問でのY証言の反訳記録を被告人に不利な証拠として提出したところXは対面権の侵害を理由に異議を申し立てたが認められず陪審に朗読された。陪審はXを有罪と認定し、州段階でこの有罪判決が維持された。

そこでXは、Y証言の反訳記録をXの公判で用いたのは第六修正の証人対面権の侵害であるとして連邦の人身保護令状による救済を求めたが連邦地方裁判所はこれを認めず同控訴裁判所もこれを維持した。これに対し、合衆国最高裁は「対面権が否定されたというXの主張を検討するために上告受理の申立てを容れ」、全員一致で原判決を破棄差し戻した。

【判　示】　当裁判所は最近、【3】ポインターおよび【4】ダグラスの両判決において第六修正の対面権は第一四修正を介して州に適用されると判示した際、〝わが国の憲法が目的とするような公正な裁判をするためには対面と反対尋問の権利が不可欠かつ基本的な要件であるという信念〟ほど判例がほぼ一致している問題はないと指摘した。証人が現に喚問不能でかつ以前の司法手続において被告人に不利な証言をし、その際、同被告人により反対尋問にさらされていた場合には伝統的に対面の要件の例外であるとされてきた。例えば、【2】マトックス判決のように最初の裁判で証言した証人が第二回目の（やり直し）裁判前に死亡した場合がこれに当たる。

検察側は本件で、Yは公判時に管轄外のオクラホマ州にいたため〝喚問不能〟であり、かつ反対尋問の権利は予備審問で与えられていたにもかかわらずXはこれを利用しなかったことを理由に当該自白の反訳記録の提出はかかる例外に該当すると主張する。

判例や学説（ウィグモアやマコーミック）は、証人が管轄外の法域にいるというだけで〝証人の出廷強制は不可能である〟として対面なしで済ませる十分な理由であると考えていた。しかし、一時期におけるこの理論の正確性がどのようなものであるにせよ、今日においては州間および州と連邦政府との間の協力関係が飛躍的に増大していることを考えると、この理論はもはや刑事法においてほとんど有効といえないことは明らかである。例えば、連邦で拘束中の証人の場合には、州の訴追当局の求めに応じて証言のための人身保護令状（writs of habeas corpus *ad testificandum*）を発付する権限が連邦裁判所に与えられている。さらに州裁判所から発付された証言のための人身保護令状に応じて連邦の受刑者に州の刑事手続きで証言を認めるのが連邦刑務当局の方針（policy）である。

本件において州当局は、申立人（X）の公判でYの出頭を確保するために上述の方法のいずれかを利用するいかなる努力も払っていない。控訴裁判所の多数意見は、連邦当局に裁量権の行使を求める義務は検察側にないことを理由とするようであるが、反対意見が指摘するように〝拒否の可能性は要請をして拒絶されることと同じでない。〟要するに、検察側が証人を公判廷に出頭させるために誠実な努力をしたのでない限り（unless the prosecutorial authorities have made a good-faith effort to obtain his presence at trial）、上述の対面権の要件の例外の趣旨からして証人が〝喚問不能〟であるとはいえない。検察側は本件ではかような努力を一切していない。そして本件記録が示している限り、Yが自ら証言するために出頭しなかった唯一の理由は検察側がYの出頭を求めようとしなかったからである。対面権はこれほど軽々しくなしで済ませることはできない。

検察側はまた、Xは予備審問でYを反対尋問しなかったことによってYと対面する権利を放棄したと主張する。しかし、かかる主張は支持できない。Xは、自己の公判時にYが連邦刑務所に収容されていることには気付かず検察側がYを出廷させるための努力をしないであろうことにも気付いていなかったからである。このような状況下に反対尋問しなかったことがその後の公判で対面権を放棄したことになるというのは、特権ないし権利を熟知したうえでの意識的な放棄（intentional relinquishment）であることを要するという当裁判所の放棄の定義にほとんど合致しない。

対面権は基本的には公判での権利である。それには、反対尋問をする機会と陪審が証人の態度をおしはかる機会（occasion）の両者が含まれている。予備審問は、通常、その機能が被疑者を公判に付すのに相当な理由が存在するかを決定するという限定的なものであるために、公判に比べて事件の内容（merits）につきあまり詳細に探求しない。「予備審問で証人を反対尋問する機会が与えられておれば、証人が現に喚問不能であると立証された場合には対面条項の要求が満たされるとの判示が正当とされうることはありうるが、すでに指摘したように本件はこのような事案でない。」（at 725-726.）

## 【6】ブルートン共犯者公判外自白限定説示許容違憲判決（一九六八年五月二〇日）

本判決（Bruton v. United States, 391 U.S. 123）は、被告人との共同犯行を認める共犯者の自白を併合審理においていわゆる限定説示の下に自白者本人に対してのみ不利な証拠として許容された事案につき、陪審は被告人の有罪または無罪を認定する際に事実上この共犯者の自白に注目するおそれがあることを理由に一九五七年のデリ・パオリ判決（Delli Paoli v. United States, 352 U.S. 232）を変更し第六修正の証人対面権を侵害するとしたものである。一九七五年の米連邦証拠規則制定時にいわゆる共犯者の自白は利益に反する供述ではない旨の文言を規則第八〇四条(b)(三)末尾に明記することは本判決（およびダグラス判決）の要求するところであるかが争われ、また本判決におけるホワイト裁判官の反対意見（ハーラン裁判官同調）が共犯者の自白の内在的な不信用性を強調していることからこの反対意見を引用して共犯者の自白を許容することは証拠法上の信用性の観点からも問題であることが繰り返し指摘されており、共犯者の自白と刑事上の利益に反する供述または共犯者の自白と証人対面権とのかかわりを検討するうえで最も重要な合衆国最高裁判例である。

**【事　実】**　二人組の黒人が一九六五年四月一六日、郵便局員Aらにピストルを突き付け郵便局から金品を強奪して逃走した。翌六六年三月二二日、エヴァンズ（Y）が逮捕された。警察官Pは同年四月八日、Yが面通し行列でAらにより犯人の一人であると識別された後でYを取り調べたところ口頭による自白を得たのでその旨郵政監察官Qに連絡した。Qは四月一一日と五月四日の両日、権利告知の後Yを取り調べたところ右と同旨の自白を得た。五月四日の自白には共犯者としてブルートン（X）を巻き込む自白が含まれていた。XとYは六月二〇日、武器を用いた郵便局強盗の罪で併合審理された。Yは証人台に立たなかったので検察側証人としてQは、XとYが本件強盗犯人である旨のYの自白について証言した。公判裁判官は、右Yの自白は自白者本人にのみ不利な証拠となりXに対してはこれを無視しなければならない旨の限定説示を陪審にした。XとYは、結局、有罪とされた。

第八巡回区は、YのQにした自白は警察官Pが憲法に違反してミランダ判決の権利告知なしに得た以前の自白の毒樹の果実であるから許容できないことを理由にYの有罪判決を破棄したが、Xの有罪判決についてはデリ・パオリ判決に依拠して明確な限定説示が与えられていたことを理由に維持した。これに対し合衆国最高裁は、デリ・パオリ判決を再検討するために上告受理の申立てを容れ同判決を変更したうえで、六対二で原判決を破棄した。なお、法廷意見の執筆はブレナン裁判官である。マーシャル裁判官は本件審理に参加していない。

【判　示】　本件は、被告人を巻き込む共同被告人の自白（confession）は被告人の有罪または無罪を決定する際には無視しなければならない旨の説示が陪審に与えられていたとしても、併合審理における被告人の有罪判決は破棄すべきであるかという先にデリ・パオリ判決で検討した問題を提起している。われわれは、デリ・パオリ判決は変更されるべきであるとの結論に達した。そうしてはならない旨の説示が与えられているにもかかわらず陪審は被告人（X）の有罪を判断する際にXを罪に陥れるエヴァンズ（Y）の公判外供述（incriminating extrajudicial statements）に注目するという実質的な危険があるから、本件併合審理においてYの自白を許容したのは第六修正の対面条項により保障されているXの反対尋問権を侵害したことになる。それ故、デリ・パオリ判決を変更し、本件を破棄する。デリ・パオリ判決の基本的前提は、共同被告人も当該犯罪の遂行に加担した旨の自白者の公判外供述を無視せよという十分に明確な説示に陪審が従うことは合理的に可能であるということであった。陪審が共同被告人への言及部分を無視したことが事実なら、対面条項の問題は生じない。しかし、デリ・パオリ判決以降、当裁判所はこの基本的前提を事実上退けてきた。

本件事情と類似の【4】ダグラス判決ではロイドとダグラスは分離して審理された。ロイドがまず審理され有罪と認定された。ダグラスの公判で検察側はロイドをダグラスに不利な証人として喚問した。有罪判決に対する上訴の申立てが係属中のためロイドは自己負罪拒否の特権を行使し、質問に答えることを拒否した。検察側はロイドを敵対的証人として取り扱うことを認められた。ロイドの記憶を喚起するとの装いの下に検察官は、ロイドの自白を記載したとされる書面を朗読しその供述の確認または否認をロイドに求めることによりロイドを尋問した。これらの供述は当該犯罪にダグラスを巻き込んでいた。われわれは、ダグラスがロイドを反対尋問できなかったということは〝対面条項により保障されている反対尋問の権利〟をダグラスに否定したことになると判示し、効果的なロイドとの対面はロイドがその供述を自己のものと認めたときにのみ可能であると指摘した、ところがロイドはそのようなことはせず、特権に依拠して答弁を拒否した。本件における偏頗の危険性は【4】ダグラス判決におけるよりもさらに重大である。われわれはダグラス判決で〝検察官がロイドの供述を朗読しロイドが答弁を拒否したことは、技術的には証言ではないが、それにもかかわらず陪審の考えでは検察官の朗読はロイドが実際にかかる供述をしたとの証言に相当するものといってよい。そしてロイドが特権に依拠したことは、当該供述が現になされたこと、そしてそれが真実であることを陪審が誤って推論するかもしれない状況を生み出した〟と指摘した。本件では、エヴァンズ（Y）の口頭による自白は実際それについて証言がなされたのであり現に証拠となった。この証言はYに不利な適法な証拠であり、その限りにおいてYの公判時に陪審に提示されたことは正当であった。とすると、Yが当該供述をしたこと、そして（Yの）自己負罪的部分だけでなく被告人を巻き込む部分を含めてそれは真実であると陪審が信ずる可能性はさらに大きい。Yは証人台に立たなかったので、Yの自白を提供したことは、反対尋問を受けないやり方で実質的かつ決定的な重みを訴追側立証に付加したのは明らかである。かくして被告人（X）は、憲法上の対面権を否定されたことになる。

デリ・パオリ判決はかかる対面権の侵害は陪審に対する説示により回避しうることを前提にしていたが、すでに述べたように、この前提は事実上その後否定されている。なお、Xを巻き込む本件伝聞供述は伝統的な証拠法則の下では被告人に不利な証拠として許容できないことは明らかであることを強調しておく。問題が生じたのは、当該供述が原供述者たるエヴァンズ（Y）に不利な証拠として許容できたからである。それ故、Xに関する限り、確立した伝聞例外が問題になっているのではなく「そのような（伝聞）例外は、当然、対面条項の下で問題を提起することになるかについて、われわれはいかなる見解も表明しない。」

デリ・パオリ判決において多数意見により主張された根拠はその結論を陪審制度の維持に結びつけていた。〝陪審は裁判官の説示に従うということを前提にしなければ陪審制度は意味をなさない〟というのである。このような陪審への信頼が正当化される多くの状況のあることにわれわれも同意する。陪審は多くの事案において裁判官の説示に従うことができるし、かつ従うであろうと結論することは不合理でない。それにもかかわらず陪審が説示に従わないまた従うことのできない危険性がきわめて大きく、そのため被告人にとってきわめて致命的となる文脈がある。そのような文脈は、被告人（X）とともに訴追されている共同被告人（Y）のきわめて負罪的な公判外供述が併合審理においてわざわざ陪審の面前に提示された本件に存在する。かかる負罪的供述は被告人にとって破滅的であるだけでなく、その信用性は不可避的に疑わしい。これは、共犯者が証人台に立ちそして陪審が共犯者には非難を他に転嫁する周知の動機があるから注意深くその証言を評価するよう説示されるときに認められる事実である。このような証拠の不信用性は、本件におけるようにいわゆる共犯者が証言せず反対尋問によって吟味されえない場合には耐えられないまでに高まる。対面条項が対象とするのは、まさに公正な裁判に対するこのような脅威にほかならない。

本件でエヴァンズ（Y）の自白の提出は、自己に不利な証人と対面する被告人（X）の権利に対する重大な脅威となった、そしてこれはわれわれが無視することのできない危険である。Xを巻き添えにする（inculpate）許容性のないYの伝聞供述を無視せよとの陪審への明確な説示がなされていたにもかかわらず、併合審理の文脈においてこのような限定説示をXの憲法上の反対尋問権に十分に代替するものと認めることはできない。その効果は、説示がまったくなかった場合と同一である。

**【ホワイト裁判官の反対意見】（マーシャル裁判官参加）**　多数意見は限定説示が正当化される多くの事例のあることを認めるが、本件の場合には陪審は限定説示に従うことができないと考えなければならないから被告人が不利益を受ける危険性が大きいという。しかしながら、共同被告人の自白と被告人自身の自白とを区別して、陪審はそのように説示されれば前者を無視することができるという考えには十分な根拠がある。

第一に、被告人自身の自白は被告人に不利な証拠として許容できるおそらく最も証明力がありかつ破滅的な証拠(damaging evidence)である。たとえ公判外の供述であるとしても、それは被告人による有罪の承認でありかつそれが述べている事実の直接証拠であるので信頼できる証拠として許容される。目撃証人の証言でさえ被告人自身の自白より信用できないであろう。確かに自白は陪審に強い衝撃を与える。たとえ排除せよと説示されても、陪審がこれを排除できるかは疑わしい。第二に、強制による自白は、信用できないと考えられるから排除されるのではないことを想起すべきである。自白はその真実性いかんにかかわりなく憲法の条項が命ずるがゆえに排除されるのである。陪審がこのようなポリシーを理解することはきわめて困難であろう。

本件での状況はまったく異なる。われわれは本件で、共同被告人自身に対してのみ不利な証拠として許容できる共同被告人の自白と被告人の有罪または無罪を決定する際にはそれを無視せよという明確な説示を問題にしている。このような自白はその証拠価値において被告人自身の自白と比較することはできない。被告人に関し、共同被告人の自白はまったく許容できない。それは伝聞であり、伝聞一般を特徴づけているあらゆる不正確の危険をはらんでいる。さらに、共同被告人は被告人の行為に関するその証言の正確性が自己の行動に関する被告人本人の話よりも疑わしい目撃証人と同じである。しかしながら、それ以上に、共同被告人の供述は伝統的にとくに疑わしいと見られてきた。「被告人を巻き込み自己自身の罪を免れようとする強い動機があるために、被告人の言動についての共同被告人の供述は、通常の伝聞証拠よりも信用できない。被告人自身の自白は通常の伝聞証拠よりもはるかに信用性があり証拠価値があるのに対し、被告人を巻き込む共同被告人の自白は内在的にはるかに信用できないのである。（Due to his strong motivation to implicate the defendant and to exonerate himself, a codefendant's statements about what the defendant said or did are less credible than ordinary hearsay evidence. Whereas the defendant's own confession possesses greater reliability and evidentiary value than ordinary hearsay, the codefendant's confession implicating the defendant is intrinsically much less reliable.）」（at 141-142.）

被告人自身の自白は、もし強要されたものであれば被告人に不利に用いることはできない。しかし、これは、その自白が真実でないからではなくて他の憲法上の価値を保護するためである。陪審がこのような法則を理解し当該自白を無視せよとの説示に従うことはきわめて困難であろう。これとは異なり、共同被告人の承認（admission）が被告人の有罪を決定する際にその一要素たり得ないのは、それが信用できないからである。このことを陪審に告げることはできるし、そして陪審はこのことを理解できるのである。

## 【7】グリーン予備審問不一致供述実質証拠許容合憲判決（一九七〇年六月二三日）

本判決（California v. Green, 397 U.S. 149）は、検察側証人が公判廷で記憶喪失を主張し曖昧な答弁に終始したため検察側が予備審問における同人の証言の一部を州法の規定により実質証拠として朗読した事案につき、憲法上の対面権を侵害しないとしたものである。

**【事　実】**　一六歳の未成年者ポータ（P）は一九六七年一月、覆面捜査官にマリファナを譲渡して逮捕され、その四日後に他の捜査官Wに対し本件マリファナの提供者はグリーン（X）であると供述した。後にWの語ったところによると、PはXから電話で〝ある物〟を売ってほしいと頼まれた、そしてXは同日午後マリファナ二九袋の入ったショッピング・バッグを自ら持参した、覆面捜査官に譲渡したのはこのマリファナの一部であると供述したという。一週間後にＰはＸの予備審問で証言して再び本件マリファナの提供者はＸであると供述したが、Ｘが自らマリファナを持参したのではなくＸの指示に基づきＰがＸの両親の家の裏庭の繁みに隠してあったショッピング・バッグを入手したと述べた。Ｐの供述はＸの弁護人によって徹底的な反対尋問にさらされた。Ｘは州法に違反して未成年者にマリファナを交付した罪で起訴された。

Ｘの公判はおよそ二か月後、陪審員なしの法廷で開かれた。Ｐは検察側の主たる証人として証人台に立ったが、その態度はきわめて曖昧かつ検察側に非協力的であった。Ｐは、Ｘから電話で何か分からない〝ある物〟を売ってほしいと頼まれた、その後まもなくマリファナ二九袋を入手しその一部を譲渡したことは認めたが当時ＬＳＤを服用していたためどのようにしてマリファナを入手したのか定かでないし電話後の出来事も思い出せない、電話の二〇分ほど前にＬＳＤを服用していたため事実と幻想とを区別できないと証言した。そこで検察側は、予備審問におけるＰの証言を用いてＰを弾劾した。この予備審問証言はカリフォルニア州証拠法典第一二三五条の規定に従い以前の不一致供述として許容された。検察官はＰに対する直接尋問の際、Ｐの予備審問証言の反訳記録の一部を朗読した。Ｐは、朗読によって記憶が喚起されたと述べＸの両親の家の裏庭からマリファナを実際に入手しその売却代金をＸに手渡したと思うと証言した。ところが反対尋問を受けるとＰは、喚起されたのは事件自体の記憶でなく予備審問証言時の記憶である、実際の出来事についてはなお定かでなく現在も記憶にないと述べた。捜査官Ｗは、Ｘが自らマリファナを持参した旨のＰの以前の供述につき証言した。この供述も証拠法典第一二三五条の規定に従い実質証拠として許容され、Ｘは有罪とされた。ところがカリフォルニア州最高裁は全員一致で予備審問で反対尋問を受けていた供述であってもその当時の反対尋問は憲法上十分といえないから、そのような供述を実質証拠として許容するのは証人対面権の侵害に当たるとして原判決を破棄した。

これに対し合衆国最高裁は、以前の不一致供述の許容性と証人対面権とのかかわりについて詳細に検討したうえで少なくとも予備審問における不一致供述についてはこれを実質証拠として許容しても証人対面権に違反しないと判示し六対一で原判決を破棄した。なお、法廷意見の執筆はホワイト裁判官である。マーシャル、ブラックマン裁判官は本判決に参加していない。

【判　示】　カリフォルニア州証拠法典第一二三五条は、伝聞法則に違反することなく証人の以前の供述を公判で提出できる限度に関して相対立する二つの見解のうちの一つをカリフォルニア州議会が熟慮して選択したことを示している。ほとんどの法域で採用されているいわゆる正統説（orthodox view）は、公判外供述には伝聞供述排除の通常の理由があるから許容できないとする。他方、若干の法域で採用されかつほとんどの法律註釈者および最近の証拠法典によって支持されている少数説は、証人が公判で証言する場合には伝聞の通常の危険はほとんど存在しないとの理由に基づき以前の不一致供述の実質証拠としての使用を認める。〝証人は法廷に出頭して反対尋問を受けている、以前の供述の根拠に関して証人を吟味する機会は十分にある、伝聞法則の目的はすべて満たされている〟というのである。ウィグモアは、証拠法第一版で正当説を是とした当初の見解を改め右の見解を採用した最初の著名な註釈者である。（at 154-155.）

本件でのわれわれの仕事は、証拠法の問題としてこれらの見解のうちどちらがより妥当かを決定することではない。ここでの争点は、〝自己に不利な証人と対面する〟被告人の憲法上の権利は上述の少数説を考慮して伝聞法則を変更した州の判断と相容れないかというかなり限定されたものである。「伝聞法則と対面条項とが一般に類似の価値の保護を意図していることは容易に認められうるが、そのことと、両者の重なりは完全で対面条項はコモン・ローにおいて歴史的に存在してきた伝聞法則とその例外の法典化に外ならないと主張することとは全く別のことである。」われわれの判例は、かような完全な一致（congruence）を確立したことは決してなかった。現にわれわれは一再ならず、当該供述が確立した伝聞例外の下で許容されるとしてもなお対面の価値を侵害すると判示してきた。この逆も同様に真実である。すなわち単に古くから確立している伝聞法則に違反して証拠が許容されたという理由だけで自動的に対面権が否定されたという結論になるわけではない。

伝聞法則と対面条項の起源およびそのその発展過程は、すでに跡付けられておりここで詳論する必要はなかろう。対面の要求に刺激を与えたのは、一方的な（*ex parte*）宣誓供述書や予審官（examining magistrates）によって作成された証言録取書のみから成る〝証拠〟に基づき被告人を審理し、かくして事実審判者の面前で直接に対面して自己の告発者に挑戦する機会を被告人に与えることを否定するという悪弊に外ならなかったことを指摘すれば十分である。検察官はしばしば、被告人が否認し検察官にその立証を要求する事柄を主張する。この立証は通常、証言録取書、共犯者の自白（confessions of accomplices）、手紙等の朗読により行われた。そのため被告人はしばしば自己の告発者すなわち自己に不利な証人を自己の面前に直接引致することを要求した。（脚注10）

（脚注10）　その著名な例が一六〇三年に反逆罪に問われたサー・ウォルター・ローリの裁判（the trial of Sir Walter Raleigh）である。ローリに決定的に不利な証拠は王位簒奪の陰謀に彼がかかわっていたとするコバム（Cobham）なるものの供述から成っていた。ローリは右供述を取り消す旨の手紙をコバムから受け取っていたので、今度はコバムは彼に有利に証言するものと信じていた。コバムを証人として喚問するローリの権利をめぐる長い論争の後でコバムは喚問されず、そしてローリは有罪とされたのである。少なくとも一人の著者は、このようなローリ裁判の悪弊に対するコモン・ローの反発に対面条項の起源があることを明らかにしている。F. Feller, The Sixth Amendment 104（1951）を見よ。

しかしこうした慣行に起因する異議申立ては主として被告人の公判で被告人と直接対面させるために証人を喚問することをしない慣行に向けられていたと思われる。証人が法廷に出頭して自己の供述を繰り返しかつ事実審判者の面前で以前の矛盾供述を説明しあるいは否認している限り、証人の公判外の証言録取書ないし供述を証拠として認めることに対して対面権を主張し異議の申立てをすることはなかったように思われるのである。

われわれ自身の判例は初期において対面条項によって促進される価値の核心を形成するのは、このような文字どおり公判時に証人と〝対面する〟権利にほかならないことを認識していた。すなわち、〝問題とされている憲法条項の元来の目的は……直接尋問および反対尋問に代えて時折、民事事件で許容されるような証言録取書や一方的な宣誓供述書を被告人に不利な証拠として用いることを阻止することにある〟と判示されていた。【2】マトックス判決二四二―二四三頁。とすると、沿革的にみれば、原供述者が証人として証言し全面的で事実上の反対尋問（full and effective cross-examination）にさらされている限り、その原供述者の公判外供述を許容しても対面条項は侵害されないと結論することには十分な理由があるということになる。（at 157-158.）

この結論は対面の目的と公判外供述を許容することに伴う危険性とを比較することによって支持される。すなわち、対面は、⑴証人が宣誓の下に供述することを確保し、かくして事柄の重大性を証人に印象付け、偽証罪の制裁の可能性によって虚偽を防止し、⑵〝真実発見のために発明された最も偉大な法的装置である〟反対尋問に服することを証人に強制し、⑶被告人の命運を決する陪審が証人の供述時の態度を観察することを可能にし、かくして証人の信用性を評価する際の陪審の手助けをするのである。

公判外供述は何らこのような保護のない状況下になされたものであるかもしれないというのはもちろん事実である。しかし、原供述者が法廷に出頭して証言するのであれば、公判外供述は実際上喪失していた保護のほとんどを取り戻すことになる。もし証人が以前の供述を自己のものと認めるのであれば、あるいは当該供述は証人のものであることを示す他の証拠があるのであれば、再現の誤りの危険性は微少であり、陪審は自己の面前に同一証人による二つの相矛盾する供述があることを確信できる。それ故、宣誓に関する限り、証人は今や偽証の制裁の下に以前の供述の真実性を確認し、否認し、あるいは修正しなければならない。

次に、証人が以前の供述をした時に彼を反対尋問できなかったことは、被告人に全面的で事実上の反対尋問が公判時に保障されている限り、決定的に重要であるとはいえない。われわれは、手遅れの反対尋問は当初の供述と同時に行われた反対尋問の憲法上十分な代替物たりえないというカリフォルニア州最高裁の見解に与することはできない。後の反対尋問を時機を得た反対尋問に代替する主たる危険は〝証人に再考の機会がありかつ真実よりもむしろ虚偽を維持することに利益がある他人の示唆の影響を受ける機会があればあるほど虚偽の証言は固まり真実の一撃にも屈しなくなる〟可能性にあるといえよう。しかしながら、証人が証言を変えたため以前の供述が〝固まる〟どころか証人が今ではそれを否定するところまで軟らかくなってしまった時には、このような危険は消滅している。原供述者が最初に公判外供述をした時のその態度を陪審は公判で観察できないという事実は、憲法上の問題としては同様の理由で割り引いて考えてよい。問題の出来事につき今異なった供述をする証人は、以前の供述の真実性の価値に関して何らかの態度をとらねばならない。かくして陪審には、証人が以前の供述を否認しあるいは修正する際のその態度を観察しかつそれを綿密に評価する機会が与えられていることになる。陪審は両供述の不一致によって用心深くなり、そして陪審の注意力は両供述のうちの一つは真実を述べているか、それとも一度は明らかに嘘をついた証人はまったく信用性に欠けているからどちらの供述も信用できないか、の判断に鋭く集中されることになる。このような信用性の問題解決に関連性がある若干の態度証拠が永久に失われるとしても、被告人の対面権は侵害されたことにはならない。

最後にわれわれは、対面条項を解釈したわが判例の中には公判で利用可能でかつ現に証言している証人の公判外供述を排除したものはないことを指摘しておく。わが判例の関心はまったく反対の状況すなわち原供述者が出廷していないため公判で反対尋問する機会がないまま当該供述が許容されたという状況に集中している。例えば、一九六五年の【3】ポインター判決で検察側は被告人の公判で以前の予備審問での重要証人の証言の反訳記録を提出した。フィリップスというこの証人自身はすでに法域外に移住していたため法廷に出頭しなかった。われわれは〝フィリップスを十分に反対尋問する機会が被告人に与えられた状況下に作成されたものではない〟ことを理由に、右反訳記録の提出は被告人の対面権を侵害することになると判示した。同様に一九六八年の【5】バーバ判決で検察側は出廷していない証人の予備審問での証言を提出した。連邦刑務所に収容されているため〝利用不能〟の伝聞例外に当たるというのである。われわれは、訴追側が〝利用不能〟と称する証人を〝公判廷に出頭させるための誠実な努力〟をしていない場合には右の伝聞例外としての対面の否定を正当化できないと判示した。われわれの判例はむしろ、原供述者が法廷に出頭して証言しかつ反対尋問に服している場合には、公判外供述を後に許容しても対面の問題は生じないとの結論を支持している。それ故、われわれは、ポインターと同じ日に言い渡された【4】ダグラス判決において、被告人の共犯者とされるロイドが自己負罪を理由に証言を拒否したので検察官がロイドがしたという自白を記録に基づき朗読したという事案につき、有罪判決を破棄したのである。対面の問題が生じたのは、ロイドの以前の供述に関してロイドをを反対尋問できなかったからに外ならない。

当裁判所はまた一九六八年の【6】ブルートン判決においてブルートンを巻き込む共同被告人の自白を許容した事案につき、対面権の侵害に当たると判示した。当裁判所は再び、原供述者が〝証言していないため反対尋問によって吟味できない〟ことを強調し、もしブルートンが共同被告人を反対尋問できたのであれば対面の問題は生じなかったであろうことを示唆している。

とすると対面条項の沿革ないし目的あるいは当裁判所の従前の諸判例のいずれにおいても、カリフォルニア州証拠法典第一二三五条の有効性に関しカリフォルニア州最高裁判所が到達した結論を認めざるを得ないものは何もないことになる。カリフォルニア州最高裁の判断とは逆に、当該供述をしたことを認めかつ問題の出来事に関する以前の供述と現在の供述との食い違いにつき弁明ないし説明することを求められ、かくして自己自身を被告人の公判で両供述に関する全面的な反対尋問にさらしている証人の以前の供述を証拠から排除することを対面条項は命じていないことになる。(at 163-164.)

われわれはまた、ポーター(P)の予備審問での証言は憲法に関する限り被告人がその後の公判で事実上の対面の機会を有していたかの問題とはまったくかかわりなく許容できると考える。予備審問におけるPの供述は典型的な公判をとりまく状況と酷似した状況下になされているからである。Pは宣誓していた。Xには弁護人――しかも後に公判でXを代理した同じ弁護人――が付されていた。XにはPの供述に関してPを反対尋問する十分な機会があった。そして右手続きは、審問手続きに関する記録作成の備えある司法機関(judicial tribunal)の面前で行われた。このような状況の下でPを法廷に出頭させるための訴追側の誠実な努力にもかかわらずPが現実に利用不能であったのであれば、Pの供述は、たとえPが出頭していなかったとしても公判で許容できたと思われる。そうであるから、証人が現に出頭している場合に結論を異にするとは思われないのである。

当裁判所はすでに早く、利用不能の証人の以前の証言を許容しても対面条項を侵害しないと判示した。この【2】マトックス判決は、第二回目の(やり直し)裁判時には死亡していた証人が被告人の最初の裁判でした証言に関するものであったが、本件予備審問と実際の公判との間には対面条項の目的からして両者を区別しなければならないというほどの大きな相違はない。われわれは現に【3】ポインター判決で〝被告人に弁護人が付され徹底的で十分な反対尋問の機会が与えられていた十全な審問手続においてフィリップス(証人)の供述がなされたというのであれば、本件はまったく異なったものになっていたであろう〟と指摘し、そして【5】バーバ判決で〝予備審問において証人を反対尋問する機会が与えられていたというのであれば、証人が現実に利用不能であると立証された場合には対面条項の要求は満たされるとの判示が正当ということもありうる〟ことを認めている。

検察側は本件において証人の生の証言によって証拠を提出すべくあらゆる努力を払っている。すなわち検察側はPを法廷に喚問し証人として宣誓させかつ反対尋問に供した。Pがその際、予備審問証言と一致する証言をしたのかそれとも相矛盾する証言をしたのか記憶喪失を主張したのか強制的な自己帰罪を拒否する特権を主張したのかあるいは単に答弁を拒否したにすぎないのかを問わず、検察側がグリーン（X）に対する自らの主張を立証するためにPの以前の証言に依拠することを対面条項は何ら禁じていないのである。（at 166-168.）

**【ブレナン裁判官の反対意見】**（略）

## 【8】ダットン共謀者伝聞供述許容合憲判決（一九七〇年一二月一五日）

本判決（Dutton v. Evans, 400 U.S. 74）は、被告人に不利な共犯者の供述を刑務所内で聞知した旨の証人の証言がコンスピラシーの隠蔽段階における共謀者の供述を伝聞例外として許容する州法に基づき許容された事案につき、州法の共謀者の供述の伝聞例外が連邦において適用される伝聞例外と一致しないということだけで憲法上の証人対面権に違反するということはできないとし、また当該供述は被告人にとって決定的に不利なものでなく思わず発せられた刑事上の利益に反する供述で信用性の徴憑も認められるからこれを許容しても証人対面権を侵害しないとしたものである。

**【事　実】**　一九六四年のある早朝、それぞれ後頭部に多数の銃弾を受け相互に手錠をかけられた状態で雑木林に放置された三人の警察官の死体が発見された。長期にわたる捜査の結果、捜査当局はエヴァンズ（X）、ウィリアムズ（Y）、Zの三名を警察官殺害の容疑者と断定し逮捕した。まもなくX、Yは起訴されたがZは検察側証人として証言することを条件に訴追免除を得た。Xは無罪の答弁をしたのでZは検察側の主たる証人として警察官殺害に至る状況を詳細に述べた。Zの証言によると、ZがX、Yとともに盗んだ車のナンバー・プレートの取替えをしていたところ三人の警察官が近付いてきた、XとYが警察官からピストルを奪いとり三人に手錠をかけ至近距離からピストルで殺害したという。検察側はZのほか一九名の証人を申請したが、その中に、Yと同じ刑務所に収容されていたショウ（S）という証人がいた。Sは、Yがアレインメントの手続きを終えて刑務所に戻ったときにどうだったと尋ねたところ、Yが「あのエヴァンズの野郎さえいなければ今頃はこんなところにいないのに」と答えた旨証言した。弁護人は、証人対面権の侵害を理由に異議を申し立てたが「犯罪計画（criminal project）の継続中になされた共謀者の供述は他の共謀者すべてに不利な証拠として許容される」との州法の規定に基づきS証言は許容された。弁護人は、Sに対し徹底的な反対尋問をしたがY自身を証人として喚問しなかった。Xは有罪とされ、この有罪判決は確定した。(at 76–77.)

被告側は、憲法上の証人対面権違反を主たる理由として連邦地裁に人身保護令状による救済を求めた。同地裁は令状の発付を拒絶したが第五巡回区は「本件で適用されたジョージア州法の伝聞例外は連邦裁判所におけるコンスピラシー裁判で適用される伝聞よりも広いことを指摘し、このような伝聞例外には明白にして説得的な理由を見出すことができない」として被告側の主張を容れた。これに対し合衆国最高裁は上告受理の申立てを容れ、五対四で原判決を破棄差し戻した。

【判　示】　本件における問題は、本件状況下でショウの証言を許容したことを理由にエヴァンズの有罪判決は破棄されなければならないと判示した控訴審の判断が正しいかである。「本件でジョージア州によって適用された伝聞例外が連邦裁判所におけるコンスピラシーの裁判に適用される伝聞例外と一致していないことを理由に憲法上無効であるということだけが主張されている。被上告人（エヴァンズ）は、連邦裁判所において適用される共謀者の例外の有効性を争っておらず、われわれもこれを問題にしていない。」

二つの証拠法則が同一でないことは容易に認められねばならない。連邦のコンスピラシーの裁判では一人の共謀者の公判外供述をその仲間の共謀者に不利な証拠として許容する伝聞例外は当該供述がコンスピラシーの過程においてかつコンスピラシーを推進するためになされた場合に限り適用されるのであって、犯罪の企ての隠蔽にのみ (in nothing more than concealment of the criminal enterprise) 加わった共謀者によってその後になされた供述には適用されない。他方、本件でジョージア州が適用した伝聞例外はコンスピラシーの隠蔽段階において (during the concealment phase) なされたものであってもそのような公判外供述を証拠として提出することを認めている。しかし、連邦裁判所が伝聞例外を拡大しコンスピラシーの隠蔽段階においてなされた公判外供述をも含めることを拒絶してきたからといって、かような (伝聞例外の) 拡大が自動的に対面条項を侵害するということにはならない。

先の開廷期にわれわれは【7】グリーン判決において〝本件におけるわれわれの仕事はこれらの見解のどちらが純粋に証拠法の問題としてより健全であるかを判断することではない。伝聞法則と対面条項とが一般に類似の価値の保護を意図していることは容易に認められうるがそのことと両者の重なりは完全……と主張することとは全く別のことである〟と指摘したが、このような見解は本件においてとくに有効である。当裁判所は、連邦のコンスピラシーの裁判において伝聞例外の範囲が限定されているのは第六修正の対面条項の要求によるものであると指摘したことは決してない。反対に、この伝聞例外の限定は裁判所が連邦証拠法の領域におけるその規則制定権 (rule-making power) を行使して明らかにしてきたにすぎない。連邦のコンスピラシーの裁判において伝聞例外の範囲が限定されているのは、第六修正の産物でなく〝すでに広範囲にわたるコンスピラシー訴追の網の目をさらに拡大しようとする試み〟を当裁判所が〝嫌悪〟した結果であるのは明らかである。エヴァンズ (X) はジョージア州裁判所において謀殺のコンスピラシーで起訴されたのではなく謀殺罪という実体犯罪 (substantive offense) で訴追された。ジョージア州により適用される証拠法則がコンスピラシーという実体的犯罪に対する連邦訴追というそれとは決定的に異なる文脈において適用される伝聞例外と正確に一致しないという理由だけで、それが憲法に違反するということはできない。

「本件には、いかなる意味でも〝決定的ないし破滅的（devastating）〟な証拠が含まれていない。」本件では、二〇名もの証人が出廷して検察側に有利に証言した。弁護人にはそのすべてに反対尋問する十分な機会が与えられていた。検察側の最重要証人は訴追免除を得た目撃証人であるが、彼は被害者三人の殺害の状況をすべて供述しきわめて詳細な反対尋問にさらされた。他の一九名の証人の中でただ一人の証言だけが本件で争われているのである。彼の証言は、せいぜい瑣末的意味（peripheral significance）を有するにすぎないが、州の制定法で古くから確立している共謀者の供述の伝聞法則の例外として許容された。このジョージア州の制定法は、それを具体的に適用しても、その多くは対面条項と一致することは明らかであり、われわれは本件状況下にそれを適用したことは憲法に違反するものではないと結論する。（at 87-88.）

本件で対面の問題が生じたのは、陪審が（Sの証言から）ウィリアムズ（Y）が自己の窮地をエヴァンズ（X）のせいにしたときに暗にXを警察官謀殺の犯人であると名指したことを推論するよう求められたがためである。しかし、われわれは、この犯人識別供述（identification）の問題に関して対面権は否定されていないと判断する。第一、Yの当該供述には過去の事実についての明示の叙述が含まれていない、第二、警察官を殺害した犯人およびその役割についてY自ら知識を有していたことは訴追免除を得た目撃証人の証言とすでに下されていたYの有罪判決とによって十分に確証されていた。これらの諸状況は、YがSに嘘をつく明白な理由のないことを十分に示している。彼の供述は思わず発せられたものでそのような供述をすることは彼の刑事上の利益に反することであった。これらは、原供述者との対面がなくともその供述を陪審の面前に提出してよいかに関する決定因（determinative）として広く認められているところの信頼性の徴憑である。（at 88-89.）

**【マーシャル裁判官の反対意見】**（ブラック、ダグラス、ブレナン参加）〈略〉

【9】マンクーシ法廷証言原供述者外国永住後許容合憲判決（一九七二年六月二六日）

本判決（Mancusi v. Stubbs, 408 U.S. 204）は、人身保護令状による救済が認められたやり直し裁判で当時すでに外国に永住していた証人（被害者）の以前の法廷証言の反訳記録の朗読が許された事案につき、【5】バーバ判決とは異なり利用不能の要件は満たされており〝信頼性の徴憑〟も認められるとして、対面権違反はないとしたものである。

【事　実】　スタッブズ（X）は、テキサス州の刑務所を出所後まもない一九五四年六月、テネシー州でH夫妻にピストルを突き付け無理矢理その車に乗り込み自ら車を運転中やにわに夫妻にピストルを発射し夫人を殺害した。Hは右事実について法廷で証言し、Xは同年七月、第一級謀殺罪および誘拐罪で有罪判決の言い渡しを受けた。Xは、右有罪判決確定の九年後に連邦の人身保護令状による救済を求め、公判開始の四日前に弁護人が付されたにすぎないから一九五四年の公判では効果的な弁護人の援助を受ける権利が否定されたと主張し、これが認められたため一九六四年に再審理が開始された。Hは、スウェーデン生れで米国に帰化したが当時はスウェーデンに戻り永住の予定であった。検察側は、Hの最後の住所地に宛て召喚令状（subpoena）を送達したが召喚できなかったのでHの子息から法廷でHのスウェーデン在住の事実を引き出した。Hの一九五四年当時の証言の反訳記録の朗読が認められXは再び有罪とされ、州の最高裁でもこれが維持された。Xはその後、ニューヨークで他の重罪事件で有罪とされた際に右テネシー州での有罪判決を理由に刑を加重された。これに対しXは、六四年の有罪判決は第六修正の対面権を侵害してなされたものであるからより重い刑を科す資料（predicate）としても用いることはできないと主張し、連邦の人身保護令状による救済を求めた。連邦地裁は令状発付を拒絶したが、連邦控訴審はこれを破棄した。（at 205.）

これに対し合衆国最高裁は上告受理の申立てを容れ、七対二で原判決を破棄した。

【判　示】　連邦控訴審は【5】バーバ判決に依拠して被告人の主張を認めたが、同判決はオクラホマ州の裁判で訴追側証人と見込まれる人物がテキサス州の連邦刑務所に収容されていた事案であるのに対し、本件での証人（H）はテネシー州外にいるというだけでなくスウェーデンに永住していた。証人が州の法域外にいるという立証だけで証人の出頭を確保するための誠実な努力を尽くしたことにはならないという主張には十分な理由がある。しかし、合衆国と外国との間には証人確保の領域においてこれに相当する進展（corresponding development）がみられない。Hが外国に居住することが判明してもテネシー州には、記録の示している限り、Hの出廷を強制することはできなかったのである。したがって、われわれは本件における（証人の）利用不能の資料はバーバ判決におけるよりも十分に強力であり、連邦の人身保護令状裁判所にはHの利用不能に関する州の事実審裁判所の決定を覆す権限はないと判示する。

次に、被告人の対面権が侵害されていないというためには五四年の裁判での証人Hの尋問の十分性（adequacy）が検討されねばならない。対面条項の要件について考察した最近の判例としてバーバ判決のほかに【7】グリーン判決と【8】ダットン判決があるが、そこでの当裁判所の主たる関心は信頼性の徴憑の有無であった。たとえ証人が利用不能であるとしても以前の証言にこの信頼性の徴憑がなければならないというのは当裁判所の先例から明らかである。一九五四年のテネシー州での本件手続きは陪審の面前で行われた。Xには弁護人が付されており、弁護人は検察側証人を反対尋問することができたし、かつ効果的に反対尋問した。Xは、五四年の有罪判決は連邦の人身保護令状裁判所によって効果的な弁護人の援助が与えられていないとして破棄されたのであるから弁護人により行われた証人Hの反対尋問も同様に憲法上の基準を満たしていないと主張する。しかし、同有罪判決の上告審であるテネシー州最高裁は、証人Hに対する以前の反対尋問は十分なものであったことを明らかにしている。

最初の公判においてHを反対尋問する十分な機会があり、かつXの弁護人はかかる機会を十分に利用していたのであるから、最初の裁判におけるH証言の反訳記録には十分な〝信頼性の徴憑〟が認められ〝事実認定者に対し以前の供述の真実性を評価するための十分な資料〟が提供されていた。証人Hは、対面条項の要件と一致して第二回目の公判裁判時に事実審裁判所によって利用不能と認定できたのであり、かつそのように認定されたのである。それ故、Hの記録された以前の証言をその裁判で陪審に朗読することを認めたことに憲法上の誤りはなく、その裁判の結果である有罪判決には憲法上の欠陥（infirmity）はなかったことになる。

**【マーシャル裁判官の反対意見】（ダグラス裁判官一部参加）**（略）

## 二　ロバツ判決以降

このようにアメリカで証人対面権と伝聞法則の関係が正面から論じられるようになったのは一九六五年の【2】ポインター判決以降のことであり、一九七〇年の【6】グリーン判決が予備審問における以前の不一致供述を実質証拠として許容するカリフォルニア州法の違憲性を否定した際に初めて両者の関係を詳論したのである。

前述のように、筆者はすでにロバツ判決からクロフォード判決に至る主要な関連判例の大半を詳細に紹介しているが反対意見や同調意見についてはほとんど触れていない。クロフォード判決に大きな影響を与えたフリードマン教授の見解を理解するにはとりわけスカーリア裁判官の加わった多くの同調意見、反対意見などの理解が欠かせないにもかかわらずである。

そこで以下、ロバツ判決以降の主要な関連判例について改めて簡単に事実を確認したうえで反対意見や同調意見とのかかわりで重要と思われる判示部分を紹介しつつ、先に触れていなかった反対意見を中心にその内容をやや詳しく明らかにすることとしたい。

## 【10】ロバツ予備審問証言反証法廷証言許容合憲判決（一九八〇年六月二五日）

本判決（Ohio v. Roberts, 448 U.S. 56）は、予備審問における被告側証人の証言の反訳記録を同証人の所在不明を理由に被告人の法廷証言の反証として許容した事案につき、信用性の徴憑があり利用不能の要件も満たされているので対面権に違反しないとしたものである。

【事　実】　ロバツ（X）は、I氏名義の小切手偽造およびI夫妻名義のクレジット・カード所持の容疑で逮捕された。予備審問で訴追側はI氏を含め若干名を、そしてXの弁護人はI夫妻の娘アニータ（A）をそれぞれ証人として申請した。予備審問で、Aは「Xを知っていること、そしてAの留守中の数日間Xが彼女のアパートを使用することを認めた」旨証言した。大陪審はXを文書偽造、盗品収受等で起訴した。Xは公判で使ってもよいとの諒解の下でAの両親のクレジット・カードをAからもらったと証言した。検察側は、反証としてA証言の反訳記録を提出した。弁護人は、対面条項違反を理由に右反訳記録の使用に異議を申し立てた。唯一の証人として検察側、弁護側の双方から娘Aの所在について質問されたI夫人は、予備審問直後に家を出たまま所在不明であると答えた。一年ほど前にサンフランシスコのソーシャル・ワーカからの連絡を受けて一度電話したことはある、Aからも一度だけ旅行中との電話連絡があったが、その後は音信不通で緊急時にも連絡する術がないというのである。公判裁判所はA証言の反訳記録を証拠として許容し、Xはすべての訴因について有罪とされた。

オハイオ州控訴裁判所は、サンフランシスコのソーシャル・ワーカとの接触に努めるなどして証人の出廷確保に検察側が〝誠実な努力〟をしたとは認められないとしてこの有罪判決を破棄した。州最高裁は、Aが利用不能でないとした点は誤りであるとしつつ、Aは予備審問で反対尋問を受けていないからその証言の反訳記録の提出は被告人の対面権の侵害に当たるとして、これを維持した。

これに対し合衆国最高裁は、「対面条項の下での重要な争点を検討するために上告受理の申立てを容れ」六対三で原判決を破棄差し戻した。

【判　示】　(1)　第一四修正を介して（through）州に適用される第六修正の対面条項は〝すべての刑事訴追において、被告人は自己に不利な証人と対面する権利を有する〟と規定する。この文言を文字通りに読めば、公判に在廷しない原供述者によってなされたいかなる供述も排除されるということになろう。しかし、この条項をそのように適用すれば事実上すべての伝聞例外が禁止されることになり、このような結果は意図せざるところであり余りにも極端にすぎるとして早くから排除されてきた。

対面条項は、二つの各別の方法で機能し許容できる伝聞の範囲を制限する。第一、第六修正は必要性の法則を確立する。検察側は、被告人に不利に用いたいと考えている伝聞供述の原供述者の利用不能を立証しなければならない。しかし、この利用不能の立証は必ずしも常に要求されるわけではない。一旦証人が利用不能であることが立証されると、第二の側面が機能する。対面条項は一般法則の理論から実質的に逸脱しないそのような信頼性のある伝聞だけを許容する。この原理は、最近【9】マンクーシ判決で〝当裁判所の主たる関心事は信用性の徴憑を保障することにある〟として公式化された。当裁判所は、確固たる基準に依拠するそのような伝聞例外を許容しても〝憲法の保護の趣旨〟に適うと結論してきたが、このことは〝伝聞法則と対面条項とは一般に類似の価値の保護を目的とするという自明の理を反映している。〟

要するに、伝聞の原供述者が反対尋問を受けるために出廷していないとき対面条項は、通常、彼（原供述者）が利用不能であることの立証を命ずる。そのときにおいてであっても彼の供述は十分な〝信頼性の徴憑〟を示している場合に限り許容される。深く根を下した伝聞例外に該当する場合にはそれだけで信頼性が推定されうる。

(2)　まず証人アニータの予備審問における以前の証言が〝信頼性の徴憑〟を示しているかの問題を解明するには、本件と【7】グリーン判決とを注意深く比較することが必要である。

A　グリーン判決では、被告人の公判で検察側証人として喚問されたポーターという少年が記憶喪失を主張したので以前の予備審問における証言の反訳記録が陪審に朗読された事案につき、当裁判所は〝ポーターの予備審問における供述は典型的な公判をとりまく状況と酷似した状況下になされたものである〟として対面権を侵害するものでないとした。この点に関しオハイオ州最高裁の是否を判断する必要はない。本件で弁護人は重要な反対尋問に相当する方法でアニータの証言を吟味しているからである。

B　弁護人の質問は、明らかに反対尋問の様相を帯びていた。弁護人の質問のやり方は反対尋問の主たる道具でありその特徴である誘導尋問に満ちていた。グリーン判決におけると同じく弁護人は〝反対尋問の範囲、性質についてなんら制限されていなかった〟からである。

(3)　第六修正の利用不能の基本的なリトマス紙は確立している。すなわち、検察当局が証人の出廷を確保するために誠実な努力をしていない限り、対面の要件の例外として証人は〝利用不能〟であるとはいえない。

われわれは本件で提示された事実に基づき、公判裁判所およびオハイオ最高裁が憲法上の意味でアニータ（A）の利用不能は立証されたと結論したのは正当であると判示する。本件は、両親が所在不明の娘に関心を失った事案ではない。さらに、本件では数か月の間に五度にわたりAの両親宛てにAに対する召喚令状が発せられている。これらの事実からすると、検察官は誠実な努力というその職務を怠ったとはいえない。われわれも、一般法則としては〝拒否の可能性は、要請して拒絶されることと同じではない〟ことは承認する。しかし、五度にわたる召喚令状の送達にもかかわらずそれが奏功しなかったというのは、単に拒否の可能性に直面することを好まなかったというようなことでは断じてない。それは最後に知られていた住所地における調査であり、娘を心配している（母）親との会話であったからである。

**【ブレナン裁判官の反対意見】（マーシャル、スティヴンズ裁判官参加）**　当裁判所は、被上告人（X）の予備審問でのA証言は重要な反対尋問に相当するものにさらされていたことを理由にこのような伝聞証拠には十分な〝信頼性の徴憑〟があるので被上告人の公判でその提出を認めても第六修正の証人対面権に違反しないとした。しかしながら当裁判所が認めるように、憲法は記録された証人の証言を検察側が被告人に不利に用いるためには同証人の利用不能を立証しなければならないという前提要件（threshold requirement）を課している。

私は、州（検察側）はこのような特質（attribute）を立証する負担を果たしたということに同意できないので反対する。

歴史的には対面条項の権利の章典への包含（inclusion）は、事実審判者の面前で被告人が直接渡り合う（direct encounter）ことで彼の告発者に挑戦する機会を否定されてはならないという憲法制定者の確信を反映したものである。【7】グリーン判決一五六―一六七頁を見よ。この憲法上の保障の核心は〝陪審が証人を見て証人台での彼の態度および彼が証言をする様子によって彼が信用に値するかを判断するために陪審と面と向かって証人台に立つことを〟証人に強制する被告人の権利である。【2】マトックス判決二四二―二四三頁。

すべての刑事訴追において被告人は自己に不利な証人と対面する権利を有するという第六修正の文字通りの文言にもかかわらず、われわれの判例は、被告人の公判で利用不能である証人の以前の証言への対面要求に対する限定的例外として必要性を是認してきた。しかしながら対面規定の重要性に対応して、われわれは、証人の出廷を確保するために、またはかかる努力の不可能を証明するために検察側に重い責任を課してきた。【5】バーバ判決は、証人が法域にいないことは公判で証人を出廷させなかった州の言い訳にはならないと判示した。このような状況において政府（検察側）はその居場所を突き止め証人を連れ戻すために真剣な努力（diligent effort）を尽したことを立証しなければならない。要するに、検察当局が公判で彼の出廷を確保するために誠実な努力（good-faith effort）をしたのでない限り、被告人は対面要求の例外の趣旨（purposes）からして〝利用不能〟ではないというのである。

本件において私は、検察側はAの利用不能を立証する負担を果たしたと結論することはできない。被上告人の公判でAの出廷を確保するための検察側の努力は彼女の両親の住所に宛てた彼女（A）の名前での五通の召喚状だけであり、この五通のうち三通は検察側が彼女はもはやそこに居住していないことを知った後で発送されたものであった。少なくとも公判が始まった四か月前に検察側はAは転居していたことを知っていた、ところがその間に検察側は彼女と接触しようとは一切していなかった。彼女の〝利用不能〟の場合に依拠できる彼女の（検察側に有利な）予備審問証言がなければ、州（検察側）は証人の公判でAの出廷を確保するのにこれほど職務を疎かにする（derelict）ことはなかったと思われる。州が本件でとったおざなりの方法（perfunctory step）を〝誠実な努力〟と評することはできない。試みの難しさはやらなかったことの弁解として役立つかもしれないけれども、試みることすらしなかったことを正当化するものではない。【5】バーバ判決が警告したように、拒否の可能性は試みて拒絶されることに相当しないのと全く同様に、敗北の可能性もまたあらゆる手がかりを追及して手ぶらで帰ることに相当しないのである。

Aの母親は彼女の娘の居所について今も分からないと証言したけれども、検察側は少なくとも捜査の手掛かりとなる十分な情報を得ていた。当裁判所が認めているように、とくに有力な手掛かりは、I夫人が話したことがあり、かつアニータが福祉援助（welfare）を求めたことのあるサンフランシスコのソーシャルワーカだった。しかし、多数意見に欠落しているのは、検察官はそのような以上の事実を確認すべきであるにもかかわらずそれを怠っていることである。例えば、I夫人はソーシャルワーカと話したその同じ日に彼女の娘についても話したと証言した。I夫人は弁護人に対し緊急時にも娘と接触する術はないと語っていたけれども、検察官からの同一の質問に対しTucsonにいる誰かがAと接触できるかもしれないことを示唆していた。

要するに、当裁判所は【5】バーバ判決七二五頁において本件と密接に関係することを述べていた、すなわち

〝記録が明らかにする限り［証人が］自ら証言するために出頭しなかった唯一の理由は、州（検察側）が［彼女の］出頭を求めようとしなかったからである。証人対面権はこれほど軽々になしです済ませることはできない〞と述べているのである。

**【11】イネイディ共謀者供述許容合憲判決（一九八六年三月一〇日）**

本判決（United States v. Inadi, 475 U.S. 387）は、車の故障を理由に法廷に出頭しなかったいわゆる共謀者（不起訴）の被告人との会話記録が伝聞例外に該当するとして被告人に不利な証拠として許容された事案につき、第六修正の対面条項に違反しないとしたものである。

**【事　実】**　被告人イネイディ（X）は、薬物の製造、販売等のコンスピラシーの罪で拘禁刑三年、七年間の保護観察の言い渡しを受けた。二人のＤＥＡ捜査官は一九八〇年五月二五日、フィラデルフィアでラサロ（Y）の車の横に並んで話し合っていたXとYの会話を傍受した、他方、郡の検察官事務所は一九八〇年五月二三日から五月二七日にかけて本件コンスピラシーへの加担者間の電話による五通の会話を合法的に傍受し記録していた。これらのテープの内容は公判で陪審に示された。Xは、共謀者の供述（co-conspirator declarations）の許容性を規定する連邦証拠規則八〇一条(d)(二)(E)の要件を満たしていないとしてこれらテープ録音された供述の排除を求めた。Xはまた、原供述者の利用不能は対面条項の要求であると主張した。そこで裁判所は、ラサロ（Y）を法廷に出頭させるよう検察官に提案し、そして検察側はYに召喚令状を発したがYは車の故障を理由に出頭しなかった。そこでXは、対面条項違反を理由とする異議申立てを繰り返した。公判裁判所はこの異議申立てを退け、Yの供述は共謀者の供述の要件を満たしているため許容できると認めた。

第三巡回区控訴審はこれを破棄した。規則第八〇一条(d)(二)(E)の要件を検察側が立証したことには同意したが、公判外供述の許容性の要件として原供述者の利用不能を訴追側は立証しなければならず、これは対面条項が明らかにしている独立の要件であると判断したのである。

これに対し合衆国最高裁は、「証言していない共謀者の公判外供述が連邦証拠規則第八〇一条(d)(二)(E)の要件を満たしているとき、そのような供述を許容する条件としての利用不能の立証を対面条項は要求しているかを判断するために」上告受理の申立てを容れ、七対二で原判決を破棄した。

【判　示】　A　一九八〇年の【10】ロバツ判決での対面条項の分析は、検察側が公判での生の証言に代えて以前の司法手続きでの証言の許容性を求めるときに生ずる諸要素に焦点を合わせている。ロバツ判決裁判所は、とりわけ以前の証言にかかわる一連の対面条項の事案に見い出される要件を検証し、そのような供述が許容される前に検察側は原供述者の利用不能を立証しなければならないとした。このような〝利用不能のルール〟を支持するものとしてロバツ判決で引用された事案はすべて以前の証言にかかわりがあった。当裁判所はとりわけ〝憲法上の利用不能の争点を検討した〟【5】バーバ、【9】マンクーシの二判決に焦点を合わせた。両判決はとくに以前の証言に対する利用不能の例外を限定していた。

B　以前の証言にかかわる判例の中で展開された利用不能の法則は共謀者の公判廷外供述には適用されないとする理由には確実な根拠（good reasons）がある。以前の証言は生の証言よりもその代替物として弱い証拠（a weaker substitute）である。原供述者が利用可能であれば生の証言が法廷に顕出されるから、それよりも弱い供述に頼る正当化理由はほとんどない。「これと同一の原理は共謀者の供述には適用されない。」それらはコンスピラシーが促進中になされるから、たとえ原供述者が同一のことを法廷で証言したとしても、もはや繰り返しえないコンスピラシーの文脈の証拠を提供することになる。訴追側が――本件のように――一人の麻薬密売人の違法なコンスピラシーを推進するための他の者への供述を提出するとき、その供述が重要であるというのは、それがなされた状況に由来する。違法な目的を推進するために他の共謀者と語り合うとき、共謀者は、証人台に立って証言するときとは異なる供述をするものである。原供述者が証人台で供述をするときであっても、コンスピラシーの過程におけるその供述の証拠価値の主要部分をその法廷証言が再現するということはほとんどない。

C「共謀者の供述のルールは、最も多く用いられている伝聞法則の例外である。」規則第八〇二条(d)(二)(E)が援用される度毎に原供述者の利用可能性に関する決定を要することが法則化されると、全刑事司法組織に大きな負担を課すことになろう。さらに利用不能のルールは検察側に現実に大きな負担を課すことになる。共謀者の供述にかかわるすべての事案において検察官は、各原供述者を明確に特定し、その所在を突き止め、公判での利用可能を確保する努力を求められるからである。利用不能のルールは、たとえ検察側も弁護側も原供述者の法廷での尋問を望んでいないとしても、このような負担のすべてを課すことになろう。対面条項はこのような法則を具体化していないのである。

**【マーシャル裁判官の反対意見】（ブレナン裁判官参加）**　本日の判決は、要するに、共謀者の公判外供述を伝統的に公判での信頼性の主要な保障とされてきた反対尋問にさらすという被告人の憲法上の権利（interest）よりも検察側の考慮が優先するという最高裁の判断に基づいている。私は、対面条項の関心事がこれほど容易に無視されるべきであるとは考えない。いわゆる共犯者の宣誓供述書に基づいて断罪されたサー・ウォルターローリの窮状（plight）は憲法上の保障を起草した人々の目に大きく写り出されていたかもしれない（may have loomed in the eyes）のである。しかし、憲法制定者に先見の明があった（had they the prescience）とすれば、僅かな監視技術と欠陥ある記憶、そして無法者の曖昧な会話や自慢話を録音した多くのテープに基づいた被告人の有罪判決の光景を見て懸念したであろうことは確かである。当裁判所の判決がこのような光景が普通に発生することになるのに役立つのは明らかである。私は反対する。（at 411.）

## 【12】リー共犯者公判外自白許容違憲判決（一九八六年六月三日）

本判決（Lee v. Illinois, 476 U.S. 530）は、被告人との間で被害者殺害の合意があったとするいわゆる共犯者の捜査段階での自白が事前の合意はなく本件殺人は正当防衛であると主張する被告人に不利な証拠として公判裁判官が考慮したのは第六修正の対面条項に違反するとしたものである。

【事　実】　セントルイスの警察官は一九八二年二月、被告人リー（X）の居住するアパートで発見された焼死体の身元確認のため警察署に来て欲しい旨Xに連絡した。死体の写真を検分中にXが泣き始めたのに気付いた刑事PはXにミランダ警告後にアパートで同居していた叔母Aの行方について取調べを始めた。XはAと最後に会ったときのことにつき混乱した供述をした後で彼女（X）と彼女のボーイ・フレンドY（トマス）がAとその友人Bの刺殺にかかわりがあり焼死体はAであることを認めた。

殺人罪で起訴されたX、Yはいずれも公判で証言しなかった。公判で検察側と弁護側はいずれも自白に大きく依拠した。最終弁論時に弁護人は、リー（X）の自白に裁判所が注目することを求め、Xは〝オデッサ（B）の死亡には責任がない、彼女（X）はBの刺殺に自ら関与していないからであると主張した。これに対し検察官はYの自白だけに大きく依拠した。XをAおよびB殺害で有罪と認定する際にXの主張を退けた理由について公判裁判官は、Yの自白および殺害に至る彼の供述に依拠したことを明らかにした。XはB殺害に関して四〇年の拘禁刑、A殺害に関して終身刑を言い渡された。

Xはとりわけ、「公判裁判所が彼女（X）に不利なトマス（Y）の自白を考慮したことによって彼女の対面条項の諸権利が侵害されたことになる」と主張して控訴した。州控訴裁判所は、Xの有罪を認定する際に公判裁判所がYの自白を考慮したことを認めつつX、Yの自白は〝重なり合っている（interlocking）〟ので〝共同被告人の他の被告人を巻き込む公判廷外供述は第六修正の自己に不利な証人と対面する権利を侵害するという【6】ブルートン判決の範囲外であると判示した。イリノイ州最高裁は上訴の申立てを認めなかった。

これに対し合衆国最高裁は上告受理の申立てを容れ、五対四で原判決を破棄差し戻した。なお、法廷意見（ホワイト、マーシャル、スティヴンズおよびオコーナ裁判官参加）の執筆はブレナン裁判官である。

【判　示】　検察側は、トマス（Y）は利用不能でありその供述はリー（X）に不利な証拠として許容できるほど十分に〝信用できる〟ことを理由にYの第六修正の諸権利は侵害されていないと主張する。Yの利用不能の問題について言及する必要はない。共犯者の自白（the confession of an accomplice）としてトマス（Y）の供述は信用できないと推定されており、かつかかる推定を圧倒するに足りる独立の〝信用性の徴憑〟が認められないからである。

A　当裁判所は【3】ポインター判決において全員一致で対面条項は州に適用されると判示した際に〝反対尋問の権利が刑事事件において自己に不利な証人と対面する被告人の権利に含まれているというのは今さら真面目に疑問とすることはできない〟と指摘した。しかし、対面の保障は単に抽象的な目的に役立つだけではない。証人と対面し反対尋問する権利は何よりも刑事裁判において信用性を促進する機能的権利（a functional right）である。

われわれの判例は、刑事被告人に不利な証拠として共犯者の自白の提出が求められるとき、このような対面条項の真実認定機能が甚だしく損なわれることを是認している。すでに指摘したように、そのような自白は〝伝聞一般を特徴づけているあらゆる不正確の危険をはらんでいる〟。しかし、それ以上に共同被告人の供述は被告人を巻き込み自己自身の罪を免れようとする強い動機があるために、被告人の言動についての共同被告人の供述は、通常の伝聞証拠よりも信用できない（【6】ブルートン判決でのホワイト裁判官の反対意見）。それ故、われわれは【4】ダグラス判決において、被告人の共犯者がしたとされる自白が検察官によって朗読されたことを理由に有罪判決を破棄した。本件はダグラス判決に酷似している。両事件において問題の伝聞はいわゆる共犯者によってなされた自白であり、いずれの事案においても被告人は原供述者と対面し反対尋問することができなかったからである。

検察側は、トマス（Y）の供述には共同被告人の自白に付着する不信用性の推定を反証するに足りる〝信用性の徴憑〟があると主張する。かかる推定が反証しうるとすることには同意するが、本件でそのような反証がなされたということには納得できない。

B　われわれは【10】ロバツ判決で、たとえある伝聞証拠が〝深く根を下した伝聞例外に該当しない、それ故、不信用性が推定され対面条項の趣旨から許容できないとしても〟それにもかかわらず〝特段の信用性の保障の立証〟の裏付けがあれば、対面条項の基準に合致しうることを認めた。しかし、トマス（Y）の供述はリー（X）の責任に関して信用できると主張する検察側の理由付けは全くこのような基準を満たしていない。

第一、イリノイ州（検察側）の主張とは異なり、当該自白をとり巻く環境はトマス（Y）の供述はリー（X）の本件殺人への加担に関して信用できないとの推定の反証となるものでない。記録によれば、Yには単にXに不利になるように事実を歪曲する動機があっただけでなく、Yはさらに積極的にXの敵（adversary）になる可能性を考えていた。すなわち、公判開始前にYはXに不利な検察側証人となることを考えていたのである。このような証拠は、刑事過程の現実すなわち一旦犯罪の仲間が〝万事休す（jig is up）〟を認識すると彼らは利害関係の同一性を喪失し直ちに共犯者というよりもむしろ敵対者（antagonists）になるという現実の正しさを証明している。

われわれはまた、自白の信用性を立証するための検察側の理由付け、すなわちXとYの自白は若干の点で〝重なり合っている〟からXの自白はその全体が信用できると考えるべきであるという理由付けも退ける。われわれが一貫して認めてきたように、共同被告人の自白は被告人の行動または責任を詳述する部分に関して不信用性が推定されるというのは、それらの部分は責任を転嫁ないし分担し、迎合して仕返しをする（shift or spread blame, curry favor avenge himself）、あるいは注意を他人にそらしたいとする共同被告人の願望の結果であると考えて差し支えないからである。

要するに、十分な〝信用性の徴憑〟が存在するということに納得できない。それ故、われわれは、本件記録の下で被告人を罪に陥れる共同被告人の自白は内在的に信用できないという古くからの教えから離脱する（depart from the time-honored teaching）必要がない、そしてそのような証拠によって裏付けられた有罪判決は憲法上の対面権を侵害したことになると判示する。

**【ブラックマン裁判官の反対意見】（バーガ首席裁判官、パウエル、レンキスト裁判官参加）**　無感覚で非難すべき二件の東セントルイスの殺人事件を中心とする本件は典型例（illustrative）として説明し易い。リーと彼女の友人で共同被告人トマスは広汎に協力して犯罪にかかわったことを自白した。彼らの相互に補強し合う供述は他方を非難し自己の責任転嫁を主張するものであり、犯罪の共犯者が捕まり相互に他方を犠牲にして自己の責任を免れようとする通常みられる見事な典型例である。

私は、本件は【10】ロバツ判決によって支配されるという当裁判所の判断に同意する。同判決で明らかにされた原理の下でトマスの自白がリーに不利な証拠として許容しても合憲であるのは、それが証人として〝利用不能〟でありかつその自白は十分に〝信用性の徴憑〟がある場合に限られる。私は、ロバツ判決のこれら二要素はいずれも本件で満たされていると信じるので、公判裁判所が申立人に不利な証拠として共犯者の自白を使用したのは憲法上認められると結論する。

1　証人が公判で証言するのに利用可能であれば、彼の以前の供述は、たとえ信頼できるとしても、証人が反対尋問のために提出されない限り、一般的にそれが主張していることの真実性を立証するために許容できない。検察側は、被告人に不利に利用することを希望するその供述をした原供述者（declarant）を出廷させるかまたはその利用不能を立証しなければならない。ロバツ判決六五頁。

あらゆる実際的な意味でトマス（Y）は検察側証人として利用不能であった。自己負罪拒否特権を有効に援用する証人は実際的な問題として証言するのに利用不能であるという見解は正しいと思われるので、対面条項の下でこれとは異なるアプローチをする理由はない。私は、それ故、トマスは証人として利用不能であったと結論する。

2　私はまた、本件状況下において共同被告人（Y）の自白にはそれを申立人（X）に不利な証拠として許容することを認めるに足りる〝信頼性の徴憑〟があると結論する。これらの徴憑の中で重要なのは、Y供述は完全に明らかに彼の刑事上の利益に反するという事実である。「利益に反する供述に対する伝聞例外は確固として確立している、それは明らかに自己の利益に反する事実を述べた供述は故意に虚偽であるまたは不注意で不正確であるというのはあり得ないという経験の原理の下に基づいているからである。」

共犯者の自白（accomplice confessions）が通常信用できないというのは、まさにそれらが原供述者の刑事上の利益に明らかに反しない（not unambiguously adverse）からである。もちろん犯罪への関与（criminal complicity）を自白することは人の刑事上の利益に反する、しかし、その利益は度々その責任の大半を他の共犯者（confederates）に帰することによって大いに促進されうる。われわれが共犯者の供述を〝不可避的に疑わしい〟とみなしてきたのは後者の可能性――被告人を巻き込む公判外供述が大いに共犯者の刑事上の利益となる状況――が生ずる状況においてである。【6】ブルートン判決一三六頁、一四一―一四二頁（ホワイト反対意見）（〝被告人を巻き込み自己の罪を免れる強い動機があるために共同被告人の共犯者の言動に関する供述は通常の伝聞証拠より信用できない〟）を見よ。

そのような状況は【4】ダグラス判決ではっきりと提示された。同判決での共犯者の自白は決定的に重要だった、けだし、それは被告人を殺し屋（triggerman）として名指していたからである。一発の弾丸だけが発射された、そして彼は銃を発射した人物ではないことを当局に確信させるのは明らかに共犯者の刑事上の利益（accomplice's penal interest）であった。被告人を名指しすることによって彼は自己自身の刑事責任を最小にしたのであった。

しかしながら本件において、トマス（Y）の警察官への自白は責任を申立人（X）に転嫁させるという希望によって動機付けられていると懸念する理由はほとんどない。Yの自白はXの自白よりすべての点において彼自身の利益になるものでもない。また本件殺人へのXへのかかわりに関するYの記述はY自身の責任を全く軽減していない。このことはとりわけ公判裁判官がYの自白に関して、すなわち殺人の共同計画に依拠した事柄に関してそうである。(at 553.)

トマス(Y)の自白は、明らかに彼自身の刑事上の利益に反するだけでなくそれは公判で提出された他の証拠によって広範に裏付けられていた。おそらく最も強力な補強証拠は中立人(X)自身の自白によって提供された。両被告人はそれぞれ独立して警察官にハリス(B)が彼らの争いに関して苦情を言うために台所に入ってきた後で本件(両)殺人が発生したと述べている。両被告人はいずれも、途中でBが寝室に戻ったのでYが彼女を台所に呼び戻し、その時にYが安楽椅子(recliner)から立ち上がり長い刃のついたナイフで彼女の背中を刺したと説明していた。両被告人の自白によれば、ハリスが床に倒れXの叔母を呼び始めたので中立人(X)がナイフを持って寝室でそれを妨害した(intercepted)という、Xが寝室にいる間にYにハンマーを持ってくるよう要求したが、Yはそれを見つけることができなかったのでXはYに台所からフライパンを持ってくるよう要求した。Yはフライパンを持ってきたのでXはそれでBの頭を一、二度殴りつけたためフライパンは壊れたことに同意している。彼らはまた、Yが台所から他のフライパンを持ち出しXが彼女の叔母の頭を一度以上殴りつけたので部屋中に油が散らばったことにも同意している。

中立人(X)自身の自白によって提供された補強証拠に加えて、XとYによってなされた供述は物的証拠と完全に一致していた。攻撃に用いられたナイフは、二人で隠したとXが話していた場所で発見された。警察はまた、被害者二人の死体を燃やすために用いられた液体のカン、壊れたフライパン、犠牲者の遺体を見つけた。

3　私は、共犯者の自白を被告人に不利な証拠としての使用に関する当裁判所の一般的な懸念には与するが、本件において申立人（X）の共同被告人（Y）としての実際上の利用不能は、彼の警察への供述が信頼できることを示す証拠と相俟って、この自白をXに不利に許容しても合憲であると考えるのである。（at 557.）

### 【13】ブルージェイリー共謀者伝聞供述許容合憲判決（一九八七年六月二三日）

本判決（Bourjailey v. United States, 483 U.S. 171）は、連邦証拠規則第八〇一条(d)(二)(E)の下での共謀者の供述の許容性の要件は第六修正の対面条項の要件と同一であり、当該供述が同規則の下で許容された以上、憲法問題は生じないから〝信頼性の徴憑〟を論ずる必要はないとしたものである。

【事　実】　FBIの秘密情報提供者Gは一九八四年五月、ロナルド（Y）へのコカイン一キログラムの譲渡を取り決めYが右薬物を売買する人物を探すことで合意した。譲渡時期が切迫したときYは、テープ録音されていたGとの電話会話でコカインについて尋ねてきた〝男の友人〟がいると述べた、その後の電話でGが直接その〝友人〟と薬物の品質および価格について話し合い売買はあるホテルの駐車場で行う、YがGの車内にあるコカインを〝友人〟――車に乗り駐車場で待機している――に渡すことで合意された。取引は計画通りに進められ、FBI捜査官は、Yがコカイン一キログラムをGの車からホテル駐車場で待機していたXの車に運び入れた直後にYとブルージェイリー（X）を逮捕した。Xの車の中で二万ドル余の現金が発見された。

Xはコカイン譲渡のコンスピラシーおよび販売目的でのコカイン所持で起訴された。検察側は、取引での〝友人〟参加に関する電話供述（telephone statements）を証拠として提出した。地方裁判所は、駐車場での出来事等を考慮するとYの公判外供述は規則第八〇一条(d)(二)(E)を満たしており伝聞ではないと判示した。Xは両訴因につき有罪とされ、第六巡回区控訴裁判所はこれを維持した。

これに対し合衆国最高裁は、「規則第八〇一条(d)(二)(E)の下での供述の許容性に関する三つの問題、すなわち、(1)

コンスピラシーが存在しかつ被告人と原供述者とがそのコンスピラシーの一員であったことを裁判所は独立の証拠によって判断しなければならないか、⑵そのような判断の根拠となる立証の程度（the quantum of proof）いかん、および⑶各事案において裁判所はその信用性を判断するためにそのような供述の（なされた）状況を検討しなければならないか」の問題に答えるため上告受理の申立てを容れ、六対三で原判決を維持した。なお、法廷意見（ホワイト、パウエル、スティヴンズ、オコーナ、およびスカーリア裁判官参加）の執筆はレンキスト首席裁判官である。

**【判　示】**　共謀者の供述を許容するには規則第八〇一条(d)㈡(E)の要件を満たさなければならないが「連邦証拠規則は立証の基準については一切触れていない。……われわれは伝統的にこれらの事柄が証拠の優越によって確証されることを要求してきた。」この基準は本件にも適用される。

われわれは、共謀者の供述（co-conspirator's statements）それ自体がコンスピラシーの存在およびそのコンスピラシーへの被告人と原供述者の参加を裏付ける証拠となりうるというのはほとんど疑う余地のないことと考える。本件は、その典型例である。Yの公判外供述は、Yが〝友人〟とコンスピラシーにかかわっていたことを示していた。Yの各供述の一つひとつは信用できないかもしれないが、全体としてみると、YとGとの会話はすべて独立した証拠によって裏付けられていた。このような事実に基づき公判裁判所はコンスピラシーの存在およびXのそれへの関与を訴追側が立証した――われわれの見解によれば正しく――と結論したのである。

われわれはまた、Xに不利なこれらの供述を許容したのはXの第六修正の対面条項の下での諸権利を侵害したことになるとの主張を退ける。Xの公判でYは証言しない権利を行使した。規則第八〇一条(d)㈡(E)の下での許容性の要件は対面条項の要件と同一（identical）であり、当該供述は同規則の下で許容されたのであるから、憲法問題はないことに同意する。先の開廷期にわれわれは【11】イネイディ判決において、伝聞供述が共謀者の公判外供述であるとき第一の利用不能の調査は必要でないと判示した。われわれは本日、第二の調査である独立の信用性の徴憑もまた憲法の命ずるものではないと結論する。

**【ブラックマン裁判官の反対意見】（ブレナン、マーシャル裁判官参加）**（略）

## 【14】オウェンズ記憶喪失前犯人識別供述許容合憲判決（一九八八年二月二三日）

本判決（United States v. Owens, 484 U.S. 554）は、被告人の公判で記憶喪失を主張した被害者の病院での犯人識別供述を連邦証拠規則第八〇一条(d)(一)(C)の下で許容しても証人対面権に違反しないとしたものである。

**【事　実】**　連邦刑務所の矯正官（a correctional counsel）Aは一九八二年四月一二日、勤務中何者かに鉄パイプで殴打され頭蓋挫傷の重傷を負い、ほぼ一か月間入院した。FBI捜査官Pは四月一九日、Aからの事情聴取を試みたがAはなお昏睡状態にあり犯人の名前を思い出せなかった。しかしPが五月五日、入院中のAを再び訪れたときAの容態はかなりよくなっており、「犯人として被告人を名指し、写真帳から被告人を犯人と識別した。」

被告人オウェンズ（X）は謀殺の意図での攻撃の罪で連邦地方裁判所で審理された。その公判で被害者Aは、攻撃を受ける直前の勤務状況について詳述し、五月五日のPとの面談中に攻撃者としてXを識別したことは記憶に明確に残っていると証言した。しかし彼は反対尋問で攻撃者を見た記憶はないことを認め、病院で多くの見舞客があったにもかかわらずPを除き訪問客を誰一人思い出すことができない、そして訪問客の誰かにXが攻撃者であると述べた記憶もないと証言した。Xは有罪とされ懲役二〇年の刑を言い渡された。第九巡回区控訴裁判所は、対面条項および連邦証拠規則第八〇二条を根拠とする異議申立てを検討し、いずれの申立ても是認し地裁判決を破棄した。

これに対し合衆国最高裁は、「伝聞の原供述者の記憶喪失の意義に関する他の巡回区での争いおよび対面条項にかかわる争いを解決するために」上告受理の申し立てを容れ、六対二で原判決を破棄差し戻した。なお、法廷意見（レンキスト首席裁判官、ホワイト、ブラックマン、スティヴンズ、およびオコーナ裁判官参加）の執筆はスカーリア裁判官である。ケネディ裁判官は本件審理に参加していない。

【判　示】　当裁判所は証人の記憶喪失を理由に対面条項違反であると判示したことは一度もないが、対面条項違反の可能性については差し当たり判断しないことを二つの判例で明示していた。

一九七〇年の【7】グリーン判決でわれわれは、思い出すことのできない出来事に関する同証人の公判外での警察官への供述の許容性を判断することを回避した。一九八五年のフェンステラ判決（Delaware v. Fensterer, 474 U.S. 15）（per curiam）においてわれわれは、専門家証人がどのような意見を述べたかに関しては証言しつつその意見に至った根拠を思い出せないと証言したとき対面条項の違反はないと判示した、そしてスティヴンズ裁判官は同判決に同調しつつ、本件の問題はグリーン判決で放置されていた問題に近似すると指摘した。（at 557–559.）

この問題は本件で正面から提起されており、われわれは一八年前にハーラン裁判官によって示された回答に同意する。すなわち〝対面条項は十分な（effective）反対尋問ではなく反対尋問の機会だけを保障するにすぎない。〟記憶喪失が主張されているとき、証人の供述を攻撃するために利用できる武器があるとしてもそれが奏効するとは限らないが、効を奏した反対尋問（successful cross-examination）は憲法上の保障ではない。

当裁判所は、伝統的な伝聞法則の要件と対面条項との間に部分的な（そして幾分曖昧な）重なりを認めてきた。伝聞と結びつく危険に鑑み控訴裁判所は、本件証言に〝信用性の徴憑〟ないし〝特段の信用性の保障〟があるかを検討することは憲法上の要求であると考えた。われわれは、伝聞の原供述者が法廷に出頭し無制限の反対尋問にさらされている時そのような調査は必要であると考えない。（at 560.）

【ブレナン裁判官の反対意見】（マーシャル裁判官参加）　長期入院中の面会時にフォスター（A）はオウェンズ（X）を写真帖から選び出し、FBI捜査官マンスフィールド（P）に、一九八二年四月一二日朝、鉄パイプで彼を攻撃したのは被上告人（X）であったと告げた。Aがその後に死亡しておれば、第六修正および連邦証拠規則がAの公判外での犯人識別供述をPが繰り返すことを禁止していたのは疑いない。幸いにしてAは助かった。しかし彼の記憶は、Xの公判時にはもはや彼の攻撃者は誰であったかを思い出すことができず、また彼が以前にXを攻撃者としてなぜ特定したのかを説明することもできなかった。そうであるにもかかわらず当裁判所は、被告側弁護人には彼を反対尋問する全く自由な機会が与えられていたのであるからAが以前の供述を繰り返しても自己に不利な証人と対面するXの権利を奪ったことにはならないと結論する。私は、第六修正は刑事被告人に事実審判者に以前の供述の真実性を判断するのに十分な反対尋問の機会を提供しており、かつXはそのような機会を提供されなかったのは明らかであるから反対する。

Xに不利な主要証人は一九八三年一二月に証人台に立ったAではなかった――同証人は一九八二年四月一二日の出来事について事実上何も思い出すことができず、Xが彼を攻撃したか全く分からないことを認めていた。Xに対する唯一の非難者（accuser）は、一九八二年五月五日に彼の攻撃者としてXを特定したAだった。ところがAはXの公判で証言しなかった。すなわち彼が以前にXを識別した後およそ一八か月の間の記憶喪失のため以前の公判外の犯人識別供述を確認したり説明することができなかったのである。

要するに、Aも検察側もAの以前の供述の根拠を示すことができなかった。そうであるにもかかわらず当裁判所は、第六修正はそのような根拠のない公判外供述の提出の障害にはならないと結論する。対面条項は、十分（effective）な反対尋問をすることではなく反対尋問に対する機会だけを保障する公判での手続上の権利（a procedural to trial right）にすぎないというのである。

われわれは、十分という概念は被告人の最終的な成功という言葉で量られるべきであるという見解を斥けてきたけれども、われわれは今日まで十分という概念を単なる質問の機会と同視したことは決してなかった。本件事案においてXは、Aの一九八二年五月五日の記憶の欠陥（infirmities）を徹底的に調べる機会を提供されなかった。

被上告人の第六修正の権利は法廷でのAの単なる出席だけで満たされると結論した当裁判所は対面の権利を空虚な形式（a hollow formalism）に格下げ（reduced）している。対面条項は生の証人に質問する権利以上のことを保障していると私は信じているので、私は反対する。（at 572.）

**【15】コイ被害者遮断別室法廷証言許容違憲判決（一九八八年六月二九日）**

本判決（Coy v. Iowa, 487 U.S. 1012）は、証人と被告人との間にスクリーンを置き証人が被告人を見ることができないような状態でなされた被害者の法廷証言は被告人の証人対面権に違反するとしたものである。

**【事　実】**　被告人コイ（X）は一九八五年八月、隣家の裏庭でキャンプ中の少女二名（いずれも一三歳）に対する性的暴行の罪で逮捕、起訴された。二少女によると、犯人は二人が寝ていたテントの中に入り込み懐中電灯を照らし顔を見るなと命じたため彼の人相は分からなかったという。検察側は同年一一月、公判開始の冒頭、一九八五年五月二二日に制定された州法に従って被害者証人に有線テレビを介してまたはスクリーンの背後で証言させることを求めた。公判裁判所は、少女の証言中に被告人と証人との間に大きなスクリーンを置くことを認めた。法廷の照明を若干調整しスクリーンを隔てて被告人から証人をぼんやりと見ることはできるが証人から被告人を見ることはできないようにした。二少女はスクリーンを隔て証言し、Xは有罪とされた。アイオワ州最高裁は、Xの有罪判決を維持した。証人を反対尋問する能力はスクリーンによって損なわれることはないので対面条項に違反しないし右手続きは内在的に偏頗ではないのでデュー・プロセス違反もないというのである。

これに対し合衆国最高裁は、対面条項違反を理由に六対二で原判決を破棄差し戻した。なお、法廷意見（ブレナン、ホワイト、マーシャル、スティヴンズ、およびオコーナ裁判官参加）の執筆はスカーリア裁判官である。ケネディ裁判官は本件審理に参加していない。

**【判　示】**　われわれはこれまで、対面条項は事実認定者の面前に出頭した証人との直接対面（a face-to-face meeting）を被告人に保障していると判示しており、このことに疑問を呈したことは一切なかった。昔の真実は現代においても同様に真実である。かつてアイゼンハウア大統領は、直接対面（face-to-face confrontation）はカンサス州の故郷の慣例であると述べたことがあった。故郷では〝どのような人であれ意見を異にする人と直接対面する（meet）ことが必要でした。こっそり告げ口をしたり体面を傷つけたりすると、必ず憤慨した市民によってその報いを受けたものです。この国では、あなたを好きでないあるいはあなたを非難する人はあなたの面前に出てこなければなりません、物陰に隠れていることはできないのです〟と述べたのである。〝私の目を見て、そのことを言いなさい〟という言葉は今でも残っている。

対面は公正さのために不可欠であるという感覚はそれがまさに真実であるからこそ数世紀にわたり生き残っているのである。〝面と向かって〟人に嘘をつくことは〝その人の背後〟で嘘をつくことより難しい。面と向かっての説明（face-to-face presence）は、不幸なことだが、強姦の真の被害者や虐待された子供たちを狼狽させることもあろうが、それと同時に、虚偽の告発者を狼狽させたり有害な大人にコーチされた子供であることを暴露することもある。憲法上の保護には犠牲が伴うというのは自明の理である。

残された問題は、対面権が本件で事実侵害されたかである。問題のスクリーンは、被害者証人が証言時に被告人を見ないで済むようにとの配慮で作られたものでその目的は達成された。これほど被告人の直接向き合う権利を明白にまたは決定的に侵害する事例を想像するのは難しい。「もっとも、何らかの例外が存在するかの問題は他日に委ねる。」

**【ブラックマン裁判官の反対意見】（レンキスト首席裁判官参加）**〈略〉

**【16】ライト性犯罪被害者供述伝聞例外肯定違憲判決（一九九〇年六月二七日）**

本判決（Idaho v. Wright, 497 U.S. 805）は、性犯罪の被害者（幼児）を診察した小児科医の伝聞供述を州法上の〝その他の伝聞例外〟として許容したのは憲法上の対面条項に違反するとしたものである。

**【事　実】**　被上告人ローラ・ライト（X）はロバート・ギレス（Y）とともに一六歳以下の未成年者に対する猥せつ行為の二訴因で起訴された。被害者はXの二人の娘（A、B）で、本件犯行当時Aは五歳半、Bは二歳半であった。

XおよびAの父親でもある前夫ルイス・ライト（甲）は六か月毎にAを監護するとの正式な合意をしていた。Aは一九八六年一一月、甲の女友達であるグッドマン（乙）に「XがAを押さえつけその口をふさいでいる間にYがAに性交をした、またXとYが同じことをBにしているのを見たことがある」旨告げたため事件が発覚した。Bは本件犯行当時、彼女の両親（X、Y）と同居していた。乙は翌日このことを警察に通報しAを病院に連れて行った。診察の結果、性的虐待の事実が明らかとなった。

いずれも有罪とされ拘禁刑二〇年の言い渡しを受けたX、Y両名は、「末娘（B）に対する有罪判決に対してのみ控訴した。」Yは、小児科医（J）の証言をその他の伝聞例外の下で許容した点において公判裁判所は誤っていると主張した。アイダホ州最高裁はこれに同意せず、Yの有罪を維持した。Xは、J証言をその他の伝聞例外の下で許容したのは対面条項の下での権利を侵害したことになると主張した。アイダホ州最高裁はこれに同意し、Xの有罪判決を破棄した。B供述には「対面条項の要求を満たすのに必要な特段の状況的保障が欠けている」と結論し、Bに対するXの有罪判決を破棄したのである。(at 812-813.)

これに対し合衆国最高裁は上告受理の申立てを容れ、五対四で原判決を維持した。なお、法廷意見（ブレナン、マーシャル、スティヴンズ、及びスカーリア裁判官参加）の執筆はオコーナ裁判官である。

【判　示】　われわれは、伝聞法則と対面条項が一般に類似の価値の保護を意図していることを認めてきたけれども対面条項の禁止と伝聞供述の許容を禁止する一般法則とを同一視しないように注意してきた。対面条項は、換言すると、伝聞法則の例外の下で許容されるであろう若干の証拠の許容（admission）を禁止している。

われわれは【10】ロバツ判決において、伝聞例外の下で許容できる負罪的供述がいつ対面条項の要求を満たしているかを判断するための〝一般的アプローチ〟を明らかにした。われわれはロバツ判決で詳論されたこの一般的アプローチをその後の対面条項と伝聞法則にかかわる事案に適用してきた。

ロバツ判決のアプローチを本件に適用するに当たり、われわれは最初に、本件では子供の証人が公判で利用不能であるとの立証を検察側に要求しているかの問題は提起されていないことを指摘しておく。公判裁判所は本件でＸの下の娘（Ｂ）は陪審に意思伝達をすることができないと認定し、この認定は争われていない、一般的な利用不能の要件は問題にされていないのである。それ故、本件で提示されている問題の核心（crux）は、下の娘（Ｂ）の医師ＪへのＸに負罪的な供述が対面条項の下での吟味に耐えるほど十分な信頼性の徴憑を有しているという立証責任を州（検察側）は果たしたかである。

「ロバツ判決においてわれわれは、〝信頼性の徴憑〟の要件は二つの状況のいずれかによって満たされうることを指摘した。すなわち伝聞供述が〝深く根を下した伝聞例外に該当する〟場合、またはそれが〝特段の信用性の保障の立証〟による裏付けのある場合である。」

われわれは、アイダホ州最高裁が医師Ｊの診察時の暗示的な態度に焦点を合わせたのは正当であると考える。下の娘（Ｂ）の医師Ｊへの応答をとり巻く全体の状況を検討してわれわれは、Ｘに負罪的な（Ｂの）供述が特に信用できるとする特別な理由はないと認定する。しかしながら、下の娘（Ｂ）の虐待に関する最後の供述は微妙な問題（closer question）を提供している。医師Ｊによると、Ｂは固く口を閉ざした後で〝任意に〟かかる供述をしたという。供述の自発性（spontaneity）と態度の変化は供述時にBは真実を述べていることを示唆しているけれども、大人のした以前の質問等に関する証拠があれば、自発性は信用性の指示器として不正確であることをわれわれは指摘しておく。さらにこの供述は、例えば、興奮時の発言や医学的診断や治療のためにされた供述を許容するのに必要とされる状況に匹敵する信用性の状況下にされたものでない。深く根を下した伝聞例外に従って許容されたのではない非難的な伝聞供述に付与されている不許容性の推定に照らし、下の娘（B）の小児科医への供述にはかかる推定を打ち破るに足りる対面条項の下での十分な〝信用性の特段の保障〟がないとの下級審の見解に同意する。

**【ケネディ裁判官の反対意見】（レンキスト首席裁判官、ホワイト、ブラックマン裁判官参加）**〈略〉

**【17】クレイグ被害者園児別室証言許容合憲判決（一九九〇年六月二七日）**

本判決（Maryland v. Craig, 497 U.S. 836）は、重大な情緒的障害のおそれを理由に一方向の有線テレビを用いた別室での証言を認められた被害園児の証言は証人対面権に違反しないとしたものである。

**【事　実】**　郡大陪審は一九八六年一〇月、被上告人クレイグ（X）を児童への倒錯的な性的虐待、暴行等の罪で起訴した。各訴因の被害者は六歳の女児（A）で一九八四年八月から一九八六年六月までXの経営する幼稚園に通っていた。

検察側は公判開始前の一九八七年三月、メリーランド州法を適用して一方向の有線テレビ（by one-way closed circuit television）によって被害児の証言を認めるよう求めた。陪審はすべての訴因につきXを有罪とし、メリーランド州特別控訴裁判所は有罪判決を維持した。メリーランド州最高裁（the Court of Appeals of Maryland）はこれを破棄し、新公判のために差し戻した。同最高裁は、被告人と告発者との直接的な法廷での対面を対面条項はすべての事案において要求しているとのXの主張を退けたが、制定法の下では重大な情緒的障害は少なくとも最初に被告人との直接対面によって判断されなければならない。それ故、法廷という文言は、第六修正および（州憲法上の）対面の趣旨からして被告人の同席する法廷という意味であると解し、子供の法廷証言を得るためには〝面と向かっての〟対面（eyeball-to-eyeball confrontation）を防止することが必要である場合を除き、かかる権利を被告人に否定することはできないと結論した。

これに対し合衆国最高裁は、「本件によって提示された重要な対面条項の争点を解決するために」上告受理の申立てを容れ、五対四で原判決を破棄差し戻した。なお、法廷意見（レンキスト首席裁判官、ホワイト、ブラックマン、およびケネディ裁判官参加）の執筆はオコーナ裁判官である。

【判　示】　われわれは【15】コイ判決において〝対面条項は事実認定者の面前に出頭して証人と直接対面することを被告人に保障している〟と指摘したが、対面条項は公判で被告人に不利な証人と直接対面する絶対的な権利を刑事被告人に保障していると判示したことは一度もない。現にわれわれはコイ判決において、〝対面条項の限定的な文字どおりの意味、すなわち公判に出頭して供述するすべての人に直接対面する権利に何らかの例外があるかどうかの問題は……他日に委ねられている〟と明示している。

メリーランド州法上の手続きは、子供の証人が被告人に不利な証言をするとき被告人を見ることができないようにしている。しかし、この手続きは対面権の他のすべての要素を保持していることは重要である。すなわち、子供の証人は証言能力がなければならず宣誓の下で証言しなければならない。弁護人は（証言と）同時に反対尋問する十全な機会を保持している。そして裁判官、陪審、および被告人は証言時の証人の態度を（ビデオ・モニターによってではあるが）観察できる。これらの対面の諸要素――宣誓、反対尋問、および証人の態度観察――は、生の直接証言のそれに機能的に相当する方法で証言が信用できること、そして徹底的な当事者の吟味に服していることの両者を十分確保している。このような信頼性と当事者主義の保護装置があるため、対面条項が禁止していることに争いがない一方的な宣誓供述書ないし尋問調書（*ex parte* affidavit or inquisition）による裁判とはまったく異なる。われわれは、それ故、重要な州の利益を促進するために必要な場合、一方向の有線テレビを使用するのは対面条項の真相解明ないし象徴的な目的を侵害しないことを確信する。

要するに、本件で宣誓の下に証言した子供の証人は全面的な反対尋問にさらされ、証言時に裁判官、陪審、および被告人によって観察されていたことに争いはないので、われわれは、必要性の適切な認定がなされている程度でそのような証言を許容したのは対面条項と一致していると判示する。

州最高裁はその結論の少なくとも一部を、公判裁判所が被告人の面前での子供の態度を観察せずより制限的でない一方向の有線テレビの使用に代わるものを探そうとしなかったことに依拠しているように思われる。そのような要件は保護的手段の使用の根拠をより強固にすることにはなるが、われわれは連邦憲法の問題として、一方向の有線テレビの使用のためにそのような絶対的な前提要件を設けることには応じられない。われわれが本日確立した法的基準に照らして同最高裁が同一の結論に到達するかは定かでない。それ故、メリーランド州最高裁判決を破棄し、本件を差し戻すこととする。

**【スカーリア裁判官の反対意見】**（ブレナン、マーシャル、スティヴンズ裁判官参加）　第六修正は、〝すべての刑事訴追において被告人は自己に不利な証人と対面する権利を有する〟と規定する。ところが当裁判所は〝子どもの虐待の犠牲者の肉体的精神的福利への州の権利は非常に重要であるので、少なくとも若干の事案においては、自己の告発者と法廷で対面する被告人の権利に優ると結論する。州の相当多数が子供の虐待の事案で証言することによる心的外傷から子供を保護する制定法を施行しているのはこのような政策の重要性を支持する広範な考えのあることを示している〟というのである。

1　当裁判所によると、〝「法廷で出頭した証人との」面と向かっての対面は自己の非難者と対面する第六修正の権利の保障の要求であるということはできない。〟それは、陪審の面前で審理されるのは陪審裁判を受ける第六修正の不可欠の要求であるといえないことと同じであるというのである。

2　当裁判所の法廷意見の大半は、伝聞証拠を許容する際にわれわれが用いてきた分析の方法を本件に適用する。第六修正はその文言上そのような証拠に関する禁止を含んでいない、それは証人に〝自己に不利な証人〟に対面する権利だけを保障しているからである。直接の法廷への出頭は、不幸なことではあるが、真の強姦の被害者や虐待された子供を当惑させることはありうる。しかし、それは同様に虐待の告発者を狼狽させて元に戻す(confound and undo)こともありうる。【15】コイ判決一〇二〇頁。

3　対面の価値を防禦する必要はない。当裁判所にはそれを疑問とする権利はないからである。良かれ悪しかれ、第六修正は対面を要求している。そしてわれわれにはそれを無視する自由はない。最後に今一度、第六修正を引用しておく、すなわち〝すべての刑事訴追において、被告人は……自己に不利な証人と対面する権利を有する。〟

×　　×　　×　　×

当裁判所は本日、憲法の文言がそれを認めていない文脈で〝利益衡量(interest-balancing)〟をする。われわれは明示の憲法上の保障に関し費用便益分析(cost benefit analysis)を自由にすることはできない。当裁判所は、メリーランド州手続きは有効な利益に役立っていることを説得的に立証し、被告人に対面条項の保障するすべて(すなわち対面を除くすべて)を与える。それ故、私は、メリーランド州手続きは実質的(virtually)には合憲であることに納得する。しかしながら、それは現実(actually)には合憲でないので、私は有罪判決を破棄するメリーランド最高裁判決を支持したい。

## 【18】ホワイト被害者女児伝聞供述許容合憲判決（一九九二年一月一五日）

本判決（White v. Illinois, 502 U.S. 346）は、性犯罪の被害女児から被告人が犯人である旨聞知したとの母親、医師等の伝聞供述を〝思わず発した供述〟〝医学的治療の過程における供述〟の伝聞例外として許容したのは対面条項に違反しないとしたもので従前の一連の判例の整理として有益である。

【事　実】　被告人ホワイト（X）は、加重的性的暴行（aggravated criminal sexual assault）等の罪で陪審により有罪とされた。法廷での証言で次のことが明らかになった。一九八八年四月一六日早朝、当時四歳の被害女児（甲）のベビー・シッター（A）は甲の金切り声に驚き寝室に駆け付けると、Xが部屋から出ていった。XはAの母親Bの友達であったため面識があったのである。Aの法廷証言によると、甲にどうしたのと尋ねたところXが手で甲の口を押さえ声を出すとむち打ちすると脅かしながら〝いやな所（wrong places）〟に触れたというのでどこに触れたのと聞くと甲は膣部を示したという。三〇分後に帰宅した母親Bの証言によると、甲が〝おびえた〟様子をしていたのでどうしたのと尋ねるとXに脅かされたと繰り返し、さらにXが甲の前の部分（front part）に口をつけたと述べ甲の首に傷跡があり赤くなっているのに気付き警察に電話したという。Aが甲の金切り声を耳にしたおよそ四五分後に到着した警察官（C）は、甲を一人にして台所で話を聞いた。Cの法廷証言によると、Xが舌を使って甲の陰部に触れたとの供述を含め、甲の話はA、Bの話と事実上同一であった。Aが甲の金切り声を聞いたおよそ四時間後に甲はまず看護師Dによって次に医師Eによって診察された。D、Eの法廷証言はいずれも、甲がA、B、Cへの供述と事実上同一のことを話していたことを示していた。

甲は法廷で一切証言しなかった。検察側は二度、甲を証人として喚問しようとしたが、情緒的困難を体験しているように見受けられたので公判廷に喚問せず（she apparently emotional difficulty on being brought to the courtroom）、甲は証言することなく立ち去った。弁護側は甲を証人として喚問することを求めなかった。

Xは陪審によって有罪とされ、イリノイ州控訴裁判所はこれを維持した。同裁判所は、公判裁判所はその裁量の範囲内でAらの供述を州法の下で許容した旨判示し、さらに対面条項違反を理由とする異議申立てを退けた。イリノイ州最高裁は、裁量的審査（discretionary review）を否定した。

これに対し合衆国最高裁は、「異議が申し立てられた証言を許容したのはXの第六修正の対面条項の権利を侵害したことになるかという憲法問題に限定して」上告受理の申立てを容れ、「公判裁判所が〝同時の供述〟〝医学的診察〟の伝聞法則の例外の下で証言を許容する前に検察側は原供述者を公判に喚問しなければならない、又は公判裁判所は原供述者の利用不能を認定しなければならない、このことは第六修正の対面条項の要求といえるかを本件で検討する」としたうえで、全員一致で原判決を維持した。

【判　示】　対面条項の限定的目的は一六、七世紀のイギリで普通に見られた特有の悪弊、すなわち宣誓者を法廷に喚問せずに一方的な宣誓供述書を提出することによって被告人を訴追するという悪弊を防止することにあったことを理由に検察側は、申立人（X）の対面条項違反の主張を退けるべきであると主張する。対面条項がそのような例外に適用される唯一の状況は許容を求められている当該供述が一方的な宣誓供述書のような性質を帯びているごく少数の事案に限られると主張するのである。

伝聞証言の許容性を制限する対面条項の役割を事実上無視するこのような対面条項の限定的解釈は、われわれの従前の判例によって退けられている。少なくとも一八九五年の【2】マトックス判決に遡るこれらの判例での議論は対面条項の起源や第六修正採用当時およびその後に存在する州の証拠法に関する歴史的検討を含んでいる。われわれは、〝対面条項の禁止と伝聞証拠の許容性を禁止する一般法則とを同一視しないよう〟注意してきた。【16】ライト判決八一四頁。しかし、〝伝聞法則と対面条項とは一般に類似の価値の保護を目的〟とし〝同一のルーツに由来する〟ことを認めつつわれわれは一貫して〝中道を歩んで〟きたのである。検察官によって提示されている主張は、このようなアプローチの再検討を要求する理由としては今日においては余りにも遅すぎる（too late in the day）。

われわれは【11】イネイデイ判決において、コンスピラシーの過程において共謀者によってなされた法廷外供述の許容性を検討した。われわれは最初の問題として〝利用不能の立証がなければ公判外供述は許容できないというルールをロバツ判決は確立したという命題を退けた。イネイデイ判決において、われわれの判断は二つの要素に依拠した。第一、法廷での以前の証言とは異なり、共謀者の供述は〝たとえ原供述者が法廷で同一のことを証言したとしても、反復できないコンスピラシーの文脈の証拠を提供する。〟第二、たとえ〝利用不能のルール〟を課したとしても、そのことによって得られる利益はほとんどない。そのようなルールが機能しても公判外供述の提出が絶対的に禁止されることにはならない、つまり原供述者が利用不能であるか利用可能で公判で喚問されるかにかかわりなく当該供述は提出されうるからである。それ故、利用不能のルールが事実認定の正確性を促進することはほとんどない。

「このような指摘は、共謀者の供述の評価の文脈下で表明されたものであるけれども、そっくりそのまま（with full force）本件に適用される。」まず最初に、同時供述や医学的治療を受ける過程でされた供述に関する伝聞証言を許容する証拠法上の根拠は、そのような供述はその信用性を十分に保障する文脈下でなされているからである。本件で検討している二つの例外が〝深く根を下ろした〟ものであることに疑問の余地はない。

したがって、われわれは、本件で許容された法廷外の伝聞供述には十分に信用できる価値（substantial probative value）がある、すなわち後に法廷で証言する原供述者によって繰り返すことのできない価値があると考える。そしてすでに指摘しておいたように、〝深く根を下ろした〟伝聞例外の下で許容される供述は極めて信用性があるため反対当事者による吟味によってもその信用性にほとんど何も付加することはない。本件での法廷外供述と【11】イネイデイ判決で許容できると認定した供述とを区別して取り扱う理由はない。

Xはさらに、子供の性的虐待事案での子供の証言に関する最近の二つの判例、すなわち、【15】コイ判決と【17】クレイグ判決との比較検討を主張する。Xはこれら二つの判決から、子供によって提供された伝聞証言は必要性の立証があった事案、すなわち子供の肉体的精神的福利を保護するために必要である事案に限り、許容されるべきであるとの一般法則を導き出す。

これらの判決に依拠した主張は誤っている。コイ判決とクレイグ判決はいずれも証人が一旦証言しているとき、被告人の対面の権利を保障するためにどのような公判廷での手続きが憲法上必要とされるかの問題だけにかかわりがある。そのような問題は、法廷外供述を提出するための前提（predicate）として対面条項はどのような要件を課すかという問題とは全く別の問題である。それ故、これら判決で明らかにされた〝必要性の要件〟をそれとはまったく異なる確立された伝聞例外の下で許容された法廷外供述の文脈に持ち込む理由はない。

【トマス裁判官の一部同調意見】（スカーリア裁判官参加）　当裁判所はわれわれの先例の下で正しい結論に達している。私が別途意見を書くのは、われわれの対面条項の判例（jurisprudence）は同条項の文言および歴史に多分一致していないことを示すためである。当裁判所は傍論において、対面条項は一般的に伝聞証拠の許容性を規制できないという合衆国（検察側）の示唆を不必要に退けている。ことの真相は、当裁判所の従前の判例は憲法上の対面の権利と伝聞法則との関係を不必要なまでに複雑にして混乱（complicated and confused）しているということであろう。

対面条項は単にすべての刑事訴追において被告人は自己に不利な証人と対面する権利があると規定するにとどまる。本件の目的にとって同条項の決定的な文言は〝自己に不利な証人〟である。不幸なことにこの分野における最近の判例はすべての伝聞供述は同条項の意味に該当する（within）被告人に〝不利な証人〟であることを前提としてきた。例えば【10】ロバツ判決、【12】リー判決、【13】ライト判決を見よ。

対面条項の制定者がそれに何を意図していたかの証拠は事実上ない。最も厳格に読めば〝自己に不利な証人〟という文言は公判で現に出頭して証言する証人だけと対面し反対尋問する被告人の権利を付与しているものと解釈されることになろう。これはウィグモアの見解だった、

ウィグモアの見解は【8】ダットン判決においてハーラン裁判官の同調意見によって支持された。それはまた同条項の明示の文言に裏付けがある。スカーリア裁判官は最近、次のように指摘した、すなわち

〝第六修正は伝聞証拠に関する禁止規定を文言上（literally）含んでいない、それは公判で証人と対面する権利だけを被告人に保障しているにすぎないからである。……［第六修正の文言は］公判で被告人に不利な証言をする者に明白に言及している。〟【17】クレイグ判決八六四―八六五頁（反対意見）。

最も純粋な形態でのウィグモア‐ハーランの見解の困難性は、後述するように、コモンローでの対面権の進展を取り巻く明白な歴史の大半および長年にわたる当裁判所の先例と緊張（tension）関係にある。このような理由で純粋なウィグモア‐ハーランの見解（reading）は対面条項の不相当な解釈と考えられうる。

関連する歴史的源泉およびそれより初期のわれわれの判例は、それにもかかわらず、一九八〇年以降にされてきた解釈よりも同条項の限定的解釈が正しいことを示唆している。一六世紀のイギリスにおいて治安判事（magistrates）は公判前に被告人（prisoner）、共犯者（accomplices）、その他の者を取り調べた。これらの取調べは裁判所の情報のため（only for the information）だけを意図していた。被告人は出頭する権利はなく、おそらく出頭することはなかった。公判自体において、証拠は通常、証言録取書、共犯者の自白（depositions, confessions of accomplices）、手紙の朗読等によって行われた。そしてこのことは時にはしばしば被告人によって自己の告発者を要求する、すなわち彼の面前に彼に不利な証人を引き出す要求となった。一六〇三年の大逆罪（treason）の起訴に関するサー・ウォルターローリの悪名高い裁判において彼に不利な国王側の主要な証拠はいわゆる共謀者の自白（the confession of on alleged co-conspirator)（この自白は裁判所の前で否定された、それは多分拷問によって獲得されたものだった）であったのは、イギリスの刑事手続きのこのような特徴を示す周知の実例である。

このような悪弊に対処するためにコモンロー上の対面権が一六世紀末から一七世紀初頭にかけてイギリスで展開され始めたのである。当裁判所は一貫して同条項の主たる目的はイギリスで生じたこのような弊害を除去することであったことを示している。【2】マトックス判決二四二頁、【7】グリーン判決一五六頁（ハーラン同調意見）、【8】ダットン判決九四頁（ハーラン同調意見）等を見よ。

伝聞法則の例外は、同時に発展しつつあるコモンローの対面権によって限定されたという歴史上の記録はほとんど示されていない。当裁判所はこの点に関する歴史的証拠を示したことは一切なかった。しかしながら、明示の文言の問題として、対面条項がどのようにして又はなぜ一般的命題として伝聞証拠に適用されるのかは難しい。対面条項は伝聞証拠の許容性を限定しているという仮定を満たす（implement）ために発展してきたという当裁判所の基準は第六修正の文言に根拠がない。

合衆国（検察側）は、アミカスキュリーとして、対面条項は法廷での証言またはそれに機能的に相当する（functional equivalent）ものにのみ適用されるべきであることを提案していた。このような解釈は若干の方法においてわれわれの現在の法（current jurisprudence）よりも対面条項の文言および歴史に一致する、そして大部分われわれの判例と一致している。しかし、より注意深く公式化されなければ、このアプローチは〝自己に不利な証人〟に適用するのが困難でありかつ必ずしも〝自己に不利な証人〟と完全に一致する方法で展開するのは困難となろう。

本件において、例えば、捜査している警察官への被害者の供述は、法的手続きを予期してなされたものであるから法廷での証言に機能的に相当すると考えられうる。法的手続きを予期してなされた供述とそのように予期してなされなかった供述との線引きは裁判所に多くの困難を強いることになろう。被告人の対面権の及ぶものと及ばないものとを一律に性格付けできるタイプの供述はほとんどあり得ない。また警察官や政府の係員にされた供述であっても自動的に対面の権利にさらされると分類できるものはない。また原供述者や聴き手（またはその双方）は法的手続きを予期したものと考えなければならないかということも合衆国のアプローチの下で明らかでない。合衆国（検察側）は本件においてその提案した基準の適用にほとんど注意していない。

第六修正の文言がウィグモア-ハーランの見解を支持する状況にわれわれは直面しているけれども、歴史およびわれわれの従前の判例はこの文言の最も厳格な読み方から離れている。このような緊張にもかかわらず、この文言と歴史の両方に忠実となる対面条項を合衆国によって提案されている線にそって解釈することは可能であると私は信じている。一つの可能な対面条項の解釈は、次のとおりである、すなわち「連邦の憲法上の対面の権利は現に法廷で証言する証人に及ぶ、しかし対面条項が法廷外供述にかかわるのは、それらが宣誓供述書、証言録取書、以前の証言又は自白のような証言的素材（testimonial materials）の中に含まれている限りにおいてである。」（at 364-365.）

このようなアプローチはわれわれの判例の圧倒的多数と一致している。【10】ロバツ判決以前の事実上ほとんどの判例は対面条項の関心事の核心である以前の証言ないし自白にかかわりがあったからである。このような対面条項の限定的解釈は伝聞の文脈における調査を大いに簡略にすることになろう。さらにこのような解釈は、コモンローで〝深く根を下ろした〟伝聞例外に焦点を合わせる現在の最高裁によって提示されている問題を回避することができる。最高裁はコモンローで是認されていなかった伝聞例外あるいは州の多数によって是認されていないそれ（伝聞例外）を採用する州の判断についての対面条項の含み（implication）を説明することは今まで一切なかった。われわれの現在の法（our current jurisprudence）は、第六修正を満たすために新しく創出された例外に従って許容された伝聞には〝特別の信頼性の保障〟があり、たとえ最高裁の基準の下で可能であるとしても、その例外がコモンローで〝深く根を下ろした〟ものとなるまで州は各事案においてそうすること（特別の信頼性を保障）を続けなければならないことを示唆する。この結果が対面条項それ自体と一致するのは難しい。同条項の文言も歴史的証拠も、「対面条項は伝聞法則およびその例外の憲法化（constitutionalize）を意図していたという見解を示していない。」最高裁は繰り返しそのような結果を引き起こす意図を否定しているけれども、【16】ライト判決八一四頁、【11】イネイディ判決三九三頁注5、【8】ダットン判決八六頁、【7】グリーン判決一五五頁、われわれの判例はさらにその方向にじりじり進んでいる（edged）ことを私は懸念する。（at 365-366.）

以上の理由で私は、適切な事案においてわれわれが対面条項での〝不利な証人〟という文言が伝聞の許容にどのようにかかわりがある（pertains）かを改めて検討することを提案する。私は、合衆国（検察側）によって提案されているこの文言の限定的解釈の理論を除き、法廷意見に参加する。

**【19】ウィリアムソン不利益供述伝聞例外否定判決（一九九四年六月二七日）**

本判決（Williamson v. United States, 512 U.S. 594）は、被告人ウィリアムソンの依頼でコカインを運搬していた旨のハリスの捜査官への供述が利益に反する供述の伝聞例外として許容できるかが争われた事案につき、連邦証拠規則第八〇四条(b)(三)の利益に反する供述の伝聞例外として許容できるのは原供述者本人を有罪とできる供述部分に限られいわゆる付随的供述は許容できないと判示し、これを肯定した原判決を全員一致で破棄差し戻したものである。

【事　実】　副保安官は一九八九年三月二六日、ジグザク運転をしていたハリス（Y）のレンタカーを停止させその同意を得て車内を捜索したところ、トランク内の二つのスーツケースから一九キログラムのコカインのほか、被告人ウィリアムソン（X）の住所あての封筒、Xの愛人の名前を記載した領収書などを発見した。また右スーツケースにはXの姉妹のイニシャルが記載されてあり、レンタカーの契約書には運転者としてXの名前も記載されていた。

ＤＥＡ捜査官（Ｐ）がＹ逮捕直後に電話で事情聴取したところ、Ｙは身許不詳のキューバ人の依頼でコカインを運搬中であり、コカインはＸのものである旨供述した。Ｐが数時間後にＹを直接取り調べたところ、Ｙは数日前にレンタカーを借りキューバ人からの依頼でＸあてにコカインを運搬中であり、ある場所にレンタカーを放置したまま立ち去るよう指示されていた旨供述した。そこでＰが泳がせ捜査（controlled delivery）の手続きを進めるために取調室を出ようとしたところ、Ｙは椅子から立ち上がり〝駄目だ〟と叫び、キューバ人等の話はすべて嘘で「実はＸのためにアトランタまでコカインを運搬中でＸは他のレンタカーに乗りその直前を走行中であった」と述べた。さらにＹは、Ｙ車の停止後にＸが車をバックさせて「停車場所の横を通過しトランクの開けられたＹ車を見て、」警察の捜査に気付いたのに間違いないから泳がせ捜査は不可能である旨供述した。Ｙはまた、先の二回の取調べ時に嘘をついたのはＸが怖かったからであると述べ、自己のかかわりを認めたのは任意であるとしつつ、いずれの供述録取書にも署名することを拒否した。なお、Ｐは後に、Ｙが協力すればその旨検察官に報告すると約束したものの、協力すれば便宜を与えるとまでは約束しなかったと証言した。

Ｘは結局、譲渡目的でのコカイン所持の罪で有罪とされた。Ｘの公判で証人として喚問されたＹは、検察側の使用免責および裁判所の証言命令にもかかわらず証言を拒否したため、法廷侮辱罪で有罪とされた。そこで地方裁判所は、Ｐが二回の取調べ時にＹから聞いた伝聞供述は証拠規則第八〇四条(b)(三)（以下、証拠規則(三)ともいう）の下で許容できると決定した。(1)Ｙの供述は明らかにＹ自身を巻き込んでいる、それ故、Ｙの刑事上の利益に反する、(2)原供述者であるＹは証人として利用不能である、(3)本件ではその供述の信用性を保障する十分な補強証拠がある、それ故、Ｘを巻き込むＹの供述は証拠として許容できるというのである。

これに対しＸは、Ｙの伝聞供述を許容したのは証拠規則(三)および第六修正の証人対面権に違反するとして控訴した。第一一巡回区控訴裁判所は、何ら意見を付さずにＸの有罪判決を維持した。これに対し合衆国最高裁は被告人側の上告受理の申立てを容れ、その理由付けはやや異なるものの、全員一致で原判決を破棄差し戻した。なお、法廷意見（スカーリア、ギンズバーグ、ブラックマン、スティヴンズ、スータ各裁判官が同調）の執筆はオコーナ裁判官である。ただし、判旨Cに関してはスカーリア裁判官だけが同調しているので、この部分は法廷意見ではない。

【判　示】　A　ハリス（Y）の自白が証拠規則㈢の下で許容できるかを判断するには、まず同規則にいう〝供述〟の意味を確定しなければならない。〝供述〟の意味いかんによっては、自白が全体として（in the aggregate）十分にYに負罪的である限り、その自白をすべて（entire confession）許容するか、それともその自白の中でY個人にとって負罪的である（that are individually self-incultatory）供述だけを許容するかの広狭の解釈が可能となる。証拠規則㈢はこの問題に言及していないが、その背後にある原理によれば、限定的な解釈（narrower reading）が正しい。証拠規則㈢は、合理的な人であれば、真実であると信じていない限り、自己に負罪的な供述（self-inculpatory statements）をしないであろうとの常識的な考えに依拠している。この考えは、より広義の〝供述〟には及ばない。ある人が広汎に自己に罪を負わせる自白をしたとしても、その自白のうちで自己に負罪的でない部分（the confession's non-self-inculpatory parts）が信用できるわけではない。最も効果的に嘘をつく方法の一つは、自己負罪的な性質を有するが故にきわめて説得的と思われる真実の中に虚偽を取り混ぜることである。

それ故、原供述者の利益に全く反しない付随的供述であっても、そのような供述は許容できるというポリシーを明示したものとして証拠規則㈢を解釈することができるとのケネディ裁判官の主張には同意できない。ある供述が自己負罪的であれば、その供述はより信用できるというものではないし、ある供述が自己負罪的供述に付随しているという事実があるとしても、それは付随的供述の信用性には一切かかわりのないことである。

なるほど議会は対面条項の制約に服しつつ、自己負罪的供述に近接していること（their proximity to self-incupatory statements）を理由にそのような供述を許容することができる、しかし、曖昧な文言を軽々しく証拠規則㈢の根底にある理論と全く矛盾することを意味するものと決めてはならない。われわれの見解によると、規則八〇四条(b)(三)の最も忠実な解釈は、たとえ一般に自己負罪的である広汎な叙述の中でされた供述であるとしても、自己負罪的でない供述部分の許容（admission）を認めていないということである。ある供述は、それが全面自白の一部であることを理由に自己負罪的であるということにはならない。このことはとりわけ他人の誰かを巻き込む供述について真実である。〝共同被告人（codefendant）の逮捕後の供述は伝統的にとくに疑わしいと見られてきた。被告人を巻き込み自己自身の罪を免れようとする強い動機があるために、被告人の言動についての共同被告人の供述は、通常の伝聞証拠よりも信用できない〟のである。

B　以上のように解しても、利益に反する供述の伝聞例外が骨抜きになるとは思われない。逮捕された共犯者の自白であっても、それが他に責任を転嫁したり迎合したりするのではなく、真に自己負罪的なものであれば許容されうる。例えば、原供述者の明らかに（squarely）自己負罪的な自白――〝そう、私はXを殺した〟――は証拠規則(三)の下で、共謀者の責任理論（co-constirator liability theory）に基づいて審理されている彼の共犯者（acomplices）に不利な証拠として許容されよう。

「ある供述が自己負罪的であるかどうかは、それぞれの文脈の下で決定されうる。一見中立的な供述であっても、原供述者の利益に反することはありうる。〝私はジョウのアパートに銃を隠した〟との供述は犯罪の自白とはいえないが、殺人の凶器発見に役立つのであれば、それは確かに自己負罪的である。ある供述が原供述者の刑事上の利益に反するかどうかの問題は、それを取り巻く全状況に照らして決定されうる。」

C　本件で、Yの自白の中には明らかに証拠規則(三)の下で許容されうるものがある。例えば、Yがスーツケースにはコカインが入っていることを知っていたと述べたとき、彼は実質的にはコカイン所持の訴追に対する唯一の抗弁を放棄したことになる。しかし、Yの自白の他の部分とりわけXを巻き込んだ部分は、Y自身に刑事責任を科すものではない。Yの立場にある合理的な人であれば、他の誰かを巻き込めばYが現実に受ける刑事責任は、少なくとも量刑に関する限り、減少すると考えるであろうからである。Yの自白の中にある各供述が真に自己負罪的であるかどうかを裁判所または控訴裁判所が判断したことを示すものは本件記録上一切存在しない。それ故、本件を差し戻すこととする。

【ギンズバーグ裁判官の同調補足意見】（ブラックマン、スティヴンズ、スータ裁判官参加）　私見によれば、オコーナ裁判官執筆の判旨Cとは異なり、「DEA捜査官Pの述べたYの供述は、たとえその一部であっても、証拠規則㈢の定める例外に該当しない。Yの問題とされた負罪的供述は、その自己奉仕的な供述部分ときわめて密接に結合しているため、信用あるものと位置付けることはできない。」Yは一九キログラムのコカイン所持の現行犯で逮捕された。これは、たとえ初犯であっても最低でも一二年半の拘禁刑に処せられる犯罪である。Yは薬物が車のトランク内にあるのを知っていたことは否定したとしても刑事訴追を免れる見込みはほとんどなかった。それ故、Yはかかわりを認めたが、自己の役割を軽減しX（およびキューバ人）に責任を転嫁するという方法でこれを認めたのである。

Yのこれら（二回にわたる取調べ時）の供述にはYに罪を負わせるのに役立つものもあるが、それらはYの有罪の証拠としては微少または重複的（only marginal or cumulative）なものにすぎない。それらは自己の利益に反する行動をせずに主たる責任を他の誰かに転嫁しようと必死に努力する人物像を投影している。〝原供述者は刑事犯罪における他人の役割を虚構しようとしており、一見不利益な部分を含めて、その供述を全体としてみれば、彼の利益に反するものではなくまさに彼の利益に適う（in his interest）ものと考えるのが相当である。〟以上の理由で、ハリス（Y）の伝聞供述は一切（none of Harris' hearsay statements）、証拠規則㈢の下で許容できないと考える。

【ケネディ裁判官の同調補足意見】　「証拠規則㈢の下での付随的供述の許容性、これが本件で決定しなければならない争点である。法廷意見は、いかなる付随的供述も証拠規則㈢の下で許容できないという極端な立場（extreme position）を採用することによって、この争点を解決した。」私見によれば、証拠規則㈢はある程度の付随的供述（some collateral statements）を許容していると解するのが相当である。

証拠規則㈢は利益に反する供述の付随的供述を許容しているとしても、むろん付随的供述であればすべて許容されるというのではない。諮問委員会註釈が指摘するように「付随的な自己奉仕的供述を排除し付随的な中立的供述を許容する」にすぎない。さらに「原供述者が当局に供述をした場合に適用される制約がある。原供述者は、当局に自己の有罪を認める供述をすれば、それはより寛大な取扱いを受ける一つの方法として自己の利益になると考えるかもしれない。諮問委員会註釈は供述状況のすべてを考慮して〝当該供述は当局に迎合してされたものかどうかを判断〟するよう指摘している。これはマコーミックの見解と同旨である。

要するに、裁判所はまず、原供述者が利益に反する事実を含んだ供述をしたかどうかを判断する。次に、利益に反する供述に関係する供述をすべて許容する。そして「きわめて自己奉仕的であるため信用できないと考えられる付随的供述――例えば、被告人が犯しえた犯罪の責任を誰か他の人に転嫁するような供述――を排除すべきである。さらに原供述者には有利な取扱いを獲得する有意味な動機があると思われる場合には、その供述のすべてを不許容とすべきである。」これらの点を審理させるために、本件を差し戻すべきであると考える。

## 【20】グレイ共犯者公判外自白限定説示許容違憲判決（一九九八年三月九日）

本判決（Gray v. Maryland, 523 U.S. 185, 118 S.Ct. 1151）は、被告人との共同犯行を認める共犯者の公判廷外の自白（調書）を併合審理において限定説示の下に自白者本人に対してのみ不利な証拠として許容した事案につき、たとえ被告人の名前が削除という文言に置き換えられあるいはその部分がコンマで区切られて空白になっていたとしても、第六修正の証人対面権に違反するとしたものである。

【事　実】　甲は一九九三年一一月一〇日、六人組の若者と口論後殴殺された。間もなく逮捕されたXは、グレイ（Y）およびZとともに甲を殴打した旨自白した。Zは甲死亡三日後に本件とは無関係の理由で射殺され、その一日後にYが逮捕された。本件加害者で他に特定できたものはなく、メリーランド州大陪審は、X、Y両名を殺人罪で起訴した。Yは公判開始前に、Xとの公判分離またはXの自白排除を申し立てた。公判裁判官は、いずれの申立ても退けたがXの自白調書についてはYらの名前を削除するなどして編集するよう命じた。

併合審理の公判でXは証言しなかったが、Yは証人台に立って自己の関与を否定し、事件当時近くの公衆電話からガール・フレンドに電話中であったと証言し、ガール・フレンド等も同旨の証言をした。一方、市警殺人課のP刑事は訴追側証人として取調べ時のYを巻き込むXの自白調書を陪審の面前で朗読したが、Yらの名前が明示されている部分については〝削除または削除されています（deletion or deleted）〟という言葉を連発し、例えば、〝甲を殴打したグループの中にいたのは誰ですか〟との質問に対し、〝私と、削除、削除、それに他の二、三人の連中です〟とXが答えたと述べるなどした。検察官は自白調書の朗読直後に〝Xがそのような情報を提供した後で、Yを逮捕できた、そういうことですか〟と尋ね、Pは〝そういうことです〟と答えた。訴追側はまた、Y、Z両名の名前部分をコンマで区切り空白にしてあるXの自白調書を証拠として提出した。公判裁判官は陪審に、Xの自白（調書）は自白者本人であるXに対してのみ不利な証拠となりYに対しては不利な証拠として一切考慮してはならない旨説示した。陪審は、X、Y両名を非故殺罪（involuntary manslaughter）で有罪と認定した。

これに対しYが控訴したところ、メリーランド州中間上訴裁判所は、Yを巻き込むXの自白を併合審理において許容したのは【6】ブルートン判決に違反する旨の主張を容れYの有罪判決を破棄したが、メリーランド州最高裁判所は、他の関与者の名前を削除した共同被告人の本件自白を許容しても被告人の証人対面権を侵害したことにはならないとして有罪判決を復活させた。(なお、以上の事実関係等につき、Gray v. State, 667 A. 2d 983 (Md. App. 1995); State v. Gray, 687 A. 2d 660 (Md. 1997) で補足した。)

これに対し合衆国最高裁は「名前に代えて明白な空白部分を設けあるいは符号ないし〝削除〟というような文言を挿入して編集された自白調書にブルートン判決が適用されるかを検討するために上告受理の申立てを容れ、五対四で本件へのブルートン判決の適用を肯定した。なお、法廷意見(スティヴンズ、オコーナ、スータ、ギンズバーグ裁判官参加)はブライア裁判官が執筆している。

【判　示】　1　「本件争点は【6】ブルートン判決の適用にかかわる。」ブルートン判決では同一犯罪に加担し併合審理された二人の被告人のうち一人が他の被告人を名指して巻き込む自白をしこの自白がいわゆる限定説示の下に許容された事案につき、このような自白を併合審理で用いることは憲法上認められないと判示された。本件で検察側は、共同被告人の自白を編集して自白中にある被告人の名前の部分を空白にしたりあるいは〝削除〟という文言に置き換えたりしているためブルートン判決とはやや異なる。それ故、「このような置き換え (substitution) によって重要な法的相違が生ずるか」が問題となる。

2　ブルートン判決の保護法則 (Bruton's protective rule) が本件自白に適用されるかを判断するには、ブルートン判決およびその後に「ブルートンの範囲を限定した」一九八七年のリチャードソン判決 (Richardson v. Marsh, 481 U.S. 200) を検討しなければならない。

ブルートン判決は、二人の被告人すなわちエヴァンズ(Y)とブルートン(X)が強盗の罪で併合審理された事案に関する。Yは法廷で証言しなかったが、検察側はXと共同して強盗をした旨のYの自白を証拠として提出した。そして公判裁判官は陪審に対し、この自白はYに対してのみ不利な証拠として考慮できるのであってXに対しては不利な証拠として一切考慮してはならない旨説示した。当裁判所は、「右のような限定説示にもかかわらず、

Yの公判外の自白をXの裁判で証拠として提出するのは第六修正によって保護されている証人を反対尋問するXの権利を侵害したことになると判示した。当裁判所は、多くの状況下において限定説示が被告人の権利を保障するのに有用であることを認めつつ〝陪審が説示に従わないまたは従うことのできない危険性がきわめて大きく、そのため被告人にとってきわめて致命的となる文脈がある。このような文脈は、被告人とともに訴追されている共同被告人のきわめて負罪的な公判廷外の供述が併合審理において意図的に陪審に提示された本件に存在する。かかる負罪的供述は被告人にとって破壊的であるだけでなくその信用性は不可避的に疑わしい。……このような証拠の不信用性は、本件のように、いわゆる共犯者（the alleged accomplice）が証言せず、反対尋問によって吟味されえないとき、耐えられないまでに高まる〟と述べ」Yの自白はまさにこのような〝きわめて負罪的な公判廷外の供述〟であり、それを反対尋問にさらすことなく証拠として提出したのはXの第五修正の権利を侵害したことになると判示したのである。

リチャードソン判決で当裁判所は、編集された自白（a redacted confession）を検討した。同判決は、Marsh（M）とWilisms（W）の両名が殺人罪で併合審理された事案に関する。訴追側はWのした自白を編集し、Mへの言及部分をすべて、すなわちWと第三者以外の誰かが当該犯罪に関与したことを示す部分をすべて省略した。公判裁判所も陪審に対し、Wの自白をMに不利に考慮してはならない旨説示した。編集された自白は、Wと第三者とが被害者の家に向かう車の前部座席で殺人について話し合ったことを示していた。ところが後に公判でMは証人台に立って、自分が同車の後部座席にいたことを認めた。そのためWの自白は、Mが事前に被害者を殺害する計画のあったことを知っており、それ故、被害者の殺害に故意に関与したものであると陪審が確信するのに役立ちうるように思われた。当裁判所は、このように編集された自白はブルートンの適用外であり許容できると判示した。〝明らかに負罪的で明示にブルートンを巻き込んで〟いたブルートン判決でのエヴァンズの自白とは異なり、〝後に公判で提出された証拠と結びつくことによって初めて〝負罪的に〝なった〟という点で、Wの自白は〝結びつきを必要とする証拠〟である。〝このように当の自白が編集されて、被告人の名前のみならず、その存在すらそのすべてが削除されているようなときには、限定説示の下にこれを許容しても、証人対面権は侵害されたことにならない〟と判示したのである。もっとも、その脚注で、〝被告人の名前が記号ないし中立的な代名詞で置き換えられていた場合の自白の許容性に関して意見を明らかにしない〟旨付言していた。

3　検察側は本件で、被告人（Y）を巻き込んでいた共同被告人（X）の当初の自白を編集して被告人の名前を削除したが、リチャードソン判決での自白とは異なり、本件自白（調書）は被告人の〝存在〟に直接言及している。検察側は単に自白していない被告人の名前を一種の記号、すなわち削除という文言ないしコンマで区切られた空白に置き換えたにすぎない。そこで、リチャードソン判決で積み残されていた問題、すなわち、被告人の名前の部分を空白あるいは〝削除〟という言葉、ないしそれと類似の記号で置き換えるように編集していたとしても、そのような自白（調書）にもブルートン法則が適用されるかを検討しなければならない。

リチャードソン判決の解釈によれば、ブルートン判決は、相被告人を名指しするというような〝きわめて負罪的な共同被告人の公判廷外の供述〟は、類型として考えると（considered as a class）余りにも偏見的（prejuditial）であるため限定説示は機能しないと判示した。そこで検察官は、公判を分離して格別の陪審の判断に委ねるかそれとも共同被告人の自白の使用を全面的に放棄しない限り、当の自白を編集してブルートン判決のいう偏見を除去しなければならないことになった。単に名前の部分を空白にしたりあるいは削除という言葉に置き換えたりするだけでは、類型として考えると、ブルートン判決での無編集供述と酷似しているため同一の法的結論に至らざるを得ない。まず陪審は、編集されていない自白と本件のように編集された自白とに対し類似の反応を示す。たとえ検察側があからさまに削除されている名前と被告人とを結び付けることをしなくとも、本件で行われたように供述調書の朗読直後に検察官がXの自白の中にあった情報に基づいてYが逮捕されたのかと尋ねたりすると、Xは自白でとくにYに言及していると陪審は考えるものである。また削除の痕跡が明白なため、陪審の関心はとりわけ削除された名前に集中する。その身元を推測するよう陪審を助長することによって、編集された自白は、その告発内容(accusation)の重要性を過度に強調することになる。そして最後に、憲法によって保障されるブルートン判決でのエヴァンズの供述と空白に編集ないしそれと類似の明白な変更を加えて編集された供述とは、その言葉の正しい意味において(grammatically)同一の機能を果たしている。いずれも直接、自白していない被告人を明示に非難しているからである。

4　検察側は主としてリチャードソン判決に依拠して反論するが、リチャードソン判決が本件に適用されるとは考えられない。リチャードソン判決は推定上負罪的(incriminate inferentially)な供述をブルートン法則の適用外としており、また本件で削除された供述部分と被告人とを結び付けるには陪審の推理を必要とすることは認められるものの、単に推理を必要とするというだけ(inference pure and simple)で両者に決定的な相違があるということはできない。それが決定的相違であるというのであれば、例えば、ニックネームや〝赤毛であごひげのある隻眼の男〟といった表現方法を用いた自白であっても、ブルートン判決の適用外ということになろう。しかし、ニックネームやこの種の記載にはブルートン判決が適用されることを当裁判所は前提にしている。Harrington v. California, 395 U.S. 250, 253 (1969) を見よ。

それ故、リチャードソン判決は「推理という単なる事実ではなく推理の種類(the kind of, not the simple fact of, inference)に大きく依存していると考えなければならない。リチャードソン判決での推理は、被告人自身に直接言及していない供述で〝後に公判で提出された証拠と結びつくことによって初めて〟負罪的となった供述にかかわっていた」。ところが、本件で争われている供述は、編集がなされていたにもかかわらず明らかに何人かに直接言及しばしば被告人に言及している供述にかかわりがあり、そしてまさに当の自白の最初の部分が法廷で提出されたそのとき、陪審が通常、直ちになしうる推理にかかわりがある。さらに、リチャードソン判決がその結論の裏付けとして指摘した政策上の根拠も本件には適用されない。リチャードソン判決は、自白の編集が〝可能でない〟事案でブルートン判決を適用すると、検察側は自白の使用の全面放棄か併合審理の放棄かの決断を迫られること等を危惧したが、空白スペースを設けたり削除という言葉を挿入して自白を編集することは「通常可能である」。

5　以上の理由で、被告人の名前の部分を空白にしたり削除という言葉に置き換えた本件自白はブルートン判決が適用される供述に該当するので、控訴裁判所の判決を破棄差し戻すこととする。

**【スカーリア裁判官の反対意見】（レンキスト首席裁判官、ケネディ、トマス裁判官参加）**　われわれはリチャードソン判決において、明らかに被告人に負罪的である自白を除きブルートン判決の〝限定的な例外（narrow exception）〟を拡大することを拒否した。わたくしは、リチャードソン判決で引かれた線を変更すべきではないと考えるので、法廷意見に反対する。

陪審は裁判官の説示に従うであろうというのが不変ともいえる法の前提である。そこでわれわれは、有罪判断の際に考慮してはならない旨の説示がなされている限り、訴追側は、例えば、刑の加重の目的で被告人の前科を証拠として提出したり、弾劾目的でミランダ違反供述を証拠として提出できると判示してきたのである。Spencer v. Texas, 385 U.S. 554 (1967); Harris v. New York, 401 U.S. 222 (1971). 同じことは共同被告人の自白にも適用される。われわれはブルートン判決で、この法則に〝限定的な例外〟を認め、〝証言していない共同被告人にとって明らかに負罪的な自白が併合審理で提出されたときには、たとえ当該自白は自白をした共同被告人に対してのみ不利益となる旨の説示がなされていたとしても、被告人は第六修正の証人対面権を奪われたことになると判示した。〟しかしながら、われわれはリチャードソン判決で、「他の証拠からの推測によって初めて負罪的となる自白に」ブルートンを拡大適用することを拒否した。負罪が推理上のものにとどまる限り〝陪審は当該証拠を無視せよとの説示に従わないであろうというのは一般に妥当する法則とはいえない（a less valid generalization）〟からである。

名前を編集した自白に〝類型として〟ブルートン判決を拡大した法廷意見は〝法を犯した人物を発見し有罪とし、そして処罰するという社会の重要な利益（compelling interest）〟を大いに弱めることになろう。われわれはリチャードソン判決において、陪審が裁判官の説示を無視しないことを確保するために、共同被告人の自白の使用を差し控えあるいは併合審理の利用を控えるというのは〝余りにも大きな〟代償であると説明した。法廷意見は、空白部分を設けあるいは〝削除〟という言葉を用いて自白を編集するのは「通常可能である」と指摘して、このような社会的損失を控えめに表現している。しかし、例えば、コンスピラシー犯罪において、加担者への言及をすべて削除した自白を編集するということになれば、自白はまったく無意味なものとなろう。

連邦およびほとんどの州の公判裁判所は、証明力があるにもかかわらず不公平に偏頗な証拠を排除する裁量権を有している。本件で被告人（Y）は、Xの自白を許容するのは不公平に偏頗であることを理由に公判分離を申し立てた。公判裁判所は、当の自白が他の二名の人物を名指しており、そして証拠によれば、他に五、六名の人物が関与していることが明らかな本件の場合には、たとえYの名前を削除したとしても、XがYを巻き込んでいるとの〝推理が不可避的に〟なるとはいえないとして、中立てを退けたのである。以上の理由で、わたくしは原判決を維持したいと考える。

### 【21】リリー共犯者公判外自白許容違憲判決（一九九九年六月一〇日）

本判決（Lilly v. Virginia, 527 U.S. 116, 119 S.Ct. 1887）は、公判廷において自己負罪拒否特権を行使して証言を拒否した共犯者の自白すなわち被告人およびその弟と一緒に一連の強盗等をしたことを認めつつ被告人が主謀者でかつ犯行時に被害者を射殺したのは被告人である旨の捜査官への供述を州法上の刑事上の利益に反する供述に該当するとして許容したヴァージニア州最高裁判決につき、合衆国憲法第六修正の証人対面権に違反するとしたものである。

【事　実】　1　ベンジヤミン・リリー（X）、その弟のマーク・リリー（Y）およびマークの同室者バーカ（Z）の三人は一九九五年一二月四日、X宅で飲酒しマリファナ吸飲後、友人の留守宅に押し入り数丁の銃やアルコール飲料を窃取しその間も飲み続けた。三人は翌五日の朝、コンビニ店近くで見かけた車の点検中のAに乗車を命じXが車を運転し人里離れた場所で車を止めAに下着を脱いで車から徒歩で立ち去るよう命じた。Aの衣服を川に投げ込んだ後、XはYからピストルを受け取りAを射殺し死体を放置したまま車に戻った。YとZがXになぜAを射殺したのかと問い質したところ、Xは顔を見られた刑務所に戻りたくないからだと答えたという。三人は痕跡となるものはすべて処分したが、銃は保持したまま二件の強盗事件を犯しまもなく駆け付けた警察官に逮捕された。

警察官はXらの身柄拘束後、三人を個別に取り調べた。Xは殺人については触れずY、Zに強要されて強盗事件に加担したと述べた。Y、Zの供述内容は若干異なるものの、Xが強盗事件等の主謀者でありAを殺害した人物であるとする点では一致していた。マーク（Y）の当初の供述はテープ録音されており、取調べは一二月六日午前一時三五分から二時一二分までと二時三〇分から二時五三分までの二回行われた。Yはいずれの取調べにおいても酩酊していたことを強調しつつアルコール飲料等を盗んだことを認め、さらに当日は銃を携行し殺人事件の現場にもいたことを認めた。警察官がYに〝家族の絆〟を断たない限り、Xの道連れで一生刑務所暮らしになるかもしれないと告げるとYは刑務所に行くのは止むを得ないとしつつXとZは〝銃か何かそのような物〟を持っていたと主張し、さらに車を奪おうと言い出したのはXであり自分（Y）はA〝殺害には一切かかわりがない〟と主張し「XがAを射殺した人物である」と述べた。

XはA殺害等で起訴された。検察側はXの公判を分離しYを証人として喚問したが、Yは自己負罪拒否特権を行使したのでYが逮捕後にした捜査官への供述を刑事上の利益に反する供述として許容することを求めた。これに対し被告人側は、「当該供述は犯罪の責任をZとXに転嫁しているのでYの刑事上の利益に反する供述とはいえない、またそれを許容するのは第六修正の対面条項に違反する」として異議を申し立てた。公判裁判官はこの申立てを退け、当該供述の録音テープおよび録取書（written transcripts）のすべてを許容した。陪審は被告人を強盗誘拐、重罪犯の火器使用等で有罪と認定し、さらに殺人罪についても有罪と認定したうえで死刑判決を勧告し、裁判所は被告人に死刑の判決を言い渡した。

ヴァージニア州最高裁は被告人の有罪および死刑判決を維持した。そして「利用不能の証人の刑事上の利益に反する供述の証拠としての許容性はヴァージニアにおいては〝深く根を下ろした〟伝聞例外である。」それ故、Yの供述を証拠として許容したことに誤りはないと判示した。

これに対し合衆国最高裁は、「われわれの対面条項の諸判例から大きく逸脱していることを憂慮して上告受理の申立てを容れ」、第六修正の対面条項違反を理由に原判決を破棄差し戻した。なお、法廷意見はステイヴンズ裁判官が執筆し、対面権違反とする結論は全員一致であるが、判旨2、3、4に関してはスータ、ギンズバーグ、ブライアー裁判官が同調するにとどまる、またブライアー裁判官の同調意見のほか、スカーリア、トーマス裁判官の各一部同調意見、レンキスト首席裁判官（オコーナ、ケネディ両裁判官参加）の一部同調補足意見が付されている。

【判　示】　2　まず最初の問題として州（検察側）は、Xはヴァージニア州最高裁に対面条項違反を正面から主張していないことを理由にXの主張を審理する管轄権を否定すべきとするが、同意できない。Xは州の伝聞法則に焦点を合わせてマーク供述の許容性を争ったが、上訴趣意書では第六修正の対面権侵害を明示に主張しており、さらにマーク供述を許容したのは合憲である旨の検察側の主張に対する反論として【12】リー判決、【19】ウィリアムソン判決を引用しているからである。

3　すべての刑事訴追において、州と連邦とを問わず、被告人（the accused）は第六修正および第一四修正によって保障されている〝自己に不利な証人と対面する〟権利を有する。この対面条項の主要な関心事は、当事者手続きの文脈において刑事被告人に不利な証拠を事実認定者の面前で徹底的に吟味することによってその信用性を確保することである。【17】クレイグ判決八四五頁。政府（検察側）が原供述者の被告人に不利な法廷外供述を提出することを求め、かつ本件におけるように原供述者が利用不能である時、裁判所は対面条項は〝真実発見のために、かつて発明された最大の法的エンジン〟である反対尋問に服することを原供述者に強制する権利を被告人に提供することを検察側に認めるかどうかを判断しなければならない。

われわれは対面条項を解釈した最も新しい判例である【18】ホワイト判決において、対面条項は〝一六、一七世紀のイギリスで普通であった特別の悪弊（particular abuse）すなわち宣誓者（affiants）を公判で提示せずに一方的な宣誓供述書（affidavits）を提出することによって被告人を起訴するという悪弊〟に類似する実務（practices）にのみ限定的に適用するよう解釈すべきであるという提案（suggestion）を退けた。この悪弊は、法廷外の宣誓供述書や〝共犯者の自白（confessions of accomplices）〟の利用を含んでいた。対面条項の〝証人〟という文言をこのように限定的に解釈すれば伝聞証言の許容性を制限する対面条項の役割は事実上無視されるので従前の判例においてわれわれはそのような解釈を排除し、それに代えてわれわれは【10】ロバツ判決において要約されている一般的な枠組みを堅持した。すなわち⑴〝当該証拠が深く根を下ろした伝聞例外に該当する〟か、⑵当該証拠に〝特段の信頼性の保障〟があるため、当事者による吟味がなされてもその供述の信用性に付加するものはほとんどないと考えられるときには、伝聞供述の真実性は十分に確保されているので反対尋問の吟味を経ていないそのような供述を被告人に不利な証拠として許容してもよいという判断枠組みを堅持してきたのである。

ロバツ判決の二重の調査に移る前にわれわれは、一二月六日の早朝に申立人の兄弟から採取された供述は明らかに将来の公判で利用されるであろう証拠を生み出す（creating）目的で獲得されたことを指摘しておく。初期のイギリスの手続きにおける一方的な宣誓供述書（*ex parte* affidavits）の提出との類似性があるため、その関門（a gateway）がどれほど狭く解釈されうるかにかかわりなく対面条項が役割を果たすことになる。

4　ヴァージニア州最高裁はまず最初にマーク・リリーの自白の承認（admission）は合憲であると判示した、けだし〝利用不能の証人の刑事上の利益に反する供述はヴァージニアにおいて〝深く根を下ろした〟伝聞法則の例外である〟というのである。マーク（Y）の供述は州法の問題として彼の刑事上の利益に反する供述であることをわれわれは前提とするが、その供述が対面条項の趣旨での深く根を下ろした伝聞例外に該当するかは連邦法の問題である。したがって〝深く根を下ろした〟伝聞例外の法理および〝刑事上の利益に反する〟伝聞例外の沿革をまず検討することが相当である。

われわれは、第六修正の制定者は対面条項を起草する際に疑問のない若干の証拠規則を……尊重する意図を明らかに有していたことを最高裁が【2】マトックス判決において是認して以降、深く根を下ろした伝聞例外に該当する供述を許容してきた。

われわれはいま、〝長年の裁判および立法上の経験〟に照らして【16】ライト判決八一七頁、証拠として許容しても憲法上の保護の実質と調和しているそのような極めて強固な基盤に立脚している伝聞証拠であれば、それを〝深く根を下ろした〟伝聞例外と表示する。例えば、われわれは【18】ホワイト判決で、思わず発した供述の伝聞例外は〝少なくとも二〇〇年前から認められており、現在も〝各州で広汎に認められておりその後の法廷での証言では繰り返すことのできない実質的な信用性の保障〟があることを理由に深く根を下ろしたものであると判示した。

〝刑事上の利益に反する〟供述の伝聞例外は――他の明らかに深く根を下ろしたものと認められている伝聞例外とは異なり――当の供述の法的効果を考える動機なしになされた供述は典型的な伝聞に伴う不正確の危険を書いて

いるという格言に基づいていない。この例外はその供述がなされた時に自己自身の利益に反する供述を人は捏造することはないであろうという広汎な仮定に依拠している。

「刑事裁判において、刑事上の利益に反する供述が証拠として提出されるのは、主として以下の三場面である。すなわち、(1)原供述者の任意な承認（voluntary admissions）として、(2)原供述者が当該犯罪を犯したあるいはそれに関与していたと主張する被告人によって提出された被告人の無実を晴らす証拠（exculpatory statement）として、(3)原供述者のいわゆる共犯者の有罪を立証するために訴追側によって提出された証拠として、この三場面である。」

第一類型での供述――原供述者の任意の承認――は、当の供述をした本人に不利な証拠として日常的に許容されている。それ故、マーク・リリー（Y）の供述は憲法上の諸要件に合致して採取されたものである限り、Yがアルコール飲料等の窃取で公判に付されれば、Yに不利な証拠として許容される。このことに疑問の余地はない。

第二の刑事上の利益に反する供述の類型は、問題の犯罪を犯した（あるいはそれに関与した）のは彼（被告人）でなく当該供述をした本人であると主張する被告人によって自己に有利な証拠として提出された供述にかかわる。この文脈において、わが裁判所は、ホウムズ裁判官の批判にもかかわらず、伝聞法則に対するいかなる〝刑事上の利益に反する供述を是認することを一切拒否する一九世紀のイギリスのルールに当初従ってきた。一九一三年のドネリー判決（Donnelly v. United States, 228 U.S. 243, 272-277）を見よ。実際、多くの州は二〇世紀の後半に至るまで、このアプローチに固執してきた。チェインバーズ判決（Chambers v. Mississippi, 410 U.S. 284, 299）を見よ。

しかしながら、時の経過とともに、被告人の罪を晴らす（exculpate）他人の自白の承認を禁止する厳格なドネリー判決のルールが次第に批判の対象となった。例えば、ウィグモア教授は、ドネリー判決のかなり後で次のように述べた。

〝この不合理な限定の実際上の唯一の結果は、正義の感覚を有する者にとってはショッキングである。というのは、最も通常の適用例においてそれは、自分が真犯人である旨告白した後で死亡ないしは精神に障害を来たしあるいは法域外に逃亡した（その後、まったく利用不能である）者がいたとしても、その自白を、それがいかに信憑性に富むものであれ、刑事裁判において排除することを要求するからである。それ故、われわれの歩みを元に戻し、今では正義の手の届かぬところにいる真犯人によってまさに絞首刑台上でされたその信頼性が完全に保障されている書面による自白を裁判所に提出したとしても、無実の被告人は自己の無実を立証することができないというこの野蛮な法理を廃棄するのに遅すぎるということはない。5 J. Wigmore, Evidence §1477, pp 289, 290 (3d ed. 1940).

しかし、この種の証拠は、定義上、被告人によって提出されるのであるから、そのような供述を許容しても対面条項の関心事とはかかわりがない。

最後に、一九七三年に当裁判所は（前出）チェインバーズ判決三〇〇頁において、より賢明な見解（enlightened view）を支持しデュー・プロセス条項は刑事被告人にその供述を取り囲む状況が〝それらの信頼性の十分な保障を提供する〟とき第三者の刑事上の利益に反する供述――彼らの自白――を証拠として提出する権利を提供すると判示した。大半の州が今では彼らの伝聞法則を修正しそのような供述の承認を刑事上の利益に反する供述の下で許容しているのは驚くことではない。〟5 Wigmore, Evidence §1476, p. 352 and n. 9 (J. Chadbourn rev. 1974) を見よ。

第三の類型は、本件のように検察側が〝刑事被告人を罪に陥れる共犯者の自白〟を提出しようとする事案を含む。この類型の供述を伝聞法則の例外の下で許容するという実務（practice）は――そのような実務が若干の法域で存在しているという限りにおいて――第一類型や第二類型と異なり、ごく最近の収穫（vintage）である。

極めて重要なことだが、この第三の伝聞類型は内在的に信用できない供述を含んでいる。チェインバーズ判決で頂点に達し学者や裁判所の十分に根拠のある批判の典型例としてウィグモアは自己自身と被告人とを巻き込むいわゆる共犯者の自白とを明確に区別し、共犯者は〝自白をして相棒を裏切ること〟にしばしば相当の利益を有するのであるから、共犯者の自白は刑事上の利益に反する供述の伝聞例外の範囲外のものであることを明らかにしている。5 Wigmore, Evidence §1477, at 358 n. 1.

このような学者およびブルートン判決以降の一連の判例の基礎にある前提と一致して、われわれは長年にわたり〝被告人を罪に陥れる共犯者の自白は信頼できないと推定される（presumptively unreliable）〟としてきた。【12】リー判決五四一頁。

当裁判所は一九〇九年のクロフォード判決（Crawford v. United States, 212 U.S. 183）において、たとえいわゆる共犯者が証言するときであっても、被告人と一緒に彼自身を罪に陥れる（incriminate［s］）彼の自白には疑いを抱き（with suspicion）最大の注意と用心の下で受理すべきであり、他の明らかに信用できる証人を規制するのと同一のルールの下で陪審によって判断されるべきではないと述べた。三〇年以上前にわれわれはこの原理を第六修正に適用した。われわれは【4】ダグラス判決四一九頁において殺人の実行犯（triggerman）として被告人を巻き込み彼に責任を転嫁する証言台に立たない共犯者の自白（a nontestifying accomplice's confession）の承認は〝対面条項によって保障されている反対尋問の権利を（被告人に）明らかに否定している〟と判示したのである。われわれは【12】リー判決五四一頁において【4】ダグラス判決を再確認した。そしてその判示は〝人が他の人を原供述者が他人を罪に陥れることによって利益を得ることになる状況下である犯罪で他の人を非難するときその非難は疑わしいと推定され、反対尋問の吟味を受けなければならないという基本的理解に基づいていると説明したのである。その理由は、〝対面条項の真実発見機能は、共犯者の自白が反対尋問の利益なしに刑事被告人に不利な証拠として提出されようとするとき、著しく（uniquely）損われるからである。……被告人を巻き込みかつ自己の責任を免れようとする強い動機があるため被告人の言動に関する共同被告人の供述は通常の伝聞証拠より信用できない〟からである。【6】ブルートン判決一四一頁（ホワイト反対意見）。

実際、リー判決で反対意見を述べた裁判官であっても、共犯者の自白は通常信用できないとされるのは、それらが原供述者の刑事上の利益に明らかに反するからではなく、それらは原供述者の責任を最小にしようとしているからであることに同意している。リー判決五五二―五五三頁（ブラックマン裁判官の反対意見）。

われわれは連邦証拠規則を解釈する際にも、このようなアプローチに固執してきた。それ故、【19】ウィリアムソン判決においてわれわれは、対面条項の問題に触れることなく、共犯者自身の刑事上の利益に反する供述は被告人に不利な証拠として許容できないと判示したのである。

われわれの判例が一貫して刑事被告人に責任を転嫁ないし分担させる共犯者の供述を〝極めて信用性があるため当事者の吟味によってもその供述の信用性にほとんど何も付加しえないそのような伝聞例外〟の範囲外のものと考えてきたことは明らかである。かかる見解は若干の州の伝聞法則の中にも反映している。現に、一九九五年以前にはヴァージニア州においても、原供述者の刑事上の利益に反する供述を刑事裁判において用いることはほとんど認められていなかった。われわれが本日明らかにする決定的な事実は、刑事被告人を非難する共犯者の自白（accomplices' confessions）は、われわれの対面条項に関する判例においてその概念が定義されてきた深く根を下ろした伝聞例外に該当しないということである。[脚注5]

（脚注5）なお、【6】ブルートン判決等でのわれわれの判示はすべて、明示または黙示に刑事被告人を巻き添えにする（inculpate）共犯者の自白は、それらの供述がどれほど共犯者をも罪に陥れるもの（incriminate the accomplice）であるにしても、一律に（*per se*）許容できない（それ故、当然、深く根を下ろした伝聞例外の範囲外にある）という前提に基づいている。当裁判所は【12】リー判決において、証言をしない共犯者の自白で〝明白に〟共犯者の刑事上の利益に反しないものは一律に許容できるとする反対意見を退けた、そしてわれわれはブルートン判決や【12】リー判決等においてそのような平等に自己をも巻き添えにする供述（equally self-inculpatory statements）は刑事被告人に不利に許容できないと判示した。われわれは、本日、これらの判示を再確認し、今まで黙示的であったことを明らかにしておく。すなわち、【12】リリー判決で要約された類型に入る（マークのような）供述――〝刑事被告人を罪に陥れる（incriminates）共犯者の自白〟――は深く根を下ろした伝聞例外に該当しない〟のである。

5　マーク（Y）の供述は、深く根を下ろした伝聞例外の下で許容できるとの結論のほかヴァージニア州最高裁はまた〝(i）マーク・リリーは自己の供述の重要性を認識し種々の犯罪への加担者として自己自身を巻き込んでおり、かつ（ii）Y供述の諸要素は公判で提出された他の証拠によって独立して補強されている〟ことを理由に〝そのような事実の文脈下になされたので信用できる〟との公判裁判所の判示を維持している。検察側（州）は、このような事実を強調する（fact intensive）裁判所の判断をわれわれは尊重すべきであると主張する。さらにこれら二つの信頼性の徴憑は、警察がマークにミランダの諸権利を告知し、かつ供述の代償に寛刑（leniency）を約束しなかったという事実と相俟って、彼の供述を取り巻く状況は、対面条項のその余の（residual）許容性の基準を満たすのに十分は〝特段の信用性の保障〟【10】ロバッツ判決六六頁、を示していると主張する。

その余の〝信用性〟テスト（基準）は、［伝聞証拠の］許容性に対する対面条項の厳格な適用は例外的な事案において疑う余地なく適格性があり信頼できる利用不能の証人の供述であるにもかかわらず深く根を下ろした伝聞例外に該当しないとして利用不能の証人の供述を排除するという原理を補うものである（credits the axiom）。【2】マトックス判決二四三―二四四頁。

原供述者の信頼性はそれを取り巻く状況から非常に明らかであるので反対尋問はほとんど役立たないと裁判所が確信する時、第六修正のその余の〝信頼性〟テストは原供述者の供述の承認を認めている。【16】ライト判決八二〇頁。

しかしながら、われわれの従前の判例は、伝聞供述が特段の信用性の保障があるかに関する下級審の判断を上訴裁判所は尊重すべきであると示唆したことは一切ない。われわれは、もちろんマークの供述は州の伝聞法則の趣旨で（for purposes）信用できるとのヴァージニア裁判所の判断を受け入れる。しかし第六修正の許容性の判断にかかわるそれを取り巻く状況は、原供述者の法廷での態度その他とくに公判裁判所の領域に適しているその他の要素を含んでいない。このような理由で、原供述者の法廷外供述の承認が対面条項に違反するかを判断する時、裁判所は検察側の提出した信用性の保障（の証拠）が対面条項の要求を満たしているかを独立して吟味すべきである。

〝共同被告人の自白に伴う不信用性の推定は……反論しうる〟と州が指摘しているのは正しい。【12】リー判決五四三頁。われわれは事実、コンスピラシーの過程において、そのコンスピラシーを推進するためになされた供述に伴う内在的不信用性はそのような供述を許容する長年にわたる歴史を生み出した状況によってそれ自体を反論できると判示してきた。【13】ブルージェイリー判決一八二―一八四頁。それにもかかわらず、対面条項の歴史的裏付け（underpinning）およびわれわれの従前の対面判例のすべて（sweep）は、一つの強力な助言（cogent reminder）を提供している、すなわち非難を転嫁して拡大する（shift and spread blame）という共犯者の自白に伴う不信用性の推定は、古い昔の一方的な宣誓供述の実務の核心にある懸念にかかわる状況下に当該供述がなされたとき、効果的に反論しうるということはほとんどあり得ない（highly unlikely）。

これらの原理を適用すると、マークの自白は十分に信頼できるので反対尋問することを中立人（X）に認めなくても許容できるとする州の主張は説得的でない。われわれは、〝その供述には伝聞供述の真実性を補強する証拠があるため〝特段の信用性の保障〟があると認定してもよいとの見解を正面から退けてきた。われわれは【16】ライト判決八八二頁において、子供の原供述者による伝聞供述を許容したのは、たとえその供述がアイダホ州で認められている伝聞法則の例外の下で許容されたものでありかつそれが他の証拠によって補強されているとしても、対面条項に違反すると判示した。対面条項の下で許容できるというためには、被告人を有罪とするために用いられた伝聞証拠は、公判で他の証拠に言及することによってでなく、それに内在する信用性によって信用性の徴憑を有していなければならないと判示したのである。

マーク（Y）は自己自身が刑事上の責任を負うことを知っていたということはその信頼性の根拠となるという検察側の主張は、Yの供述は技術的には刑事上の利益に反する供述であるということを繰り返しているにすぎない、すでに説明したように「このような供述は他人を罪に陥れる（inculpate）限りにおいて疑わしい。」マークは、重大犯罪に関与しているとの理由で身柄を拘束され検察側当局の監視下に当該供述をしたのである。それ故、マークは当然、可能な限り自己の罪を免れようとする当然の動機を有していた。これらの諸要因はいずれも、マークの供述は内在的に信用できるから相手方当事者の反対尋問は不要であるとの認定を妨げることになる。

6　「マーク・リリー（Y）の反対尋問の吟味を経ていない自白（untested confession）を許容したのは対面条項によって保障されているベンジャミン・リリーの権利（Confrontation Clause rights）を侵害したことになる。」実体的な州法に照らして誤って許容された証拠の効果をまず州裁判所に判断させるという一般的な慣行に従い、第六修正の誤りが合理的な疑いを容れない程度に無害であるかの検討をヴァージニア州裁判所に委ねることとし、原判決を破棄し本件を差し戻すこととする。

**【ブライアー裁判官の同調意見】**　伝統的な対面条項の目的に照らすと、現在の伝聞を根拠とした対面条項の基準（the current hearsay-based Confrontation Clause test）は余りにも狭すぎるしまた余りにも広すぎる。「しかしながら、本件で対面条項と伝聞法則との結びつきを再検討する必要はない。問題となった供述は、いずれにせよ同条項に違反するからである。」わたくしが同調意見を書いたのは、本件で両者の結びつきが再検討されていないがそのことによってこの問題が決着したことにはならず、後日の検討に委ねられていることを指摘するためである。

【スカーリア裁判官の一部同調意見】　身柄拘束中にマーク・リリー（Y）は被告人（X）が本件殺人を犯したと警察官に述べた。検察側はこれらの供述のテープ録音をマークを反対尋問のために提供することなく公判廷で証拠として提出した。私見によれば、このようなことは典型的な対面条項違反（paradigmatic Confrontation Clause violation）である。右違反は明らかであるから、無害の手続的瑕疵かどうかを判断させるためにのみ本件を差し戻すことが必要と考える。

【トマス裁判官の一部同調意見】　わたくしは法廷意見の4に参加し「対面条項は〝被告人を罪に陥れる共犯者供述の訴追側の利用を全面的に禁止するものではない〟とのバーガ首席裁判官の見解に同意する。」

【レンキスト首席裁判官の一部同調意見】（オコーナ、ケネディ両裁判官同調）　多数意見は本日、刑事被告人を巻き添えにするすべての共犯者の自白は【10】ロバッツ判決の下で深く根を下した伝聞法則の例外に該当しないと結論する。また控訴裁判所は検察側の提供する信用性の保障を独立して吟味すべきであると結論する。わたくしは、この結論の両方に賛成しないが、ヴァージニア州最高裁の判決を破棄する本判決には同調する。

多数意見はその法廷意見の冒頭で本件での争点を正確に述べている。共犯者マーク・リリー（Y）の自白（調書）は五〇頁に及び、取調べはおよそ一時間続けられた。自己の刑事上の利益に反するマーク・リリーの供述――おそらく現場幇助者（an aider and abettor）であることを示している――は、被害者Aの殺害に関しマークを無実とし（exculpating Mark）兄の本件申立人ベンジャミン・リリーに罪を負わせているその他の供述とは全く別の時間と場所でなされている。

それ故、利益に反する供述は〝深く根を下ろした〟伝聞例外であるかにつき多数意見がなぜあれほどの多言を費やすのか理解に苦しむ。確かにわれわれはマーク（Y）の供述は全体として州法上の刑事上の利益に反する供述であるとのヴァージニア州裁判所の判断を受け入れなければならない。ある自白を単に〝刑事上の利益に反する供述〟であるというだけではロバツ判決の趣旨で不十分である。多数意見はこれを体系的に分類し「共同被告人を巻き添えにする共犯者の自白の検察側利用の全面的禁止（a complete ban）」という結論に至る。このような断言的な判示は本件ではふさわしくない（such a categorical holding has no place in this case）、Yの自白の関連部分は証拠法で理解されている用語としての〝刑事上の利益に反する供述〟ではないからである。刑事上の利益に反する供述部分が被告人に罪を負わせる部分と密接に結びついている微妙な事案（close cases）はありうる。しかし、本件はそのような事案ではない。「被害者Aの殺人に関して兄（X）を非難する（inculpate）マークの供述は決してマークの刑事上の利益に反する供述ではない。」「マーク・リリー（Y）の自白のなかでの負罪的部分は刑事上の利益に反する供述でないだけでなく、これらの供述は〝被告人を巻き込み自己の罪を免れようとする強い動機〟に照らして当裁判所が〝特に警戒して〟吟味してきた種類の身柄拘束中の自白の一部である。」

多数意見は【8】ダットン判決を共同被告人を非難する身柄拘束中の共犯者の自白が対面条項に違反すると認定された一連の判例の例外とするが、同判決は共犯者の身柄拘束中の自白ではなく同じ囚人仲間への供述にかかわりのある事案であった。当裁判所はダットン判決で同じ囚人仲間への共犯者の供述は同事案の下で対面条項に違反しないと判示し、囚人仲間への供述は、家族や友人への自白と同じく、十分な信用性の徴憑があるため、原供述者との対面がなくても陪審の面前に提示できることを認めた。いくつかの控訴裁判所は同様にそのような供述は深く根を下ろした伝聞例外に該当すると結論している。それ故、ダットン判決は一連の断絶のない判例の例外ではなく完全にその外側にある判例である。

被告人を罪に陥れる共犯者供述の検察側の利用を全面的に禁止する多数意見の考えは、それ故、本件事実および先例を越えている。「多数意見とは異なり、わたくしは、本件での判示を本件事案に限定し、被告人（X）に責任を負わせるマーク・リリー（Y）の身柄拘束中の自白は深く根を下ろした伝聞例外に該当しないと判断するにとどめたい。」

## 第三節　判例のまとめ

以上、証人対面権と伝聞法則の関係に関する主要な合衆国最高裁判例の検討から明らかなように、今日のアメリカでは被告人を自己の犯罪に巻き込むいわゆる共犯者の自白は伝聞例外に該当しないばかりかそれを被告人に不利な証拠として許容するのは合衆国憲法第六修正の証人対面権および第一四修正のデュー・プロセス条項に違反することが確立している。

正確を期すため典型的なノート――Note（Sarah D. Heusker), My Brother, My Witness Against Me: The Constitutionality of the〝Against Penal Interest〟Hearsay Exception in Confrontation Clause Analysis, 90-3 J. of Criminal Law & Criminology 827（2000）――に従って、伝聞例外と証人対面権とにかかわりのある共犯者の自白の許容性を否定した【21】リリー判決の意義を改めて確認しつつ、あわせてこの問題に関する従前の判例のまとめとしたい。

### 一　序

合衆国最高裁は一九九九年のリリー判決において、共犯者の身柄拘束中の自白を許容する（the admission of an accomplice's custodial confession）のは刑事被告人の第六修正の対面権を侵害するかを検討した。その自白は原供述者と被告人の両者に罪を負わせる（inculpated）供述を含んでいることを理由に証拠として許容された、しかし最高裁の相対的多数意見は、刑事被告人に罪を負わせる共犯者の自白は深く根を下ろした伝聞例外に該当しないと判示した。最高裁はまた、政府（検察側）の〝主張する信用性の保障〟は対面条項のその余の許容性のテストを十分に満たしているかを独立して吟味する権限が上級裁判所にあることを認めた。

本ノートは、〝刑事上の利益に反する〟伝聞例外と対面条項との関係を最高裁の対面条項判例（jurisprudence）の展開の歴史から検討し、最高裁はリリー判決において共犯者の供述の許容性に関する基準を正しく明らかにした（correctly heightened）と結論する。リリー判決での判断はとりわけ重要である、けだしヴァージニア州最高裁の伝聞例外の解釈は対面条項によって刑事被告人に与えられた憲法上の保護の土台を削り取っている（undermined）と判示されたからである。

## 二　背　景

第一四修正を介して（through）州に適用される第六修正の対面条項は〝すべての刑事訴追において被告人は自己に不利な証人と対面する……権利を有する〟と規定している。【3】ポインター判決四〇七頁を見よ。学者は対面条項の真の起源（true origin）を議論してきた、しかしその多くは、対面条項は一六世紀から一七世紀のイギリスの刑事訴追において普通の慣行であった生の証人に代えて政府が一方的な宣誓供述書（*ex parte* affidacits）を利用するのを阻止するために第六修正の中に同条項が含まれたことに同意している。憲法制定者は反対尋問を介して自己の告発者（one's accuser）と対面する人の権利のあることを強く信じていた、それ故、第六修正の中にそれを保障したのである。しかし最高裁は、前世紀の間に証言するのに証人が利用不能である事案において、例外として若干の伝聞供述の許容性を認めてきた。

憲法上の証人対面権の保障は一八九五年の【2】マトックス判決まで最高裁で争われたことはなかった。マトックス判決において最初の裁判で被告人に不利な証言をしていた二人の主要証人が二回目の裁判が始まる前に死亡した、それ故、二回目の裁判で反対尋問のために利用できなくなった。最高裁は利用不能（unavailability）となった証人の最初の裁判での証言と反対尋問の謄本（transcribed）は第二回目の裁判で許容できると判示した。最高裁は初めて次のように述べた、すなわち

［対面条項の］第一の目的は、時折、民事事件で認められているように、証人を直接尋問し反対尋問する代わりに、証言録取書や一方的な宣誓供述書を被告人に不利に用いることを阻止することにあった。

最高裁は、しかし、憲法上の対面権の要求にもかかわらず、利用不能の証人から獲得した供述を裁判所が許容することを認める特定の状況を是認した。憲法制定者は公の政策が要求する場合に若干の例外を認める意図を有しており、犯罪被害者による臨終の供述はそのような例外の一つであると最高裁は指摘した。死亡する前にされた供述は内在的に信用できる、人は死に直面して嘘を言う理由はないと最高裁は認めたのである。

マトックス判決裁判所はその法廷意見において〝伝聞〟には一切言及していなかったけれども、同判決は刑事訴追における対面条項の保護に対する最初の例外を創出した。マトックス判決以降、憲法上の対面条項と証拠法上の伝聞例外との関係が検察官、被告人、および公判裁判所を悩ます（plagued）ことになった。（脚注21）

例外を是認していたにもかかわらず最高裁は、対面条項とりわけ告発者を反対尋問する人の権利は真実探求過程（truth seeking process）の基礎であることを強く主張した。最高裁によれば、事実審判者は反対尋問を欠いたままで告発者の性質や当該供述を取り巻く状況を的確に判断できない。実際、対面条項は〝真実発見のためにかつて考案

された最も偉大な法的エンジン〟であると最高裁は主張していたのである。

最高裁は告発者を反対尋問する人の権利の重要性を強調し続けているけれども、最近の対面条項に関するその法廷意見は反対尋問なしに告発的供述の許容性を容易に認めている。最高裁の寛大な態度の大半は許容できる証人としての利用不能の解釈を拡大する事案に見られる。(脚注27) マトックス判決において死亡する前にされた供述は許容できると判示したその七〇年後に最高裁は、【4】ダグラス判決において第五修正の特権の援用もまた伝聞法則の利用不能の要件を満たすと指摘した。

(脚注21)【18】ホワイト判決三五六頁、【16】ライト判決、【10】ロバッツ判決六八頁、【7】グリーン判決一五五頁、【2】マトックス判決を見よ。

(脚注27)【16】ライト判決八〇九頁（三歳の女児は〝陪審への伝達能力がない〟ので利用不能と認める）、【10】ロバッツ判決七五頁（検察側は〝憲法上の利用不能〟を立証する前に原供述者を探し出す（locate）ための合理的で善意の努力をしなければならないと述べる）、【4】ダグラス判決四二三頁（第五修正の自己負罪拒否特権の援用は原供述者を証言のために利用不能と結論する）、【2】マトックス判決二六〇―六一頁（原供述者の死亡は憲法上の対面権の例外として認められると判示する）。

【4】ダグラス判決において、申立人（X）の共犯者ロイド（Y）は、Xの公判で第五修正の自己負罪拒否特権を援用した。これに応じて裁判官は、Yを敵対的証人とする検察官の申立てを容れて検察官が彼を反対尋問することを許した。検察側は、Yの身柄拘束中の自白を一節毎に読み上げつつYに当該供述の真実を維持するか否定するかを要求した。公判裁判所はXを有罪と認め、アラバマ州最高裁もこれを支持した。合衆国最高裁は上告受理を容れてこれを破棄した。最高裁は、第五修正の特権を援用することによってYは公判で〝引用不能〟になったと判示し、さらに彼の告発者を反対尋問する機会をXに与えずにYの供述を許容したのはXの対面権を侵害するとした。

多数意見を執筆したブレナン裁判官は、告発者が〝信じるに値する〟かを判断する機会を陪審に与えることの重要性を強調するマトックス判決を引用することによってその主張を裏付けた。本件ではYの証言を聞く機会を陪審は否定されたとブレナンは指摘した。その結果、陪審は検察官の真実とする証言の朗読を不当に解釈したかもしれなかった、ロイド（Y）を反対尋問する権利を被告人に提供することなしに陪審は、Yが実際にその供述をしたのかそしてそれが真実であるかを知ることができなかった、最高裁は、それ故、ロイド（Y）の供述の許容はダグラス（X）の対面条項の権利を侵害したと述べたのである。

最高裁は伝聞法則の例外の必要性を是認したけれども、〝刑事上の利益に反する（against penal interest）〟供述の例外の適用は原供述者が同一のまたはより重大な犯罪について被告人を非難しつつ自己を巻き添えにしなかった事案で問題が生ずるとした。ダグラス判決の丁度三年後の【6】ブルートン判決において原供述者エヴァンズが被告人ブルートンと一緒に郵便局強盗をしたと自白した事案での併合審理で、裁判官は、被告人を強盗事件に巻き込むエヴァンズの自白を証拠として許容した。裁判官は、ブルートンの有罪を判断するときエヴァンズの自白を無視せよという限定説示をしたが、ブルートンとエヴァンズは二人とも有罪と認定された。最高裁はブルートンの有罪を破棄し、その自白を許容したのは被告人の対面権を侵害したと判示した、限定説示にもかかわらず陪審がその判断の際に共同被告人の自白を考慮したかもしれないというリスクは非常に高かったというのである。

最高裁のブルートン判決は、併合審理において限定説示を制限するいわゆるブルートンルールを確立した。限定説示は陪審に説示をしないことに相当すると示唆し、その判断は併合審理において刑事訴追を妨げることになるかもしれないことを認めつつ、多くの事案において共同被告人を罪に陥れる共謀者の供述を許容することよりも自白者の有罪を立証するより害にならない方法があると最高裁はその理由を述べた。自白者の共同被告人が原供述者を反対尋問する機会を否定される場合、陪審はその自白が真実であるのかそれとも共同被告人に非難を転嫁しようとしているのかを知ることができないと述べて、最高裁は、それ故、被告人に罪を負わせる（inculpates）共同被告人の供述を許容するのは、たとえその負罪的部分を無視せよと陪審が説示されたとしても、被告人の対面権を侵害すると判示したのである。

これらの初期の判例は、最高裁が伝聞証拠の許容性に取り組む方法を具体化（shaping）しており重要であった、しかし、それらは下級審に対面条項の下で許容できる伝聞例外をどのように判断するのかについて説示していない。最高裁は最後に【10】ロバッ判決において、証人が公判のために利用不能である場合に公判外供述の許容性を判断するためのテストを確立した。ロバッ判決において被上告人はI夫妻所有の小切手偽造と盗品のクレジットカードの所持で起訴された。予備審問でロバッ（X）は夫妻の娘アニータ（A）を彼の唯一の証人として喚問した。長い尋問中にAは、Xに小切手とクレジットカードを渡したことを否定した。一年後の陪審による公判においてXは、Aが彼女の父の小切手とクレジットカードの使用を認めたと証言した。Aは、しかし、公判に出頭しなかった、そして彼女の両親はAが現在どこに住んでいるのか知らないと述べた。公判裁判所は、対面条項の権利に違反するとのXの主張にもかかわらず予備審問での彼女の証言を許容した。Aの予備審問での証言の許容性に関する予備審問審理（a voir dire hearing）の後で裁判所は、彼女の両親を含め誰一人としてどのようにして彼女に連絡できるのかその方法を知らないことを理由にAは利用不能であると認定した。オハイオ州最高裁は、Aは利用不能でないと判示し、〝予備審問での単なる反対尋問の機会だけでは憲法上の対面を提供したことにはならない〟と判示した。これに対し合衆国最高裁は、対面条項と伝聞法則との関係を吟味するために上告受理の申立てを容れた。

最高裁は、検察側は公判前に彼女を探し出すために善意の努力をしていたことを理由にアニータは事実上被上告人（X）の公判で憲法上利用不能であったと判示し、Xに提供された予備審問は証人を反対尋問するための相当な機会であり、かつ謄本は以前の供述の真実性を判断するための十分な根拠を事実審判者に提供する〝十分な信頼性の徴憑〟を備えていたと判示した。

ロバッツ判決裁判所は、伝聞例外の下で許容される供述が対面条項をも満たすかを判断する二股から成る調査（a two-pronged inquiry）を初めて明らかにした。第一、検察側は、証言のために原供述者は利用不能であることを立証しなければならない。一旦利用不能が立証されてその供述の必要性が判断されると、その供述は対面権を不必要とするほど十分に信頼性のあることが示されなければならない。ある供述の許容性は、(1)それが〝深く根を下ろした伝聞例外〟に該当するか、または(2)相手方の吟味がその供述の信頼性にほとんど何も加えることが期待できないほど特段の信頼性があるかによると判示したのである。最高裁はロバッツ判決の判断基準を、証人が証言するために利用不能である事案でその信頼性を判断するための有用な道具として利用し続けてきた。

ロバッツ判決六年後の【12】リー判決において最高裁は、共同被告人による自白が併合審理で許容できるかを判断するためにロバッツ判決の判断基準（test）を利用した。中立人リーと彼女のボーイフレンドのトマスが二重殺人で裁判官による審理を受けた。リーもトマスも証言しなかった。検察官は、リーの両殺人事件での有罪を立証するために主として逮捕時に獲得したトマスの警察への自白に依拠した。控訴裁判所は、共同被告人の供述は〝重なり合っている（interlocked）〟ので信頼性を示しているとしてその自白の信用性を支持した。。合衆国最高裁は、しかし、これを破棄してトマスの自白を許容したのはリーの憲法上の対面権を侵害したと判示した。最高裁はロバッツ判決で詳論した分析に従った、そして共犯者の供述は一般的に疑わしいと推定されており、本件において当該供述を取り囲む状況はこの推定を無効にする（override）ほどの十分な信頼性の徴憑を提供していないと結論した。最高裁はまた、〝それが含む事実のいくつかが被告人の供述の中にある事実と〝重なり合っている〟という事実だけでは必ずしも自白が信頼できることにはならない〟と断言した。最高裁は、被告人に罪を負わせる（inculpate）共同被告人または共犯者の自白は信頼できないと推定されているのであり、それを許容するのは被告人の対面権を侵害すると断定したのである。

最高裁は、医療関係者への子供の供述の許容性に関する事案においてリー判決での理由付けに従った。【16】ライト判決において、ライトは一六歳以下の子供への猥せつ行為の二訴因で有罪とされた。ライトの公判での予備尋問審理（a voir dire hearing）においてライトの三歳の娘が証言不能であることが明らかとなった。裁判所は、アイダホ州のその他の伝聞例外の下で医師の証言を許容した。そして陪審は彼女を有罪と認めた。ライトはアイダホ州最高裁に上訴し、当該供述は深く根を下ろした伝聞例外に該当せず医師らとの面接は信用性の実質的保障に欠けていることを理由に、彼女の証人対面条項の権利は侵害されたと主張した。合衆国最高裁は上告受理の申立てを容れ、有罪判決を破棄した。

合衆国最高裁は、ライトの下の娘によってされた供述を繰り返した医療関係者の証言はライトの証人対面条項の保護を侵害していると判示した。ロバツ判決の基準を用いて最高裁は、アイダホ州のその他の伝聞例外は深く根を下ろした例外ではない、下の娘の供述は対面条項の要求を満たすに足りる信用性の特段の保障を欠いているとした。最高裁は、補強証拠は供述をより信頼できるとするものではない、問題の供述はそれ自体で〝信用性の特段の保障〟がなければならない。他の証拠がこれらを補強しているという理由だけで伝聞供述を許容するのは、信頼できないと推定されている証拠を公判において他の証拠の信頼性の中にもぐり込ませる（bootstrapping）ことになるというのである。最高裁は、しかし、公判時に陪審に伝達できなかった原供述者がしたとされる供述の全面的な排除法則（*a per se* rule of exclusion）を確立するに至らなかった。最高裁は、全面的な排除法則は対面条項の真実追求目的を阻害するだけでなく州が証拠法則の分野においてそれ自身の啓発的発展をすることの妨げにもなるとした。最高裁は、下級審は各事案の信用性判断をそれ自身の本案（merit）に基づいた事実に基づいて判断をしなければならないと判示したのである。

最高裁は【18】ホワイト判決において再び、対面条項の下で伝聞例外の解釈を明らかにしようとした。ホワイト判決において四歳の女児は、彼女の母親、彼女の医師、および友人を含む何人かの人々に被告人が彼女に性的攻撃をしたと話した。彼女のとくに親しい友人（confidant）は被告人の公判で彼女の供述について証言した。公判裁判所は、その女児の伝聞供述はイリノイ州の〝思わず発した供述〟の例外の下で許容できるとした。そして最高裁は〝信用性の特段の保障を提供する〟文脈下になされたことを理由に彼女の供述は許容できると判示した。

レンキスト首席裁判官は法廷意見を執筆し、一六世紀と一七世紀に普通であった濫用事件に類似する事案に〝不利な証人〟の解釈に限定すべきであるとの中立人の主張を退けた。このような限定的な対面条項の解釈は〝伝聞証言の許容を限定する際の［対面条項の］役割を事実上撤廃することになろう〟と論じて最高裁は、若干の伝聞法則の例外を認める中道の進路を取ろうとしたのである。最高裁は、利用不能の若干の供述は、〝深く根を下ろした伝聞例外〟に該当し、それ故、きわめて信用できるので反対尋問は事実審判者にとってほとんど価値がないのであれば、許容すべきであることを是認した。伝聞例外が時を経て深く根を下ろしたものとなったのであれば、信用性の実質的保障が示されているので、そのような文脈下のものであれば許容すべきであるというのである。最高裁は、しかし、当該供述が思わず発した供述である事案で伝聞供述の利用が認められているにもかかわらず、共同被告人または共犯者が被告人に罪を負わせる事案では反対尋問が真実を明らかにするのに最も効果的な道具であるので証言の方が優先すると判示した。

トマス裁判官は【18】ホワイト判決において、別途、一部同調意見を書いた。トマス裁判官は、最高裁の現在の対面条項の判例（jurisprudence）は憲法制定者の意図とは異なっていると主張し、最高裁の一連の判例は〝憲法上の対面権と伝聞法則との関係を不必要なまでに複雑にしており混乱している〟と主張した。憲法制定者は〝自己に不利な証人〟につきより限定的な考えを意図していた、犯罪を現認した人だけでなく公判で証言する人だけを含むものと考えていたと示唆し、歴史的証拠は〝対面条項は伝聞法則およびその例外の憲法化を意図していなかった〟と主張したのである。

最高裁がホワイト判決の僅か二年後に〝刑事上の利益に反する〟供述の許容性に関するその立場を明らかにするために上告受理を容れたのは驚くべきことではなかった。【19】ウィリアムソン判決において、ハイウェイのジグザグ運転（weaving）でハリスが警察に停止させられた。警察は彼の車を捜索しコカインを発見したので彼を逮捕した。ハリスはＤＥＡ捜査官に共犯者ウィリアムソンのためにコカインを運んでいると自白した。ハリスは警察官への自白では自己自身を共犯者として十分に有罪であることを認めていたけれども、ウィリアムソンの公判では証言することを拒否した。公判裁判官は、ＤＥＡ捜査官が当該自白を陪審に〝刑事上の利益に反する供述の例外〟の下で話すことを認めた。最高裁はこれを破棄した。そして規則第八〇四条(b)(三)の〝刑事上の利益に反する〟例外は、たとえそれらが全体として自己の罪を認める供述の中に含まれているとしても自己に罪を負わせない供述（non-self-inculpatory statement）を許容することは認めていないと判示した。自己負罪的供述は、とりわけ原供述者がより重い犯罪で他人を非難している場合には自己負罪的でない供述をより信用できるとするものではないと指摘した。実際、合理的な人であれば自己自身をより軽い犯罪に巻き込む一般的な供述をして自己弁明的文言（exculpatory language）を仮装する（mask）であろうというのである。

自己負罪的でない供述の許容性を禁止するとの最高裁の判断は、身柄拘束中の自白を公判で利用する検察官の権限を限定するが、真に自己負罪的な供述は依然として許容されることを最高裁は示唆している。最高裁は、当該供述がなされた文脈を再吟味して例外として分類できるかを判断することを認めた。最高裁は注意深く自己負罪的自白の中に自己弁明的供述を埋め込む（bury）共犯者および共同被告人の資格（ability）を除去した、それ故、第六修正の憲法上の保障の若干部分を回復したのである。

このような一連の判例にもかかわらず、訴訟当事者（litigants）および裁判所は証人対面権と伝聞例外の問題につきなお苦心し続けている。ハーラン裁判官はほぼ三〇年前の【7】グリーン判決一七二頁において公判外供述の許容性をどのように判断するかに関し下級裁判所にその指針を明らかにするよう提案していた。リリー判決はこのような複雑な問題を明らかにするための最高裁による再度の努力を示しているのである。

## 三　本件の事実と手続的経緯

ベンジャミン・リリー（X）、原供述者である弟のマーク・リリー（Y）、その同室者バーカ（Z）の三人は一九九五年一二月四日、二四時間に及ぶ犯罪騒ぎ（crime spree）に出かけた。それは一九九五年一二月五日の自動車乗っ取り（carjacking）、A殺害で頂点に達した。（中略）

コンビニ店からの通報を受けた警察が現場に到着したとき、YとZは森の中に逃げ込み、Xは車の中にいた。警察官（P）はXを逮捕し、二時間ほど身柄を拘束した。およそ一〇分から三〇分後にPは、道路から数ヤード離れた所で頭にライフルを突き付けて座っているZを発見した。Pは降伏するよう説得し、間もなくXを取調べのために連行した。数時間後にXは、弟（Y）に拡声器で呼びかけ森から出てくるよう説得した。間もなくPは道路沿いに歩いていたYを発見し、取調べのために警察署に連行した。

警察署ではまずZが取り調べられ、午後九時四五分から始まった。Zは非常に感情的だったが、XがAを射殺したという事実を含め、現に行われたことを詳細に話した。ZはまたPをAの死体に案内し、彼の衣服のある場所を教えた。Zの取調べを終えた後でPはYに、ZとXはいずれもYが射殺犯（triggerman）ではないと述べていることを告げた。捜査の録音テープは、PがYを取り調べたのは午前一時三五分から二時一二分までと、午前二時二〇分から同二時五三分であることを示している。Yは警察官に、大騒ぎをして飲み続けていたと繰り返し話した。彼はアルコールの窃取に参加したことを自白したが、より重大な強盗や殺人については現場にいただけであると語った。Yはまた、XがAを射殺した人物であると告げた。

Xが最後に取り調べられ、Yらを含む他に三人の共犯者がいたと話した。彼は銃を突き付けられて強盗に参加することを強制されたと述べたが、銃の窃取やA殺害については言及しなかった。物的証拠はYとZの供述を裏付けていた。

ヴァージニア州は、A殺害を含むいくつかの犯罪でベンジャミン・リリー（X）を起訴した。彼は分離して公判に付された。Xの公判でZは、Xに不利な証言をしてAを射殺したとしてXを非難した。バーカ（Z）はすでに州と答弁取引（plea bargain）をしていたので証言することを要求された。マーク・リリー（Y）は、しかし、第五修正の下で自己負罪拒否権を行使し証言することを拒否した。

そこで州は、Z、Yの身柄拘束中の自白を許容するように求め、利用不能の証人の刑事上の利益に反する供述の伝聞例外として許容できると主張した。これに対しXは、これらの供述はA殺害への非難をXに転嫁したものであるから自己負罪的ではないし、そのような供述を許容するのはXの第六修正の対面権に違反すると主張した。裁判所は、この異議申立てを退け、マーク・リリー（Y）の自白の全部を証拠として許容した。

陪審は、強盗、誘拐、カージャック、および火器の違法な所持での有罪を認定し、これらの犯罪に対し二つの併合終身刑プラス二〇年の刑を科した。また陪審は、Xを死刑殺人で有罪と認め彼に死刑を言い渡した。

Xはヴァージニア州最高裁に上訴し、ヴァージニア州法によれば、〝刑事上の利益に反する〟伝聞例外は被告人に不利に提出された証拠に適用されるべきではないと主張し、また、同州判例法によれば、Yの供述は彼の刑事上の利益に反しないと主張した。Xの主張は連邦法ではなく州法に基づいたものであるけれども、共犯者の供述は信頼できないと推定されるという主張を裏付けるために答弁趣意書（reply brief）の中で【12】リー判決および【19】ウィリアムソン判決を引用していた。ヴァージニア州最高裁は一九九八年四月一七日、Xの主張を退け公判裁判所の判断を支持した。同最高裁は、Yの身柄拘束中の自白はXの対面条項の権利を侵害していないと判示した。マーク・リリー（Y）の自白は刑事上の利益に反する供述ではない、けだし彼は多くの犯罪への参加者として彼自身を巻き込んでいる（implicated）というのである。同最高裁はまた、Yの伝聞供述には〝十分な信頼性の保障があるため深く根を下ろした伝聞例外に該当する、それ故、相手方当事者の吟味もその信頼性にほとんど何も付加しない〟と認めた。

ベンジャミン・リリー（X）は、ヴァージニア州最高裁に再審理の申立てをした。対面条項は身柄拘束中の自白の許容性を禁止している、けだし、そのような伝聞例外は深く根を下ろしたものではないし、【16】ライト判決によれば、Yの供述の有効性判断（validation）として補強証拠を吟味すべきではないと主張した。ヴァージニア州最高裁は一九九八年六月五日、未公刊の簡易命令（summary order）で再審理の申立てを退けた。

これに対し合衆国最高裁は一九九八年一一月九日、被告人の対面条項の権利は〝彼の公判で共犯者の刑事上の利益に反する若干の供述および被告人に罪を負わせる（inculpated）その他の供述を含む［公判で］証言しない共犯者の自白の全部を証拠として許容されたことによって侵害された〟かを判断するために上告受理の申立てを容れた。最高裁は、ヴァージニア州最高裁の判断は合衆国最高裁の対面条項の判例法（jurisprudence）と矛盾していると述べ、最高裁の吟味が必要（warranted）であると述べた。

## 四　各意見の概要

**A　相対的多数意見**　相対的多数意見を執筆したスティヴンズ裁判官は、ヴァージニア州最高裁の判決を破棄し、マーク・リリー（Y）の身柄拘束中の自白の許容したのはベンジャミン・リリー（X）の対面条項の権利を侵害すると判示した。

スティヴンズ裁判官は、〝刑事被告人に罪を負わせる〝共犯者〟の自白は対面条項の判例法で定義されてきた概念として深く根を下ろした伝聞例外に該当しない〟と指摘した。スティヴンズ裁判官はまた、上訴審は政府によって提出された信用性の保障を独立して吟味すべきであると判示した。

スティヴンズ裁判官はさらに、これとは反対のヴァージニア州の主張とは異なり、最高裁には本件に関して管轄権があると述べた。Xは州最高裁への上訴の中で州の伝聞法則に焦点を合わせているけれども、Xはその趣意書の中でYの供述の許容はXの第六修正の対面権に違反すると主張している。Xはまた、ヴァージニア州最高裁がその答弁趣意書の中で【12】リー判決と【19】ウィリアムソン判決を引用していた、これらの合衆国最高裁判決への引用は下級審での憲法上の対面権問題を十分に提起している、それ故、合衆国最高裁には本件に関して管轄権が十分にあるとスティヴンズ裁判官は結論したのである。

管轄権のあることが確立されたのでスティヴンズ裁判官は、マーク・リリー（Y）の供述の許容は対面条項問題を提起していると述べた。最高裁は【10】ロバツ判決での判示に固執し、原供述者が利用不能であり、かつ当該供述が深く根を下ろした伝聞例外に該当するか〝特段の信用性の保障〟を含んでいる場合、伝聞例外は許容できることを繰り返している。ロバツ判決の基準は、反対当事者の吟味によっても当該供述の信頼性にほとんど何も付加しないのでない限り、被告人はその告発者との対面を許されなければならないという前提を支持しているというのである。

スティヴンズ裁判官はごく最近の【18】ホワイト判決において、とりわけ〝不利な証人〟の文言に関して対面条項の限定的解釈がなされたことを是認した。スティヴンズ裁判官は、しかし、対面する権利は以前の宣誓供述による訴追に類似する実務を阻止することだけに限定すべきでないと主張した。そしてそのような〝証人〟の限定的解釈は伝聞証言の許容を制限する際における対面条項の役割を事実上廃止することになると結論した。スティヴンズ裁判官は、しかし、マーク・リリー（Y）の供述は将来の公判で証拠としてそれらを用いることを意図した警察によって獲得されたものであるので一方的な宣誓供述書の利用に類似すると指摘した。したがって、スティヴンズ裁判官は、最高裁の対面条項の解釈いかんにかかわらずYの供述の許容（admission）は、対面条項の問題を提供していると結論したのである。

スティヴンズ裁判官は、最後に、Yの自白にロバツ判決の第一分肢のテストを適用して彼の供述は深く根を下ろした伝聞例外に該当しないと判示した。Yの自白は〝刑事上の利益に反する〟供述の例外の下で許容できるとヴァージニア州は主張したけれども、被告人に罪を負わせる共犯者の自白は〝きわめて信用性があり反対当事者の吟味によってもその供述の信頼性にほとんど何も付加しない伝聞例外の領域から排除される〟ことを示していると判示したのである。

リリー判決において州によって提示された〝利益に反する供述〟の例外は、人は自らに罪を負わせるために嘘をつくことはないであろうという前提に基づいている。しかし、最高裁はリリー判決において、利益に反する供述の単純な性格付けは対面条項の分析のために一つの類型を余りにも広く定義していると判示した。それ故、スティヴンズ裁判官は〝刑事上の利益に反する〟例外が刑事事件において援用される場合に共通する三つのシナリオを議論した。その例外は伝聞供述が提出されるとき援用される次の三つであると述べた、すなわち⑴原供述者に不利な任意の承認として、⑵原供述者が当該犯罪を犯した又はそれにかかわりがあると主張する被告人によって提出された弁明的証拠（exculpatory evidence）として、そして⑶原供述者のいわゆる共犯者の有罪を立証するために検察側によって提出された証拠としての三つであると述べたのである。

したがって、スティヴンズ裁判官によると、マーク・リリー（Y）の供述は、政府が被告人を罪に陥れる（incriminates）共犯者による供述を提出しようとする場合、以上に述べた第三の一般的な類型に該当する。この類型は裁判所に特別の問題を提示する。第一、〝刑事上の利益に反する〟例外の下でその供述の承認は〝かなり最近の収穫〟である。第二、それは典型的に原供述者の欠席下に提出されたとき昔の一方的な宣誓供述書制度において用いられたのと類似する機能を果たす。第三、この類型の下で許容される供述はしばしば〝内在的に信頼できない。〟

スティヴンズ裁判官によると、最高裁はほぼ一世紀前から共犯者の供述を疑わしいと考えてきた。一九〇九年のクロフォード判決（Crawford v. United States, 212 U.S. 183）において最高裁は初めて、被告人に罪を負わせる（inculpate）共犯者の供述の不信用性を述べた。被告人をともに（together）自己の犯罪に巻き込む共謀者の供述は、他の明らかに信用できる証人を規制するのと同じルールの下で陪審に委ねられるべきではないと述べたのである。同判決以降、最高裁は被告人を罪に陥れる（incriminate）共犯者の自白は信頼できないと推定されると判示することで一致している（spoken with one voiced）。

スティヴンズ裁判官によると、一九〇九年のクロフォード判決、【4】ダグラス判決、【12】リー判決、【18】ホワイト判決、および【19】ウィリアムソン判決は、しばしば責任を転嫁し自己弁明（blame shifting and self-exculpation）を示している共犯者によってなされた信頼できないと推定されている供述を証拠とすることへのためらい（reluctance）を示してきた。それ故、共犯者の供述は通常の大半の伝聞証拠よりも信頼できない。したがって、伝聞例外を許容するのは〝特段の信頼性の保障〟を伴っているという見解を前提にしているのであるから、被告人を罪に陥れる共犯者の供述はかかる基準に合致していないと結論した。スティヴンズ裁判官は、それ故、刑事被告人に罪を負わせる共犯者の自白はその概念がわれわれの対面条項の判例法の下で定義されてきた深く根を下ろした伝聞例外に該当しないと判示したのである。(脚注263)

（脚注263）　スティヴンズ裁判官は、本件は〝以前に黙示（implicit）されていたこと〟を明示したにすぎないと述べた。スティヴンズ裁判官は、本判決は【6】ブルートン判決、一九八七年のクルス判決（Cruz v. New York, 481 U.S. 186)、【20】グレイ判決、および【12】リー判決の判示を再確認したと指摘したのである。

ロバツ判決の基準の下で、もしある供述が深く根を下ろした伝聞例外に該当しないのであれば、反対当事者の吟味がその信頼性にほとんど何も付加せず、それ故、その余の許容性のテストを満たすほどの信頼性の特段の保障がなければならないとされた。そしてスティヴンズ裁判官は最後に、ロバツ判決のその余の許容性のテストを満たすのに必要とされる共犯者の自白の身柄拘束中の自白に付着する信頼できないとする推定を政府が反証（rebut）できるのはきわめてありそうにない（lightly unlikely）と判示したのである。

スティヴンズ裁判官は、マーク・リリー（Y）の供述を取り囲む状況は、反対尋問を余分なもの（superfluous）とする信用性の状況的保障を提供していないと結論した。スティヴンズ裁判官は、(1)バーカ（Z）の証言と物的証拠はYの供述を補強している、(2)警察はYが供述をする前にミランダの諸権利を読み上げている、それ故、マーク（Y）は彼の非難の重大性を認識していた。(3)他の重大犯罪にYは自己自身を巻き込んでいることを理由に信用できるとの州の立場を退けた。伝聞供述に特段の信用性の保障があるかに関する判断は事実と憲法が混合している問題である。それ故、控訴裁判所は、身柄拘束中の供述の信用性についての下級審の判断を新たに（de novo）吟味する責任がある。責任を転嫁して拡散する共犯者の傾向からして検察官は、最高裁が共犯者の自白に付与した不信頼性の推定を打ち破る（overcome）のは難しい。

そうであるにもかかわらずスティヴンズ裁判官は、不信用性の推定に照らしYの供述の信用性を判断するためにそれらの供述を取り囲む状況を分析した。第一、マーク・リリー（Y）の供述はZの証言を含めた他の証拠がその供述を補強していることを理由にその供述は十分に信頼できるという州の主張を退けた。スティヴンズ裁判官は、【16】ライト判決において最高裁は被告人を有罪とするために用いられる伝聞証拠は公判で他の証拠に言及することによってではなくその内在する信用性によって信頼性の徴憑が示されていなければならないと指摘した。

スティヴンズ裁判官はまた、警察は彼にミランダの権利を告知しているのでその供述はより信頼できるとの州の主張を退けた。

第三、最高裁は、Yが自己の権利を一般的に知っているといえるのは原供述者が重大犯罪とのかかわりで取り調べられているとき当該供述の真実性にほとんどかかわりがないと結論し、犯罪騒ぎに自らかかわっていたことを理由にYは真実を告げているに違いないという州の主張を退けた。スティヴンズ裁判官は、自己負罪的供述を含む自白は自己負罪的でない部分をより信頼できるとするものではないと断言した。さらにYは、その取調べ中に薬物とアルコールの影響下にあったことを認めていた。これらの要素のすべては、Y供述は対面と反対尋問の必要性を除去するほど十分に信頼できるものではないという最高裁の結論を支持していた。

最後に最高裁は、被告人を死刑殺人で非難するマーク・リリー（Y）の身柄拘束中の自白を許容したのはXの対面条項の権利を侵害したと判示した。最高裁はヴァージニア州最高裁の判決を破棄し、本件を無害の誤りの判断をするためにヴァージニア最高裁に差し戻したのである。

### B　ブライア裁判官の同調意見

ブライア裁判官は、最高裁は対面条項と伝聞法則との関係に関する従前の見解を再検討すべきであると主張した。現在、被告人に不利な供述は対面条項の下で許容されるには深く根を下ろした伝聞例外に該当するか、または特段の信用性の保障がなければならない。対面条項は〝伝聞法則に先立つ古い源〟を有するのに対し、このような対面条項と伝聞法則との密接な関係は比較的最近の収穫である。(脚注284)ブライア裁判官は、対面する権利は公判での刑事被告人に対する政府による乱用を防ぐために当初確立されたものであった、(脚注285)この権利は最高裁が対面条項の分析の下で許容してきた多くの伝聞法則の例外によってその土台が削り取られてきたと主張した。

(脚注284)　ブライア裁判官は、バイブル、シェクスピア、一六、一七世紀の制定法はすべて自己の告発と向き合う権利を尊重していたことを示唆する。

(脚注285)　反逆罪でのサー・ウォルター・ローリの裁判における濫用によって典型的に示されているように、憲法制定者は、公開の法廷において彼らの供述を争うのに裁判で利用不能であった告発者による公判外の自白に基づいた有罪判決を懸念していたことを示唆している。

ブライア裁判官は、現在の伝聞を根拠とした対面条項の基準は〝あまりにも狭く、かつ余りにも広い〟と主張した。この基準が余りにも狭いというのは、それらの信頼性いかんにかかわらず〝深く根を下ろした伝聞例外〟に公判外供述の許容性を認めたからである。ブライア裁判官は、一例としてコンスピラシーの例外を用いて、もしコンスピラシーが警察の取調べ中に継続し続けるのであればその自白は反対尋問なしに許容されうると指摘した。刑事被告人は偶然の状況という理由だけで彼らの告発者と面と向き合う（come face to face）権利を否定されるべきではないというのである。

それと同時にブライア裁判官は、それが広すぎるというのは、たとえ伝聞供述が争われている要素にほんの少し

(only tangentially) しか関わりがないとしても、関連する伝聞供述の許容から離れた (out of) 憲法問題を判断することを最高裁に要求しているからであるという。すなわち、もしある供述が深く根を下ろした伝聞例外に該当しないのであれば、最高裁はたとえその供述が公判と何らのかかわりなしになされたとしても、ロバッツ判決の基準の下でその信頼性を評価しなければならない。本件において、犯罪のはるか昔に書かれたなぐり書きのノート (scrawled note) にある〝メアリーが電話した (Mary called)〟というような証拠を許容しても被告人の対面条項の権利を侵害したことにはならない。しかし、それは伝統的な伝聞例外に該当したり特段の信用性の保障を示していないからであるという。

ブライア裁判官は、マーク・リリー (Y) の供述は対面条項の分析いかんにかかわらず、Xの対面条項の権利を明らかに侵害しているのであるから対面条項の再検討は本事案において決定的ではなかったと示唆する、そうであるにもかかわらず、ブライア裁判官の意見によれば、最高裁が本件において対面条項と伝聞との関係を再吟味しなかったため問題は他日に残されていることになるというのである。

**C　スカーリア裁判官の同調意見**　スカーリア裁判官は、法廷意見の1、2、4に参加し、判決に同調した。スカーリア裁判官が別に同調意見を書いたのは、マーク・リリー (Y) の供述の許容は典型的な (paradigmatic) 対面条項違反と結論したからである。テープ録音された自白を反対尋問する権利を認めずに許容したのはXの第六修正の権利を侵害したことになる。自己の告発者と対面する人の権利は、自白のような公式化された証言的素材に公判外供述が含まれている限り、それらに及ぶので［対面権］違反は明らかであるというのである。スカーリア裁判官は、それ故、最高裁は本件を無害法理 (の適用) を判断するためにのみ差し戻すべきであると主張した。

**D　トマス裁判官の同調意見**　トマス裁判官は法廷意見の1、4に参加し、そして判決に同調した。トマス裁判官は一九九二年の【18】ホワイト判決での彼の立場を繰り返し、対面条項は被告人を巻き込む共犯者の供述の政府による利用に関する絶対的禁止（blanket ban）を課していないというレンキスト首席裁判官に同意した。そのような絶対的禁止は対面条項の歴史的根拠と矛盾し、控訴審が共犯者の供述の吟味をするのが不可能となるであろうというのである。

## E　レンキスト首席裁判官の同調意見

首席裁判官は、ヴァージニア州最高裁の判決を破棄することに同調したが相対的多数意見の主要な判示の二つに同意しなかった。最高裁の宣告した、(1)刑事被告人に罪を負わせる（inculpating）すべての共犯者の自白は深く根を下ろした伝聞例外に該当しない、そして(2)控訴裁判所は、ロバツ判決の第二の分肢の下で政府の提出した信用性の保障を独立して吟味すべきであるということに同意しなかったのである。

首席裁判官は、まず最初にマーク・リリー（Y）の供述は彼の刑事上の利益に反しないと主張した。YがXを幇助（aided and abetted）したことを示唆するYの自白の自己負罪的部分は、YがA殺害につき彼の兄（X）を非難している部分とは全く別（very separate）である。それ故、Yの供述の全体は彼の刑事上の利益に反する供述として性格付けることはできないというのである。彼は、しかし、共犯者の供述が深く根を下ろした伝聞例外に該当する若干の状況があると主張した。

首席裁判官は「家族や友人または刑務所仲間（fellow prisoners）にしたような自白には対面を余分なものとするに足りる信頼性の徴憑があることを示唆した。」最高裁は常にこれらの事案と身柄拘束中の自白（の事案）を区別してきたのであるから、このような供述の許容を認め続けるべきであると主張した。首席裁判官は、しかし、マーク・リリー（Y）の供述はこの類型に該当しないと指摘した。けだし彼の自白は事柄の性質上自己弁明的であり責任転嫁によって動機付けられているからである。

首席裁判官は、マーク・リリー（Y）の供述は深く根を下ろした伝聞例外に該当しない、したがって対面の権利なしに許容されるべきではないということだけを判示すれば足りる。それ故、首席裁判官によると、本件は最高裁によるそのような広範な判示（ruling）を正当化しないというのである。

## 五　分　析

リリー判決において最高裁は、刑事被告人に罪を負わせる共犯者の自白は深く根を下ろした伝聞例外に該当しないことを正しく（properly）判示した。最高裁は、しかし、裁判所の友（amicus curiae）としてのＡＣＬＵ（American Civil Liberty Union）によって提示された共犯者の自白の絶対的禁止（*a per se rule*）を確立しなかった。最高裁は許容性のための明確な線引きの基準（a bright line test for admissibility）の代わりにロバツ判決のテストを再確認したので、スティヴンズ裁判官はその余の許容テストの下で下級審の判断を独立して吟味する権限を控訴裁判所に認めた。リリー判決は、政府が共同被告人を訴追することを今まで以上に困難にするであろうが、刑事被告人を罪に陥れる共犯者の供述は十分に信用性の保障があるかを注意深く吟味されなければならないことを積極的に判示したことを除き、最高裁の対面条項の判例法に特段に重要なインパクトを与えなかったのである。

**Ａ　〝深く根を下ろした〟の定義**　首席裁判官は、刑事被告人に罪を負わせる共犯者の自白は深く根を下ろした伝聞例外に該当しない旨広汎に判示する相対的多数意見を非難した。このような判示は本件事実に照らして不必要であるというのである。しかし、本ノートは、スティヴンズ裁判官の主張は若干の伝聞以外の供述を深く根を下ろしたものとする混乱を除去するのに役立っていると考える。

**Ｂ　対面条項と適用可能な伝聞例外との問題**　リリー判決は、対面条項と伝聞法則との問題に関する最高裁の今までの解釈を再吟味する機会を提供した。対面条項と伝聞法則とはともに若干の公判外供述を排除することにおいて類似するが、最高裁の対面条項の判例法の中でこの二つは事実上混同（merged）されてきたからである。

ＡＣＬＵの共犯者の自白の許容の絶対的禁止の主張にもかかわらず、最高裁は一世紀以上前の【2】マトックス判決において、憲法制定者は公の政策の必要性によって正当化されるとき対面条項の例外を認めることを意図していたと述べた。そのとき以降最高裁は繰り返し伝聞供述を排除する絶対的ルールを採用することを退けてきた。

本ノートは、最高裁の判断は多数被告人のある事案の訴追をより困難にすることを認める、けだし身柄拘束中の自白は容易に証拠として認められないからである。リリー判決は、しかし、検察官が裁判所による注意深い吟味の下で信用性の十分な保障を示すことによって不信用性の仮定を打ち破ることができる限り、共犯者の自白の提出を認めている。

**C　独立した吟味**（略）

**D　リリー判決の将来における共犯者自白の許容性へのかかわり**　リリー判決は最高裁の対面条項の判例法を大きく変えなかった。相対的多数意見は刑事被告人を罪に陥れる共犯者の供述は深く根を下ろした伝聞例外に該当しないことを明示したが、最高裁はすでに黙示ではあるが、このことを確認していた。さらにリリー判決は単に、公判で利用するために政府によって提出された共犯者の自白は信頼できないと推定されるという最高裁の従前の判示を繰り返しただけである。最高裁は、首席裁判官やトマス裁判官によって示されたように共犯者の供述の許容性を完全には禁止していないのである。

**E　相対的多数意見の将来の訴追へのインパクト**　最後に最高裁の相対的多数意見は、共犯者の供述の許容性への寛大なルールに対する政府の一押しへのドアを解放したままにしているが、同調意見は将来の訴追が依拠できる理由付けを提供していない。ブライア裁判官は、混乱を除去するために最高裁は両者の関係を再検討すべきであるとする。他方、スカーリア裁判官は、本件事案は明確な対面違反を示しているのでこれ以上の議論は必要ではないと主張した。レンキスト首席裁判官、トマス裁判官は、相対的多数意見は従前の中道の道から離れすぎたと主張した。スティヴンズ裁判官は、首席裁判官とトマス裁判官が示唆したように、被告人に負罪的なすべての共犯者の供述の許容性の〝全面禁止〟を主張しなかったが、相対的多数意見は、検察官がそのような供述を証拠として提出することをより困難とした。トマス裁判官と首席裁判官は、相対的多数意見が〝絶対的ルール〟の方に余りにも接近しすぎていることを懸念し、本件事実は広汎な判示を正当化しないと主張したのである。

## 六　結　論

最高裁はリリー判決において、刑事被告人に罪を負わせる共犯者の供述は深く根を下ろした伝聞例外に該当しないと適切に判示した。さらに最高裁は、被告人に負罪的な身柄拘束中の自白を取り囲む状況は信頼できないと推定できると述べた。それ故、検察側は、当該供述がなされた状況はなお反対尋問を不要とするほどの十分な信用性の保障があることを立証しなければならない。最高裁はまた、原供述者の公判外供述が対面条項に違反すると判断されたとき特段の信用性の保障を政府が立証したことを独立して判断する権限を控訴審に与えた。

相対的多数意見の〝深く根を下ろした〟伝聞例外の背後にある正当化理由は、伝聞例外の許容性についての混乱のいくつかを明らかにするのに役立つ。もしそれらが不信用性の推定を打ち破ることができ、かつ反対尋問と対面条項を不必要とするほどの十分な信用性を示すことができれば、そのような供述を許容できるとするロバツ判決の基準を最高裁が再確認したのは正当（properly）である。しかし、信用性の判断の際にどのような要素を考慮すべきかが示されていない。リリー判決は刑事被告人に罪を負わせる共犯者の供述を排除する絶対的法則を確立しなかったので、最高裁は控訴審に被告人の第六修正の権利の保護を確保するため信用性の判断をする権限を与えたことになる。

リリー判決は共犯者の身柄拘束中の自白を許容する際に内在する憲法上の危険に関するすばらしい議論を提供した。しかし最高裁が対面条項の下で伝聞証拠の許容性に関するこれが最後の事案であるというのはありえない（unlikely）ことであり、いずれ改めてその機会が訪れると思われる。

このように本ノートは、被告人を巻き込む共犯者の自白を伝聞例外として許容した事案につき全員一致で証人対面権に違反するとしたリリー判決を正当であるとして積極的に評価するが、一九八〇年の【10】ロバツ判決自体には格別の疑問を呈していなかった。ところが合衆国最高裁は二〇〇四年のクロフォード判決においてロバツ判決を正面から変更したうえ、共犯者の自白にかかわるリリー判決等をあらためて確認するのである。

繰り返し指摘したようにクロフォード判決に大きな影響を与えたフリードマン教授の見解については、第四章において詳しく検討することとしたい。

# 第四章　フリードマン教授の最高裁批判

ミシガン大学のリチャード・フリードマン教授（Richard D. Friedman）には多くの関連論文があるが、管見した限り、その中でも一九九七年と一九九八年に相次いで公表された二論文（後出）が極めて有益である。第一論文は、最近の合衆国最高裁は憲法上の対面条項と連邦証拠規則の伝聞規定とをほぼ同一視しているとしたうえで証人対面権の独自性ないしその復権を強調しつつ不正行為による権利喪失法理の採用を主張する。そして第二論文は、より具体的に上述したロバツ関連判例を対面条項の文言と照らしあわせて検討したうえで証人と直接対面する十分な機会が被告人に与えられていなかった原供述者の証言的供述については対面条項が直接適用されるべきであると主張する。

以下、やや難解であるが、先に詳論した関連判例の正確な確認に役立つことはもちろん、クロフォード判決と対比すると、その影響力は明らかであるので論旨をなるべく省略せずに順次そのまま紹介しておく。

## 第一節　対面と鉄面皮の定義（一九九七年）

本論文（Confrontation and the Definition of Chutzpa, 31 Israel Law Rev. 507）は、まず最初に鉄面皮の標準的事例——両

親を殺害し、次に量刑裁判所に対し孤児への慈悲を請う男――に言及し、被害者を証言不能とした当の刑事被告人が証人と対面する権利侵害を理由に被害者の供述の証拠は彼に不利に許容されるべきでないと主張する鉄面皮の事案を取り上げるとしたうえで、このような事案において被告人は対面権を喪失したと考えるべきであると主張する。同一の理由で、裁判所（the jurisdiction）が伝聞法則を適用するのであれば、彼は当該供述の証拠排除を求める権利を喪失していると見なされるべきであるとして次のように主張する。

ある意味でこのような結論は別に驚くべきことでない。裁判所は種々の文脈下において、殺害、隠匿、脅迫、不当な報酬によると、策略（chicanery）によるとを問わず、被告人が潜在的証人（potential witness）を利用不能としたのであれば、被告人は対面権または伝聞の異議申立権を喪失したものとみなされるべきであると判示してきた。そしてこのルール――私はこれを権利喪失原理（the forfeiture principle）と呼ぶ――は、若干の法域においてと同様に立法上の承認も得ていた。このことは早くも一九二五年イギリス刑事司法法（English Criminal Justice Act）第一三条(3)(a)の規定の中に反映されていた。それはまた連邦証拠規則の新しい第八〇四条(b)(六)の中にも反映されている。（脚注5）

(at 506–507.)

（脚注5）　最高裁によって裁可され連邦議会に送付された提案中のこの規則は、公判で証言のために利用不能とみなされた原供述者によって公判外でなされた供述で、かつ次の規定を満たす供述、すなわち

〝不正行為による権利喪失。原供述者の証人としての利用不能をもたらす（procure）ことを意図し、かつそれをもたらした不正行為（wrongdoing）に加担するか黙認（engaged or acquiesced）した当事者に不利に提出された供述〟

を伝聞法則の新しい例外としている。

それ故、不正行為は反対当事者が少なくともそのことを〝黙認〟していなければならないという範囲で彼に帰属可能（attributable）なものでなければならない。この提案された新しい規則の展開は急速だった、すなわち、私が一九

九三年一二月に被告人の権利、犯罪抑止および被害者の保護に関するエルサレムでの国際会議でこのペーパを提出したとき、少なくとも公式には議論されていなかった。

それ故、私は本稿において新しい原理を明確に示そうとするのではなく、それが提起する諸問題につき若干の考えを述べ、それを私が望ましいと考える対面と伝聞の法の文脈下において——そしてささやかな（modest）提案をしようとするものである。権利喪失原理は、その供述が問題となっている潜在的証人である原供述者がいわゆる犯罪の犠牲者であるとき、全面的にかつほとんど争いなしに適用されると私は信じている。私の提案は、裁判所はこの原理を反射的に——すなわち原供述者である被害者の証言を不可能としたその行為は被告人がいま公判に付されているのと同一の犯罪行為であるときであっても——適用すべきであるとする。

ささやかな提案という私の主張にもかかわらず、権利喪失の反射的適用（reflexive application）の主張は論争を呼びそうである。一つには、それは全く広範囲に及ぶからである。反射的な権利喪失の原理は、裁判所がその処理に困難な全く異なる三個のタイプの状況、すなわち、第一、殺人の被害者による臨終の供述、第二、残虐な攻撃の生存者の証言の物理的不能、そして第三、物理的または性的暴行の子供の犠牲者の証言が心理的に証言不能であるという、このような三つの状況に首尾よく対処できると私は信じている。

本稿を通じて私の強調するのは、私がかなり熟知している唯一の法体系である合衆国の法である。しかし、対面の権利は、より普遍的であると私は信じている。本稿で言及した諸問題もそうである。そして私の提示する解決策もそうであると私は信じている。

第一部において私は、権利喪失原理の文脈を伝聞と対面の法および私が提案するその法の再公式化（reformulation）の一般的な背景の下で検討する。権利喪失原理の承認によって裁判所および立法府はより強力で基本的な対面権を承認できるようになる、そしてこのことによって対面権が問題でない場合に裁判所と立法府に伝聞の厳格でない（liberal）許容性を認めるなお一層の確信を与えるであろうことを私は示唆する。第二部において私は、権利喪失原理の反射的適用を論ずる。私は、このタイプの一般的な争点に言及し、上述した三類型の文脈のそれぞれにおいてこの原理がどのように適用されるかを示し、そしてそれは現在一般に用いられている原理よりも満足のいく理に適った結果（satisfied and sensible results）に導くであろうことを主張する。

## 一　伝聞と対面、および権利喪失

### A　伝聞と対面の伝統的モデル、およびその困難性

アメリカの伝聞法は伝統的モデルに固執（adherence）する、すなわち伝聞として分類される証拠は推定上（presumptionly）排除される、証拠規則第八〇一条、第八〇二条を見よ、しかし、もしそれが明確な一連の例外の一つに該当すれば、証拠規則第八〇三条㈠～(二四)、第八〇四条(b)㈠～㈣を見よ、または信用性の特段の保障を示すその他の理由があると判断されれば、この障壁を切り抜けることができる、証拠規則第八〇三条(二四)、第八〇四条(b)㈤を見よ。（なお、これらの例外を事実上同一の新しい一つの連邦証拠規則第八〇七条の例外に置き代える提案は、合衆国最高裁によって裁可され、一九九七年一二月に新しい証拠規則第八〇四条(b)㈥として法となる見込みである。）通常の伝聞法の全体の上に重なっているのが憲法第六修正の下で〝自己に不利な証人と対面する〟刑事被告人の憲法上の権利である。対面条項の意味は謎（an enigma）である。合衆国最高裁は、最近、それを連邦証拠規則の伝聞の項目とほぼ一致していると解釈する傾向を示している。すなわち、もし原供述者が述べたことの真実性を立証するために原供述者の公判外供述が被告人に不利に提出されると、証拠規則の伝聞の項に障壁がなければ、最高裁はほとんど確実に対面条項は障壁にはならないとする、【18】ホワイト判決（原供述者が証人として利用可能であるかどうかにかかわりなく、思わず発した供述や

医療目的でなされた供述の伝聞例外に該当する性的虐待を主張する子供の供述を許容することによって対面条項は侵害されないと判示する）を見よ。同様に、もし州の裁判所が連邦規則に反する証拠を許容すれば対面条項はその証拠を禁止していると最高裁が結論するのは明らかである、【16】ライト判決（明確な一連の例外のどれにも該当せず、かつ最高裁が信用性の十分な保障があると考えない性的虐待を主張する子供の供述を州のその他の例外の下で許容することによって対面条項は侵害されたと判示する）を見よ。

他のコモンロー諸国は民事事件において伝聞禁止法則を厳しく制限したが、刑事事件においてはそれを保持している。大陸法の諸制度には少なくともコモンローのそれと比較できる伝聞法はないけれども、ヨーロッパ人権裁判所は若干の対面権を保護している。ヨーロッパ人権裁判所は、人権および基本的自由の保護のための協定（convention）第六条第一項および第三(d)項の解釈の際に、これらの規定は一般的なルールとして〝当の証人が彼の供述をしているとき、またはその後の手続きの何らかの段階において、自己に不利な証人に挑戦し質問するための十分かつ相当な機会が被告人（the accused）に与えられるべきであることを要求している〟と判示した。Kostovski v. Netherlands, 12 E.H.R.R. 434, 448–49（1989）. さらに、同裁判所は、もし彼女（原供述者）の供述が〝公判裁判所の面前でなされ……かつ採取されたものであれば〟たとえ原供述者が公判で実際に証言しないとしても、その原供述者は証人とみなされるべきであることを明らかにしている。

このようなヨーロッパでの展開は、基本的な対面の権利があること、そしてその承認と保護はコモンローの伝聞概念に類似するものを保持している法域に依拠しないことを示唆していると私は考える。しかし、この権利の境界を定義するのは簡単な事柄ではない。確かにこの権利は、それが主張することの真実性を立証するために提出され、かつ被告人が反対尋問の機会を有していなかった人物によってなされたいかなる公判外供述の証拠をも排除するものではありえない。そのような極端なルールは、売買代金の日常的な記録のような証拠であっても排除するという容認できない結果をもたらすことになろう。しかし、そのような極端な主張は論外として、線引きはどのようになされるべきであるか？　対面権の限界を定める伝統的な伝聞法理を用いる際にコモンロー法域裁判所（common law jurisdictions）は、いくつかの理由で大きな誤りを犯し続けていると私は考える。

第一、ある伝聞事項（item of hearsay）が許容されるべきかを判断する際に伝統的な伝聞法理の下での鍵となる要素は、信頼性（reliability）ないし、同じ意味であるが、信用性（trustworthiness）であるとしばしばいわれている。（〝伝聞法則と対面条項は類似の価値を保護することが意図されており同一のルーツに由来する、……当の証拠が深く根を下ろした伝聞例外に該当するとき、信頼性への独立の調査は要求されない。〟【13】ブルージェイリー判決一八二頁。）しかし、信用性は、周知のように判断するのがとくに難しい。

第二、たとえ信頼性が容易に判断できるとしても、対面権の限界を測定するために用いるのは基準として相当でない（inappropriate standard）。ある意味において、それは余りにも制限的すぎる。証拠の理想的形態――反対尋問に服する宣誓下の生の証言――は信頼できることをわれわれは要求していない、もし本当に信頼できるのであれば、許容できる証言に関する争いは一切ないことになろう。公判外供述にこれほど厳格な基準を課すべきでない。他方、ある意味において、信頼性のテストは余りにも寛大（lenient）である。刑事被告人に次のように言うのは、極めて不十分である。すなわち、要するに、

> あなたに不利に提出された決定的証拠を提供した人物と対面する機会があなたにはなかったこと、そしてこれ（対面）は通常、基本的権利であることをわれわれは認識しているが、このことに心配ご無用です。司法制度は、社会心理学の広汎な知識および当該供述の作成過程を取り囲む状況に基づき当該供述は極めて信頼できる、それ故、対面はあなたにほとんど何の利益にもならないであろうと決定しました、だから、本件でそのような権利をあなたに与えても無駄（wasteful）になるでしょう。

信頼性のテストは、要するに、対面権を基本的とするその根底にある関心事（the undelying concerns）に全く答えていないのである。

第三、対面権を伝聞法理に連結するのは不当な二つの効果を生ずることになる。一方においてそれは通常の伝聞法を余りにも限定的に取り扱っている、そして他方においてそれは対面法の保護として不十分である。実際、連邦証拠規則の起草者が伝統的な伝聞法のアプローチを採用した理由の大半は、刑事被告人の権利を保護する彼らの関心事にあったというのはおそらく間違いないと思われる（appears probable）。

## B　対面権の再考

それ故、通常の伝聞法と対面法との連結（link）を断ち切ることが不可欠と思われる。すなわち、対面権は、ヨーロッパ人権裁判所が始めたように、伝聞法理に依存するのではなく対面権を基本的とするその根底にある関心事を捕らえて（captures）それに答える方法で概念化しかつ明確化（conceptualized and articulated）されなければならない。

合衆国憲法第六修正の対面条項の文言の中に対面権の妥当な意味を理解する鍵を認めうると私は信じている。同条項は〝すべての刑事訴追において被告人は、自己に不利な証人と対面する権利〟を有すると定める。これは必ずしもすべての伝聞が潜在的な対面の問題を提起するのではないことを示唆しているように思われる。被告人に不利に提出された当該供述の原供述者は、何らかの意味において、被告人に不利な証人でなければならない。（なお、私はこの点で、【18】ホワイト判決でのトマス裁判官の同調意見に同意するが、そのすべてに同意するのではない。相違点については近く公表されるGeorgetown Law Journalのエッセイ（第二論文）で詳論する。）

もし原供述者が実際に公判で検察側のために証言すれば、そのとき原供述者は被告人に不利な証人であるのは明らかであり、対面の権利が適用される、それ故、少なくとも通常は、宣誓下にかつ事実認定者の面前で証人を相手方の反対尋問（adverse examination）にさらす権利が被告人にある。この文脈下において対面の権利は、伝聞が被告人に不利に許容されるべきかどうかではなく、裁判実務においてどのような保護が彼に与えられるべきであるかを判断することにある。

さて、検察側が伝聞——それが主張する事実を立証するために提出された原供述者によってなされた公判外供述の証拠——を提出しようとする状況を考えてみよう。私の基本的考えは、次のとおりである、すなわち、たとえ当該供述が公判でなされなかったとしても、それが証言に相当するということはありうる（might amount to witnessing）、そうであるから、もし原供述者の予想が当該供述は公判での証言が用いられるのと全く同一の方法で用いられるであろうということであったのであれば、証人台でなされた供述と全く同様に、それは対面権に服することになる。この原理に関する制約に注意されたい。もし彼女（原供述者）が当該供述をする際に、刑事事件であると否とを問わず、単に彼女のビジネスについて供述しようとしていたにすぎないのであれば、原供述者は被告人に〝不利な証人〟として行動したのではなかった。そうではなく、対面の権利の趣旨で証人とみなされるべきであるとするには、何らかの意味で自分は証言をしている（bearing witness）ことを原供述者はその供述時に認識すべきであった。このことは原供述者が法執行官に直接にまたは仲介を経て（intermediary）、犯罪の捜査または訴追に多分協力するであろうことを認識して供述するとき生ずる。

以上の記述は、原供述者が対面権の意味において被告人にいつ〝不利な証人〟とみなされるべきであるかの考えを大まかに捕らえていると私は考えている。本稿において私は、〝証人〟の定義を微調整（fine-tune）するのではなく、この程度の大まかな意味で満足しており、この記述に合致する供述を私は〝弾劾（告発）的（accusatory）〟と言うことにする。（脚注20）

（脚注20）　前述したGeorgetown Law Journalで近刊予定のエッセイにおいてこの問題についてさらに触れている。たとえ法執行の文脈以外でなされたものであるとしても、それが被告人に敵対的でかつある犯罪で彼を告発するものであれば、その供述もまた弾劾的とみなされるべきである。敵対的（hostility）という要件は、おそらくコンスピラシーの過程において被告人の犯罪活動を記述する共謀者がする供述のような状況と区別している。

もし原供述者が告発的供述をしたのであれば、彼女は証人または少なくとも検察側と一列に並んだ（lined up）ことになる。対面の権利が付与されるのは、まさにこのような状況においてである。このことは単に真実判断過程を構想する（designing a truth-determining process）際の優先の問題ではない。むしろそれは、公正さおよび公正さの知覚の両者を維持するための基本的権利の問題である。被告人を有罪に導きうる供述であることを知りつつ、被告人に不利な証言をした人たちと対面する機会を被告人に与えることなしに被告人を処罰するのは不十分である。

私は、この対面の権利を例外なしに絶対的に（absolutely）適用したい、それは性質上きわめて基本的であるからである。それ故、問題の特定の供述は信頼できると裁判所が信じていることを理由に、あるいは当該供述は伝統的な伝聞例外に該当する又は一般的に信頼できるとみなされているその他の広汎な供述の種類に該当することを理由に、対面権の例外を創出するつもりはない。

私はまた、原供述者が証人として利用可能であるときにのみ対面権は適用されるとも考えない。ここで提示したこの権利の概念は、可能な場合に検察官により良い証拠――伝聞よりも生の証拠――を提出させる誘因を与えることを意図する単なる優先法則（a rule of preference）ないし〝最上証拠〟の原理を示しているのではない。それはむしろ、検察側によって被告人に不利に用いられるであろうことを予期しつつ弾劾的供述をすることによって被告人に不利な証人として行動した人物と対面する十分な機会を被告人が有していなかったにもかかわらず被告人を有罪とするのは耐え難い（not tolerable）という基本的な考えを反映している。

そのような有罪判決は、（反対尋問の）機会の欠如が検察側のとりわけ不正行為に帰因するときは明らかに耐え難い。そして私は、このような機会がいずれの当事者の責任（fault）にも帰せられないときには耐えられるということにもならないと考える。換言すると、原供述者が証言できないというリスクは被告人よりも検察側が負うべきである。このことは時には潜在的証人（prospective witness）の利用不能を理由に首尾よく（successful）訴追がなされえないことを意味する。しかし、このことは周知の命題である。証人が証言できない又は証言に応じないとき、検察側――被告人の有罪を立証し、かつ被告人の権利に合致した証拠によって立証する責任がある――は、それなしで済ませなければならない（must do without）。

しかし、証人でかつ原供述者（witness-declarant）の利用不能の第三の状況――それが被告人によって招来されるとき――がある。そしてこのような状況は全く異なるのである。

### C　権利喪失の原理

被告人が法廷において余りにも騒々しい行為をしたため裁判所が相当な方法で証人に対処できず、その結果、被告人が相手方証人と対面する権利を喪失することがある。Illinois v. Allen, 397 US. 337, 342-43 (1970). 私は本稿において、他の限界事例（other end）――被告人自身というよりも証人の公判での出席を不能ないし実行不能（impossible or infeasible）とすることによって検察側（証人）との彼の対面を妨げる被告人による行為――から権利喪失を考えるつもりである。

まず最初に、比較的分かり易い簡単な事例を考えてみよう。被告人は麻薬犯罪で公判に付されている。検察側の主要証人が公判で証言しようとした丁度その前に彼女は殺害された、そして被告人がその殺人を計画したことを示す強力な証拠がある。そこで検察官は、殺害された原供述者によってなされた大陪審証言を証拠として提出する。

被告人は、原供述者と対面する機会が一切なかったことを理由にこれに異議を申し立てる。なお、以上の記述は、United States v. Mastrangelo, 693 F.2d 269（2d Cir. 1982）の事実に酷似する。そのような事案において対面の権利が適用され当該証拠の許容が妨げられるべきではないし、かつ類似の理由で伝聞禁止法則が適用されるべきでないというのは――裁判所にとってそうであったように――私にとって明らかである。これが権利喪失の原理である。

この原理の本来の根拠は、若干の裁判所（例えば、前出 United States v. Mastranjero）が示唆しているように、何人も自己自身の不正行為によって利益を受けるべきではないというような広汎な傍論（broad dictum）にあるのではない。典型例（ideal）としてそれは多分真実である、しかし、対面を理由に証拠排除する事案の中には被告人が自己自身の不正行為によって利益を受けていないことを必要としないものもあるし、そのような排除がかかる（不利益を受けない）結果を保障するのに十分でない事案もある。さらに、前記傍論はポイントが外れている、下記に論ずるように不正行為は権利喪失の原理の土台（underlie）にはならないと考えられるからである。

**必要性について**　少なくとも通常は、そしてほとんど常に、もしこの原理が不正行為に限定されるのであれば、原供述者を利用不能とした当該行為――本件では彼女の殺害を共謀すること（conspiring）――それ自体は、刑法によって処罰されうる。そして必ずしもすべての事案においてではないにせよ、その刑罰は現に公判に付されている犯罪に対するよりも不正行為に対してより重いということはありうる。それ故、たとえ原供述者を利用不能とする行為は、被告人が今起訴されている犯罪についての刑罰を回避する被告人のなかりせばの一因（a but-for cause）であることが判明したとしても、原供述者を利用不能としたことで被告人の立場がより悪くなることもありうる（may be worse off）。

**十分性について**　若干の事案において、被告人が彼自身の不正行為によって利益を受けないことを保障する適当な方法（tolerable way）がないこともありうる。被告人が公判に付されているその犯罪は原供述者を利用不能とした不正行為よりも重く処罰されることを考えてみよ。例えば、殺人で公判に付されている被告人は、原供述者が彼を巻き込む（inculpating）供述を警察にしたことを知っていたとせよ、被告人は、原供述者を脅迫して沈黙させることに価値があると考えるかもしれない、たとえその代価は脅迫的行為を理由に公判で直面しなければならないことであるとしても、殺人の公判で成功する機会が大いに高まるからである。

そこで私は、何人も自己自身の不正行為によって利益を得るべきではないという広汎な考え方は、対面の権利にもかかわらず、被告人が原供述者を利用不能としたとき原供述者の告発的供述の第二次的証拠を許容することへの説明としては不十分であると考える。より満足できる説明は、被告人は彼自身の行為の結果について不服を申し立てる（complain）ことを認められるべきではないということだろう。それ故、彼自身の行為がそのような利用不能の原因である（accounts for）とき、被告人は原供述者と対面し尋問できなかったことを理由に第二次的証拠の排除を求めることはできないというべきである。

換言すると、権利喪失原理は、被告人に〝あなたは不正行為をした、そのためにわれわれはあなたが不正行為をしなかったのであれば置かれていたであろう立場よりもあなたをより良い立場に置かないことにする〟と告げることではない、それは要するに〝あなた自身の行為の自然的かつ期待された結果として、あなたに与えることが不可能である権利の喪失についてあなたは有効な申立て権（valid complaint）がない〟と告げることである。

もちろん、権利喪失原理を適用するには、被告人が実際に原供述者を利用不能にしたと裁判所が結論することが必要となる。最初の問題は、適用される立証の基準である。

どのような立証基準が適用されるにせよ、裁判所は不確実な二つの問題を解決しなければならない。第一、原供述者を利用不能にしたとされるいかなる行為が被告人に帰属する（attribute）とみなされるべきか？　この問題は時には障害となりうる問題（frustrating one）である、原供述者の証言のための利用不能は明らかに被告人の利益となりうるにもかかわらず、その行為を被告人にまで遡ることは不可能であることもありうるからである。提案中の連邦証拠規則第八〇四条(b)(6)の起草者は、被告人が原供述者を利用不能とする行為を〝黙認〟した限り権利喪失を認めるという正しい判断をしたと私は考えている、例えば、もし被告人が刑務所にいて彼の利益のために違法な努力が今まさになされようとしていることを知りつつそれを阻止しようとしなかったのであれば、権利喪失が相当と思われる。しかし、被告人がその行為について知っていたことを立証するのは、彼がそれを命令した又は参加したことを立証するのと同様、事案によっては難しいこともありうる。実際、イギリスの制定法が権利喪失についてあやふやで不正確（dubious loosening）な表現となったのは、このような懸念に由来する。

第二、原供述者は対面のために本当に（genuinely）利用不能とされたのか？　原供述者が当該供述をした後で間もなく危害を加えられその直後に死亡したというような事案では、利用不能は明らかであろう。他の事案では利用不能の問題は疑わしいこともありうる。そのような事案で無条件に被告人の行為が対面を不可能としたということはできない。このような複雑な問題の検討は次の第二部に委ねる。

## 二　原供述者が被害者であるときの権利喪失

### A　被害者と原供述者の同一性

利用不能にしたと主張されている原供述者が潜在的証人でなく起訴されている犯罪の被害者であると仮定せよ。このこと自体は権利喪失原理の適用に何ら関係がないというべきである。

例えば、被告人が武器を用いた強盗で起訴されており、その犯罪の少し後でその被害者が当該犯罪を被告人が犯したとする供述をした、そしてその供述の後でかつ公判前の何らかの時点で被告人が被害者を殺害し直ちに死がもたらされたとせよ。被害者—原供述者の告発的供述（accusatory statement）はとくに破滅的（damning）な証拠となりうるが、被告人は彼女（被害者）を利用不能としたことによって対面権を喪失したと結論するその理由は彼女がその犯罪によって影響を受けていない単なる目撃者にすぎなかったかのように適用される、すなわち、被告人は自らの介入によって被害者が検察側の証人となることを妨げたのであるから、彼女と対面する機会がなかったことを理由に彼女の供述に関する第二次的証拠の排除を要求できるとすべきでないというのである。

### B　権利喪失原理は反射的に適用されるべきか？

さて、他の視点（notch）からこの問題を考えてみよう、すなわち、原供述者—被害者を利用不能にしたその行為は、起訴された犯罪後の何らかの時点で生じたものでなく起訴された犯罪であったと仮定せよ。このような状況は本稿で私の興味をとりわけ引く問題、すなわち反射的権利喪失の問題を提示する。

　分かり易い例を取り上げよう。被告人が殺人罪で公判に付されている、そして被害者の死をもたらした一撃と被害者の死亡とのごく短い間に彼女は被告人をその犯罪で告発する供述をしたと仮定せよ。そのような事案において被告人が原供述者—被害者を利用不能にする行為をしたと裁判所が結論するには、被告人が起訴されている犯罪行為を遂行したことをも裁判所は結論しなければならない、これらの二つの行為は同一であるからである。換言すると、証拠法上の許容性の問題の基礎をなす前提問題（a predicate proposition）——本件では被告人が被害者を殺害したということ——は、起訴されている犯罪の構成要素の一つまたは二つ以上（本件では多分そのすべて）が真実であるという前提と同一である。私は、しかし、この同一性は権利喪失原理を適用しない理由を示しているとは考えない。

## C　反射的権利喪失原理の具体的適用

そこで私は、犯罪行為自体によって利用不能とされた犯罪の被害者による供述に権利喪失原理が適用されうる三つの類型事案——繰り返し生じている——に焦点を合わせる。

### 1　殺人の被害者

私がすでに触れた事案に関する一つのタイプは、おそらく最も単純である、すなわち、被告人は殺人罪で公判に付されている、しかし被害者が死亡する前に彼女（被害者）は当該犯罪で被告人を非難する供述をしていた、そして裁判所は前提問題として彼（被告人）は実際に当該犯罪を犯していたと結論する。もし被害者が生き残り公判で証言することができれば、彼女の以前の供述は対面権によって排除されることになろう。しかし、被告人自身の行為によって被害者は証言のために利用不能とされたというのが事実である。

このような事案において権利喪失原理を適用する際の最も困難な問題は、被告人が実際に被害者を殺害したという前提問題の判断である。利用不能は、通常、疑問がない、死者は証言しないからである。

利用不能に関する問題は、しかし、全く排除されるというのではない。被告人の行為によって被害者が公判で証言することが不可能となったと仮定されているけれども、そのことは必ずしも何らかの対面権の保護（preservation）が不可能であったことを意味しない。被告人の行為に照らし対面の何らかの側面を保護するのに可能なあらゆる合理的手段をとり、かつそのようにしたことを立証する責任が検察側にあるというべきである。

次に、供述をしたり供述するであろうことを示した後で被害者は負傷が原因で直ちには死亡せず完全に認識できる状態でしばらく生き長らえていた（lingers）と仮定せよ。この間の被害者の状態の正確な性質にもよるが、もし検察側が被害者の供述を公判で利用することを希望するのであれば、検察側は被告人に彼女（被害者）の証言録取書（deposition）をとる機会を与えるべきであると考えるのが合理的であろう。すなわち、被害者がある供述をしたことあるいは供述をしようとしているということを検察側は被告人に告知すべきである。検察側はその供述または以前の供述の繰り返し（repeat）を宣誓下に採取すべきである、すなわち、検察側は被告人に反対尋問する機会を与えるべきである、そしてもし可能であれば、その手続きを録音録画すべきである。もちろん、被害者の状態いかんによっては、反対尋問の準備あるいは証言採取の手続きが余りにも厄介ないし不可能となることはありうるので困難な事実問題が生じるのは間違いない。

しかし、死にかけている被害者に証言録取書の作成に応じさせ（subjecting）て完全な反対尋問にさらすという考えは、無理（far-fetched）なことでない、実際、このことはほぼ二世紀前にはかなり標準的な慣行であったと思われる、そして裁判所は、被害者と対面し反対尋問する被告人の権利を注意深く（with remarkable care）保護してきたのである。（脚注42）

（脚注42）　一五五四年および一五五五年制定法の下で治安裁判所判事（justices of the peace）は重罪の容疑者および告発証人の尋問記録（examination）の作成を命じられていた。証人の尋問記録は慣習上、被告人の面前でかつ宣誓下に採取された、そしてもし証人が後に公判で証言するのに利用不能となれば、これらの最初の尋問記録が許容できた。これらの尋問記録は時には致命的な一撃の後になお生き続けていた殺人の被害者の事案で用いられた。例えば、R. v. Radbourne, 1 Leach 457, 516（1787）（証言録取書の全部が被告人の面前で採取され、かつ被害者によって署名されたことを指摘する）を見よ。

私が提案するアプローチの下では、ある供述が伝聞排除法則の例外に該当するという事実はその供述を対面の障壁のかなたに追いやるものでない、それ故、伝統的な臨終の供述の例外であっても、対面の異議を打ち破ることはない。しかし、権利喪失原理の理にかなった適用によって臨終の供述の例外の欠如によって取り残されたたるみをふさぐ（takes up the slack）ことに注意されたい。――その結果、すべてではないが、ほとんどの事案で同一の結論に至ることになる。

臨終の供述の例外に対する古典的な理由付けは〝自己の創造主の下に間もなく召されようとしている人は、自己の唇に嘘をのせたままではそのようにしないであろう〟ということである。（驚いたことに、この理由付けは最近【16】ライト判決八二〇頁において最高裁によって支持された。）この論理が初期の時代においてどれ程有効であったにせよ、今では普遍的に適用されうるとは思われない。一つには多くの人は来世（a hereafter）の存在を信じていないからである、実際、彼らにとってさし迫った生命の終わりは虚偽供述の結果からの救済となりうる（may offer relief from consequences）。さらに、たとえ古典的な理由付けが正確であったとしても、それは単に証言の誠実性の資料に関連するにすぎない、このことはとりわけ被害者が現に殺害されようとしている間の彼女の知覚能力は特に高い状態にあることの保障を何ら提供するものではない。そして、たとえ古典的な理由付けが臨終の原供述者の真実供述（truth telling）に関して何らかの保障を提供すると仮定したとしても、臨終の供述の例外の形態（shape）は奇妙である、すなわち、そのような保障を提供するというのであれば、単に原供述者の死亡の原因に関する供述だけに適用されるのではなく差し迫った死の感覚の下でなされたすべての供述に適用されるべきである。

これとは対照的に、権利喪失原理は、臨終の供述は特に信用できるという原理に基づいて機能するのではない、その前提は単に被告人が被害者―原供述者の公判での証言を不能としたということにある。この原理は臨終の供述一般に適用されない、死亡が利用不能の理由であるとき、被告人が原供述者の死亡に対し責任があることを検察側は裁判所に説得しなければならない。したがって、権利喪失の理由付けおよび範囲は、臨終の供述の例外のそれとは異なり、相互に一貫（congruent）しているのである。

他の点において、権利喪失原理は、臨終の供述の例外の基礎にある理由付けより広い、すなわち、この原理を適用するのに当該供述は差し迫った死の感覚の下でなされたことを必要としない。しかし、当該供述に続いて直ちに死亡しなければ、正確な状況いかんによるが、検察側は少なくとも対面権の若干の側面を保持しうるかの問題が生じうる。それ故、死亡が差し迫っているかどうかが権利喪失原理の下で重要であるのは疑わしい、それは創造主に今まさに召されようとしているという臨終の供述の例外の疑わしい理由によるものではないからである。

**2　激しく殴打された被害者**　犯人（criminal）が被害者を激しく殴打したため被害者が重傷を負ったが死に至らしめられたり彼女の証言能力を完全に奪うまでに至らなかったことが時々ある。それ故、被害者は重要な証言をしておそらく被告人を殴打の犯人として確認するが、損傷（impairment）なく証言をして公判で反対尋問を受けることができないことがある。

例えば、一九七五年のナピア判決（United States v. Napier, 518 F.2d 316）において、殴打のおよそ八週間後に被害者であるカルーソ（Mrs. Caruso）なる人物が被告人の新聞写真を見せられ、〝彼が私を殺した、彼が私を殺した〟と言いつつ痛みに耐えていた。しかし彼女は公判で証言するために喚問されなかった。それにもかかわらず第九巡回区控訴裁判所は、写真を見ることはストレスの多い出来事であるので被害者の反応的供述は興奮時の供述の例外に該当することを理由にこれを許容した。このような適用はこの例外を曲解するものではないが、ストレスの多い状況下のものであることを理由に殴打された被害者の供述は極めて信頼できる、そしてその供述は伝聞例外に該当することを理由に対面（違反）の懸念はないとの示唆は極めて不当（disturbing）である。この判決は対面条項を論じていなかったが、当該供述は興奮時の供述の例外を満たしているとの【18】ホワイト判決の下でこの供述は対面条項を十分に満たしていることになろう。

【14】オウェンズ判決は興味深いもう一つの実例を提供する。同判決では刑務所の看守であるフォスタ（F）が残虐に殴打された。殴打のおよそ三週間後にFは攻撃者としてオウェンズを特定する供述をした。Fは公判で証言することができたが、その時点で健康を害していたため以前の供述をしたことは記憶していたけれども攻撃者を特定したこと、あるいはオウェンズが本当に攻撃者であったのか、またなぜ彼はオウェンズを特定したのかなどの供

述を記憶していなかった。ブレナン裁判官はマーシャル裁判官の同調を得て、このような状況下においてフォスタを反対尋問するオウェンズの機会は対面条項を満たしていないと主張した。しかし、ブレナンとマーシャルは孤立していた。スカーリア裁判官は法廷意見を執筆し、記憶になかったという理由だけでは彼（F）を反対尋問するオウェンズの機会は満たされていないことにはならないと書いた。実際、スカーリア裁判官は、オウェンズの反対尋問の目的の一つはFの記憶の弱点を示すことであったと主張した。しかし、Fの記憶喪失は本当であったことに疑問はなかったし、彼の公判時の記憶の状態は彼が当該供述をした時点での彼の記憶の状態とは明白なかかわりがないことに照らすと、かかる主張は極めて不十分である。〝彼の攻撃者として［オウェンズを］特定した……Fは……［オウェンズの］公判で証言しなかった〟というブレナン裁判官の指摘には大いに真実性（a good deal of truth）があったのである。

さて本稿で提示したアプローチの下でナピア判決およびオウェンズ判決はどのように考えられる（addressed）かを見てみよう。まず第一に、フォスタの供述は明らかに、そしてカルーソの供述はおそらく同様に告発的とみなされるべきであるから対面権によって保護される。第二、対面権違反は認められないであろう、当該供述は、以前の犯人識別供述に対し規則第八〇一条(d)(一)(C)によって創造されオウェンズ判決で適用できるとされた伝統的な興奮時の供述の例外またはその他の例外として伝聞法則の例外に該当するからである。第三、原供述者の状態は通常の状況下での対面権を満たすには不十分であることを裁判所は率直に認めるべきである。しかし最後に、もし裁判所が——極めて大きいことだが——原供述者の証言能力の損傷は被告人による殴打に本当に帰因したのは確実であるという結論を下すのであれば、権利喪失原理は適用されることになろう。

もっとも、問題は残っている、そのような事案において対面の何らかの側面を保持するために検察側は何を要求されるべきであるか。ナピア判決において検察側に、少なくともカルーソが彼を特定した供述をしたという告知を弁護側にし、かつ彼女の証言を宣誓下に証言録取書で採取される機会を彼に与えることが要求されるべきであるのは明らかである。検察側はまた、彼女を公判で証人として喚問し、どのようなものであれ彼女の状況に照らし可能な反対尋問をする機会を被告人に与えることを要求されるべきである。しかし私は、このことは必ずしも常に必要とされるべきであるとは考えていない。彼（被告人）が希望すれば、彼女の証言を被告人が獲得できることを保障するために検察側がどのようなことであれするべきことをすべてするのであれば、それで十分と私には思われる。もし被告人が彼女の生の出廷なしに済ますことを決断したのであれば、その伝聞供述は許容されることになる。しかし、もし被告人が現にタイムリーに彼女を法廷に出席させるのであれば、そのとき検察側はその立証の一部として彼女を証人台に立たせるか又は以前の供述の使用を控える（forgo）かを要求されるべきである。

オウェンズ判決において検察側は、ナピア判決におけるよりもさらに一歩進んだ（went further）、すなわち、検察側は現にフォスタを証人台に喚問した、それ故、そのことがオウェンズにどのような価値があったにせよ、反対尋問する機会を彼に与えた。しかし、検察側はそれ以上のことができたであろうか？　検察側がそれに従わなかったことに責任があると考えるべきかは、最高裁の法廷意見から明らかでないが、私の見るところ一つの可能性はある。フォスタの供述は明らかに比較的平静な間になされた。おそらく検察側はこの期間は間もなく過ぎていく（fleeting）ことを予期していなかったことに責任があったと考えるべきである。それ故、検察側は、被害者の死が予想されるような事案におけるように、当該供述について被告人に迅速な告知をしてその機会が潜在的価値を有している間に反対尋問の機会を与えるべきであった。

再び繰り返しておく、私のアプローチは、困難な事実問題を判断する必要性を回避することを主張するのではない。しかし、これらの問題は少なくとも正しく判断されるべき問題であろう。そしてそれらは、フォスタを反対尋問するオウェンズの機会は満たされていたとの結論にオウェンズ判決裁判所を導いた種類の偽善（hypocrisy）を回避することになろう。その機会は十分でなかったにもかかわらずフォスタの供述を承認した判断は相当であるというのであれば、それはオウェンズ自身がこの問題に責任があったからである。

### 3　物理的または性的虐待の子供の被害者

この問題はすべて余りにも周知である。司法制度は、少なくとも物理的または性的虐待の犠牲者であったとされる子供の観察をどのように提示（present）すべきであるか？　頻繁に繰り返されている類型において、子供は両親のような信頼できる大人に当該供述をする、しかし、彼女の生の証言は法廷で提示されない。おそらく彼女は余りにも幼すぎてとりわけ公判の粉飾（trappings of trial）に取り囲まれるとき、当該出来事に直接言及する質問に答えることができない。おそらく彼女の両親その他の介護者（caretakers）は、あるいは検察官であっても、彼女に心的外傷を与える（traummatizing）ことを恐れる。そしておそらく彼女は沈黙を余儀なくさせられる（intimidated）。彼女の証言しない理由がどのようなものであるにせよ、検察官は彼女の公判外供述の第二次的証拠を提出する、そして被告人は対面違反を理由に異議を申し立てる。

このような供述の許容性を確保することに熱心な若干の裁判所は、興奮時の供述、医学上の診察・治療のためにされた供述、そして肉体的または精神的状態の供述のような伝統的な伝聞例外を活用してきた。例えば、【18】ホワイト判決（興奮時の供述や医療目的のための供述）を見よ。これらの判例の中にはそれらの慣習的な限界内にある例外を適用するものもあるが、そうでないものもある。その他の裁判所（jurisdictions）は、とりわけこの種事案を検討する〝年少者（tender years）〟の例外を発展させてきた。

すでに論じた理由で私は、このようなアプローチ――伝聞法則の例外を用いたり発展中のそれを用いる――はこの種の極めて難しい問題への適切な解決策であると考えない。通常の事案がそうであるように、子供の供述は対面権が適用されるはずのそれであると仮定しても、対面権は、新しいものであれ古いものであれ、その原理の相当な適用であれ曲解であれ、伝聞例外の援用によって打ち破られるべきでない。

また私はいくつかの理由で、彼女に証言を要求すれば彼女に多大な心的外傷を生じるおそれがあるとの理由で子供の供述の第二次的証拠は許容されるべきであるとも考えていない。第一、子供の証人は証言による心的外傷（testimony traumatic）が認められる唯一のものでない。成人の強姦の被害者（告訴人）は同様に、あるいはそれ以上に、そのような経験で心的外傷を認められる場合がある。しかし、われわれはそのような理由で、彼女と対面する機会を被告人に提供することなしに彼女の供述の強さに基づいて被告人を有罪とできるとは結論しない。

第二、被告人の面前で証言するという経験は疑いもなく子供に重大なトラウマをもたらしうるが、利用できる証拠によれば、証言することで重大なかつ長期にわたる効果が生ずることは通常はない。

第三、もし手続きの全面的な形式的粉飾（formal trappings）に取り囲まれた法廷での証言の体験が本当に子供を重いトラウマにかからせる原因であるのであれば、彼女の生の証言なしに済ませるよりも、彼女の以前の供述の第二次的証拠に依拠するよりも、被告人の権利により合致したベターな代替的方法がある。彼女の証言は、もし必要であれば被告人の物理的出席の外で、例えば、法廷外でビデオテープ録画されうる、このような手続きが相当なものとみなされるべきかについて私には疑問がある。（脚注57）しかし、何もないより確かにこれはベターである。

（脚注57）　しかし、例えば【17】クレイグ判決（子供の虐待事案において一方的な閉鎖回路テレビによって被告人の立会いなしで子供が証言することを認める手続きを検討し、〝証言しようとする特定の子供の証人の福祉を保護するのに必要である〟と公判裁判所が認めれば、この手続きは許容できると判示する）を見よ。

第四、どのような予防措置がとられても証言することは子供に重大なトラウマを与えることになると子供の介護者が本当に懸念するのであれば、彼らは彼女に証言することを求めないだろう。もちろん、もし彼女の生の証言がなければ以前の供述の第二次的証拠が許容されないというのであれば、被告人に対する有罪判決を獲得する可能性は消点（vanishing point）まで減少しうる。そして被告人が実際に犯人であるとき、そのことは非常に不幸な結果である。しかし、そのようなことは何ら目新しいことでない、告訴人が証言することに応じないため検察側が敗れたり全く起訴されないということはしばしばある。再び言う、成人の強姦の事案は最良の実例を提供する。

最後に、普遍的なアピールを有しない点であるが、私は要するに〝さて、あなたには本件でかかわりのある基本的権利があります、しかし、われわれがそれを州に対して援用することをあなたに認め、それでも（yet）あなたを起訴することに固執するのであれば、他の誰かが傷つくことになります〟と被告人に告げるアプローチは混乱を生じる（disturbing）と考える。このような〝比較考量の時代（age of balancing）〟に被告人の権利と州の権利とを天秤にかけることに反対する主張はおそらく余りにも遅すぎるかもしれない。しかし私は、被告人の基本的権利を、少なくともその核心において、真に基本的であり天秤にかけられないとする見解の方を好む。

若干の状況下において、しかし、権利喪失原理が有効に活用できることがある。検察官は子供の介護者の協力を得て相当な方法によって子供の証言を得るための純粋な努力をしたが、子供はそのようにしなかったと仮定せよ。このような失敗は、時には子供の年齢およびその未成熟性に帰因し、それ故、公判に付されている虐待（事件）から独立しているということはありうる。しかし、その他の事案において、子供が虐待行為それ自体によって、または――行為に続いて――〝誰にも言うな〟という脅迫的供述によって子供が脅えているということはありうる。このような事案において、権利喪失原理の適用は相当とされよう。

このような文脈下での同原理の適用は、とりわけ困難であることは、私も認める。もちろん、権利喪失原理の適用の根底には基本的な前提問題がある、すなわち、被告人は本当に証人を利用不能としたとされる行為をしたのか？　しかし複雑性はそこから始まるにすぎない。子供の沈黙は、年齢や未成熟性によるものではなく本当に脅迫の産物であるのか？　そしてたとえ通常の手続きの下で子供が法廷で利用不能であるとみなされるべきであるとしても、以前の供述の第二次的証拠提出の前提要件として、対面権を可能な限り保護するために、どの段階で検察側はこれ（証拠提出）をしなければならないのかという問題がある。

このような問題を解決する際の多大な困難にもかかわらず、これは背負うべき負担であると私は考えている。一方において、子供の虐待という悲劇的犯罪に対する正当な有罪判決を獲得する熱意の余り被告人の基本的権利を廃止してはならない。そして他方において、被告人自身の行為によって彼に不利な証言を子供にさせなかったという範囲で、事実認定者によって検討される彼女の供述の最良の証拠の提出が彼の対面権の援用によって阻止されてはならないのである。

## 三　結　論

私の結論は、すべて一つの方向を示しているのではない。むしろそれらは、一つの方向から他の方向へと撥ね返っている。ある点において証拠を受け入れるという結論は、若干の他の点において証拠の許容性を妨げるという他の結論を受け入れることを容易にしている。私は、権利喪失原理を援用するために検察側は被告人の対面権を可能な限り最大限維持するために合理的にできることをすべてしたことを示すことが要求されるべきであると提案したのである。

このような制約を検察側に課すことで、その反射的効果を含め、被告人に権利喪失原理を課すことをより相当なものとする。それ故、もし被告人の行為によって被害者—原供述者が証言のために利用不能となったのであれば、彼女の供述の第二次的証拠は対面権に基づいた彼の異議申立てにもかかわらず許容されうることになる。

それはまた（in turn）権利喪失原理の承認によって、その範囲は限定されているものの告発的供述の第二次的証拠を、その供述が新旧の伝聞例外に該当するか裁判所がその供述を信頼できると見なすか、原供述者が利用不能であるかあるいはその供述の排除に大きなコストが伴うかにかかわらず、一般的に排除する強力な対面権をより望ましい（more palatable）ものとして承認することになる。

そしてこのような強力な対面権の承認はまた、対面権とかかわりのない（not at take）とき、それに値する証拠を通常許容する寛大な伝聞法（a generous law of hearsay）の受け入れを容易にする。

要するに、権利喪失原理――それを適用する事案は非常に重要であるので――はそれ自身の権利において有意味（significant）ではあるが、その最も決定的な役割の一つは対面と伝聞に関する論理的に確実な理論（sound theory）の土台を提供するのに役立ちうるのである。

## 第二節　対面―基本原理の探求（一九九八年）

本論文（Confrontation : The Search for Basic Principles, 86 Georgetown Law Journal 1011）は、前述のようにクロフォード判決に大きな影響を与えたとされているが、このことは両者を対比すると明らかである。さらに上述した関連判例が繰り返し引照されているため、それらの意味内容を再確認するうえでも有益である。

以下、長文の序を含め、順次紹介しておく。

# 序

合衆国憲法第六修正は、刑事訴追において被告人に〝自己に不利な証人と対面する〟権利を保障している。対面条項は明らかに公判で被告人に不利に証言する証人に適用される。さらに、対面は、通常、古くから用いられている言葉によれば、彼らが証言するとき被告人の面前で〝向き合う（face-to-face）〟ために彼らを引致させる被告人の権利を含んでいるのは明らかである。[脚注2] しかし、対面は多分、このように〝向き合う〟権利以上のはるかに多くのものを保障している。それはまた証人に宣誓下に証言させて彼らを反対尋問にさらす権利を含んでいる。現に、最高裁は、証人と向き合うために引致する被告人の権利を彼の反対尋問権の第二次的なものとして取り扱っている。最高裁は若干の子供の証人に関して、前者（対面）の権利は、後者（反対尋問）が保持されている限りにおいて、譲歩すると判示してきた。[脚注4]

（脚注2）　例えば、【15】コイ判決（対面条項は事実認定者の面前で登場する証人と向き合った対面を被告人に保障していることをわれわれは疑ったことは一切なかったと判示する）を見よ。

（脚注4）　【17】クレイグ判決（子供の性的虐待事件で子供の証人を証言させることによるトラウマを阻止する州の利益は極めて大きいから検察官と被告側弁護人だけがいる部屋で子供が証言し、一方、被告人、裁判官、および陪審は一方向の閉回路テレビで観察する特別な手続きの採用を十分に正当化しうると判示する）を見よ。

公判での証人についてそれが述べている対面条項を解釈するのに若干の困難がある。例えば、対面条項はどの範囲まで反対尋問の対象事項（subject matter）を公判裁判所が限定するのを妨げるか？　もし以前の供述が彼に不利に許容されるのであれば、以前の供述の内容（substance）について証人が証言しないというのはどの範囲まで被告人は証人と対面する十分な機会がなかった（inadequate opportunity）ことを意味するのか？　ほとんどの場合、しかしながら、公判証人に適用される対面権の境界線はかなり明らかである。

より複雑な問題（pervasive perplexity）は、対面条項の他の側面に関して生ずる。検察官はその主張するひとつの命題（proposition）の真実性を立証するためにある供述の証拠を提出するが、原供述者自身——その供述をした人物——は公判で証言しないと仮定せよ。この供述を許容するのは彼の対面権に違反すると被告人は主張できる。原供述者は生の証言をするが反対尋問に服さないというのであれば、対面違反は明らかであるので彼女（原供述者）の生の証言を原供述者の伝聞証拠に代えることによって検察官は利益を得ることを認められるべきでないと彼（被告人）は主張できるだろう。

時にはこのような議論は説得的と思われるが、時には説得的と思われないだろう。その供述はある犯罪で被告人を非難している、そして検察官が原供述者の生の証言ではなくその供述の伝聞証拠を提出する唯一の理由は、原供述者は反対尋問の下で無能な証人（a poor witness）であると検察官が考えていたと仮定せよ。そのような事案において対面（違反）の主張は全くもっとも（strong）と思われる。しかし、もし問題の供述が、その売買と同時になされた売買代金の記録であり、訴追のことを考えずになされた株式取引の記録であるとすれば、対面（違反）の主張は全く説得力に欠ける（weak）。

とすると、問題は次のようになる、すなわち、対面条項が排除を要求しているのはどのようなタイプの伝聞に関してであるのか？　対面条項のこのような伝聞の側面に関して判例および学説において（both in judicial opinions and in academic commentary）大いに異なった種々の理論が明らかにされてきた。このエッセーにおいて私はこれらのすべてを検討しようとするつもりはない、私は、しかし、現に存在するそのような現行の法理（the current doctrine, such as it is）を批判し、それよりもはるかに満足できると私が信じているアプローチを提示するつもりである。多くの点において——しかし、すべてではない——私のアプローチは、【18】ホワイト判決でのトマス裁判官の同調意見によって、同判決でのアミカス・キュリーとしての合衆国によって、そして最近の著書、The Constitution and Criminal Procedure 89–144（1997）においてアマール（Akhil Reed Amar）教授によって展開されたものに類似する。

　このエッセーの第Ⅰ部は、現行の法理を概観し、いかにそれが不安定であり対面条項を通常の伝聞法——とりわけ連邦証拠規則の中で表明された伝聞法の解釈（version）——に一致させる傾向にあることを示す。第Ⅱ部は、当該証言が公判でなされたものであるとそれ以前になされたものであるとを問わず、被告人に相手方証人——証言的供述（testimonial statements）をする証人——と対面する権利を与えているとの考えに基づいた、代替的アプローチを導入する。この見解の下で、対面権は伝聞法理が適用されるよりもはるかに範囲の限られた一連の公判外供述に適用される、しかし、それは例外に取り囲まれていないし、問題の基準がとりわけ信頼できるとの判断によって無効（overridden）にもならない。対面権は伝聞法則ほど広範囲でない（far less extensive）が、はるかにより集約的（far more intensive）であると言ってよい。

　第Ⅲ部は、このような構成に留意しつつ、現行の法理によって提示される種々の争点をより批判的に検討する。それは、信頼性および真実-判断（truth-determination）は対面条項の適用を規制するには不十分（poor）な基準であること、限定的だが絶対的な対面権の理解は同条項の文言および理論に最も適合すること、そして限定的な制約と同時に原供述者の利用不能は同条項の適用に影響を及ぼすべきでないと主張する。第Ⅳ部は、証人に向けられた（a witness-oriented）対面のアプローチは当局に直接になされなかった供述にどのように適用されるべきかを論ずる。これは私がトマス裁判官およびアマール教授と大いに異なる一つの文脈である。もし対面権がこの文脈に適用されないのであれば、被告人と対面することなしに告発者が証言を提出する大きな抜け穴（loophole）が開けられることになろう。

## 一　現行の法理

すでに示唆したように、対面条項は基本的権利を表現している、そして通常の伝聞法理とは性質および結果(consequences)において非常に異なる。しかしながら、一九六五年まで、伝聞法理の存在は公判外供述に関する対面条項の法理の発展を合衆国最高裁にとくに迫ること(pressing)を意味しなかった。対面条項は州を拘束しなかったし対面条項を媒介とするコモンロー訴訟において(in common law litigation via the Confraontation Clause)証拠から排除されうる公判外供述は伝聞法則の中にそれを持ち込むことによって連邦訴追事件でも排除できたからである。[脚注12] しかし、最高裁が一九六五年の【3】ポインター判決[脚注13]において対面条項は州に適用できると判示したとき、同条項はより大きな独立した意義を有することになり、今では若干の公判外供述は被告人に対する連邦憲法上の事柄として州の訴追において許容されないことになった。それ故、最高裁にとって対面条項の理論を発展させることが重要となったのである。最高裁によって採用されたアプローチは、しかし、不幸にも対面条項と通常の伝聞法理とを融合する傾向にあった(has tended to meld the Clause and ordinary hearsay doctrine)[脚注14]。現に、ポインター判決後まもなく最高裁は対面条項と伝聞法理の範囲は異なることを強調する傾向にあったのに対し、より最近になると最高裁は両者の範囲の類似性を強調するに至った[脚注15]。【10】ロバツ判決において最高裁は、公判外の原供述者によってなされた伝聞供述に対面条項の法が適用されるときの同法への〝一般的アプローチ〟を述べようとした。短い分析的部分の後で最高裁は、この法理を次のように述べた、すなわち

伝聞の原供述者が反対尋問のために公判に出席していないとき、対面条項は通常、彼が利用不能であるとの立証を要求する。そのときであっても、彼の供述はそれが、十分に〝信頼性の徴憑〟を示しているのであれば許容される。当

該証拠が深く根を下ろした伝聞例外に該当する事案においては信頼性はそれだけで推論されうる。その他の事案においては、当該証拠は、少なくとも特段の信用性の保証の立証がなければ排除されなければならない。

（脚注12）　連邦証拠規則は一九七五年まで施行（effective）されなかった。今世紀の最初の四分の三世紀（the first three-quarters）までのコモンローの伝聞はウィグモアの証拠法に関する記念碑的著書（Wigmore's monumental treatise on evidence）の中に最もよく反映されており——かつそれによって極めて大きな影響を受けていた。ウィグモアは一九〇四年と一九四〇年の間にこの著書を三版まで刊行した。主として伝聞を取り扱った部分はチャドバーン（James Chadbourn）によって一九七〇年代に改訂された改訂版の四巻から六巻に含まれている。

（脚注13）　【3】ポインター判決四〇七—〇八頁（被告人が弁護人によって代理されていなかった予備審問での供述を州の訴追での利用を対面条項に違反すると判示する）を見よ。

（脚注14）　【11】イネイディ判決三九三頁注5（対面条項と伝聞法理は完全に重なる（overlap）と指摘する）、【8】ダットン判決八〇—八一頁（第六修正の対面条項と証拠法上の伝聞法則は同一のルーツに由来するけれども、当裁判所は両者を同一視したことはなかったし、今そのようにすることにわれわれは応じない）、【7】グリーン判決一五五—五六頁（伝聞法則と対面条項は一般的に類似の価値を保護することを意図していたことは容易に認められうるが、その重なりは完全であり、対面条項は伝聞法則の法典化（codification）であり、それらの例外はコモンローで歴史的に存在した伝聞例外の法典化に外ならない（nothing more or less）と主張することとは全く異なる）を見よ。

（脚注15）　【13】ブルージェイリー判決一八二—八三頁、【18】ホワイト判決三五三頁（どのようにして〝伝聞法則と対面条項とが一般に類似の価値を保護することを意図した〟か、そしてどのようにそれらが〝同一のルーツから派生するか〟を論じている）を見よ。

私が以下で検討する三点において、最高裁のこの判断基準のその後の取扱いは対面法理を通常の伝聞法と類似のもの（resemble）とする傾向があった。第一は、対面条項の下での〝証人（witiness）〟という文言の範囲である。最高裁はこの文言に広範な意味を与えることに固執してきた。第二と第三は、それぞれ利用不能と信頼性の要件である。これらの要件はいずれも重大な問題を提起してきた、そして最高裁は、とりわけそれらが支配的な伝聞法（prevailing hearsay law）と一致しないとき、それらから後退（retreated）したのである。

### A　対面条項の範囲、〝証人〟としての伝聞の原供述者

ロバツ判決はその基準を、一般的に〝反対尋問のために公判に出席していない原供述者に〟適用できるとする。最高裁は、伝聞の原供述者はそれ自体、対面条項の意味内での〝証人〟であると仮定してきたように思われる。現に、【18】ホワイト判決三五三頁において最高裁は、異なった道に船出するのは〝今では余りにも遅すぎている〟と述べて、このような広範な〝証人〟の意味への挑戦を退けたのである。

私はこのエッセーにおいて、〝証人〟という文言は証言的意図（testimonial intent）で供述をする原供述者だけを含むというより限定的な解釈を主張してその選択の賢明さを問題とする。〝証言〟という文言の限定的意味を最高裁が採用しなかったことで対面権が本来有すべきであったものよりそれを拡大するのに役立つこととなり、そして少なくとも部分的にはその結果としてそれが適用されるべきである状況下に対面権を余りにも稀薄化（too dilute）した——すなわち余りにも弱体化（weak）した——と主張するのである。

### B　利用不能の要件

ロバツ判決の利用不能の要件の背後にある考え方は、もし原供述者が公判で証人として証言するのに利用可能であれば検察側は同人の公判外供述に依拠するのではなく同人を出廷させるべきである。もし原供述者が利用不能であれば同人を出廷させる可能性は存在しない、そのため以前の供述を許容する利益は一層明らかであるというので

ある。しかしロバツ判決によって詳論された一般的な利用不能のルールは余りにも厳しすぎるので間もなく崩壊した。先に仮定的に言及した株取引の同時記録によって一定の時間での株代金を立証する検察官の試みを考えてみよう。その記録を承認する前提要件としてその作成者の利用不能の立証を検察官に要求するのは余りにも馬鹿げている。実際、たとえこのような状況下においてその作成者が利用可能であり出頭できることが明らかであるとしても、同人を出廷させることを検察側に要求するのは時間の無駄であろう。

最高裁が利用不能の要件に関する曖昧な適用を徹底的に削減（cut back）したのは驚くべきことでない。最高裁は【11】イネイディ判決において、原供述者は証言のために利用不能であるとの検察側による立証が欠けていた証言しない共謀者の公判外供述の許容性への対面条項の挑戦を検討した。最高裁は控訴裁判所の判決を破棄し、当該証言を許容する公判裁判所を支持した。最高裁はこのような文脈下に利用不能の要件を課すことを拒否し、その代りに〝ロバツ判決は利用不能の分析を以前の証言に適用する……長年のルールを単に再確認したにすぎない〟と判示した。イネイディ判決の利用不能の要件の否定は同事件での争点である共謀者の供述に限定されるのではないという考えは【18】ホワイト判決によって一掃された。ホワイト判決で争点となった供述は、被告人が彼女を性的に虐待したとの四歳の女児の告発（非難）であった。最高裁は、興奮時の供述の伝聞例外および医学的な診断ないし治療の目的でなされた供述の伝聞例外に該当するとされる少女の供述に利用不能の要件を課すことを拒否した際にイネイディ判決での分析の大半を繰り返した。

それ故、利用不能の要件を対面の文脈下に課すという最高裁の判断は、連邦証拠規則の伝聞法則による利用不能の要件の付加と密接に対応する（closely paralleled）。ロバツ判決は、一般的な利用不能の要件を明らかにすることを意図しつつそれを以前の証言の事案――連邦証拠規則が以前の供述の許容性に利用不能を要求している状況――に適用した。連邦証拠規則第八〇四条(b)(一)を見よ。【11】イネイディ判決および【18】ホワイト判決は、利用不能の要件は以前の証言に限定されることを明らかにした、そしてその要件を共謀者の供述、興奮時の供述、あるいは医療的な診察ないし治療の目的でなされた供述――連邦証拠規則の下で利用不能の立証の必要なしに伝聞排除法則の例外に該当する供述――に適用することを拒否した。連邦証拠規則第八〇一条(d)(二)(E)、第八〇三条(二)、第八〇三条(四)を見よ。イネイディ判決およびホワイト判決にもかかわらず――もし適当な事案が生じたとすれば――対面条項の利用不能の要件は以前の証言に厳格に限定されないと最高裁が判示したとしても驚くことはないであろう。連邦証拠規則が利用不能を要求している他の伝聞例外の下で提出された供述――最も有名なのは連邦証拠規則第八〇四条(b)(三)の利益に反する供述――に最高裁はそれを適用するであろうからである。

## C　信頼性の要件

ロバツ判決は、信頼性の要件は二つの方法のいずれかで満足できることを明らかにしている。第一、当該供述は〝深く根を下ろした〟伝聞例外に該当する。第二、当該供述は〝特段の信頼性の保障〟の立証によって裏付けられている。利用不能の要件と同様に、信頼性の要件は、もしその文言に従って適用されると問題のある結果を生じる。最高裁はある事案において、ロバツ判決の明らかな命令を回避することによりこの緊張に対応した、より最近になると最高裁の対応は、信頼性のテストを伝聞法理に合わせてそのような形式でそのテストに固執している。

### 1　〝深く根を下ろした〟例外

信頼性の要件の第一の側面は、もし当該供述が〝深く根を下ろした伝聞例外に該当すれば〟〝それだけで（without more）〟信頼性は推定されうるとする。〝深く根を下ろした〟伝聞例外の下での資格（qualification）は自動的にその要件を満たすとする、この信頼性の要件の自動的側面（*per se* aspect）が問題とならざるを得なかった。すなわち、そのような例外に該当する供述の中には、それにもかかわらず、対面条項が排除を要求する供述があるからである。

【12】リー判決がこのようなジレンマを示した。同判決では、トマスなる人物がリーと一緒に殺人を犯したことを自白した。トマスは公判で少なくとも証人として利用不能であることは間違いなかった（arguably）、彼は共同被告人であり証言しない彼の権利に依拠していたからである。そして自白の性質――トマスはとりわけ残虐で無感覚な一連の殺人に対する全面的な非難を引き受けていた――に照らし、それは少なくとも深く根を下ろした利益に反する供述の伝聞例外に該当することは間違いなかった。証拠規則第八〇四条(b)(三)を見よ。それ故、ロバツ判決の信頼性の要件の自動的側面それ自体は、当該供述はこのような例外に該当したかの検討を少なくとも要求していると考えるべきであった。しかし、ブレナン裁判官による僅差の多数意見は、そのような方法で本件にアプローチすることを拒否し、脚注で次のように述べた、すなわち、

われわれは本件でかかわりのある伝聞を単に〝刑事上の利益に反する供述（declarations against penal interest）〟として分類する被上告人の主張を退ける。この概念は有意味な対面条項の分析に対し余りにも広範な種類（class）を定義している。われわれは本件を刑事被告人を巻き込む共犯者による自白にかかわるものと判断する。【12】リー判決五四四頁注五。

十分な〝信用性の特段の保障〟――四人の裁判官によって激しく争われた点――を認定せずに、多数意見は、対面条項により当該供述は許容されないと判示したのである。

リー判決はとりわけ興味深い、たとえ利用不能の原供述者による供述が深く根を下ろした伝聞例外に該当するとしてもそれを許容するのは対面権に違反しうるという黙示の承認と同様、ロバツ判決の信頼性の要件の自動的側面の全面的なかかわり（full implications）の受け入れを好まない（unwillingness）多数意見の判断を反映しているからである。

リー判決はロバツ判決の信頼性の基準の自動的側面によって生じた緊張への一つの反応を示している。しかしながら、もし同事件が今日判断されていたとすれば、現在の最高裁は、この争点に関し全員が一致した【18】ホワイト判決でのオコーナ裁判官の法廷意見に反映されている全く異なった態度に合致した行動をしていたであろうと私は考えるからである。同判決で最高裁は、興奮時の発言には長い歴史があり広汎に受け入れられていると指摘した。最高裁は、しかし、医学上の診断ないし治療目的のためになされた供述の例外に関しては〝それは同じように連邦証拠規則第八〇三条㈣において是認され、かつ同様に州の間で広汎に受け入れられている〟と述べることができたにすぎなかった。実際、後者の例外は全くごく最近の収穫であり、その大部分は規則第八〇三条㈣によって——単に是認されたというより——創造されたのである。イリノイ州が採用した同規則の広汎な文言によってのみ、決定的供述は〝深く根を下ろした〟例外に該当することとなり、そのことによってロバツ判決の信頼性の要件を満たしうることになる。〝深く根を下ろした〟とほぼ同義語の表現（near synonym）は〝連邦証拠規則の中に〟あると思われる。

もちろん、当初に公表された証拠規則の規定の存在それ自体は、たとえ古くからの由来（a long pedigree）でないにしても、その広汎な受け入れを示している、すなわち、同規則は多かれ少なかれ「およそ四〇州において」採用されている。なお、最高裁は【16】ライト判決八一七—一八頁において、古い連邦証拠規則第八〇三条（二四）（今の新しい規則第八〇七条）と一致する州法上のその他の例外を〝深く根を下ろした例外〟として取り扱うことを拒否した。しかし、最高裁が指摘したように、その他の例外は他の伝聞例外とは全く異なる。

### 2　〝信用性の特段の保障〟

たとえある供述が〝深く根を下ろした〟例外に該当しないとしても、それがロバツ判決六六頁の〝信頼性の特段の保障〟によって裏付けられているのであれば、それは依然としてロバツ判決の信頼性のテストを満たしうる。われわれは再び、対面条項は通常の伝聞法理に合致するかを検討してみよう。この文言は、証拠規則第八〇七条の中で――〝信用性の情況的保障に相当する（equivalent circumstances guarantees of trustworthiness）〟として――表現されているその他の伝聞例外の鍵となる文言（key phrase）に著しく類似している。その他の例外は、ロバツ判決の信頼性のテストのこの側面と同じく、許容性を正当化する伝聞が同規則の中で列挙されている〝深く根を下ろした〟伝聞例外のどれか一つに該当しないという理由だけで排除されないことを確保するために創設された。

最高裁は【16】ライト判決において、ロバツ判決の信用性テストのこの側面は補強証拠によってではなく〝当該供述の周辺を取り囲み、そして原供述者を特に信じるに値する……状況〟によってのみ、満たされうると判示した。オコーナ裁判官は、〝かかる結論は一般的な伝聞法則の例外を認めるための理由付け（rationale）に由来する〟と述べた。この分析方法は注目すべき（remarkable）である、なぜか、対面条項は本質的に支配的な伝聞法理の憲法化以外の何ものでもないと考えるのでない限り、対面条項の下での法理の形態（shape）が伝聞法理の理由付けによって決定されるというのは疑問（wonder）に思われるからである。しかし、【7】グリーン判決（対面条項を〝歴史的にコモンローで存在した伝聞法則およびその例外の法典化以外の何ものでもない〟と考えることを拒否する）を見よ。［信頼性］調査の際に補強証拠を考慮（allow）することを拒否する【16】ライト判決は、しかし、確かに一つの目的に奉仕する。それとは反対のルールの下では対面条項の争点は裁判所がすべての証拠に基づいて当該供述はおそらく真実であると信じるかの問題に大部分帰着することになろう。そしてこのことはしばしば〝裁判所は被告人を有罪と考えているか？〟ということに言い換えられる（translate）ことになろう。許容性の目的のための入口の問題（a threshold matter）として事実認定者は事件の本案（merits）について判断しなければならない、それと同一の問題を判断することを裁判所に要求することに論理的矛盾はない。(脚注60)

しかし、裁判所がすべての証拠を検討して被告人は有罪であると決定したのであるから彼には対面権がないという主張は、少なくとも引きつけるものが全く（extremely unattractive）ない。さらに、このような調査は特定の事案の事実に強く依存していることになろう、このことは、上級審が進んで各事案の事実の中に深く入り込み丹念に調べることができるのでない限り、対面条項はほとんど何の保障も提供しないことを意味することになろう。

（脚注60）【13】ブルージェイリー判決一八一頁（コンスピラシーの訴追においてであっても共謀者の供述の許容性は原供述者および被告人が共謀者であるという裁判官の最初の判断に委ねられている）を見よ。

それにもかかわらず、ケネディ裁判官が他の三人の裁判官の同調を得た【16】ライト判決での反対意見において〝他の誰かが述べていることは真実であるかを判断する最上の方法の一つは、それが他の証拠によって裏付けられているかを検討することであるというのはほとんどの人にとって常識の問題である〟と述べているのは確かに正しい。問題は、最高裁が対面権を当該供述の信用性という文言で明確に表現（articulation）していることにあると私は信じている。これは引き続いて第Ⅲ部で検討する問題である。信頼性の判断は本案に関する争い――公判で提出されたすべての証拠に基づいて当の起訴で問題となっている最終的な事実問題をめぐる争い――に影を落しかねない。このことを生じないようにするには裁判所はこの調査を中止しなければならない。一つの方法は、特定の供述の正確性を立証するのに大いに役立ちうる情報をそれから排除することであるが、しかし当該供述をしたことに関する何かをわれわれに告げているからではなくそれは単に当該供述と同一の方向に向いているからであるにすぎない（but only because it points in the same direction）。

私は三点――それが〝証人〟という文言に与えている範囲、それが原供述者の利用不能に与えている意味、およびそれが原供述者の信頼性に置いている重要性とその評価方法――において最高裁は対面条項と支配的な伝聞法理とを同一視する傾向にあると主張してきた。このようなアプローチは対面条項の価値を減じ（devalues）、それを漠然とした神秘的な証拠法理の憲法化（a constitutionalization of an amorphous and mystifying evidentiary doctrine）として取り扱うものであるので、その継続的価値は大いに疑問である。当初に最高裁によって提示されその後に最高裁によって発展されてきた【10】ロバツ判決の判断枠組は対面条項によって反映されている何らかの不朽の価値を捕えていないのではないかとの疑問が生じている（way well wonder）。私は、その答えは肯定的であると信じている、そして第Ⅱ部において私は、現行法の下で支配的なそれとは全く異なる対面権の基本構造を展開することにより、その理由を示すこととする。

## 二　〝自己に不利な証人〟

対面条項は、伝聞禁止法則またはその例外、または利用不能、信頼性、または真実判断（truth-determination）について述べていない。それは単に、被告人は〝自己に不利な証人〟と対面する権利があると述べているだけである。

対面条項の起源が曖昧であることはよく知られている。しかし、もしわれわれがはるかに古くまで遡ると、公判での証言や公判外供述への同条項の適用は別個のルールではなく全体（integral whole）の部分にすぎないことを示す、合理的で明確な絵が浮び出てくる。私は現在、イギリスの法制史家であるマイケル・マックネア（Michael Macnair）と一緒に伝聞法と対面権の起源を辿るプロジェクトに参加している。以下において、そのプロジェクトから（の成果を）簡単に摘記しておく。

われわれは、証人は被告人の出席する公開の（脚注64）手続きにおいて宣誓下に（脚注65）〝向かい合って（face-to-face）〟証言するという考えに慣れている。これは古代のヘブライ人やローマ人の慣習（the practice）であり、かつそれは数世紀にわたりイギリス人の方法であった。それは一六世紀においてトマス・スミス（Thomas Smith）による論争（altercation）によってとりわけ生き生きとした言葉で描写された。しかしこれは司法手続きにおいて証言がなされうる唯一の方法ではない。スミスは当時ヨーロッパ大陸で支配的であった制度と対比しつつイギリス法について記述した。そこ（ヨーロッパ大陸）では、証言は宣誓下にしかし当事者の立会いなしになされた。しばしばそれは裁判所自体というよりもむしろ公証人（notary）の面前でなされた、そして後に書面の形で裁判所に提示されたのである。

（脚注64）　聖書法（scriptural law）の下では、犯人を有罪とするには複数の証人が必要とされた。死海文書（the Dead Sea Scrolls）の人々であるエッセン派（Essenses）は、同一の犯罪についての三人の証人による別個のエピソードに基づいた死刑判決を認めた。証人の利用不能を防ぐために証人の証言は犯罪者（offender）の面前での各エピソード後に採取された、第三のエピソードによって評決は完全なものになった。これは証言を保持するために採られた証言録取書の最初の知られている事例といえよう。

（脚注65）　また、例えば、ジェイムズ王の下での法律は、〝告発されている彼に告発者と向かい合わせ（face to face）彼に帰せられている（laid against him）犯罪に関して彼自身に答えることを許可する前に何人に対しても死罪を言い渡すのはローマ人の方法ではない〟とローマの知事 Festus が明言したとしてこれを引用する、【15】コイ判決一〇一五―一六はこの一節を引用している。

数世紀以上を経て、イギリスの著述家（writers）はイギリス制度の公開性（the openness）を賞賛した。このことは、しかし、被告人の面前で証人に証言させるという規範（norm）はイギリスで常に維持されていたということにはならない。イギリスにおいても星室裁判所のような若干の裁判所は、コモンローの手続きよりも大陸の手続きに固執していた。しかし、まさにこのような理由でこれらの裁判所は政治的論争の的となった、そしてそれらのほとんどは一七世紀に廃止された、衡平法上の裁判所は生き残ったが、刑事裁判権はなかった。さらにコモンロー裁判所は、証人が公判で証言するのに利用不能であることが判明したとき衡平法上の手続きを用いることを優先(above) しなかった。一七世紀中葉以前にコモンロー裁判所は、もはや利用できない証人から採取された衡平法上の証言録取書を公判で受け入れるときに支配する複雑な原理群を発展させていた。そしてわれわれの目的にとっておそらく最も重要なのは、チューダ期および初期スチュアート期の時代において政治的に告発された裁判、とりわけ大逆罪の犯罪に対する裁判において、当局は告発する証人を必ずしも常に公判に引致しなかったことである（その最も有名な具体例は、ウォルター・ローリィのそれである）。しかし一六世紀中葉以前においてであっても、大逆罪の被告人によって彼らの告発者を〝向かい合わせて〟（法廷に）引致せよとの要求が繰り返された。一七世紀中葉頃には、このような見解、そして証人を尋問する被告人の権利は支配的となった。

　このような歴史は、対面条項の本質的な思想を明らかにしていると私は考える、すなわち、もし検察側が証人の証言を提出することを希望するのであれば、その証言は、被告人の面前で宣誓および被告人の反対尋問権にさらされなされなければならない（*If the prosecution wishes to present the testimony of a witness, the testimony must be taken before the accused, subject to oath and the accused's right to cross-examination.*）。そして証言は、このことを強調しなければならないのだが、公判で証人によってなされた供述に限定されないのである。どのような公判外供述が対面条項の趣旨で〝証言〟とみなされるべきであるか——あるいは換言すると、いかなる公判外供述の原供述者が〝証人〟とみなされるべきであるかと全く同様に——は困難な問題である。これについては続いて第Ⅳ部で検討する。しかし、私がこれまでに述べてきたことに照らし、証言には公判で宣誓下になされた証言だけでなく、トマス裁判官が【18】ホワイト判決での同調意見において明らかにした——〝宣誓供述書、証言録取書、以前の証言、または自白のような、公式化された証言的素材〟——（少なくとも）そのような種類の供述も含まれなければならない。そのような供述は、犯罪の調査および訴追のためにそれらを利用しようとする当局に対してなされたものである、そしてそれらは、通常、それらはそのように用いられるであろうという全面的な理解の下でなされている。そしてそのような供述が公判で許容されるというのが裁判制度（adjudicative system）の実務であるというのであれば、その制度が仕組みを提供している範囲内で、証人は公判に現に出頭しなくてもそこで使用するための証言をすることができる（can create）ことになる。このような状況下でのそのような証言は、公判外でなされたものであるにせよ、その言葉のあらゆる有意味な観念において証言的（testmonial）である、実際、それらは対面条項の基礎にある関心事の核心にある。そのような供述が被告人に不利に提出できるのは、宣誓下に証人を吟味するための十分な反対尋問の機会を彼が有していた場合に限られる。

対面条項に関するこのような見解は、公判でなされた証言とその前になされた供述の両者への対面条項の適用を総合化（integrates）する。対面条項は、被告人に不利な証言はそれが宣誓下になされ、かつ直接向かい合って証人を吟味することが被告人にできない限り、公判前になされたか公判中になされたかを問わず、許容できないとする。この見解の下で公判前の供述に関して鍵となる問題は、それが証言的（testimonial）であるかどうかである。もしそう（証言的）であれば、対面権は適用される、もしそうでなければ、対面権は適用されない。それ故、この理論の下で対面権は、証言的供述（testimonial statements）をしたとみなされ証人としてそのように行動した伝聞の原供述者の仲間（subset）に対してのみ適用される。そしてこの理論には、その権利が適用されるかの判断に際しその供述は信頼できるか、またはそれは認められた伝聞例外に該当するか、あるいはその証人が利用不能であるかの判断を裁判所に要求するものは一切ないことに注意されたい。第Ⅲ部においてこれらの問題点について論議し、そしてこれらの点に関して私が主張する理論と支配的法理とを比較することとしたい。

## 三　比較的アプローチ

私は第Ⅰ部において、公判外の原供述者による伝聞供述に適用される現行の対面条項法理は三点、すなわち〝証人〟という文言に付与された広い範囲、限定的な利用不能の要件、および深く根をおろした伝聞例外に該当する供述によるそのような（利用不能）要件の自動的充足（*per se* satisfaction）を含む信用性の要件において、支配的な伝聞法理と一致する傾向があると主張した。この第Ⅲ部において私は、順序は異なるが、同一の対面理論の側面に言及し、私が第Ⅱ部においてその概要を示した対面権の見解と最高裁によって提供（implemented）された法理およびより小さな範囲でその他の見解とを比較する。第Ⅲ部Aは、最高裁は信用性を対面権が適用されるかを判断するための基本的基準とすることによって誤った調査をしたと主張する。第Ⅲ部Bは、対面権の範囲は証言的供述のみに拡大されるべきであるが、そのような供述に関してそれは絶対的であって例外によってふるいにかけられるものでなく（not riddled）、その権利は被告人の不正行為によってのみ喪失されるという制約だけに服すると主張する。第Ⅲ部Cは、同一の制約およびおそらく他の二つの制約――私は明確に否定していないが支持もしていない――に服しつつ、証人の利用可能または利用不能は対面権が適用されるかを判断する際に関連がないと主張する。

### A　信頼性と真実判断

最高裁は、〝対面条項の使命はまさに刑事裁判における真実判断過程の正確性を促進することである〟と述べていた。【11】イネイディ判決三九六頁。最高裁は【12】リー判決五四〇頁において、対面条項は〝知覚が公正さの実現と同様に支配的（prevails）である刑事司法体制の確立への寄与〟によって〝象徴的な目的〟を促進することを認めた。しかし、最高裁は【12】リー判決において、対面は〝主として刑事裁判における信頼性を促進する機能的権利〟であると述べていた。

それ故、第Ⅰ部Cで示したように、最高裁は一貫して信頼性を対面条項の伝聞法則への適用を処理するその判例の基調（keynote of its jurisprudence）としてきた。最高裁は同条項の下で供述を排除したとき、それらが信頼できないことを理由にそのようにしたのである。【16】ライト判決八二五―二七頁、【12】リー判決五四四―四六頁。したがって、利用不能の要件は争点である公判外供述に適用されない、あるいはこの要件は満たされていたと仮定したとしても、対面条項の許容性への挑戦は問題の供述が十分に信頼できることを立証することによって克服できることになる。

信頼性は周知のように判断が難しい、それは馬の前に荷車を置いて許容性の前提要件として当該供述によってなされた主張は真実であるかを尋ねるようなものである。おそらく最も重要なのは、特段信頼できるものではない証拠でも真実判断過程に大いに役立ちうるものがあるということである。実際、許容できる証拠の典型例（paradigm）――宣誓下に反対尋問にさらされた生の証言――は、特段に信頼できるのではない、もしそうだ（信頼できる）とすれば、争いのある証言がこれほど裁判の普通の局面にはならないであろう。

これらの議論はすべて、真実判断過程を促進するかを判断するのに伝聞供述の信頼性は不十分な（poor）基準であることを示している。これらの議論は明らかに、対面権は、通常の伝聞法と同様に問題になって（at stake）いるのであれば、それと同様に強力に適用されるのは明らかである。対面権を適用する際に、付加的で広汎な考慮がさらに作用し始めると（comes into play）私は信じている、真実判断はそれ自体、対面権の適用可能性を判断するのに不十分な基準である。すなわち争われている供述を許容すれば真実判断を促進するか否かは、それを許容すれば対面権を侵害するかの決定打（determinative）とすべきでない。

もし証人が公判で生の証言をすれば、その証拠は非常に信頼できるので真実判断過程を促進するのに反対尋問は不必要であるという理由で裁判所が証人に反対尋問を免除することはない。この結論は、証言的供述が公判外でなされたときにも異ならないとすべきである。アマール教授と最高裁の両者が指摘するように、争われている事実は正確に判断されるべきであるとのわれわれの願望と対面条項は密接に関連しているかもしれないが、そのことは特定の事案での正確な事実認定に資するであろうという視点から対面条項はケース・バイ・ケースに適用されるべきであることを意味しない。対面条項は、それ自身の生命を有する権利であることを表現している、すなわち、被告人に彼に不利な証人と対面する権利を付与するのは、われわれが司法上の仕事をするその方法の基本的部分である。第Ⅱ部の簡単な歴史的概観が示したように、この権利には深いルーツがある。たとえ特定の事案においてそれが正確な事実認定に役立たないとしても、われわれはそれに固執すべきである――それは特定の事案においてそのようにすることが害よりも利益（good）をもたらすかを問題とせず、弁護人の援助を受ける権利や陪審による公正な裁判にわれわれが固執するのと丁度同じである。

もし信頼性の検討から離れて、ある一定の供述が対面条項に適合するのであれば、被告人に次のように告げることは極めて不十分である、要するに、

そうです、あなたに不利な証言的供述をしたこの人物を反対尋問する機会があなたにはなかったことをわれわれは理解しています。そのことで心配しないで下さい。法は賢明にも（in its wisdom）その供述は非常に信頼できるので反対尋問をしてもあなたにほとんど利益をもたらさないと考えているからです。（脚注88）

（脚注88）【16】ライト判決八二〇―二一頁（深く根を下ろした伝聞例外に該当する供述に関して反対尋問は〝とるに足りない利用〟であろうとする）を見よ。

このような信頼性のテスト——裁判所がそれは極めて明らかに信頼できるので反対尋問してもほとんど利益がないことをとくに確信したときにのみ供述を許容する——が強力に適用されたとすると、これを満たす証拠はほとんどないことになろう。しかし、少なくとも若干の裁判所は、このテストを検察側証拠を許容するための一般的な入口（doorway）として取り扱う傾向がある。そして、ある供述の信頼性を決定するという重大な試みはその特定の供述およびその文脈の種々の状況を考慮してなされなければならないのであるから、信頼性のテストは効果的な上級審での追跡（monitoring）を受けるおそれがない。

私がしている主張——ある供述の許容性が対面条項に違反するかを判断するのに信頼性は相当な基準ではない——は、諸刃の剣（a double-edged sword）であることに注意されたい。一方において、もし当該供述が証言的なものでないとすれば原供述者はそれをする際に証人として行動していたとみなされるべきでないことになるから、たとえその供述が信頼できると思われないとしても対面条項はその許容性を禁止すべきでない。他方において、もし当該供述が証言的なものであるとすれば原供述者はそれをする際に証人として行動していたのであるから、宣誓および反対尋問にさらされた証言に対する相当な方法でなされたか、あるいはそのことが確認されたものでない限り、対面条項はその許容を禁止すべきである。

このような分析は【12】リー判決における結論を正当化するのに役立つ。トマス供述の問題点は、当該供述は信頼できないという多数意見が確認した問題ではなかった、すなわち、その高度に自己非難的な内容に照らし、その供述は本当に完全に信頼できると思われる、むしろ問題は、それがなされた状況に照らし当該供述は宣誓または反対尋問なしに提出されたYに不利な証言に相当するということだった。

## B　範囲と例外

信頼性の問題と密接にかかわるのが対面条項の基本構造（architecture）である。支配的な法理論の下で、対面条項の範囲は、伝聞禁止法則が広いと同様、非常に広い。すなわち、それが主張していることの真実性を立証するために提出されたいかなる公判外供述の原供述者も対面条項の趣旨での（for the purpose）〝証人〟として取り扱われる。しかし対面権には、推定的な排除禁止から信頼できる証拠を選別する試みに基づいた例外が充満している。最高裁が対面条項に帰属するとする広大な範囲に照らし、この種の制約は不可避である。そうでなければ、対面条項はすべての検察側の伝聞証拠を禁止するという容認できない制限的な結果が生ずることになろう。

トマス裁判官は対面権の範囲につきより限定的な見解を採る。彼は、アマール教授および私自身と同じく、対面条項の〝証人〟という言葉をすべての伝聞証拠の原供述者と同一視せず、それを何らかの意味で証言的（testimonial）とみなされうる供述をする者に限定する。トマス裁判官は、しかし、この権利の強度を高めることによって――すなわち、それが適用されるときより強力な帰結をそれに付与することによって――これをこのような狭い範囲にとどめない。最高裁と同じく、争点である当該供述が〝深く根を下ろした〟伝聞例外に該当するかあるいは（otherwise）信頼できることが立証されると、彼は対面を理由とした挑戦を否定するであろうことは明らかと思われる。(脚注93)

（脚注93）　政府（検察側）は、【18】ホワイト判決における裁判所の友（アミカス）としての意見において対面条項の範囲を限定するそのような見解に賛成すると主張した。検察側はまず、問題の供述は深く根を下ろした伝聞例外に該当するという最高裁によって採用された見解を論じた。トマス裁判官は〝合衆国によって提案された「〝不利な証人〟という文言の」狭い解釈の主張を除き、最高裁の法廷意見に参加した。【18】ホワイト判決三六六頁。検察側とトマス裁判官の両者は多分、二者択一的主張によって（in alternative）――すなわち彼らは対面条項を狭い範囲でかつ例外のない対面条項の再解釈（reinterpretation）を好み、問題の供述は〝深く根を下ろした〟伝聞例外に該当すると考える原理の採用をしないことを主張したものと理解できる。しかし彼らは、それが彼らの見解であることを示していないし、検察側の控訴趣意書（brief）の構造はそうでないこと（otherwise）を示している。

これとは対照的に（contrast）、私は、対面権の範囲について比較的狭い見解を採るけれども、それが生み出す権利を絶対的なものとして取り扱う、それは弁護人依頼権や陪審の裁判を受ける権利、そしてその問題のために（for that matter）公判で証言する証人を反対尋問する権利をわれわれが絶対的なものとして取り扱うのと丁度同じである。私は、それ故、対面権の有効性はある供述が〝深く根を下ろした〟伝聞例外に該当するかどうかに依拠すべきであると考えない。この〝比較考量の時代（age of balancing）〟に絶対的な権利は余りはやらないかもしれない、しかし、私は、対面条項は輝線ルール（a bright-line rule）を創出したものとみなすべきであり、事実認定過程への証拠の重要性が対面の権利の価値に優っているという立証によって無効（defeasance）となるような単なる推定的ルールではない、というアマール教授の見解に同意する。

対面条項の文言は、その理論と同じく、強力で絶対的な権利であることを示している——それは単に他の権利に優るとされる何らかの利益ではない。比較考量のテストは、権利の保護者として余りふさわしくない（not very good protectors）、権利違反に対するルールを処理する裁判官は一般的に時間があり比較考量の他の側面に大きな重みを認めるからである。そして比較考量のテストは、その適用において高度に個別具体的（case-secific）であるので一貫した結論を出すのが困難である、そして権限が公判裁判官に完全に引き渡（effectively ceded）されないのであれば、上訴審の資源に多大な消費をもたらす。

一般に認められているように（admittedly）、輝線ルールは健全かつ重視される原理を反映していない限り、恣意的で巧妙な（arbitrary and manipulative）適用を避けられない。しかし私は、被告人には自己に不利な証言的供述

（testimonial statements）をする者と対面する権利があるという原理は、そのような原理であると考えるのである。（脚注96）

（脚注96）　興味深いのは、この原理はヨーロッパ人権協定第六条の下でヨーロッパ人権裁判所の判決によってヨーロッパ大陸において強力な足場を得たことである。例えば、Saïdi v. France, 261 Eur.Ct.H.R.（ser.A）at 44（1993）（有罪判決の基礎である公判外供述の原供述者と対面することを認められないとき被告人は公正な裁判を奪われた。）、Kostovski v. Netherlands, 166 Eur.Ct.H.R.（ser.A）at 40-45（1989）（同）を見よ。

以上のことをすべて述べてしまったので、私はまた一つの制約（qualification）（私はそれを例外として考えていない）を述べなければならない。すなわち、もし被告人自身の不正行為が彼の証人との対面不能に責任があるのであれば、そのとき彼は彼女の供述に関して対面する権利を喪失したものとみなされるべきである。彼は、公判を妨害することによって、あるいはどのようなその他の法廷（forum）が対面のために提供されているにせよ、そのような法廷からの彼の物理的排除が保障されている範囲でこのこと（権利喪失）をなしうる。（脚注97）

彼はまた、彼女を脅迫したり殺害するなどしてそのような法廷で証人が証言することを阻止することによっても権利喪失をする。私が別途（第I論文で）詳論したことのあるこの権利喪失の原理は早くから判例法で事実上是認されていた。（脚注99）そして新しい連邦証拠規則第八〇四条(b)(六)によっても是認されている。（脚注100）

（脚注97）　Illinois v. Allen, 397 U.S. 337, 342（1970）（自己自身の裁判で出頭する第六修正の権利は法廷において妨害行為に固執した被告人によって喪失されたと判示）を見よ。

（脚注99）　例えば【1】レイノルズ判決一五九頁（被告人の行為が原供述者の利用不能をもたらした後で以前の公判で許容された証言を認める）等を見よ。

（脚注100）　一九九七年一二月一日に効力を生じた新しいルールは、公判で証言のために利用不能とみなされた原供述者によって公判外でなされたもので〃原供述者の証人としての利用不能を意図し、かつ現に利用不能とした不正行為に参加または黙認（engaged or acquiesced）した当事者に不利に提出された〟供述を伝聞排除法則の例外としている。連邦証拠規則第八〇四条(b)(六)。

要するに、対面権の範囲は証言的供述をすることによって証人として行動する者に限定されるべきである、しかし、その範囲内においてわれわれの法制度の基本的礎石（corner stones）の一つである貴重な権利としてそれは取り扱われるべきである。それは被告人の不正行為によって権利喪失を免れないが、その他の点においてそれは絶対的なものとして取り扱われるべきである。

### C　利用不能

利用不能は対面条項の法体系（jurisprudence）において複雑な要素である。一方において、もし原供述者が利用不能であれば、検察側は公判外供述を排除しても生の証言の提出に導かれることはないと主張できる。他方において、原供述者が利用可能であれば、検察側は彼女の尋問に被告人が固執すれば彼女を証人として喚問できると主張できる。私がここで提示したアプローチの下で、しかし、利用不能は対面条項の適用に一般的に影響しないというべきである。私がこの節（section）で主張する限定的な制約とともに、支配的原理は極めて単純であるべきであると私は考えている。もし当該供述が証言的供述でなければ、そのとき原供述者はそれをする際に証人として行動したとみなされるべきでないから、原供述者が利用可能であるか否かにかかわりなく、対面条項は適用されるべきでない。他の法理が当該供述を排除することもありうる（例えば、当該供述が通常の伝聞法によりまたは証明力よりも偏頗であるとの理由で排除されることはありうる）、しかし、対面権はそうではないというべきである。これに対し、もし当該供述が証言的であれば、原供述者はそれをする際に証人として行動したことになるので被告人が証人を尋問する十分な機会を有していたのでない限り、原供述者が公判で利用可能か否かにかかわりなく、対面条項が適用されて当該供述は排除されるべきである。

以下のC**1**において、私は、公判外の原供述者による伝聞供述を検察側が対面条項と矛盾することなく提出するためには、ロバツ判決が提示したように、原供述者の利用不能は一般的に必要条件（necessary）とすべきかの問題を論ずる。この分析は、最高裁の最近の利用不能の取扱いに関し若干の光を当てるであろうと私は考えている。C**2**において、私は、証人の利用不能は対面条項の禁止（proscription）を除去するのに十分とすべきかについて論ずる。そしてC**3**において、私は、原供述者を証人として提出する被告人の資格（ability）の重要性を検討する。

**1　利用不能は対面条項を満たす必要条件か？**　私がここで提示した理論の下で、対面条項は検察側によって提出される公判外の原供述者によるすべての伝聞供述に適用されるのではなく、証言的としての資格あるそのような供述のみに適用される。それ故、対面条項は原供述者の一般的な利用不能の要件をそのような伝聞の許容性の前提要件として課すことはできない。

対面条項の範囲内に入る種類の供述である証言的供述（testimonial statements）を考えてみよう。ここで提示された理論の下で証人を宣誓下に尋問する十分な機会を被告人が有していたのでない限り、対面条項はこのような供述の許容を妨げていることになる。（脚注102）

被告人が公判前にそのような機会を確かに有していた——例えば、当該供述が証言録取書でまたは以前の公判でなされた証言であれば——ということはありうる。（脚注103）

被告人がそのような機会を現に有しており、かつ証人が公判で利用不能であれば、対面条項は以前の供述の許容性に何ら障害とはならないとすべきであるし、障害とならないのは明らかと思われる。（脚注104）

（脚注102）例えば、【3】ポインター判決四〇七頁（反対尋問のための十分な機会なしに採取された証言的供述を許容することによって対面条項は侵害されたと判示する）を見よ。

（脚注103）私は以前の機会があればそれで十分とみなすべきであるということを提案しているのではない、例えば、以前の機会は争点が十分に固まる前にあるいは弁護人の準備が不十分であった手続きで生じていたことを理由に以前の機会は不十分であったということはありうる。【7】グリーン判決一六四―六六頁（予備審問での機会で十分であると判示）参照。

（脚注104）例えば、【7】グリーン判決一六五―六六頁（証人が利用不能とみなされ、かつ被告人が反対尋問の十分な機会があった場合の以前の供述の許容を是認する）を見よ。【5】バーバ判決七二二頁において最高裁は〝伝統的には証人が利用不能でかつ被告人によって反対尋問にさらされた同一の被告人に不利な従前の司法手続で証言がなされたとき対面要求の例外があった〟と指摘した。最高裁は対面の例外について述べていないというよりも、このような状況下において対面の要件は満たされていると述べているといえるのである。

しかし、被告人は公判前に証人を尋問する十分な機会を有しており、かつ証人は証言のために公判で利用可能であると仮定してみよう。われわれの法制度は、証人が生の証言をすることを一般的に優先（preferance）する。この優先は憲法上課せられているとすべきか、もしそうであれば、この優先はより柔軟なデュー・プロセスというよりも対面条項の下で課せられているかは困難かつ複雑な問題であり、私はこのことに意見を述べるつもりはない。私は、しかし、証人を尋問する以前の機会は対面条項を満たすという命題を理にかなった議論（a plausible argument）とする考えは支持できると信じている。すなわち、証人が証言をしたとき被告人はその証人と〝対面する〟十分な機会を有していたのであり、そして対面条項は、たとえそのことが可能であるとしても、公判での繰り返しまで対面条項は要求しているかは明らかでない。

このような分析は、現在の法理に興味深い光を投げかける。第Ⅰ部において論じたように、対面条項は以前の証言でない伝聞供述に利用不能の要件を課していないことを【18】ホワイト判決は示唆している。私が提唱してきた理論の下で、この結論はほとんど幸運な（fortuitously）ことに道理に適っている（make sense）、以前の供述が証言的なものでなければ――その文言がどのように定義されるにせよ――そのとき対面条項は全く適用されるべきでないからである。それと同時に、以前の供述だけに利用不能の要件を課すのはやや皮肉である。以前の証言が現在の法理の信頼性の要件を満たしうる主たる方法――そして利用不能の要件が満たされるかどうかにかかわりなくそれを重要とすること――は、若干の以前の証言の許容をとくに意図した深く根を下ろした伝聞例外の基準自体を満たすことである。連邦証拠規則第八〇四条(b)(一)を見よ。公判外の原供述者による伝聞を規制するその他の例外と異なり、この例外は被告人が原供述者を宣誓下に尋問する以前の機会を有していなければならなかったことを要求している。実際、このような以前の機会がこの例外の基礎であり、たとえ原供述者が公判で利用可能であるとしても、そのこと自体が対面条項を満たすのに十分とすべきであるというのは間違いない（arguably）。

## 2　利用不能は対面条項を満たす十分条件か？

ロバツ判決は、公判外の原供述者の伝聞を利用するためには当該供述の信頼性と同様に原供述者の利用不能を検察側は立証しなければならないという一般的なルールを示したと思われた。少なくとも二人の著名な学者は、かつてハーラン裁判官によって採用された見解――利用不能はそれ自体で十分に対面条項を満たす――を唱導した。換言すると、原供述者が証言のために利用可能であるときに限り対面条項が適用されると彼らは考えたのである。これはハーラン裁判官が一九七〇年六月に【7】グリーン判決の同調意見において明らかにした見解であった。それはピーター・ウェスタン（Peter Westen）およびマイケル・グラハム（Michael Graham）の見解でもある。私は賛成しない。もし以前の供述が証言的であれば、原供述者が利用可能であるか否かにかかわりなく、対面権は適用されるからである。

対面条項の文言には、利用可能な証人にのみそれが適用できることを示すものは一切ない。すなわち同条項は

〝利用可能な証人〟ではなく〝証人〟について述べている。そして私は、このような限定を要求する憲法の方針(policy)にも何らかの理由があるとは信じない。

まず最初に、私が先に述べた対面権への制約に留意することが重要である、すなわち、被告人自身の不正行為が対面に服従(subject to)して証言する証人の利用不能に責任があるのであれば、そのとき彼(被告人)は彼女(原供述者)の証言的供述に関し対面権を喪失したとみなされるべきである。他方、原供述者の利用不能が検察側に帰因されうるのであれば、そのとき対面権は生き残るべきであることは明らかと思われる[脚注111]。

(脚注111) 連邦証拠規則第八〇四条を見よ。同規則は、公判で証人として証言する原供述者の利用不能が〝証人の出席または証言を妨げる趣旨での供述の提出者の斡旋(procurement)または不正行為による〟のであれば、そのとき原供述者は第八〇四条の趣旨で利用不能と見なされない、それ故、原供述者の供述は第八〇四条の伝聞例外の下で許容されないと規定する。

さて、原供述者の利用不能がどちらの当事者の責任にも帰すことのできない中間の事案を考えてみよう。検察側ではなく、なぜ被告人が証人の利用不能の立証を負担すべきであるのか? 証人は、仮定上、証言的供述をした、そして被告人は、彼の対面権を行使する機会を有していたその前に被告人の責任でないことによって利用不能となった。証人が公判において直接尋問で証言したが反対尋問の前に、被告人の責任によらずに死亡したのであれば、裁判所は評決を支持するためにこの証言を許容しないであろうと推定される。証人が公判(証言)に代えて公判外の証言的供述をするとき、それとは異なった結論が相当であると私は考えない。

私の結論は、多くの事案において検察側は証人のその後の利用不能に対して容易に改めて自己を防禦できるという事実によって強化される。私が唱導している理論の下で、対面条項の及ぶ範囲は証言的供述に限定されていることとを想起されたい、そしてそのような供述は、捜査および起訴が始まるずっと前になされることは稀である。[脚注113] それ故、検察官は、通常、彼女（原供述者）がなお利用可能である間に被告人に相当な告知をして証人のために証言録取書を作成する（to be deposed）準備ができる。[脚注114]

（脚注113）現に、トマス裁判官とアマール教授の見解の下で、〝証言的供述〟は定義によって当局の面前でなされるので彼らはそのことに気付いていなければならないだろう。私は第Ⅳ部において、証言的供述について若干より広い定義を主張する。

（脚注114）たとえ証人が死にかけているとしても、証言録取書は可能である。対面　の要求が死にかけている証人の証言録取書の文脈において極めて厳粛になされた事例として *Rex v. Charles Smith*, 171 Eng. Rep. 357, 357–60（1817）等を見よ。

もし証人が後に利用不能となれば、証言録取書の謄本を用いるのに憲法上の支障は通常ないというべきである、被告人には証人と対面する十分な機会があったからである。もし被告人がその機会を利用しなかったのであれば、それは彼の問題である。これほど明白ではないが被告人が彼女（証人）と対面する機会を確かに希望するのであれば、証人が被告人に利用可能である間に、もし証人が利用不能となれば、検察側は公判外供述を利用するつもりであること、そして被告人が今彼女と対面する機会を本当に希望するのであれば、被告人は彼女の証言録取書を今作成できることを検察側が被告人に告知すれば十分とすべきである。

**3　〝被告人に利用可能〟の例外はあるか？**　皮肉なことだが、最後の一節で示唆しているように、利用不能を対面条項から切り離すこと（exemption）に賛成してきた者はほとんど後ろ向きにそれを（backwards）獲得した、そしてそれに代えて〝被告人に利用可能〟の例外があるはず（ought to be）であるとの説得力ある主張がなされてきた。すなわち、もし被告人が彼の強制的喚問手続権（his Compulsory Process right）による援助を得て反対尋問に服させる証言を原供述者に強制できるのであれば、その時点で原供述者が証人とならないとしても、検察側の主張立証の一部として原供述者の伝聞供述の提示は彼女（原供述者）を反対尋問する機会を被告人は有していなかったことを意味しないというのである。このような主張は、最高裁の判決の中で若干の支持を得ている、すなわち、最高裁は被告人の対面権の主張を退ける際にこのような強制（喚問）の機会を重視しているからである。[脚注115] この主張には若干の説得力があるが、それはいくつかの難点をかかえている。

（脚注115）【18】ホワイト判決三五五頁（原供述者の利用可能に照らし、対面条項が原供述者の提出を要求しているかどうかにかかわらず、原供述者は検察側または被告人側によって召喚（subpoenaed）されうるとする）、【11】イネイディ判決三九七―九八頁&注7（法廷において証言のために利用可能いかんにかかわらずその公判外供述が許容される共謀者はそれにもかかわらず弁護側によって召喚されうるとする）。少なくとも限定的な文脈下にアマール教授はこれに同意していると思われる。

第一、対面条項の文言は受動態（passive voice）である。被告人は〝彼に不利な証人と対面する〟権利を有する。対面を確保するには被告人はそれを要求することだけが必要とされているのは間違いない。そうであれば、対面をやり遂げるために被告人は証人の出席を〝獲得する〟強制的手段を援用することによって積極的に活動しなければならないという要件は、彼に不当な負担を課すことになる。

第二、この主張は対面条項を事実上ほとんど不要とすることになろう、対面条項は強制的喚問手続きの裏面（the flip side）にすぎないからである。それは刑事被告人に〝検察側は証人を公判で提示するよりも証人の以前の供述を用いる選択をする、しかし彼女（証人）との対面をあなたが希望するのであれば、あなたは強制的手続きを用いてそのようにすることができる〟と告げることになろう。

第三、たとえ強制的喚問手続きによって証人の出席を確保し、その結果、被告人は彼女（証人）を証人台に立たせることができたとしても、そのことは被告人にとって反対尋問の機会よりもはるかに満足できるものではない。証人が検察側に有利な証言を終えると、被告側弁護人は、通常、証人を弾劾する可能性を探るために立ち上がり、そして少なくとも二、三の質問をすることは価値があると考える、そして証人がほぼ論破不能（invulnerable）と思われると彼女の証言を重要でないと思わせるため（play down）に直ちに着席する。しかし、もし公判外供述が検察側の主張の一部として提出されるのであれば、被告側弁護人にとってそれ自身の主張の最中に原供述者を証人台に立たせて陪審の面前で今度は生の決定的に不利な話を彼女に繰り返すように仕向けて彼女をぐらつかせ（shake）ようとする——そして何も得ることができなければ、陪審になぜこのようなことをしたのかその理由を説明しようとする——のは、はるかにリスクが大きくコストも高い。被告側弁護人がこのようなことをほとんどしないのは驚くことでない。

最後に、この議論の全体の含み（full implications）はむしろ驚くべき（startling）である。検察側は、その主張立証の一部として証人から採られた宣誓供述書、または録音録画された（video-taped）供述を提出できる、そして対面権の異議申立てに対し検察側は〝もし被告人が彼女を尋問したいのであれば、その主張の一部として彼女を喚問できる〟と指摘できるというのである。このような手続きは考えられないことではない。それはおそらく反対尋問はほとんど実りがないので対面権の援用は子供を怖がらせて証言させないようにするにすぎないと考えられる子供の証人の事案で最も容易に想像できる。このような手続きは刑事裁判を処理する方法を劇的に変えることになろう。

要するに、被告人が対面する機会を有していなかった証人によってなされた証言的供述を検察側が提出するとき、被告人の強制的（喚問）手続きは対面の問題を除去（relieve）するという提案をわれわれは非常に注意深く取り扱わなければならないのである。

この第Ⅲ部において私は、対面条項が公判外供述の排除を要求するかの判断をする際に証人の利用不能は一般に関連性がないとすべきであると主張した。私が確信をもってこのルールに加える唯一の制限は、証人の利用不能が被告人の不正行為を介して獲得されたのであれば、そのとき被告人は対面権を喪失したとみなされるべきであるということである。他にも二つの制約が可能である。第一、以前の供述が証言的なものでありかつ被告人が公判前にその証人を宣誓下に尋問する十分な機会を有していたのであれば、そのとき利用不能は間違いなく（arguably）決定的とされるべきであり、証人が公判で利用不能であれば以前の供述を認める対面条項もそれと異なることはない（but not otherwise）。この制約は、現在の法理と一致する。第二の可能な制約は、もし裁判所が、実りある反対尋問の見込みは全くないことに照らし被告人の対面権の援用は証人は余りにも怖がっているので以前の証言的供述の詳細について公判で証言しないであろうという予測に基づいていると考えるときに生ずる。そのような事案において、もし証人が公判で証言のために利用可能であれば、裁判所は、以前の供述を許容してそれを証人台に証人を立たせる被告人（の判断）に委ねることとし、被告人の挑戦（bluff）を要求すべきである、彼が本当にそのことを希望するのであれば、対面権は役立つであろう。そのような手続きは、少なくとも子供が証人であるとき、理に適っていると思われる、もっとも、私にはそのことに関し重大な懸念（grave qualms）がある。

## 四　当局になされなかった証言的供述

ここまでの私の主張は、〝宣誓供述書、証言録取書、以前の証言、または自白のような公式化された証言的素材の中にそれらが含まれている限り対面条項は公判外供述とかかわりがある〟というトマス裁判官の一部同調意見（【18】ホワイト判決三六五頁）における見解と一致している。アマール教授は〝公式化された（formalized）〟という言葉の意味をめぐりトマス裁判官とやや見解を異にするようであるが、それが対面条項の趣旨で証人として行動することを意味しているというこの考え（sense）には同意していると思われる。私は〝証人〟の定義をやや広くしている——しかしその拡大は決定的である。

ある人によって公判外でなされた供述は証言的（testimonial）とみなされるべきか——あるいは言い換えると、その人物は当該供述をする際に証人とみなされるべきか——の問題は、法制度の手続的ルールに外生（exogenous）するのではない。そうではなく、問題は、法制度がその供述を利用するのに大きく依拠している範囲でこれらのルールに決定的に依拠していることにある。もし原供述者が、彼女（原供述者）がその供述をするとき、それは何らかの訴訟において役割を果たさないであろうことを正確に理解しているのであれば、そのときその供述は証言的なものであるとは容易に考えられえない。これに対し、もし原供述者が、彼女の供述は公判で提出されるであろうことを正確に理解しているのであれば、そのときこの供述は確かに証言的であると思われる。それ故、先に示唆したように、後に事実認定者に提示されるべき供述をすることに対し法制度によって記述されている公式性（formalities）の下で公判外供述をする者に〝証人〟の定義は拡大されなければならない。

さて公判外でなされた供述——定められた手続きの下でなされなかった公判外供述を含む——が自由に事実認定者に提示され、そして事実認定者はそのような供述を検討する際に生の証人として原供述者によって法廷でなされた証言を検討する際に課せられるよりも大きな制約を課せられていない制度を考えてみよ。さらに法廷で証言しないあるいは証言できない原供述者が——あるいは口頭であるいは書面で、当局に対し、あるいはその供述の伝達を委ねる誰かに対し——当該供述は公判で事実認定者に提示されるであろうことを予期して進んである供述をするとせよ。そのような人物は古代アテネまたは中世ヨーロッパ大陸——または現に現在のアメリカ——の制度における公判外の宣誓証人（deponent）と全く同様に証人であると私には思われる。確かに、州は検察官として特定の供述の準備または記録に参加していなかったかもしれない。しかし、裁判制度（adjudicative system）は、非公式な方法で証言する広汎な余地（leeway）を原供述者に与えているのである。（脚注122）

裁判制度は、もちろん、対面権違反とならない手続きおよび証拠法則を確立すべきである。しかしながら、もしこれらの法則が公判で用いられるであろうことを正確に予想（anticipation）して一定の種類の公判外供述をすることをある人に認めるのであれば、このような制度は対面権の侵害を招くことになろう。（脚注123）

それ故、私は、被告人がそれに関して反対尋問する十分な機会を有していなかった供述を許容することによって対面権が侵害されたかどうかを判断するために、理論的には、次のことが相当な方法であると考える。まず、たとえ対面の機会が欠けていたとしても当該供述は公判で許容されうると理論的に仮定せよ。次に、そのような状況下において原供述者の立場に置かれた人物であれば公判で提出されるであろうことを予想して当該供述をしたとみなされるべきであるかを問うてみる。もしその答えが肯定的であれば、そのとき原供述者は対面条項の趣旨で証人であるとみなされるべきである――そうでなければ、彼女は証人として効果的に行動できるけれども依然として（yet）対面を回避しうることになるからである。（脚注125）

（脚注122）　バーガ（Berger）教授は、検察官の関与を彼女の対面条項の分析の試金石としていることに注意されたい。これに対し、このエッセーは、当該供述が証言的であるかどうかの問題を試金石とする。この二つの概念には、完全ではないが、密接な一致がある。この第Ⅳ部において論じたように、若干の供述は、たとえ検察側官憲がその準備にかかわりがなかったとしても証言的である。また政府の職員によって獲得された若干の供述は、証言的でない、すなわち、コンスピラシーの過程で覆面捜査官によって共謀者から獲得された供述は、その一例である。バーガ教授は、彼女がそれを定義しようとする対面条項の範囲内で、原供述者が提出されるか録画録音された子供の原供述者による供述のように〝特別の手続き〟に従ってなされたものでない限り、当該供述の排除を要求する。若干の文脈下においては、バーガ教授のアプローチは、ここで提示されたそれと同じように、反対尋問の機会が欠けておれば絶対的な排除の権利を提供することになろう。

（脚注123）　私は予想という言葉で述べているが、その最も広義の意味において同意語（synonymous）である意図（intent）についても述べることができる。ある人が（彼女自身）の行動の予想された結果を意図して、公判であるとその前であるとを問わず、彼女の希望がどのようなものであれ、そして彼女が彼女の供述は検察側によって公判で提出されるであろうことを予想しておれば、その人は証言的に行動している（acts testimonially）と私は考えている。

（脚注125）　私のアプローチは若干の点において【18】ホワイト判決においてアミカス・キュリーとして合衆国（検察側）が提案したものと酷似している。ホワイト判決三六四頁（トマス裁判官一部同調意見）をも見よ。

その答えは、若干の供述に関しては、たとえそれらが宣誓されずにまたは当局になされたものでなかった（not sworn or made）としても、肯定されうる。次のような状況を考えてみよう、ある女性が非公開の避難所（private shelter）でカウンセラーに対し彼女は強姦されたと話す、カウンセラーは次のように述べる、すなわち、

どうかわれわれに供述をして下さい、われわれはそれをビデオテープにとり検察官に送ります、検察官事務所はそれを公判であなたの攻撃者に対する検察側の主張立証の礎石として用いるであろうと私は予想しています、検察官はあなたを証人として喚問しなくてもよいでしょう、そのようなことは（最高裁がトマス―アマールの対面条項の見解を採用して以来）必要ではないからです。被告人はあなたを喚問するかもしれません――しかし、それは彼が敢えてそうした場合に限られており、かつあなたが利用可能であるときに限られています。法が関与する限り、あなたにはそのことを必要とされません。

あゝ、ところで、あなたは宣誓の下に供述していないので検察官があなたを偽証罪で訴追することについて心配はいりません。

このような状況下において、もし告発者が供述をしてそれが実際に公判に提出されたのであれば、その供述は当

局になされたものでも、彼らの煽動（instigation）によるものですらなく、宣誓下でなされたものでないにもかかわらず、彼女は証人として行動しているのは明らかと思われる。彼女は法的制度が受け容れている方法で証言を提供している、すなわち弁護人（counselor）は実質的に原供述者の代理人の導管（conduit）として行動している。原供述者が彼女自身の供述は証言的に用いられることを予想しかつそのことを希望しており、そして彼女は彼女の聞き手を彼女と当局の間の仲介者（intermediary）として利用している、少なくともそのような事案において当該供述は明らかに証言的であるとみなされるべきであると私は信じている。

当該供述は宣誓下になされていないということは、それを証言的でないとするものではないし、被告人にその権利が与えられている保護を減少すべきであるとするものでもない。証人は虚偽供述のリスクに自らをさらすことなしに証言することはないであろうという若干の保障を提供することで宣誓は被告人に与えられた保護の一つである。当該供述が証言的意図でなされたものであると仮定すれば、宣誓の欠如は問題の一部である、すなわち、それを他の決定的問題——反対当事者の吟味の機会の欠如——のある告発的供述（accusatory statement）を証拠として許容する口実にすべきでない。

それ故、告発人（complainant）を宣誓下に反対尋問にさらされる証人として喚問することなしにビデオテープを提出することが検察側に認められるのであれば、対面条項は大きく侵食されるのは明らかと思われる。

このような仮定による供述よりもはるかに公式になされたものでない若干の供述であっても、対面条項の趣旨で証言的とみなされるべきものがある。トマス-アマールの対面の概念（Thomas-Amar conception of the clause）が援用され続けると仮定すると、私的な当事者になされた供述は対面条項の中に入らないことになろう。そうすると、専門的な弁護人の助言なしになされたものであっても、多くの原供述者は、検察側に伝達されて公判で用いられるであろうことを予想して、かつ被告人と対面する必要なしに宣誓下に証言することとすらせずに、私的な当事者に供述を提供できることを認識することになろう。

私は、トマス裁判官やアマール教授によって唱導された限界を越えた〝証人〟の文言のこのような拡大は若干の難しい事実判断を迫られることを認識している。このことは特段厄介ではない、多くの健全な法規則がしていることである、そして大半の事案において証言的意図の問題は全く明らかであろう。もっとも、仮定的な前提（当該供述は対面がなくても公判で証拠として許容されうる）を除去し、それを原供述者の予想に関するやや広汎な問題に置き代えることによって幾分なりとも合理化（streamlined）された類似のアプローチを用いることはおそらく価値のあることであろう。このアプローチの下において、彼女（原供述者）が供述をするとき当該供述は犯罪の訴追または捜査において用いられるであろうことを予想していたのであれば、原供述者は証人として行動したとみなされるべきである。このアプローチは、先に述べたそれよりも分析的ではないが、実際上はそれと極めて接近しておりそれよりも実に簡単に適用できる。

私はまた、大まかな（thumb）二、三のルールを提供できる。そのことを知りつつ犯罪活動を述べるために当局になされた供述は、ほとんど常に証言的（testimonial）である。犯罪の被害者であると主張して当該犯罪の様子を語る人によってなされた供述は、当局になされたかどうかにかかわりなく、通常、証言的である。短い期間の間に犯された犯罪の事案において当該犯罪が犯される前になされた供述は、ほとんど確実に証言的でない。犯罪の企図において一人の参加者によってその企図を促進するためになされた他の者への供述は、証言的でない。そして通常のビジネスに取り組む過程においてなされた人の供述や犯罪行為が発生した前になされた供述や犯罪活動について述べているとの認識なしになされた供述は、いずれも証言的でない。

要するに、〝証言〟という言葉は公式化された供述、あるいは当局に直接なされた供述に限定されるべきではないと私は考えている。裁判制度が対面を回避する非公式な方法で証言する証人を事実上招来しない（not effectively invite）ことを確保するためにやや控え目だがより広い定義が必要である。このような定義は時には困難な事実問題を生じるであろう――しかし、それは周知のように基本的権利を保護する際に容認できる問題である。

## 第三節　結　論

このエッセーにおいて私は、証言的意図でなされたその他の供述と同様、法廷での証言および当局に提供された宣誓された証言的供述（sworn testimonial statements）に対面条項が適用される構造を提示してきた。この構造の下で、もしある供述が対審条項の範囲内に入ると、その保護は重要な意味（meaningful sense）において絶対的（absolute）である。当該供述は、被告人が証人と対面する十分な機会を有していない限り、被告人に不利に許容できない。証人の利用不能は当該供述を対面条項の要件から除去するものではないし、当該供述の推定された信頼性を除去するものでもない。

私が〝証人〟という文言に帰属させようとした比較的限定的な範囲とは別に、いずれも完全に開発（exploited）されたものではないが、すでに十分に確立している二つの法理がこのルールの明確な厳格性を軽減することになろう。第一、少なくとも証人が後に公判で証言するのに利用不能になったとしても、反対尋問の機会は公判前に満たしうる。第二、被告人自身の不正行為が証人と対面できない原因であれば、被告人は対面条項を援用できない。

私が主張するこのような構成は、強固な（robust）対面権を導くことになろう。それは、わが法制度の基本的前提――検察側は、被告人が証人を尋問する十分な機会を有していない限り、そのように用いられるであろうことを意図してなされた供述を被告人に不利な証拠として提出できない――を反映している。これは輝線ルールを明らかにしている、しかし、慎重に適用されれば、理に適った結果をもたらす。さらに、それは対面権をその適切な範囲である、証言的供述をして証人として行動する者に限定している。それ故、それは、明らかに広大な伝聞法の沼地(morass)とは異なるのである。

# 第五章　クロフォード判決（二〇〇四年三月八日）

本判決（Crawford v. Washington, 541 U.S. 36）は、妻シルヴィアから知人に強姦されそうになったと聞知した被告人が妻とともにその知人のアパートに押しかけ口論中に彼を刺したとして暴行および殺人未遂で起訴されたため本件負傷に至る重要証人である妻の警察への公判外供述の許容性が争われた事案につき、一九八〇年の【10】ロバツ判決の判断基準の下で許容されるとの検察側の主張を退けロバツ判決を変更したうえで、第六修正の証人対面権の及ぶのは原供述者の〝証言的供述（testimonial statements）〟に限られると判示して原判決を破棄したものである。

以下、やや複雑な事実関係については簡単に触れるにとどめ、判旨については特に重要と思われる部分を改めて取り上げることとする。

## 第一節　事実の経緯

1　M・クロフォード（X）は妻シルヴィア（S）を強姦しようとした知人リー（L）を刺したとして逮捕され殺人未遂等で起訴された。公判でSは、他の配偶者の同意なしに配偶者が証言することを一般的に禁止するワシントン州法上の配偶者特権を理由に証言しなかった。そこで検察側は、本件刺傷に至る状況に関するSのテープ録音された警察への供述を提出しようとした。SはXをLのアパートに連れて行ったことは認めていたためLへの本件攻撃を容易にしたことを理由にワシントン州証拠規則第八〇四条(b)(三)の〝刑事上の利益に反する供述の伝聞例外〟を援用したのである。これに対しXは、この供述証拠を許容するのは〝自己に不利な証人と対面する〟連邦憲法上の権利を侵害すると反論した。公判裁判所はいくつかの理由を挙げて当該供述を許容した。すなわち、それは〝正当と認められる報復（justified reprisal）〟として行動したという夫の供述を裏付けている、彼女（妻S）は目撃証人として直接の知識を有しており、彼女は〝中立の〟法執行官によって取り調べられていたなどいくつかの理由を挙げて許容したのである。検察側は陪審に録音テープを聞かせ、それはXの正当防衛の主張を〝完全に論駁〟した破滅的証拠であると主張した。陪審はXを暴行罪で有罪とした。

控訴審はこれを破棄した。Sの供述は特段の信頼性の保障を有しているかを判断するのに控訴審は九要素の基準を適用し、なぜ特段の信頼性の保障がないかにつきいくつかの理由を指摘した。すなわち、当該供述は彼女（S）が以前にした供述と矛盾していた、それは特定の質問に応じてなされたものであった、そしてある点で彼女はXがLを刺している間に目を閉じていたことを認めていたと指摘したうえで、S供述はX供述と重なり合って（interlocked）いる範囲において両者の供述は一致しているからS供述は信頼できるという州の主張を退けた。両者の供述は、XがLを刺すに至った出来事に関しては一致しているけれども正当防衛という決定的争点に関しては異なっていると判断したのである。

ワシントン州最高裁は、有罪判決を回復した。S供述は深く根を下ろした伝聞例外には該当しないけれども信頼性の保障がある、すなわち〝共同被告人の自白が事実上被告人の自白と同一であるとき〟それは信頼できる、すなわち〝控訴審は当該供述は矛盾していると結論したけれども、より綿密に検討すると、それらは重なり合っている〟というのである。

これに対し合衆国最高裁は、検察側によるシルヴィア（S）供述の利用は対面条項に違反するかを判断するために上告受理の申立てを容れ、七対二で【10】ロバツ判決を変更したうえで、全員一致で原判決を破棄差し戻した。なお、法廷意見の執筆はスカーリア裁判官である。

## 第二節　法廷意見

**2**　第六修正の対面条項は〝すべての刑事訴追において被告人は自己に不利な証人と対面する権利がある〟と規定している。この基本的な手続的保障は連邦と州の訴追の両者に適用されるとわれわれは判示してきた。【3】ポインター判決。【10】ロバツ判決は、利用不能の証人の公判外供述はそれが十分な信頼性の徴憑を示している限り――すなわち〝深く根を下ろした伝聞例外〟に該当するか〝信用性の特段の保障〟がある場合――許容できると述べている。申立人（X）は、この判断基準は対面条項の原意（original meaning）から逸脱していると主張し、われわれにそれを再検討することを求めている。

**A**　憲法の文言だけではこの問題は解決しない。被告人に〝不利な証人〟とは、公判で実際に証言する者、その供述が公判で提出される者、あるいはその中間にある何者かであると読むことができる。それ故、その意味を理解するにはこの条項の歴史的背景に目を向けなければならない。

自己の告発者と対面する権利はローマ時代に遡る概念である。しかし、この概念に関する建国世代の直接的な源はコモンローだった。イギリスのコモンローは、証人が刑事裁判で証言する方法に関し大陸法（continental civil law）とは異なっていた。コモンローの伝統は相手方の吟味（adversarial testing）にさらされる法廷での生の証言のそれであった。他方、大陸法は司法官（judicial officers）による非公開の尋問記録を容認する（condones examination in private）。

それにもかかわらずイギリスは、大陸法のやり方の要素を時に採用した。治安判事（justices of the peace）その他の官吏が被疑者（suspects）や証人を公判前に尋問した。これらの尋問記録は時には生の証言に代えて法廷で読み上げられた、このやり方に対して被告人（the prisoner）から、自己の告発者すなわち彼に不利な証人を自己の面前に直接引致せよという要求がしばしばなされた。若干の事案においてこれらの要求は退けられた。

公判前の尋問記録は、一六世紀のメアリ女王時代に成立した二つの制定法によって次第に日常的となった。メアリ女王時代の保釈および収監法（bail and committal statutes）は、重罪事件で被疑者と証人を尋問しかつその結果を裁判所に知らせることを治安判事に要求していた。尋問の当初の目的が公判で許容される証拠を提出させることであったというのは疑わしい。しかし、当初の目的がどのようなものであったにせよ、それらは若干の事案において証拠として用いられるようになり大陸法の手続きがその結果として採用されるに至ったのである。

大陸法の尋問記録に関する最も悪名高い著名な例は一六世紀および一七世紀の大きな政治裁判で生じた。そのような一つの例は大逆罪に対するサー・ウォルター・ローリ（Sir Walter Raleigh）の一六〇三年の裁判だった。ローリの共犯者と称するコバム伯（Lord Cobham）は枢密院での尋問および一通の手紙で彼を巻き込んでいた。これらがローリの裁判で陪審に読み上げられた。ローリは、コバムが〝自己自身を救うために嘘をついている、コバムは王の慈悲による完全な赦免を求めている、すなわち私を赦すことは彼の役に立たない、私を非難することによって彼は恩恵を期待している〟と主張した。コバムが（前言を）取り消すことを疑っていたローリは、〝コモンローの立証は証人および陪審によるものである、コバムをここに呼びつけ、彼にそのことを語らせよ、私の面前に私の非難者を召喚せよ〟と主張した。裁判官たちはこれを拒否し、そして〝スペイン式糺問手続き（Spanish Inquisition）によって〟裁判にかけられているとのローリの抗議にもかかわらず、陪審は有罪と認定し、そしてローリは死刑を宣告されたのである。

ローリの公判にかかわった裁判官の一人は後に〝サー・ウォルター・ローリの断罪ほどイギリスの正義（裁判）が価値を下げ（degraded）傷つけられたことは一度もなかった〟と後悔した。一連の制定法および司法改正を介してイギリス法は、このような濫用を制約する対面権（a right of confrontation）を発展させた。例えば、大逆罪法は、証人に彼の罪状認否手続き（アレインメント）で被告人と〝直接（face-to-face）〟対面することを要求した。裁判所は、他方、証人が自ら証言できないことが立証されたときに限り、尋問記録（examinations）を許容する比較的厳格な利用不能のルールを発展させた。何人かの権威者も、被疑者の自白は彼に対してのみ不利に用いられうるのであり、彼が巻き込んだ他の者に不利に用いられないと述べている。

繰り返し生じている問題は、利用不能の証人の公判前の尋問記録の許容性は被告人に彼（その証人）を反対尋問する機会のあったことに依拠するかであった。王座部裁判所は一六九六年、広く報ぜられた文書による軽罪の名誉毀損事件であるペイン判決（King v. Paine, 87 Eng.Rep. 584）において、この問題に肯定的に答えた。たとえ証人が死亡していたとしても〝市長の面前でそれが採取されたときに立ち会っていなかった被告人が反対尋問の利益を失っていた〟場合には彼の尋問記録は許容できないと判示した。この問題は、サー・ジョン・フェンウィック（Sir John Fenwick）に対する私権剥奪（bill of attainder）に関する悪名高い裁判の手続中にも詳しく論じられた。フェンウィックの弁護人は、フェンウィックには反対尋問する機会がなかったことを理由に行方不明となっていた証人の尋問調書を許容することに反対した。〝彼らが提出しようとしているのは証人が取り調べられたときに宣誓してなされたものであるが、そのときに立ち会っていなかったフェンウィックにその人物を反対尋問する機会が与えられていなかったのであるから、これを証拠として提出することはできないと考える〟として反対したのである。それにもかかわらず、コモンローのルールは議会の私権剥奪手続きには適用されないという意見が何度も述べられた後でこの尋問記録は僅差で許容されてフェンウィックは断罪されたが、このような手続きは〝反対尋問の権利を保障するルールの決定的重要性の一般的な認識の中で燃え尽き（burned into）なければならなかった。〟3 Wigmore §1364, at 22. メアリ女王時代のスペイン判決は以前の反対尋問の機会を要求するルールをコモンローの問題として確立したが、制定法は尋問記録が許容される状況を明らかにしていなかったので、以前の反対尋問の機会は要求されていないと考える者もいたからである。このような見解を明らかにした多くの者は、これらの制定法はコモンローから逸脱していることを認めていた。それにもかかわらず、一七九一年（第六修正が制定された年）頃には裁判所は、この反対尋問のルールを重罪事件での治安判事による尋問記録に対してであっても適用していた。一九世紀初頭になると学術書（treatise）もこの要件を確認している。連邦議会がこの要件を明示するために一八四八年に制定法を修正したとき、この変更（change）はすでに被告人に与えられていたことを〝法の衡平上の解釈によって（by the equitable construction of the law）〟〝文言に導入された〟にすぎなかったのである。

**B**　議論の的になる尋問記録の慣行は、英領植民地においても利用されていた。一八世紀初期において、例えばヴァージニア植民地議会は〝いくつかの委員会に私的に発せられた特定の人に不利な一方的な（*ex parte*）証人を尋問〟することに対し知事に抗議した、〝非難された人はその中傷者（defamers）と対面したり彼らに対し自己を防御することが認められていない〟と主張して抗議したのである。革命（一六八八―八九年）の一〇年前にイギリスは、印紙条例犯罪に関する管轄権を海事法廷（admiralty courts）に与えた、同法廷はコモンローの手続きよりも大陸法（civil law）に従っており、それ故、証言録取書や非公開の裁判官尋問（private judicial examination）による証言を日常的に採用していた。植民地の代表者たちは、印紙条例は昔からの限界を越えて海事法廷の管轄権を拡大することによって彼らの権利を破壊（subverted）しているとして抗議した。ジョン・アダムズは、ある著名な海事法廷事件で一人の商人を弁護した際に〝質問書面手続き（Interrogatories）に基づいた証人の尋問は大陸法によるものにすぎない。質問書面手続きはコモンローに知られておらず、イギリス人およびコモンロー法律家たちはそれを禁忌（abhorrence）したとまでいえないにしても、それらを嫌悪している〟と主張した。

革命期頃に採用された権利の宣言の多くは、対面権を保障していた。ヴァージニア、ペンシルバニア、デラウェア、メリーランド、ノース・カロライナ（以上、一七七六年）、バーモント（一七七七年）、マサチュセッツ（一七八〇年）、ニューハンプシャー（一七八三年）。ところが、提案された連邦憲法はそうではなかった。マサチュセッツ州での憲法批准会議でアブラハム・ホウムズ（Abraham Holmes）は、大陸法の実務に導くものであるという理由でこのような欠落に抗議した。すなわち〝裁判の方式は全く未決定である……［被告人］が証人に対面することを認められ、そして反対尋問の利益を有するかどうかについてわれわれはまだ告げられていない……。スペインの異端審問裁判所（Inquisition）のような不幸なものでない裁判所を設立できる権限をわれわれの議会は有している〟として抗議したのである。同様に、ある著名な反連邦主義者は連邦農民（Federal Farmer）という匿名で〝書面証拠（written evidence）〟の使用を非難した。すなわち審判者の面前における証人の反対尋問ほど不可欠なものはない。書面証拠はほとんど役に立たない、それはしばしば一方的に採取されるに違いない、真実の正確な発見に導くのはごく稀である〟と非難したのである。第一回連邦議会は、憲法の提案時に対面条項を挿入することによってこれに応じた、そしてこれが第六修正として成立したのである。

初期の州判決もコモンローの権利の理解に光を投げかけている。第六修正の採用の僅か三年後に言い渡された一七九四年のノース・カロライナ州判決は、証言録取書は被告人のいるところで作成されたものに限り被告人に不利に読み上げることができると判示している。

同様にサウス・カロライナ州最高裁は一八四四年、被告人の不在中に検視官（coroner）によって作成された証言録取書を排除した。〝確立されたコモンローのルールに従って問題を決定すべきであるというのであれば、反対の声はありえない、証人の死亡にもかかわらず、かつ証言録取書を作成する裁判所への尊敬がどのようなものであるにせよ、そのような証言録取書は一方的（*ex parte*）であり、全く許容性がないからである〟と判示した。同裁判所は、州憲法によって黙示的に保障されている〝不可欠な要件〟の一つは、〝検察側（prosecutions）は被告人によって対面されかつ彼の直接尋問（personal examination）にさらされた証人によって被告人の有罪を獲得しなければならない〟ということであると述べている。

多くの他の判決も同旨である。初期の判例の中には、たとえ被告人が反対尋問する従前の機会があったとしても、以前の証言は刑事事件において許容できないと判示したものすらある。ほとんどの裁判所はこのような見解を退けたが、許容性は反対尋問する従前の機会があったことに依拠していることを再確認後にこのように判示しているのである。一九世紀の体系書（treatises）はこのルールを確認している。

**3**　このような歴史は第六修正の意味に関する二つの推論を裏付けている。

**A**　第一、対面条項が向けられた主たる悪弊（principal evil）は大陸法の刑事手続きの方法、とりわけ一方的な尋問記録（examinations）を被告人に不利な証拠としての使用であった。国王（Crown）側がローリのような悪名高い大逆罪の事案で展開し、メアリ女王期の制定法がもたらし、そしてイギリス法の対面権の主張が禁止されようとしたのは、まさしくこのようなやり方であった。第六修正はこのような点に留意して解釈されなければならない。

したがって、われわれは再度、対面条項は公判での証言だけに適用され公判で提出された公判外供述へのその適用は〝当時の証拠法に依拠する〟という見解を退ける。公判外供述の規制を証拠法に委ねるのは、きわめて悪辣な糺問主義的な慣行であってもそれを防止するのに対面条項を無力とすることになろう。ローリは、結局、コバムの自白を法廷で読み上げる者（複数）と全く自由に対面していたのである。

この焦点はまた、すべての伝聞が必ずしも第六修正の核たる関心事にかかわるものでないことを示唆している。ふと耳にした即座の所見（an off-hand overheard remark）は信頼できない証拠であり、それ故、伝聞法則の下で排除するための適切な候補であるかもしれない。しかし、それには対面条項が的とした大陸法の悪弊との類似性はない。他方、一方的な尋問記録は時には現代の証拠法則の下で許容されうるかもしれないが、憲法制定者はそれらを容認することはないであろう。

対面条項の文言はこの焦点を反映している。それは被告人に不利な〝証人〟――換言すると〝証言をする（bear testimony）〟者に適用される。〝証言〟は、また典型的に〝何らかの事実を確証ないし立証する目的でなされた厳粛な宣言ないし確約である。〟政府の職員（government officer）に正式の供述をする告発者（accuser）は、知人に何気ない話をする人はそうでないという意味で証言をしている。憲法上の文言は、それ故、コモンローの対面権の基礎にある歴史と同様、公判外供述の特定の類型へのとりわけ強い関心を反映しているのである。

この核心にある〝証言的〟供述の類型に関し種々の公式（formulations）が存在する。すなわち、〝法廷での一方的な証言またはそれに機能的に相当するもの――すなわち、被告人が反対尋問できなかった宣誓供述書、身柄拘束中の尋問、以前の証言、または原供述者が検察官によって利用されるであろうと合理的に期待する類似の公判前の供述のような素材（material）〟、〝宣誓供述書、証言録取書、以前の証言、または自白のような公式化された証言的素材に含まれている……公判外供述（extrajudicial statements）〟【18】ホワイト判決三六五頁（スカーリア裁判官参加のトマス裁判官一部同調意見）、〝当該供述は後の公判で使用するために利用されるであろうことを客観的な証人に合理的に信じさせる状況下でなされた供述〟アミカス・キュリー。これらの公式化（明確な記述）はすべて共通の核心を共有し、それを取り巻く抽象的概念の種々のレベルで対面条項の適用範囲を定義している。正確な表現（the precise articulation）にかかわりなく、若干の供述――例えば、予備審問時での一方的な証言は、いかなる定義の下でも許容される（qualify）。

取調べの過程で警察官によって採取された供述もまた限定的な基準の下においても証言的である。警察の取調べはイギリスでの治安判事による尋問記録（examinations）と酷似している。そこでの供述は宣誓された証言ではないが、宣誓の不存在は決定的でなかった。コバムの尋問記録は宣誓されていなかったが、それでもローリの裁判は古くから典型的な対面違反と考えられていた。メアリ女王期の制定法の下で証人は一般に宣誓させられたが、被疑者（suspects）はそうではなかった。ところがホーキンズ（Hawkins）等は、そのような無宣誓自白は自白者本人以外には不利な証拠として許容されないと警告していたのである。

取調官（interrogators）は治安判事でなく警察官であるということも状況を変えるものでない。メアリ女王期の制定法の下で尋問をした治安判事は、今日われわれが理解している治安判事ではなかったが、本質的に捜査および訴追機能を有していた。イギリスには一九世紀まで職業的な警察組織はなかったので、主として警察とかかわりのある捜査機能を他の政府職員が果たしていたというのは驚くことではない。政府職員の証言的証拠の提出へのかかわりは、その職員が警察官であるか治安判事であるかを問わず同一の危険を示している。

要するに、たとえ第六修正が単に証言的伝聞だけにかかわるものではないとしても、それがその主たる目的であり、法執行官による取調べはまさに（squarely）この類型に入るのである。（脚注4）

（脚注4）　われわれは、この取調べ（interrogation）という文言を何らかの技術的な法的意味ではなく口語体（in colloquial）で用いる。Cf. Rhode Island v. Innis, 446 U.S. 291, 300-301（1980）.〝証言的〟について種々の定義が存在するのと同じく、〝取調べ〟についても種々の定義を考えることができる、そしてわれわれは本件において、それらのどれかを選択する必要はない。組織化された（structured）警察の取調べに応じてそれと知りつつなされた（knowingly given）シルヴィア（S）の記録された供述は、どのような定義の下でもその資格がある（qualifies）。

**B**　歴史的記録はまた第二の提言、すなわち憲法制定者は公判に出頭しなかった証人の証言的供述（testimonial statements）の許容性を、証言するのに彼が利用不能でかつ反対尋問する従前の機会を被告人が有していた場合を除き、認めなかったであろうということを裏付けている。第六修正の文言は裁判所によって発展されるべき対面要求のいかなる無制限の例外（any open-ended exceptions）も示唆していない。むしろ〝自己に不利な証人と対面する権利〟は憲法制定当時に確立していた例外だけを認めるコモンローでの対面権に言及したものと解釈するのが最も自然である。【2】マトックス判決二四三頁を見よ。イギリスの上記判例（authorities）が明らかにしているように、一七九一年においてコモンローは不在（出頭していない）証人の尋問記録の許容性を利用不能および反対尋問する以前の機会を要件としていた。第六修正は、それ故、これらの制約を具体化している。同一の基準を適用した初期の多くの州判決は、これらの原理がこの国においてコモンローの一部分（part）として受け入れられていたことを確証している。

われわれは、反対尋問する以前の機会は証言的供述の許容性に対する必要（条件）というよりも単に十分（条件）にすぎなかったと述べているものとして歴史的源を解釈しない。この要件は決定的であり、そして信頼性を確証するいくつかの方法の単なる一つの方法でなかったことをそれらは示唆している。このことは、首席裁判官が指摘するように、伝聞証拠排除の〝一般的なルールの例外は常にあった〟ことを否定するのではない。しかし、刑事事件において被告人に不利な証言的供述を許容するために例外が援用（invoked）されたという証拠は乏しい。伝聞例外のほとんどは、その性質上証言的でない供述——例えば、商業記録やコンスピラシーを推進するためになされた供述——を取り扱っていた。このようなことから憲法制定者は以前の証言に対してであっても例外を適用していたであろうことをわれわれは推論しない。【20】リリー判決一三四頁（刑事被告人を巻き添えにする共犯者の自白は深く根を下ろした伝聞例外に該当しない）参照。

4　われわれの判例法は大部分これらの二つの原理と一致している。われわれの指導的な初期の判例は、例えば、故人である証人の以前の公判証言にかかわりがあった。【2】マトックス判決。当該供述を許容することを認めた際にわれわれは、被告人が最初の公判で証人を反対尋問する十分な機会を有していたという事実に依拠した。すなわち〝憲法上の保護の実質は、被告人が証人に一度面と向かって接し、そして彼を反対尋問の試練にさらしたことで被告人に有利に保持されている。このことは、法が述べているように、彼はいかなる状況においても……奪われないのである。〟

われわれのその後の判例は、以前の公判または予備審問での証言は原供述者が反対尋問する十分な機会を有していたときに限り許容できるとのマトックス判決と一致している。【9】マンクーシ判決二一三―二一六頁、【7】グリーン判決一六五―一六八頁、【3】ポインター判決四〇六―四〇八頁を見よ。被告人がそのような機会を有していた場合であっても、検察側が証人の利用不能を立証しなかった場合にはわれわれは当該証言を排除してきた。【5】バーバ判決七二二―七二五頁を見よ。われわれは同様に、被告人が反対尋問する機会を有していなかった場合に共犯者の自白（accomplice confessions）を排除した。Roberts v. Russel, 392 U.S. 293, 294-295 (1968) (*per curiam*)、【6】ブルートン判決一二六―一二八頁、【54】ダグラス判決四一八―四二〇頁を見よ。これとは対照的に（in contrast）、問題の伝聞供述が証言的でないとき、われわれは反対尋問のための以前の機会以上に（beyond）信頼性の要素を考慮した。【8】ダットン判決八七―八九頁（相対的多数意見）を見よ。

われわれの最近の判例であっても、それらの結論において、伝統的な筋道に正確に従っている（hew closely）。

【10】ロバッツ判決六七―七〇頁は、被告人が証人を尋問したことのある予備審問での証言を許容した。【20】リリー判決（前出）は、被告人が反対尋問によって吟味する機会を有していなかった証言的供述（testimonial statements）を排除した。そして【13】ブルージェイリー判決一八一―一八四頁は、ＦＢＩの情報提供者に対して無意識にした供述につき以前の反対尋問を不可欠な要件としないより一般的なテストを適用した後でこれを許容した。

州（検察側）が依拠する【12】リー判決もこれと矛盾しない。同判決でわれわれは、共犯者の自白（an accomplice confession）を許容しようとした州の主張を退けた。当該自白は被告人のそれと〝重なり合っている〟ことを理由にそれは許容できると州は主張した。われわれは〝供述間の矛盾が取るに足らないものでない（not insignificant）とき共同被告人の自白は許容できない〟と判示し、その前提を退けることによって州の主張を処理した。被上告人は、〝この判示部分の論理的推論は供述間の矛盾が取るに足らないとき共同被告人の供述は許容されうるということである〟と主張する。しかし、これは単なる可能的推理であり、不可避的推理ではない、そしてわれわれは本件でその線引きをしない。たとえリー判決が重なり合った自白に対する例外――今まで当裁判所の判例にとって不知であった――を権威的に宣告する意図を有していたとしても、そのような遠回しの方法でそのようにすることはなかったであろう。重なり合った自白に関するわれわれの唯一の先例は、被告人自身の自白を共同審理で彼に不利に許容することから生ずる共同被告人への偏頗を限定説示で治癒できるかという全く異なった問題に言及していた、Cruz v. New York, 481 U.S. 186（1987）によって廃棄（abrogated）された、Parker v. Randolph, 442 U.S. 62, 69-76（1979）を見よ。

われわれの判例は、それ故、憲法制定者の理解に忠実であり続けている。すなわち公判に欠席している証人の証言的供述が許容されるのは、原供述者が利用不能でかつ被告人が反対尋問する従前の機会を有していた場合に限られているのである。

5　われわれの判断の結論は一般的に対面条項の原意に忠実であったけれども、同じことをわれわれの理由付け（rationales）については言うことはできない。ロバツ判決は、すべての伝聞証拠の許容性をそれが〝深く根を下ろした伝聞例外〟に該当するか〝信用性の特段の保障〟を有しているかを条件とする。この基準（test）は、二点において以上で明らかにした歴史的原理から離れている。第一、それは余りにも広汎にすぎる、すなわちそれは当該伝聞が一方的な証言から成るか否かにかかわらず同一の分析方法を適用している。このことはしばしば同条項の核心にある関心事からはるかに離れた事案において綿密な憲法上の吟味がなされることになる。それと同時に、しかしこの基準は余りにも狭い、すなわち、それは単なる信頼性の認定だけで一方的な証言から成るにすぎない供述を許容する。このような柔軟な基準では典型的な（paradigmatic）対面違反をしばしば防止できなくなる。

当裁判所の構成員および学者（academics）は、同条項の当初の理解をより正確に反映するためにわれわれの法理（doctrine）を修正することを提案してきた。例えば、【20】リリー判決一四〇―一四三頁（ブライアー裁判官の同調意見）、【18】ホワイト判決三六六頁（スカーリア裁判官参加のトマス裁判官の一部同調意見）、A. Amar, The Constitution and Criminal Procedure, 125–131（1997）; Friedman, Confrontation: The Search for Basic Principles, 86 Geo.L.J. 1011（1998）. 彼らは二つの提案をする。すなわち、第一、われわれは対面条項を証言的供述にのみ適用し、その残りを伝聞法による規制に委ねる――それ故、以上で言及した過度の広がりを除去する。第二、以前の反対尋問の機会がない、証言的である供述に対する絶対的障壁を設ける――それ故、以上で言及した過度の狭さを除去する。

われわれはホワイト判決三五二―三五三頁において、第一の提案を検討し、そしてそれを退けた。われわれの本件での分析はこのような判示に疑問を投げかけているけれども、それが本日のわれわれの判決によって生き残る（survives）かを決定的に解決する必要はない、シルヴィア・クロフォード（S）の供述はいずれの定義の下でも証言的であるからである。本件は、しかし、第二の提案とは正面からかかわりがあることを確かに示している。

A　証言的供述が含まれている場合、憲法制定者は第六修正の保護を証拠法則の気まぐれ（vagaries）に、ましてや〝信頼性〟という漠然とした概念に委ねることを意図していたとはわれわれは考えない。以上で論じた判例はいずれも、コモンロー法則に対する一般的な信頼性の例外を認めていない。一人の裁判官によって信頼性があると考えられた供述を許容するのは基本的に対面権と矛盾する。確かに、同条項の最終目的は証拠の信頼性を確保することである、しかし、それは実体的保障というよりも手続的保障である。それは当該証拠が信頼できるということではなく、特定の方法で、すなわち反対尋問の厳しい試練を受けて吟味されることによってそのような信頼性が評価されることを命じている。同条項は、それ故、信頼できる証拠が望ましいこと（desirability）（ほとんど反対されえない点）に関してだけでなく信頼性がどのように判断されるのがベストであるかに関する判断を反映しているのである。

ロバツ判決の基準は、当事者対抗手続きによって吟味されずに裁判官の信頼性判断にのみ基づいた証拠を陪審が耳にすることを認めている。それは、それ故、憲法によって規定された信頼性評価を全く異質なそれに置き替えている。この点において、それは、信頼性評価の代替的手段（a surrogate means）となることを要求していない対面条項の例外とは全く異なる。例えば、不正行為による権利喪失（forfeiture by wrongdoing）のルール（われわれはこれを受け入れる）は、本質的に衡平法上の理由に基づき対面要求を消滅させる。すなわち、それは信頼性を認定する代替的手段であるとは考えられていないのである。【1】レイノルズ判決一五八―一五九頁を見よ。

ローリの裁判それ自体が、ロバツ判決が是認するまさにそのような種類の信頼性判断が含まれていた。ローリによって繰り返された対面の要求に直面した検察側は、ロバツ判決を適用する裁判所であれば今日援用するであろう議論の多くでこれに答えた。すなわちコバムの供述は自己負罪的である、それらは感情にかられてなされたものでなかった、そしてそれらは〝何らかの恩赦の希望ないし約束の下に彼から引き出された〟ものでなかったと答えたのである。憲法制定者のローリ裁判に対する唯一の異議申立ては、ローリの裁判官たちは彼に死刑を言い渡す前にこれらの要素を十分に考慮しなかったということであるというのは相当でない。そうではなく問題は、裁判官たちはローリを法廷でのコバムとの対面――法廷で彼（ローリ）は彼（コバム）を反対尋問して彼の非難（accusation）を虚偽としてあばこうとすることができた――を認めることを拒否したことであった。

証言が明らかに信頼できることを理由に対面なしで済ますのは、被告人は明らかに有罪であることを理由に陪審裁判なしで済ますことと類似（akin）している。このようなことは第六修正が規定していることでない。

B　他の裁判所におけるロバツ判決の遺産（legacy）は、一般的な信頼性の例外を退けた際の憲法制定者の賢明さを明らかにしている。この判断枠組は全く予測できないので、核心的な対面違反に対してであっても有意味な保護を提供しない。

信頼性は、全く主観的なものではないとしても、漠然とした（amorphous）概念である。ある供述が信頼できるかに関連する要素は無数である、すなわち下記の控訴裁判所によって運用された九要素から成る比較衡量テスト（balancing test）がその代表的なものである。ある供述が信頼できるかは、主としてその要素を裁判官が検討して彼がそれらにどれほど多くの重みを与えるかに拠る。裁判所の中には、全く反対の事実に同一の重みを付与するものがある。例えば、コロラド州最高裁は、被告人の自己非難が〝詳細である〟ことを理由により信頼できると判示した。他方、第四巡回区は、他人を巻き込む部分はごく僅かであることを理由に信頼できると認めた。バージニア州控訴裁判所は、被告人がある犯罪で身柄を拘束されある犯罪で告発されていた（それ故、その供述は明らかに彼女の刑事上の利益に反することになる）ことを理由にその供述をより信頼できると認めた。一方、ウィスコンシン州控訴裁判所は、証人が身柄を拘束されておらず被疑者でないことを理由にその供述はより信頼できると認めた。最後に、コロラド州最高裁は、ある事件において争点である事件の〝直後に〟なされたことを理由に信頼できると認めた。他方、同じ裁判所は他の事件において、二年間経過していることを理由にその供述はより信頼できると認定しているのである。

しかしながら、【10】ロバツ判決の容赦できない欠陥は、その予測不可能性にあるのではなく対面条項が明確に排除することを意図していた核心的な証言的供述（core testimonial statements）を許容できるとしていることにある。共犯者の被告人を巻き込む自白はロバツ判決により生き残ることは〝ほとんどない〟という【21】リリー判決での相対的多数意見の推測にもかかわらず、裁判所は日常的にそれらを許容し続けている。最近のある研究によると、リリー判決後も控訴裁判所は、七〇件のうち二五件（三分の一以上）で共犯者の当局に対する供述を許容している。反対尋問の機会が欠如しているにもかかわらず、裁判所は、この種類の明白な証言的供述を許容するためにロバツ判決を援用しているのである。

反對尋問で吟味されていない証言的供述を許容している裁判所の中には当該供述を証言的とするまさにそのような要素において信頼性を認めているものもある。先に指摘したように、ある裁判所は、証人の供述は起訴が未決定の身柄拘束中に警察に対してなされたという事実――このことは当該供述をより明白に刑事上の利益に反する供述とするものであり、それ故、より信頼できるという理論――に依拠していた。他の裁判所は以前の供述は司法手続きにおいて宣誓下になされたという事実に日常的に依拠している。自己非難供述が証言的背景（testimonial setting）下になされたということは、対面問題の解毒剤（antidote）でないばかりか対面条項の要求を最も必要とする引き金である。

**C**　ロバツ判決の欠陥（failings）は、下級審での本件手続きにおいて十分に示されている。シルヴィア・クロフォード（S）は彼女自身が本件での潜在的被疑者であった警察での身柄拘束中に彼女の供述をした。実際、彼女の釈放いかんは捜査がどのように続けられるかに拠ると彼女は告げられていたのである。警察の刑事による度々の誘導的な質問に応じて彼女は、リー（L）の刺傷に彼女の夫を巻き込み少なくとも彼の正当防衛の主張を明らかに

（arguably）掘り崩した。このような事実があるにもかかわらず公判裁判所は、なぜそれが信頼できるかについていくつかの理由を挙げて彼女の供述を許容した。控訴裁判所はそれを破棄する意見の中で、その供述がなぜ信頼できないかにつきいくつかの他の理由を挙げた。最後に州最高裁は専ら同供述の重なり合った性格に依拠して、下級裁判所が検討したそれ以外のすべての要素を無視した。本件は、それ故、ロバッ判決の予測不能かつ矛盾適用の自己充足の実例（self-contained demonstration）である。

各裁判所はまた、反対尋問は巧みに土台を削り取ってしまうことを前提としていた。公判裁判所は、例えば、シルヴィア（S）は出来事について直接知識を有する目撃証人であったことを理由に彼女の供述は信頼できると述べた。しかし、Sはある点で警察官に〝目を閉じていたので争いの部分を実際に見ていなかった〟そして〝ショック状態であった〟と述べていた。公判裁判所はまた、Sは〝法執行官によって質問されていた、それ故、その質問者は彼女にとって中立であり、彼女の利益を促進したり彼女の真実の話を被告人に不利に変える（shade）ような人物ではないと断言する〟ことによってその信頼性の認定を裏付けた。一方的な証言が〝中立の〟政府職員によって引き出されたことを理由にそれを刑事被告人に不利に用いられうることを知ったとすれば憲法制定者は驚いたことであろう。しかし、たとえ警察官の動機に関する裁判所の評価が正しかったとしても、それはSの状況についての彼女の知覚については一切述べていない。反対尋問だけがそのことを明らかにできたのである。

州最高裁は、両供述の重なり合った性質を決定的に重視した。それらは、リーが武器を持っていたか、そしてそれはいつかに関し曖昧だった。二つの供述は同等に曖昧であったという同裁判所の主張は受け入れ難い。中立人（X）の供述は、彼（X）は自己の記憶に関して終始疑問（lingering doubts）を示していたという意味においてのみ曖昧であった。検察官は、Sの供述は曖昧であったという裁判所の見解に明らかに与していなかった。――検察官はそれを［中立人の］正当防衛の主張を十分に論駁する〝決定的証拠〟と呼んでいた。陪審が検察の主張に同意したかどうかを知る術はわれわれにはない。反対尋問の必要性を不要にするどころか、二つの供述の〝重なり合った〟曖昧性のためそれらを吟味して真実を明らかにすることがさらに一層肝要となる。

下級審が信頼性を認定したとき完全な善意で行動したことをわれわれは疑っていない。しかし、憲法制定者は、このような想定にふける（indulge this assumption）ことに満足することはなかったであろう。彼らは、裁判官が他の政府職員と同様、必ずしも人民の権利を守るのに信用できるものではないことを知っていた、あの恐ろしいジェフリー大法官（the dread Lord Jeffreys）のような裁判官は遠い昔の記憶のかなたにあることではなかった、彼らは、余りにも多くの裁量を裁判官の手中に委ねることを嫌悪したのである。われわれは、絶対的（categorical）な憲法上の保障を無制限な比較衡量の基準に置き替えることによって彼らの意図を間違いなく侵害することになる。曖昧な基準は操作可能（manipulable）であり、そのようなことは本件におけるような普通の（run-of-the mill）暴行事件ではほとんど関心を引くことはないであろう、しかし憲法制定者は、政治的に訴追されたローリ裁判のような事案――司法部の最高位にある人であってもその公平性が全く明確でなかった（not be so clear）国事裁判――に注目していたのである。このような状況下にロバツ判決が何らかの意味ある保護を提供すると考えることは難しい。

＊　　＊　　＊

非証言的伝聞が争点である場合、州の伝聞法則の展開に柔軟性を与えるのは憲法制定者の意図と完全に一致している。しかし、証言的供述が争点である場合、第六修正はコモンローの要求、すなわち利用不能と反対尋問のための以前の機会のあることを命じている。「〝証言的（testmonial）〟の包括的な定義を明らかにする努力は後日に委ねる。」

本件において、申立人（X）にはシルヴィアを反対尋問する機会がなかったにもかかわらず州はシルヴィアの証言的供述を彼に不利な証拠として許容した。このことだけで第六修正違反とするのに十分である。われわれは信頼性の徴憑を探して本件記録を採掘（mine）することには応じられない。証言的供述が争点である場合、憲法上の要求を満たすのに十分な唯一の信頼性の徴憑は、憲法が現に規定しているそれ、すなわち対面である。

**【レンキスト首席裁判官の同調意見】（オコーナ裁判官同調）**　私は、ロバツ判決を変更する（overrule）という当裁判所の判断に反対する。当裁判所の対面条項の新しい解釈は、古くから確立している先例を変更するのに十分な説得的理由による裏付けがないと考えるからである。その判断は、連邦および州の裁判所における将来の不確実性に覆いをかけるものであり、本件事案を判断するのに必要な方法ではない。

採るべき道を選択する際に当裁判所は、もちろん、ほぼ四半世紀前に言い渡された判例である【10】ロバツ判決を変更する。先例拘束性は憲法の領域において不変の命令ではないが、総じてそれは望ましいことである。当裁判所は尊大（grandly）にも、証言的なものの総括的定義を明らかにする努力は後日に委ねると宣告している。しかし何千人もの連邦検察官や何万人もの州検察官は、当裁判所が挙げている新しいルールによってカバーされる証言的なもの以外のものは何かに関する回答を必要としているのである。彼らは今から数か月後や数年先ではなく、まさに今それらを必要としている。刑事証拠法則は全国の裁判所において通用されているのであり、当事者はこのような方法で暗闇に取り残されてはならない。

当裁判所の到着した結論は、ロバツ判決およびその関連判例を変更せずに不変な（inexorably）ものとしても導き出される。【16】ライト判決においてわれわれは、公判外供述はその供述の真実性が公判での他の証拠によって補強されているという理由だけでは許容できないと判示した。当裁判所が指摘するように、ワシントン州最高裁は〝二つの供述の重なり合った性質〟に決定的な重みを与えた。当裁判所によって仮定されている〝信頼性の要素〟を再検討することは本件判決を破棄するのに必要ではない。ライト判決を引用するだけで十分である。以上に述べた理由で私は、これが本件において当裁判所が取るべきはるかに望ましいコースであると考える。

# 第六章　クロフォード判決のDVへの影響

クロフォード判決は、四半世紀にわたりロバツ判決の判断枠組の下で州および連邦の各判例に従ってきた捜査実務に劇的な衝撃を与えた、そして判例法国であるため即日実施された。わが国では必ずしも十分に理解されていないが、このことはよく見られることである。またとりわけ問題となる〝証言的供述〟の意味内容については前出フリードマン論文の中で頻繁に言及されていたのであり、スカーリア裁判官の独自の見解でないことも明らかである。

そこでひとまず、二〇〇八年のジャイリーズ判決（Giles v. California, 554 U.S. 353, 128 S. Ct. 2678）のブライア反対意見（スティヴンズ、ケネディ裁判官参加）でも引用されている論旨明快な論文——Tom Lininger, Prosecuting Batterers After Crawford, 91 Virginia Law Rev. 747（2005）——に従って、クロフォード判決の問題点を鳥瞰しておく。

この論文は、クロフォード判決のとりわけドメスティック・バイオレンス（DV）事案への影響を指摘したうえで各州法上の伝聞法則の見直しを提言するものであるが、クロフォード判決の各州裁判所への具体的影響を知ることは多岐にわたるクロフォード判決の意義・問題点を客観的総合的に把握しておくうえでも欠かせない。ただ、判例法国の常として前提となる事実関係の記述も前出フリードマン論文と重複するところが少なくないが、問題点のより正確な理解に資することは間違いないと思われるので煩をいとわず、論旨を順次紹介することとしたい。なお、著者は本論文執筆当時オレゴン大学ロースクール助教授である。

# 序

二〇〇四年の夏に言い渡された州最高裁の三判決は、原供述者が反対尋問のために利用不能であるとき刑事裁判での伝聞証拠の使用を制限する最高裁クロフォード判決の劇的な衝撃を示している。State v. Courtney, 682 N. W. 2d 185（Minn. Ct. App 2004）において被告人は、家庭内暴力での有罪判決に対し控訴した。彼（被告人）は彼の元ガールフレンドが気を失うまでその首を締め付け彼女を激しく殴打したため、彼女の血が寝室の壁に染みついており彼女はトイレの中で気が付いた。彼女の六歳の娘が子供の保護官（child-protection worker）によって行われた面接時にその暴行について説明した。公判裁判所はこの面接時のビデオ・テープを許容した。控訴裁判所は、クロフォード判決を引用しつつ公判で反対尋問のために娘は利用不能であったことを理由に被告人の有罪判決を破棄した。

People v. Adams, 16 Cal. Rptr. 3d 237（2004）において被告人は、同棲者への身体傷害への有罪判決に対し控訴した。検察側の証拠によると、被告人は妊娠中のガールフレンドを殴打し彼女を床に押し倒し、赤ん坊の生命を助けて欲しいと彼に懇願していた彼女の腹部に彼の膝を押し付けた。被害者は事件の当日警察に供述したが、検察側は彼女を公判で証人として召喚できなかったので、彼女の公判での生の証言に代えて、彼女の警察への供述を提出した。控訴裁判所は、被害者の伝聞供述を許容したのはクロフォード判決に反するとして被告人の有罪判決を無効とした。

People v. Kilday, 20 Rptr. 3d 166（2004）において陪審は、被告人をガールフレンドへの殴打および拷問で有罪と認めた。公判で提出された証拠によると、被告人は被害者を繰り返しガラス片で切りつけ彼女を何度もアイロンでやけどさせた。彼女は被告人の逮捕当日警察に供述した後で、被告人が彼女に報復すると脅かしたことを示唆しつつ検察側に協力することを拒否した。そのため検察側は彼女の警察への伝聞供述に依拠した、そして控訴審はクロフォード判決の下でその有罪判決を無効とした。

これら三判決は、DV訴追へのクロフォード判決の影響を示す孤立的な例でない。現に、クロフォード判決後、数日以内に（within days）――数時間以内にも――検察官は、過去においてほとんど困難のなかった数百件ものDV事案を取り消したり敗れたりしている。例えば、二〇〇四年夏にテキサス州ダラス郡で公判請求されたDV事案の半数がクロフォード判決の下での証拠法上の問題を理由に取り下げられた。

カリフォルニア、オレゴン、およびワシントン各州での六〇以上の検察官事務所での調査によると、回答者の六三％がクロフォード判決はDV訴追を大いに妨げていると答えた。驚いたことに回答者の六五％は、DV被害者はクロフォード判決以前よりも彼らの管轄権では安全でなくなったと答えているのである。

なぜクロフォード判決は、DV訴追にこれほどの負担を課しているのか？　クロフォード判決に本質的な誤りは全くない、その理由付けに反論するのは難しい、クロフォード判決の有害な影響を理論的分析（doctrinal analysis）に基づいて非難することはできない、それは何よりも、対面条項の下での最近の判例からの最高裁の唐突な逸脱の結果である。クロフォード判決は、州法の判断枠組の基礎にある憲法上の断層線（fault lines）での突然の変動を示している。制定法上の伝聞法は、今では憲法上の対面法と一列に整列していない（misaligned）、そしてその不調和は他の文脈におけるよりもDV訴追において最も問題となる。

〝［クロフォード判決の］最大のインパクトは、断然、被害者が必ずしも常に法廷に出てこないDV事案および子供の虐待の事案である。〟クロフォード判決が子供の虐待に対する訴追より成人間のDVに対する訴追の妨げとなっているのは間違いない。子供の虐待事案では検察官はいわゆる被害者をしばしば証人台に喚問できる、しかし虐待された女性の多くは証言することを完全に拒否する。したがって、クロフォード判決は子供の虐待事案よりも成人間のＤＶ事案を頓挫させることになる。子供の虐待事案を取り扱う検察官は、ためらう子供をなだめて閉回路テレビを介して証言させることができる。

多くの州議会は、クロフォード判決以前にＤＶにかかわる事案のために特別な伝聞例外を設けていた、そして裁判所は、伝聞例外の下でＤＶ被害者の供述を寛大に（liberally）許容していた。このような伝聞の取扱いは、ＤＶ被害者（およびＤＶを目撃する家族のメンバー）のかなりの部分は当初警察に苦情を訴えた後で取り消したり協力を拒否したりするという判断（understanding）を反映している。彼らのためらいは、報復の恐れ、虐待者への精神的依存、そしてＤＶを経験した家族から州が子供を引き離す可能性を含む、多くの要因によるものであろう。被害者のおよそ八〇％はＤＶ訴追の事案で政府側に協力することに応じないという。議会および裁判所は、被害者がためらう生の証言に代えてある種の伝聞を陪審に提示することを政府側に許す〝証拠に基づいた訴追（evidence-based prosecutions）〟を認めてきた。

クロフォード判決は、ＤＶ事案で検察官によって従前利用されていた戦略の多くを問題とする。もし被害者が公判で証言するのに利用不能であれば、被害者によるある種の公判外供述を排除することをクロフォード判決は裁判所に要求する。検察官、被告側弁護人、裁判官、被害者の擁護者（advocates）、および学者の中には、クロフォード判決によって証拠に基づいた訴追がかなり減少することを予想した者がいた。ＤＶに対する制定法上の伝聞例外の拡大の勢いは弱まっているように思われる。

本稿は、効果的なＤＶ訴追を容易にするために各州証拠法典を憲法上の新しい要求に適合させる種々の法改正を提案しようとするものである。

なお、本稿での〝ＤＶ〟という用語は、現に親しい関係にあるか以前にそのような関係にあった成人間の暴力を意味する。クロフォード判決は、刑事訴追の他の領域とりわけ子供の虐待の事案に大きなハードルを置く。しかし、本稿では種々の理由で子供の虐待に言及しない。

もちろん最高裁の憲法解釈に対する〝立法による修復（legislative fix）〟はあり得ない。そうであるにもかかわらず、州裁判所の手続きはクロフォード判決のルールの輪郭（contours）により良く適合する種々の方法で形成できる。まず最初に最も重要なことは、州の立法府は、予備審問手続き、証言録取書、およびその他の公判前手続きでの被害者の反対尋問を確保するためにより多くの機会を創出すべきである。最高裁は、公判でのものでないこれらの状況での反対尋問は若干の状況下で第六修正の要求を十分に満たすことを示しているからである。

本稿が引き起こすかもしれない最大の問題は、ＤＶ訴追において許容できる伝聞の範囲を州議会は拡大せよという提案にある。要するに、クロフォード判決は、今まで無制限であった伝聞例外に対する反対尋問の属性（predicate）を創出した。クロフォード判決は、制定法上の伝聞例外を限定するのではなくそれらを拡大するよう各州の立法者を勇気付けている（embolden）と考えるべきである。実際、連邦証拠規則の制定者が伝聞を許容するのに警戒的なアプローチを採用した理由の一つは、刑事被告人は彼らの告発者（accusers）を反対尋問できないという懸念であった。今やクロフォード判決は刑事事件で証言的供述をするすべての原供述者への反対尋問を命令したのであるから、必要性と信頼性のような伝統的なポリシーの関心事を参考に制定法上の各伝聞例外の範囲を見直すべきである、制定法上の伝聞例外は、もはや弱い対面条項への支え（a backstop）として機能する必要はない。

本稿は、いくつかの段階に分けてその主張をする。第一部は、二〇年を越える最高裁の対面判決（confrontation jurisprudence）を背景にクロフォード判決を分析する。第二部は、ＤＶ訴追によって提示されたユニークな挑戦、およびこれらの訴追における伝聞の必要性に焦点を合わせる。最後に第三部は、立法による改正への示唆を提供する、そしてこれらの提案への起こりうる異議について検討する。

## 第一節　最高裁による対面条項の再発見

最高裁はクロフォード判決において、政府が被告人に不利な伝聞証拠を提出する場合の対面条項を再活性化した。この判断の意義を評価するにはクロフォード判決以前の判例法を手短に概観するのが有益である。

### A　冬眠の二〇年

一九八〇年から二〇〇四年のほぼ四半世紀の間、対面条項は次第に生気がなくなった。限られた事案を除き、対面条項が被告人に不利な伝聞を許容することへの障害になることはめったになかった。裁判所が伝聞証拠に関する判断の際に少しでも対面問題に言及しても、その議論は通常おざなり（perfunctory）であった。〝すべての刑事上の訴追において、被告人は自己に不利な証人と対面する権利を有する〟と規定する第六修正の対面条項は、二つの文脈、すなわち被告人を巻き込む第三者による利益に反する供述（証拠規則第八〇四条(b)(三)および州の類似規定を見よ）と〝その他の伝聞例外〟の下で許容される供述（以前の第八〇三条(二四)と第八〇四条(b)(五)を統合した証拠規則第八〇七条および州の類似規定を見よ）を除き、第八〇七条の伝聞の許容にインパクトはなかった。

この時期における発展的な判例（seminal decision）は一九八〇年の【10】ロバツ判決だった。最高裁は対面条項の下で伝聞の許容性のための二部分から成る基準を創出した。第一、〝検察官は被告人に不利に利用することを希望する供述の原供述者を提出するにはその利用不能を示さなければならない。〟第二、もし原供述者が利用不能であれば、当該供述は十分な〝信頼性の徴憑〟を提供する状況下でなされたものでなければならない。ロバツ判決裁判所はさらに、対面条項を満足させるに足りる信頼性は〝その証拠が深く根を下ろした伝聞例外に該当する事案ではそれだけで推定できる。それ以外の事案では少なくとも信用性の特段の保障の立証がない限り、その証拠は排除されなければならない〟と指摘した。要するにロバツ判決は、伝聞の許容性を〝利用不能〟の基準と〝信頼性〟の基準を条件とした、そして検察側が〝長年〟の伝聞例外を利用するときには常に後者を不要としたのである。

最高裁は【11】イネイディ判決において、ロバツ判決で説明された利用不能の基準を弱めた。最高裁は、以前の証言の例外（この例外は、もちろん、利用不能の要件をすでに取り込んでいた）の利用にかかわる事案にロバツ判決の利用不能の基準の適用を限定した。共謀者の供述の許容性を再検討した最高裁は、そのような供述は〝たとえ原供述者が法廷で同一の事柄について証言したとしても繰り返すことのできないコンスピラシーの文脈の証拠を提供する〟と認めたのである。最高裁はまた、共謀者の原供述者に対する利用不能のルールの利益は取るに足りない、かつその負担は大きいと指摘し〝対面条項はそのようなルールを含んでいない〟と結論した。最高裁は【18】ホワイト判決において、思わず発した供述および医学的治療を受けるためにされた供述に対する例外の下で許容された伝聞に同一の理由付けを適用し対面条項は利用不能の要件を課していないと判示した。両判決を一緒にして考えると、連邦証拠規則第八〇三条の〝制約のない〟例外（ある種の公判外供述は原供述者が法廷で証言するか否かにかかわりなく許容すべきであるという理論に基づいた例外）の下で許容された伝聞に対しては利用不能の要件を完全に撤廃したと思われた。

最高裁は【13】ブルージェイリー判決において、ロバツ判決の二つ目の基準すなわち〝信頼性〟の要件に焦点を合わせた。共謀者の供述を許容するルールはアメリカの判例において十分に深く根を下ろしているので、公判裁判所はすべての事案においてそのような供述の信頼性を評価する必要はないと判断した。最高裁は一般的な事柄として、当該例外が伝聞例外の長寿（longevity）によって〝深く根を下ろしている〟かどうかを判断すると述べた。換言すると、古い伝聞例外の下で許容できる伝聞は古いから当然に信用できるというのである。再び最高裁は、被告人に不利な伝聞の許容性に対する憲法上の要件を単純化し——そして浸食（eroded）したのである。事実、ロバツ判決時代に最高裁が〝深く根を下ろした〟例外のリストに含むに値しないと認定したのは、二つの伝聞例外だけだった。その一つは、その他の伝聞例外だった。最高裁は【16】ライト判決において、連邦証拠規則第八〇七条のアイダホ版（Idaho's version）の定義によれば、この例外の目的は伝統的な通常の伝聞の範囲に通常入らない伝聞をカバーすることであるので〝深く根を下ろし〟ていないと認めた。したがって、検察側がその他の伝聞例外の下で証拠を提出するとき〝信用性の特段の保障〟を検察側は立証しなければならない。これらの保障は〝当該供述をする際に取り囲みかつ原供述者を特に信用に値するとする〟状況の全体において認められなければならない。独立証拠による当該供述の単なる補強だけでは十分ではないというのである。

最高裁は【20】リリー判決において、被告人を巻き込む共犯者の身柄拘束中の自白の許容性を検討した。最高裁は〝刑事被告人を巻き添えにする共犯者の自白は深く根を下ろした伝聞例外に該当しない〟と判示した。信用性の特段の保障があるどころか〝そのような内在的に信用できない……共犯者はしばしば自白して彼の共同犯罪者（cocriminal）を裏切ることに大きな利益を有する〟からである。これらの供述は〝古い一方的な宣誓供述の慣行——すなわち政府が当該供述の提出にかかわり、かつ当該供述が相手方当事者の吟味にさらされなかった過去の出来事を叙述しているとき——の核心にかかわる状況下でなされた〟ものであると判示したのである。

最高裁のロバツ判決時代の対面条項の分析は、もっと厳格な分析を第六修正は要求していると考えたアマール教授やフリードマン教授らの学者（academics）のほか若干の下級審裁判官から批判を浴びた。ロバツ判決の判断枠組には、三つの欠点がとりわけ顕著である。第一、ロバツ判決およびその関連判例（its progeny）は憲法解釈に関して極めて異例な実用主義的見解（utilitarian perspective）を対面法に持ち込んだ。自由論的ないし義務論的命令（libertarian or deontological imperative）としてそれ自体のための反対尋問に固執するというよりも第六修正の文言を越えて憲法制定者は単に証拠の信頼性を確保しようとしたにすぎないと最高裁は考えた。換言すると、その目的（証拠の信頼性を確保すること）はその手段（反対尋問）より重要であった。反対尋問という特別の手段を採用せず公判裁判所が信頼性の目的を達成できるのであれば、第六修正はこのアプローチに十分に順応性（malleable enough）があった。スカーリア裁判官は後に、このような目的論的な理由付け（teleological reasoning）の馬鹿らしさを指摘した、すなわち〝証言が明らかに信頼できることを理由に対面なしに済ませるというのは、被告人は明らかに有罪であるから陪審裁判なしに済ませるということに類似する〟と指摘したのである。

第二、たとえ対面条項の存在理由は単に証拠の信頼性を保障することであると仮定したとしても、ロバツ判決およびその関連判例は、この目的を達成するのにほとんど効果のない防禦装置を創出した。事実、ロバツ判決の下での対面分析は〝深く根を下ろした〟伝聞例外の下で提出された伝聞に対するなんらの付加的要素を課していなかった。フリードマン教授は対面条項が果たしてきた事実上余分な役割（the virtually superfluous rule）について一九九七年に次のようにコメントした、すなわち、

〝対面条項の意味は謎である。最高裁は最近、それを連邦証拠規則の伝聞項目とほぼ一致して解釈する傾向を示してきた。すなわち、彼女（原供述者）が述べたことの真実性を立証するために提出された原供述者の公判外供述が被告人に不利に提出されると、連邦証拠規則の伝聞項目が障壁にならないというのであれば、最高裁はほぼ確実に対面条項は障壁にはならないことを認めることになるであろう。〟第一論文五〇九―五一〇頁。

最後に、検察側に〝信頼性の特段の保障〟を示すことを要求した稀な事案――すなわち、検察側がその他の伝聞例外または被告人を巻き込む共犯者の自白に対する例外に依拠したとき――において最高裁は、この出発点のテスト（threshold test）を満たすのにどのような証拠が必要であるかに関してほとんど指針を提供しなかった。

要するに〝ロバツ判決の基準〟は、ほとんど基準にならないもの（not much of a test at all）であった。深く根を下ろした伝聞例外の事案での対面の分析は、ロバツ判決の下で単なる形式（formality）にすぎなかったのである。ロバツ判決は、政府側が深く根を下ろした伝聞例外を援用しなかった場合、当該証拠に十分な〝信頼性の徴憑〟があったかを判断するための漠然とした基準を提示した。いずれのシナリオの下でもロバツ判決は、被告人の対面権を侵害する伝聞の許容性を規制する最高裁判所の責任を放棄していると思われた。ロバツ判決は両世界の最悪のもの――実用性のない実用主義（utilitarianism without utility）――を提示したのである。

### B 〝深く根を下ろした〟伝聞例外の根絶

一九九九年にワシントン州は、マイケル・クロフォードをK・リーに対する第一級暴行罪で起訴した。州側は、クロフォードはリーをナイフで刺したと主張した。警察は、刺傷事件の当夜クロフォードとその妻シルヴィアを逮捕した。警察官はクロフォード夫妻にミランダの諸権利を告知し、彼らからそれぞれ個別の供述を採取した。

クロフォード（X）はその供述の中で、彼とシルヴィア（S）は問題の当夜リー（L）を探しに出かけたことを示唆していた。Xは、LがSを強姦したと信じていた。夫妻はついにLを彼のアパートで発見した。XとLとの間で争いが始まった、その争いの間にLが武器に手を伸ばしたように見えた、そこでXは正当防衛としてLを刺したというのである。

シルヴィア（S）の供述は、彼女の夫（X）の供述に似ており、彼女はXをLのアパートに連れて行ったと述べていた、彼女は、XとLがアパートで争っていたと述べたが、その争いの間Lの両手は空いていた（何も持っていなかった）と述べていた。このSの話とXの話との相違は、Xの正当防衛の主張の土台を掘り崩すものであり、Xに災難をもたらしかねないもの（potentially disastrous）であった。

クロフォード（X）の公判でシルヴィア（S）は、他の配偶者の同意なしに配偶者が証言することを一般に禁止する〝ワシントン州の夫婦間の特権〟を理由に証言しなかった。しかし、この特権は伝聞例外の下で許容できる配偶者の公判外供述には適用されない。そこで州側は、Sのテープ録音された警察官への供述を提出しようとした。SはXをLのアパートに案内して本件暴力事件を幇助（abetting）したのであるから理論的には彼女を訴追できることを理由に、ワシントン州証拠規則第八〇四条(b)(三)を引用して刑事上の利益に反する供述（statement against penal interest）として許容されると主張したのである。これに対しXは、この供述を許容するのは第六修正の自己に不利な証人と対面する権利を侵害するとして異議を申し立てた。

公判裁判所はX夫人（S）の供述を許容した。ワシントン州証拠規則第八〇四条(b)(三)は〝深くを下ろした〟伝聞例外ではないと結論して、この供述にはロバツ判決の下で許容するのに十分な〝信用性の特段の保障〟があるという立証を政府側に要求した。そしてSは非難を他に転嫁せずむしろ彼女の夫の供述を裏付けていると指摘し、公判裁判所はこの点に関し政府側に有利に判断したのである。

ワシントン州控訴裁判所は、本件事実によれば、この証拠の信用性は示されていないと認定しこれを破棄した。次にワシントン州最高裁は有罪判決を復活させた。同最高裁の判断の中心は、Sの供述はX自身の自白と重なり合っている（interlocked）ということだった。換言すると、両供述間には多数の類似性があるのでSの供述の信頼性は裏付けられているというのである。

本件が最高裁で審理されたとき、スカーリア裁判官が多数意見を執筆した。彼は、対面権の起源をローマ法およびイギリス法に遡ることから始めた。スカーリア裁判官は、憲法の制定者はサー・ウォルター・ローリの裁判での一方的な尋問記録のような濫用を阻止することを意図していたと指摘した。

クロフォード判決での多数意見は、憲法制定者は対面権を公判での証言に適用することだけを意図していた可能性を検討した。最高裁はこの見解を退けた。〝公判外供述の規制を証拠法に委ねてしまうと、最も悪辣な糺問的慣行であってもそれを阻止するのに対面条項は無力になる〟というのである。

多数意見の最も重要な部分において最高裁は、〝証言的（testimonial）〟な公判外供述と〝非証言的（nontestimonial）〟な公判外供述とを区別した。〝証言的〟という文言は、被告人に不利な証人――換言すると、〝証言をする（bear testimony）〟証人を指していた。政府の職員に正式の供述をする被告人は、知人に何気ない話をする人はそうではないという意味で証言をしているというのである。

〝証言的〟の正確な定義はクロフォード判決において明確にされなかった（proved elusive）。多数意見は、証言的供述について三つの考えられうる公式（possible formulations）を指摘した、すなわち、⑴〝一方的な公判での証言またはそれに機能的に相当するもの――すなわち、被告人が反対尋問できなかった宣誓供述書、身柄拘束中の取調べ、以前の証言のような素材、または検察側に利用されるであろうことを原供述者が合理的に期待しているであろう類似の公判前の供述、〟⑵〝宣誓供述書、証言録取書、以前の証言、または自白のような公式化された証言的素材の中に含まれている公判外供述、〟そして⑶客観的な証人であれば、この供述は後の公判で使用するために利用可能であろうと〝合理的に考える状況下でなされた供述〟である。最高裁は、これらの三つの公式のどれをも選択することなしに、これらはすべて〝共通の核心（nucleus）を共有しており、それを取り巻く種々の抽象的概念のレベルで対面条項の及ぶ範囲を定義している〟と指摘した。クロフォード判決の多数意見によって描かれたベン図（Venn diagram）での三公式は、〝証言的〟というラベルに明白に値する若干の領域、すなわち予備審問手続き、大陪審面前、または以前の公判での一方的な証言、そして取調べの過程で警察官によって採取された供述の中で交差していた。〝これらは対面条項が向けられた濫用に最も類似する現代の実務（practices）である。〟

クロフォード判決では一例としての定義（definition by example）だけで十分としなければならなかったであろう、

スカーリア裁判官は、〝証言的〟という文言の〝抱括的〟定義をすることはできないことを簡単に（readily）認めているからである。

クロフォード判決の証言的伝聞と非証言的伝聞の区分法（taxonomy）は決定的に重要である、前者だけが厳格な対面のルールの対象になるからである。政府側が被告人に不利な証言的な公判外供述を提出するのであれば、⑴原供述者が現に証人として利用不能であり、かつ⑵被告人が原供述者を〝反対尋問するための以前の機会〟を有していたのでない限り、対面条項は、その供述の許容性を甘受（abide）できなかった。しかし、政府側が被告人に不利な非証言的供述を提出するのであれば、そのとき最高裁は伝聞法則の展開において州に柔軟性を与えることになろう。

クロフォード判決の法廷意見にはロバツ判決への失われた愛（love lost）は確かになかった。被告人が反対尋問の機会を有していた予備審問手続きでの証言を許容した点においてロバツ判決は正しい結論に達していたとクロフォード判決の多数意見は信じていたが、クロフォード判決裁判所はロバツ判決裁判所によって用いられた理由付けに強く反対していた。クロフォード判決での多数意見は、ロバツ判決の信頼性の基準は主観的で予測不可能な判断をすることを裁判官に要求している、そしてロバツ判決は一方的な証人尋問からの一律な保護を提供するという憲法制定者の意図から逸脱していると批判した。〝ロバツ判決の基準の容赦できない欠陥〟は、〝対面条項が明らかに排除することを意図していた核心である証言的供述を許容できるとしたこと〟にあるというのである。実際、多くの下級審は、信頼性を支持する際に若干の公判外供述を証言的とするまさにそのような要素を引用していた。（脚注86）

スカーリア裁判官が一四年前の【17】クレイグ判決において指摘したように、彼はロバツ判決およびその関連判例の実用主義的微積分（utilitarian calculus）を遺憾とした。対面の目的は（少なくとも一部分において）信頼性を保障することであるかもしれない、しかし裁判所は、問題の証拠は十分に信頼できると判断することによって対面を否定すべきでない。〝確かに同条項の最終目的は証拠の信頼性を確保することにあるが、それは実体的保障というよりも手続的保障である、それはその証拠が信頼できるということではなく、その信頼性は特定の方法で、すなわち反対尋問の厳しい試練（crucible）の中でテストすることによって評価することを命じている〟というのである。

（脚注86）　最高裁は【17】クレイグ判決において、子供の虐待の訴追での閉回路テレビによる証言の相当性を検討した。多数意見は、直接向かい合って対面する被告人の利益は公判廷において証言するトラウマから証人を保護する州の利益に譲歩しなければならないと結論した。反対意見を執筆したスカーリア裁判官は、被告人と証言する証人との間の障壁は〝憲法上の文言によって明らかに否定されている〟と主張した。対面条項の削減できない文字通りの意味に関して〝解釈の余地はない〟と主張したのである。スカーリア裁判官は、子供の間接的（remote）な証言の明白な信頼性は直接向かい合った対面の必要性を排除しているとの多数意見の結論を退けた。スカーリア裁判官によると、〝このような理由付けは権利からその目的を抽象化し、そして次にその権利を否定する。それは誤っている、けだし対面条項は信頼できる証拠を保護するのではない、それは信頼できる証拠を確保（assure）すると考えられた特定の公判手続きを保障しており、その中でも否定できないのが直接向かい合った対面であった〟というのである。

クロフォード判決は、〝深く根を下ろした〟伝聞例外の下で許容できる証拠は自動的に対面条項を満たしているに違いないという見解を断固として批判した。そのようなアプローチは、当該伝聞は一方的な証言から成るかどうかの分析と同一の分析を適用しているので余りにも広汎にすぎる。〝証言的供述にかかわる場合、憲法制定者は第六修正の保護を証拠法則の気まぐれに委ねることを意図していたとわれわれは考えない〟というのである。

スカーリア裁判官執筆の多数意見は傍論において、【18】ホワイト判決は誤って判断されたかもしれないと示唆することとすらしている。最高裁はホワイト判決において捜査中の警察官への子供の犠牲者による興奮時にした発言の許容性を支持した。クロフォード判決裁判所によると、〝証言的供述がこのような理由に基づいて一七九一年当時において許容されていたであろうかは疑わしい。〃クロフォード判決は興奮時の供述の伝聞例外に該当する証言的供述の許容性に関する〃ホワイト判決の判示に疑問を投げかけている〃というのである。

クロフォード判決の事案で示された事実に戻ると、最高裁は、身柄拘束中のクロフォード夫人（S）の警察官への供述は〃証言的〃な性質のものであると認めた。彼女の供述は刑事裁判において検察官によって用いられるであろうことを彼女は合理的に予想できた。検察側による彼女の供述の利用は歴史的な〃被告人に不利な証拠としての一方的な尋問調書の利用〃に類似していた。彼女の供述は証言的でありかつ被告人は彼女を反対尋問する機会を欠いていたのであるから、この供述を許容するのは対面条項に違反するというのである。

要するに、クロフォード判決は、被告人に不利に提出された伝聞証拠の許容性を規制する際に第六修正の優位性（primacy）を再確認した。もはや制定法上の証拠法の尻尾が憲法の犬に向けて振られることはないであろう。クロフォード判決は超越した（transcendent）排除法則を述べた。証言的な伝聞は制定法上の伝聞例外によって置かれた障害物（hurdles）に相当する、しかし、政府側がクロフォード判決の要求を満たさない限り、かかる伝聞は刑事裁判において許容されないというのである。

### C　クロフォード判決の皮肉

一般的には相当とはいえ、クロフォード判決は多くの点において皮肉（ironic）である。最も顕著なのは、証言的伝聞を定義する明確な輝線ルールをクロフォード判決は創出していないことである。スカーリア裁判官はかつて、その判決および論文において漠然とした基準を痛烈に非難したことがある。最高裁は予測性を高め公判裁判官の裁量を最小にするために下級審や実務家に容易に認識できる要素（parameters）を示すべきであり、曖昧な基準は操作可能であると警告していたのである。クロフォード判決においてそのような結論だけに賛成したレンキスト首席裁判官は、〝証言的〟な伝聞を見分ける（discern）ことが困難なため〝何万人もの検察官〟を仰天（consternation）させることを懸念した。スカーリア裁判官自身も〝証言的〟という文言の不正確さを認めているが、新しい基準は〝現状より悪くならないであろう〟と答えた、そして二〇〇四年春の講演時にクロフォード判決後の対面法の将来の方向性の予測を尋ねられて〝誰も分からない〟と率直に答えている。クロフォード判決は、ロバツ判決の予測不可能性および主観性を除去しなかった、すなわち、クロフォード判決は、曖昧性と信頼性の基準から証言的伝聞の定義に移行させたにすぎないと主張することもできるのである。

クロフォード判決は他の面においても皮肉である、スカーリア裁判官はロバツ判決非難にその大部分を費やした、そしてロバツ判決はいかなる文脈下でも機能しないことを示唆しているが、クロフォード判決は刑事事件で許容される伝聞証拠の相当数への支配的権威としてのロバツ判決を無傷のままにしている。事実、二〇〇四年三月八日から二〇〇四年一二月三一日までの間にクロフォード判決を適用したおよそ五〇〇の連邦および州裁判所の判決の中で本案（merits）に達したほぼ三分の一の判決は、問題の供述は証言的でないとの理由でクロフォード判決と区別した、そしてこれらの裁判所の多くは、まるでクロフォード判決が決して言い渡されていなかったようにロバツ判決の判断枠組を適用したのである。

クロフォード判決における最後の皮肉は、スカーリア裁判官の歴史的分析はサー・ウォルター・ローリの裁判に至るまでの政府による濫用事件を時系列的に遡ったものであるが、クロフォード判決での原供述者の利用不能は実際には被告人の責任（fault）だった。クロフォード（X）は彼の妻に証言をさせない夫婦間の特権を援用しそれを放棄することを拒否した。政府側は、Xは対面権を放棄したとの主張を公判裁判所が退けた後でこの争点を控訴審で争わなかった、そして最高裁は、〝この問題に関して意見を表明しない〟ことを明らかにした。政府による濫用への抑制（restraint）として多くの観察者が歓呼（hail）する本判決は、実際には被告人による駆け引き（gamesmanship）

に帰因するのである。

これらの特性は、クロフォード判決は総じて対面法における健全な展開であるという結論を変えるものではない。ロバツ判決時代からの決別は面倒な仕事（messy undertaking）であるに違いなかった。おそらく最高裁は、改訂された対面判例（revised confrontation jurisprudence）を根拠付けるにふさわしい事実を示している事案を待つことができるし、あるいは最高裁はロバツ判決時代からの余り急激でない変化を認めることができるかもしれないし、あるいは最高裁は下級審に大きく委ねることなしに新しい証言的／非証言的二分法の詳細を明らかにできるかもしれない。クロフォード判決は不完全である、しかし、それは称賛に値する対面判例の前進である。

## 第二節　法廷での対面と家庭内での対面の意味

### A　DV訴追を妨げるクロフォード判決の可能性

本稿の序で指摘したように、憲法の対面法における地殻変動は制定法上の伝聞法の判断枠組を不安定にした。ロバツ判決時代に存在していた当時の憲法解釈に一致することを意図した各州の伝聞例外や公判手続きは、突然、新しい憲法上の地形に一直線上に並ばなくなった。クロフォード判決のインパクトはとりわけDV訴追で大きかった。これらの事案では他の事案におけるよりも公判時に証言を取り消したり、検察側との協力を拒否する告発者による伝聞供述により多く依拠しているからである。以下においてDV訴追によって提示されるユニークな争いに言及し、現在の訴追実務が続けられかつ議会が新しい憲法上の要求に彼らの証拠法典をあわせなければ、クロフォード判決はそのような事案の土台を大いに削り取る（greatly undermine）かどうかを説明することとする。

### 1　暴力を加える虐待者、沈黙する告発者

ＤＶ被害者は、他の犯罪の被害者よりも当初に情報を警察に提供した後で取り消したり協力を拒否することが多い。最近の調査によると、暴力を振るわれた（battered）女性の八〇から八五％は何らかの時点で取り消すという。一九九五年に実施された全国規模での調査によると、ＤＶ被害者の大半は虐待者への訴追に全面的に協力しないと検察官は考えているという。カリフォルニア、オレゴン、およびワシントン州でのすべての地方検察官事務所の調査によると、その回答者の九一％は、ＤＶ被害者は一般に検察側によって召喚されたときに協力するよりもむしろ非協力的であるという。クロフォード判決以前においてもＮＹのブルックリンやミルウォーキでのＤＶ訴追の取消しの最も普通の理由は、被害者の不出頭または被告人に不利な証言の拒否であったことを調査は示していた。

被害者の検察側への協力拒否の理由には種々あるが、その中でも主要なのは暴力を加えた者による報復の危険である。ある調査によると、暴力を振った者はその半数もの事案で報復的暴力を加えると脅かしていた。事実、ある資料によると、被害者が暴力的な人物との関係を断つ決心をしたときが最も危険である、そのときがＤＶ殺人の多くが発生する時期である。例えば、Paula Benitez の例を考えてみよう、彼女は元夫が（接触）禁止命令に違反したとき彼に不利な証言をした。彼女は昼食の休憩時にパーキング・メータに料金を入れるために法廷を出た、そして元夫は彼女が法廷に戻る前に彼女を殺害した。

若干の事案での被害者の検察側への協力のためらいは、暴力を振るう者への彼女の経済的依存による。彼女は一家の主たる稼ぎ手が刑務所に行くと家族は借金をしないで暮らす（make ends meet——必要物をまかなう）ことができなくなることをおそれている。暴力を振るわれた女性の五〇％は、虐待者と別れると貧困線（poverty line）以下で暮らすことになる。ある調査によると、ＤＶ事案の四二％において暴力を振るった者は、検察側に協力することに対する報復として被害者の経済的支援を少なくすると脅かしていたという。最近のある例では、被告人はガールフ

レンドを縛り付け繰り返し殴打していたことを立証することによって検察側が有罪判決を獲得した後で、被害者は量刑手続段階で被告人に有利に証言し被告人は〝一家の働き手（a perfect provider）〟であったと証言した。

被害者が協力を取り消したり拒否するその他の要因は、暴力を振るう者との情緒的関係の継続、家族が分断されることへのためらい、宗教的文化的見解、州が被害者の子供を保護することへの懸念、犯罪は行われていなかったと本当に信じていること、暴力を振るう者および（または）被害者の報道されることへの懸念などが含まれる。

典型的なＤＶ事案において、これらの種々の要因は虐待直後の警察への協力を阻止しない、しかし、日を経るにつれてこれらの諸要因は次第に被害者に重くのしかかり始める。それ故、被害者と法執行との間の協力のための〝機会の窓〟はＤＶ事案では素早く閉じられてしまうのである。

## 2　ＤＶ訴追での伝聞の重要性

カリフォルニア、オレゴンおよびワシントン州の各地方検察官事務所による調査に対する回答者の大半は、クロフォード判決以前にはすべてのＤＶ訴追の半分以上の事案で証言的伝聞に依拠していたと答えた。伝聞はこれらの事案においてしばしば訴追の要（pinchpin）であったというのである。

ＤＶ訴追の伝聞への依拠には三つの理由がある。第一、証人が自らが受けた虐待について証言できない又は証言に応じないとき、何が現実に起こった出来事であるかについて伝聞は唯一の話を提供できる。ＤＶ事案での物理的証拠はしばしば乏しい、そして被害者の証言が利用不能であるとき伝聞は〝点を結び付ける〟のに役立つ。ＤＶ訴追での証拠の量は非常に少ないので、伝聞の欠如は当然に起訴の取下げとなる。

第二、ＤＶ訴追での政府側の伝聞の利用は、公判を待つ間の被害者への虐待者の脅迫その他の操作の動機付けを少なくする。被害者の生の証言がＤＶ訴追に不可欠とすると、被害者の協力なしに検察側は前に進めないことを知っている虐待者からの圧力や甘言（cajoling）を被害者は常に受けることになる。他方、伝聞が被害者証言に代わりうる可能性があれば、政府は被害者の生の証言なしに虐待者を訴追できるので、証言排除の画策（tampering）の誘惑を減少させる。

第三、公判での伝聞利用は、証人台での〝再被害〟の体験（ordeal of "revictimization"）を被害者に免れさせる。証言する被害者は法廷でそれを記述することによってＤＶのトラウマを再び体験しなければならない。彼らは被告側弁護人と検察官の両者からの種々の追及に耐えなければならない。これらの辛苦は被害者に告訴をためらわせる主たる要因になりかねない。他方、相関的（perspective）にそのような考慮をすることは重要である。アメリカの刑事司法は、犯罪の被害者は証人に不利な証言をしなければならないという観念に立脚している、公判での証言は被害者にとって不快であるかもしれないが、犯人に責任をとらせることを約束する刑事司法体制の代価である。

被害者の生の証言は一般に好ましいことであるが、刑事司法は時にはＤＶ訴追において若干の伝聞に――少なくとも最後の手段として――頼り続けなければならないのである。

### 3　クロフォード判決後の〝証拠に基づいた〟訴追への制約

多くの論者は、〝証拠に基づいた〟ＤＶ訴追の減少はクロフォード判決によるものであると主張する。クロフォード判決後の最初の一年でそれまでよりもかなり多くのＤＶ事案を取り消していると検察官は報告している。

なぜクロフォード判決の影響がこれほど大きいのかを理解するには、ＤＶ訴追で用いられた証拠のかなりの部分がクロフォード判決の〝証言的〟伝聞の定義に合致するとされるその理由を調査することが必要である。この分析は、検察官が暴力を振るう者を訴追し有罪とし続けることができる新しい道具を検察官に用意させる必要性に関する後の議論への舞台を設定することになろう。

#### a　九一一番通報

検察官は、クロフォード判決以前にはＤＶ事案で被害者の九一一番通報のテープ録音をしばしば証拠として提出した。この種の証拠の許容性はクロフォード判決以降は疑わしい。現に、西海岸の検察官の調査によると、クロフォード判決以降のＤＶ事案で五六％が九一一番通報を証拠として提出することが大いに困難となったと報告している。

クロフォード判決後に九一一番通報の許容性に言及した裁判所は大きく分かれている。判例の一つの流れは、九一一番通報は非証言的であるのでクロフォード判決の適用範囲を越えていると判示する。これらの判例の中で最も顕著な例は二〇〇四年のモスカット判決（People v. Moscat, 777 N.Y.S.2d 875）である。同判決において検察側は、被告人をDVで訴追した。警察は被告人が彼女（被害者）を攻撃していたことを示す彼女の九一一番通報の後で、被害者の住居に出かけた。公判の頃には告発者は証言しないことが明らかになった。被告人は、それを許容するとクロフォード判決違反になるとの理由で九一一番通報の録音記録の排除を申し立てた。裁判所は、九一一番通報は証言的性質のものでない、それ故、クロフォード判決はその排除を要求していないという訴追側に同意した。モスカット判決裁判所は、警察ではなく被害者がコミュニケーションを始めたことを強調した、そして彼女の動機は危険から救助されることであり、被告人に対する刑事訴追を求めることではなかった。要するに九一一番通報は助けを求める大きな呼び声であった。クロフォード判決における警察署でのテープ録音された取調べのような〝現代の公式な警察の取調べ〟との類似性はないというのである。その後の調査によると、モスカット判決が依拠した事実の前提の多くは不正確であった――例えば、九一一番通報をした人物は被害者ではなく隣人であった、さらに通報は暴行の九時間後になされていた。検察官はついに証拠法上の問題を理由に本件を取り下げた。ところがモスカット判決はクロフォード判決後の九一一番通報の許容性に関して最も頻繁に引用される判例となった、合衆国の全国を通じて他の裁判所の多くはモスカット判決に従ってきたのである。

モスカット判決の二ヵ月後に同一の裁判管轄権での裁判所が全く異なった結論に達した。検察側はコルテス判決（People v. Cortes, 781 N.Y.S.2d 401）において、殺人事件の目撃者による九一一番通報を提出しようとした。被告人はクロフォード判決を引用し、この通報を許容するのは対面権に違反すると主張した。裁判所は、九一一番通報の性質および目的を注意深く検討した、そして九一一番への通報者は警察の救助を求めるものではあったが、その通報が刑事訴追において用いられうることを通報者は認識すべきであったと結論した。九一一番のオペレータによる質問は、クロフォード判決が証言的と分類した警察の取調べと何ら有意味な方法で異なっていない。裁判所はコルテス判決において、テープに残されていた犯罪を報告する九一一番通報は近代的な技術によって可能となったものではあるがクロフォード判決の多数意見が苦情を呈した治安判事によって採取された証言録取書に相当するとまで述べた。そして被告人には通報者を反対尋問する機会は一切なかったことを理由に第六修正は本件での九一一番通報の排除を要求していると判示したのである。

同一の裁判権に服する二つの裁判所が同一の争点に関して全く正反対の結論に達したという事実は、クロフォード判決の九一一番通報への適用につき一貫した予測可能な判断が期待できないことを示している。この問題について争いは依然続けられており、係争中の訴訟の結果を予測するのは難しい。

要するに、九一一番通報は〝証拠に基づいた〟DV訴追に対する不確かな根拠であるのは明らかである。これらの九一一番通報の〝証言的〟または〝非証言的〟としての分類は当分解決しそうにない問題である。

**b　応対した警察官への口頭供述**　西海岸地区の検察官の調査によれば、回答者の八七％はクロフォード判決以降いわゆるＤＶの現場で警察官によって引き出された被害者の伝聞供述を提出するのに多大の困難があったとする。このような困難性の理由を理解するには、興奮した供述に第六修正を適用する最高裁判例を簡単に概観することが有益である。

クロフォード判決以前には、興奮してなされた発言を提出する検察官は容易に対面条項の要求を満たすことができた。【18】ホワイト判決での最高裁の判断は、興奮時の供述のような〝深く根を下ろした〟伝聞例外に対する対面テストを事実上撤廃していた。しかし、クロフォード判決は、興奮時の警察官への供述に検察官が依拠することについて大きな疑問を示した。そしてクロフォード判決での傍論は、ホワイト判決がなお有効であるかについて疑問を抱いていることを示していた。スカーリア裁判官も、最高裁がその対面分析の起点とする一七九一年において証言的伝聞は興奮時の供述として許容されていなかったであろうことを示唆していた。

最高裁はさらに二〇〇四年一二月六日、ホワイト判決の判示にさらに疑問を投げかけた。最高裁はIn Siler v. Ohio, 125 S.Ct. 671 (2004) において、被告人の殺人罪での有罪判決を維持したオハイオ州控訴審を破棄差し戻した。検察側の証拠によると、被告人は妻の首を絞めて彼女を殺害した。検察側は、被告人が被害者の首に縄を巻き付けているのを見たと警察官に告げた被害者の三歳の息子による伝聞証拠に依拠していた。その少年は公判で証言しなかった。公判裁判所は、この伝聞供述を興奮時の供述として許容した、そしてオハイオ州控訴審は、第六修正の下での被告人の挑戦にもかかわらず有罪判決を維持した。オハイオ州最高裁はこの有罪判決の再審理を否定したが、合衆国最高裁は上告受理の申立てを容れクロフォード判決と一致する手続きのためにさらに審理を尽くさせるためにオハイオ州控訴審に差し戻した際に、興奮時の供述は自動的にクロフォード判決の基準をパスするという見解を否定したのである。

クロフォード判決後の下級審による判決は、警察官への興奮時の供述の評価に際し三つの相異なったアプローチをとってきた。一つのアプローチは、このような供述を警察官への他の供述と同様に取扱う、そして鍵となる考慮は原供述者が当該供述の刑事訴追での利用を予想すべきであったかどうかであるとする。第二のアプローチは、このような質問は〝正式の尋問〟とは異なることを理由に証言的でないとする。第三の判例の流れは、その供述の性質上それを証言的として取り扱うことはできないとする。この三つのアプローチの中で、第一のアプローチだけがクロフォード判決に忠実であると思われる、残りの二つのアプローチはロバツ判決時代の容易かつ形式的な分析を招くこととなり、クロフォード判決によって要求された極めて神聖な (sacrosanct) 地位を対面権に付与するよりも警察によって選択された特定の捜査戦術に対面権を根拠付けているからである。

要するに、応対した警察への被害者の供述についての下級審の取扱いは予測できない――それはロバッツ判決時代の裁判所による信頼性分析が予測できないのとおそらく同じである。最高裁は、興奮時の供述を自由に許容していた従前のアプローチから後退した。このような状況下に検察官は、対応した警察官への被害者による伝聞供述の〝証拠に基づいた訴追〟に賭け続けるのであれば、多大なリスクを負うことになろう。

**c　供述録取書（written statements）**　ＤＶ事案（担当）の検察官は被害者による書面化された伝聞供述に依拠してきた。これらの供述は、刑事訴追を開始する宣誓供述書（affidavits）や民事上の（接触）禁止命令の申請を含むであろう。これらの供述は、九一一番通報や警察への口頭供述より〝証言的〟という分類になじみやすい。ＤＶの被害者によって正式に書面化された供述のごく少数のものだけが、証言的伝聞としての分類を回避できるといって差支えない。これらの供述は、原供述者が反対尋問のために利用可能である場合を除き、許容されるのは至難である。再び強調しておく、クロフォード判決は、生の証言に代えて被害者の伝聞証拠を提出する従前の慣行に大きな一撃を加えたのである。

**B　クロフォード判決は被害者の自律性を守るという神話**

上述の分析によって、被害者が公判で取消し又は証言を拒否するときＤＶ事案での訴追をクロフォード判決は大きく妨げていることが示された。驚いたことに、この展開を捜査と訴追の引き金となった告訴をする女性の自己決定権の回復につながるとして歓迎する論者がいることである。

クロフォード判決は虐待された女性に権利を与えた（empowered）とする者すらいる。要するに、スカーリア裁判官は知ってか知らずか、いわゆる被害者に自己自身が被害者である事案を支配する権利を与え、ロバッツ判決が可能にした家族主義的な（paternalistic）訴追哲学からのより大きな自由を与えることによって、権限のバランスを検察官から従前ためらっていた告訴者の方へ急進的に転換したというのである。フェミニストの中には、クロフォード判決を〝ＤＶの被害者に自己自身の事案をコントロールする権限を認めた〟として歓迎する者すらいる。

ここでは複雑な政策問題に深入りせずに、二点のみ言及しておく。第一、告訴者のいわゆる自律性（autonomy）は多くのＤＶ事案において幻想（illusory）である。被害者の中には絶え間のない脅迫に直面し、そして長期にわたる殴打を受けた結果〝常習性無力感（learned helplessness）〟に陥ったものすらある。People v. Kilday, 20 Cal. Rptr. 3d 165（2004）での被害者は、親しいパートナの手で繰り返し拷問された、そして警察に対し〝これは私の当然の報いです（I deserve this）〟と語った。前記論者らによって断定された、彼女の自律性は彼女に帰属するという主張は公平であろうか?

第二、たとえＤＶ被害者が何らの強制を受けていなかったとしても、彼女らには被告人に対する刑事告発を放棄する中立適格はない。被害者ではなく政府がＤＶ訴追の原告である。被害者が彼女らの攻撃者の訴追に喜んで協力するかどうかにかかわりなく、州側には虐待者の裁判を求める義務がある。

## 第三節　クロフォード判決後の立法改革

クロフォード判決によってもたらされた大変動は、効果的なＤＶ訴追を可能としつつ憲法上の要件に合致する証拠法典および法廷実務の徹底的な改善を必要とする。三類型の改善策が検討に値する。第一、議会は伝聞の原供述者の公判前の反対尋問のための機会を拡大すべきである。第二、議会はクロフォード判決の反対尋問の確約が被告人への不公平な負担とならない状況下に許容できる伝聞の範囲を拡大すべきである。最後に、議会は暴力を振るわれた女性を公判前に保護し、そして伝統的な攻撃者の訴追とは別に救済の道を開放する種々の方策を制定すべきである。これらの提案は、以下で個別的に検討されよう。

### A　公判前の反対尋問を容易にする提案

クロフォード判決は、反対尋問が証言的な伝聞供述の許容性の前提要件（被告人の不正行為によって彼の告発者との対面権が喪失されない限り）であるとしている。興味深いのは、反対尋問が公判で行われることをクロフォード判決は要求していないことである。クロフォード判決でのスカーリア裁判官の法廷意見は、繰り返し〝以前の反対尋問の機会〟は証言的な伝聞供述の許容に伴うクロフォード関連問題を解決するであろうことを示唆している。

課題（challenge）は、証拠を排除せずに対面条項を裁判所が実施できる反対尋問のための新しい接点（juncture）を確立することである。これらの新しい接点は、被害者の当初の警察への供述時（最も素直な時期）と公判時（最もためらう瞬間）の間に設けることができれば、とりわけ有用である。これらの接点は当初の出頭を前提とすべきでない、そうすると貧困な被告人は弁護人の援助を確保できる。

どのような種類の以前の反対尋問であればクロフォード判決の下で十分であることになるのか？　これらの要件は驚くほど寛大（lenient）である。以前の反対尋問は弁護人が今興味をもつ事件のすべての局面をカバーする必要はない、以前の反対尋問はクロフォード判決の下で最低限十分とされるほどの巧妙（skillful）ないし熱心（zealous）であったことは必要とされない。【14】オウェンズ判決五五九頁。ある控訴審が最近指摘したように、〝クロフォード判決は尋問のための機会だけを要求している。以前の反対尋問は、伝聞供述と後の反対尋問の両方が公判で提出されている限り、原供述者の当初の供述と時間的に接着していたことは必要とされない。〟

しかし、公判前の反対尋問は、クロフォード判決の要求を満たすのに専ら公判証言に依拠するよりも望ましい。被害者の公判前の反対尋問に対する機会をより容易にする四つの強力な理由がある。第一、検察官が反対尋問のために被害者を提出するのに公判まで待つのであれば、被害者が全く出頭しない又は取り消すリスクは高くなる。ほとんどの被害者の公判手続きへの参加の意欲は、虐待事件の当日より時間が経つにつれて次第に減少する。最初の反対尋問の機会が逮捕後六か月まで行われないと被害者は証言しなくなる。対面条項は、そのような事案では虐待者に刑罰を免れさせることとなり虐待を再び続けることを認めることにもなりかねない。

第二、被害者が訴追の初期の段階で証言すれば、被告人は有罪答弁をすることがより多くなる。

第三、公判前の反対尋問は、公判での出頭を確保するために重要証人令状で被害者を投獄する（jailing victims on material witness warrants）という遺憾な実務を回避できる。ある回答者は、重要証人令状に依拠することを嘆いていた、すなわち〝不幸なことだが、若干の被害者は公判までその身柄を拘束しておかねばならない、これは、われわれが被害者、彼女の子供たち、被告人および社会に送る恐ろしいメッセージである〟と嘆いているのである。被害者の反対尋問が公判前に行われるのであれば、公判で被害者の出頭を確保する緊急性（urgency）は減少し、そして重要証人令状の必要性も同時に減少する。

第四、公判前の証言は証人（排除の）画策（witness tampering）の動機を減少させる。被害者が公判前に証言したとき、公判での彼女の欠席は必ずしも被告人に役立たない。それは単に公判前の彼女の証言（被告人が反対尋問のための十分な機会を有していたと仮定して）の提出を認めるにすぎない。被害者が公判時に自らの供述を変えると、検察側は弾劾およびその真実性のために公判前の証言を提出できる。

公判以前の対面に対する新しい機会を創設するためには制定法の改正が必要となる。以下の説明は、適当な状況下に被害者の公判前の反対尋問を容易にするための三つの提案である。

### 1　放棄不能の予備審問手続

多くの訴追において被害者の証言が提出される最初の機会は予備審問手続き(preliminary hearing)において生ずる。

予備審問手続きでの対面の問題に言及した重要な判例は【7】グリーン判決である。同判決では、M・ポータという名前の一六歳の証人が予備審問手続きの間に訴追側のために証言した。同証人は、しかし、公判で曖昧になった、そしてそのいわゆる犯罪時にLSDを服用していたことを理由に細部を思い出せないと主張した。検察官は、同証人が証言していた予備審問手続きからの抜粋(excerpts)を提出した。最高裁は、この証拠の許容は被告人の対面条項の下での権利を侵害していないと判示した。グリーン判決は、しばしば引用される以下の文言を含んでいた：

> ポータの予備審問での証言は憲法に関する限り［グリーンが］それに続く公判で効果的な対面の機会を有していたかどうかの問題とは全く別に許容できる。予備審問でのポータの供述は典型的な公判を取り巻く状況と酷似した状況下になされていたからである。ポータは宣誓していた、［グリーンには］弁護人——後に公判で彼を代理したのと同じ弁護人——が付されていた。
> ［グリーンには］彼の供述に関してポータを反対尋問するあらゆる機会があった、そしてこの手続は、審問の司法記録を提供できるに備えのある司法機関の面前で行われた。

グリーン判決は、予備審問での反対尋問によって審問手続きの謄本(transcript)の許容性が公判で認められることになるかの問題を解決した、そして多くの判例はクロフォード判決後にグリーン判決のルールを適用してきた。しかし、予備審問での反対尋問はその審問以前に犯罪の被害者によって警察官になされた伝聞供述の公判での使用を認めるのに十分といえるか？　その回答はイエスであると思われる。クロフォード判決は公判前の反対尋問を証言的伝聞の弊害（evils）への救済策（cure）と同一視した、そして次にクロフォード判決は警察の取調べを証言的伝聞の一類型として掲げている、そうすると、予備審問での反対尋問があれば、予備審問以前の警察の取調べにおいて採取されたいかなる供述であっても（これらの供述が審問手続きにおいて反対尋問の対象であったと仮定して）公判で提出することが検察側に許されると推定するのが合理的と思われる。

検察側はそのような戦略をPeople v. Price, 15 Cal. Rptr. 3d 229（2004）で用いた。同事件で告発者は警察に彼女の夫が彼女の首を絞めようとしたと告げていた。この供述をした後まもなく彼女は検察側を援助する気持を変えた、そして夫に対する告発（charges）を取り下げるよう検察側に頼んだ。検察側は告発に固執し、被告人の予備審問で彼女を証人として喚問した。予備審問での彼女の証言は多くの点で被告人に有利だった。公判で検察側は再び彼女を証人として喚問した、彼女は今度は非常に反抗的（recalcitrant）であったので裁判所は彼女を利用不能であるとした。検察側は警察官にされた彼女の供述を提出した、そして被告人は、警察官にされた彼女の伝聞供述に関する予備審問での反対尋問の謄本を提出した。被告人が被害者の警察官への供述を許容したのは対面条項に違反すると主張して有罪判決に対し控訴したとき、控訴審は予備審問での反対尋問はクロフォード判決の下で相当であったと判示した。他の公判裁判所も、被告人が公判ではなく予備審問中に原供述者を反対尋問する機会があった場合、被害者の警察官への供述を訴追側が使用することを是認している。

確かに被害者の反対尋問のために予備審問を利用するのは、ＤＶ訴追でのクロフォード関連問題に対する万能薬ではない。このような戦略の一つの限界は、多くのＤＶ事件、とりわけ軽度の暴行の事案は軽罪として告訴されることにある。予備審問は一般に軽罪の事案には利用できない。

さらに予備審問での反対尋問の十分性について疑問が明示されていることを指摘しておくのは重要である。

People v. Fry, 92 P. 3d 970（2004）においてコロラド州最高裁は、予備審問での検察側証人についての被告人の反対尋問は対面条項の要求を満たしていないと判示した。予備審問は〝相当な理由の決定に必要な事柄に限られて〟おり、ミニ裁判（mini trial）に対する機会を提供することを意図していないというのである。同判決での判断は、しかし、対面条項の下での予備審問手続きの十分性をめぐる多くの法域の立場と矛盾している。

**2　反対尋問のための特別な審理手続**〈略〉

**3　証言録取書（depositions）**　公判前の証言録取書の利用を増やせば、クロフォード判決の要求を満たすことは可能である、しかし、この戦略には連邦および州の証拠法典の改正が必要となろう。現在、連邦刑事訴訟規則第一五条は〝特別な状況下〟においてのみ公判前の証言録取書を認める。若干の州議会は、刑事事件での証言を維持（preserve）するために公判前の証言録取書を認めているが、そのような証言録取書を採用する理由には証人が公判で協力を取り消したり拒否する可能性は一般に含まれていない。より良いルールは、若干の類型事案で日常的な事柄として公判前の証言録取書を許容することであろう。可能な場合には、陪審が公判で証言録取書で証言した証人の態度を観察できるように公判前の証言録取書をビデオ録画すべきである。

被害者の立場からすると、証言録取書での反対尋問の方がそれ以外の公判前審理での反対尋問よりも望ましい。DV被害者は、〝証言録取書は、通常、法廷証言よりはるかにストレスが少ない〟と考えている、〝被害者は彼女自身の弁護人を立ち会わせ、必要に応じて休憩できる〟からである。そのためDVの被害者側弁護人は〝彼女が法廷で利用不能である事案では検察官に証人の証言録取書をとるよう勧める〟べきであると主張する者もいる。

要するに、クロフォード判決に対応した準備をする立法者は、最高裁が要求していること、すなわちより大きな反対尋問の機会を与えなければならない。立法者は、被害者を困惑から守る合理的条件に服しつつDV事案における公判前の反対尋問を拡大するのに必要な手段を講ずるべきである。

### B　許容できる伝聞の範囲拡大の提案

早くもクロフォード判決後の最初の二、三か月で、DVや子供の虐待および年長者の虐待にかかわる事案での特別な伝聞例外を違憲と裁判所は宣告すべきであると主張する者が現われた。今までのところ、裁判所は一般に、問題の制定法がクロフォード判決に違反する方法で適用されうる場合を除き、このような主張に応じていない。

クロフォード判決後に制定法上の伝聞例外を廃止することに一般に応じていない裁判所の判断は賢明と思われる。制定法が適用されると違憲となる可能性があるというだけでは、その制定法はそれ自体（on its face）違憲であることを意味しない。例えば、裁判所は数十年前から、【6】ブルートン判決に違反して不利益な事実の承認（admissions）を提出するために検察官が連邦証拠規則第八〇一条(d)(二)(A)を援用する可能性があることを知っていた、しかし、裁判所は、この規則を違憲として廃止するのではなく問題をケース・バイ・ケースに処理してきた。また制定法上の刑事上の利益に反する供述（declarations against penal interest）の伝聞例外を考えてみよ。最高裁は五年間で二度、第三者を巻き込む利益に反する供述を提出することによって検察側は第六修正に違反すると判示したけれども、最高裁は連邦証拠規則第八〇四条(b)(三)または同旨の各州法上の規則を違憲と宣告しなかった、クロフォード判決、【20】リリー判決。望ましいアプローチは、制定法をそのままにしてケース・バイ・ケースの分析のために明確な裁判の指針（judicial guidance）を提供することである。DV事案に対する特別の伝聞法は、若干の状況下において適用違憲となり易い（susceptible）、しかし、多くのそれ以外の他の状況下においては、これら制定法の利用はクロフォード判決に違反しない。それ故、裁判所は制定法を一律に（categorically）廃止すべきでない。

クロフォード判決での最高裁の判断は、新しい伝聞制定法の大幅な削減（decimation）を要求したものでなく相当な状況下において許容できる伝聞の範囲を拡大することを議会に勇気付けている（embolden）ものと考えるべきである。クロフォード判決の判断は、現実には、刑事裁判における証言的供述に対する新しい伝聞例外を、その新しい制定法がクロフォード判決に合致する限りにおいて、自由に検討することを議会に委ねているのである。

すべての証言的供述は反対尋問に服すべきであるという最高裁の宣告は、伝聞の発展を妨げてきた懸念（concerns）の一つを除去した。連邦証拠規則の起草者は、若干の伝聞類型に対し注意深いアプローチをとってきた、例えば、連邦証拠規則の起草者は、欠席した原供述者による以前に録音された供述に対する伝聞例外を含めることをためらった、しかし、原供述者が証人台に立って反対尋問に利用できるとき、これらの供述の利用を認めている。連邦証拠規則第八〇三条㈤。同規則の起草者は、攻撃者を（被告人と）同一視する警察への公判外供述について非常に用心深かった、しかし、原供述者が公判で反対尋問のために出頭するときこのような供述を自由に認めている。連邦証拠規則第八〇一条(d)㈠(C)。

最高裁による対面条項の強化後の制定法上の伝聞例外の拡大にはある種の対称性（symmetry）がある。強力な対面権は拡大された伝聞例外と釣り合う（counterbalance）。この平衡効果（balancing effect）は州のレベルで顕著であった。オレゴン州はＤＶ訴追に対する全米における最も積極的な伝聞例外を刷新した。これに対しアイダホ州は全米の中で最も弱い対面法を有していた、そしてアイダホ州はＤＶ事案において伝聞の許容を緩和する制定法を採用することは一切なかった。対面条項は制定法上の伝聞法を点検（checks）するのであるから、それらが相互に調和して成長（grow in proportion）するのは当然である。

**1　虐待後二四時間以内の被害者の供述**　事件後二四時間以内のＤＶ被害者による警察官その他の政府職員への伝聞供述を、それが十分な信頼性の徴憑を示している限り許容するオレゴン州の証拠法典第八〇三条㉖の見解を採用すれば、すべての州は利益を得ることになろう。

二四時間例外の正当化理由は、伝統的な必要性および信頼性の基準に依拠している。ＤＶ被害者の二四時間以内の供述は、多くの事案において生じたことについての唯一率直な話を提供する。提案されている伝聞例外の目的は信頼できる証拠だけを許容する。提案されている二四時間ルールと連邦証拠規則第八〇一条(d)(一)(B)（以前の一致供述を許容する）および連邦証拠規則第八〇一条(d)(一)(C)（以前の犯人識別供述を許容する）とを比較するのは有益である。これら三つの規定はすべて、原供述者は公判で利用可能でなければならないことを要求する。しかし連邦証拠規則第八〇一条(d)(一)(B)と連邦証拠規則第八〇一条(d)(一)(C)は、それ以外にはほとんど何も要求していない、他方、二四時間ルールは、話し手の評価や取り囲む状況の信用性の補強などその他のいくつかの要件を課している。

**2　宣誓供述書における被害者の矛盾供述**　連邦証拠規則第八〇一条(d)(一)(A)およびそれと類似の州規定は、DV被害者による宣誓供述書での矛盾した以前の供述の実質的使用を認めるように修正されるべきである、連邦証拠規則第八〇一条(d)(一)(A)の下でこのような宣誓供述の許容はクロフォード判決に違反しないだろう。

**3　強制ないし脅迫された被害者による供述**　すべての州は、原供述者の利用不能を不正に獲得した当事者は原供述者の公判外供述の許容を禁止するために伝聞法則を援用できないことを規定する、不正行為による権利喪失の法理を法典化すべきである。

不正行為による権利喪失の法理は、虐待者に証人の操作をさせないことに役立つであろう。DV被害者に面接する警察官は、警察に協力すれば被害者を報復すると虐待者が脅迫していたかを尋ねるべきである。もしそうであるなら、このような画策の記録は、たとえ被告人が被害者の欠席の獲得に成功したとしても、被害者の伝聞供述の許容を保障する〝保険証（insurance policy）〟を提供することになりうる。

**C　その他の提言**

反対尋問のための機会を増やし制定法上の伝聞例外を拡大する以上の提案に加えて、それ以外の若干の提案がクロフォード判決の後で検討に値する。以下、提案の項目のみ挙げておく。

1　DVの効果に関する専門家証言
2　公判中の被害者の保護の改善策
3　迅速な事件処理
4　被害者証言を不要とする代替的な刑事訴追

# 結　論

クロフォード判決後のDV訴追に役立つ（salvage）二つの一般的な方法がある。一つの方法は、被害者による警察への供述のほとんどを〝非証言的〟とすることである。そのようなアプローチは便利のようにみえて最高裁の対面条項の解釈に忠実でないことになろう。もう一つの代替的方法は、DV被害者による警察官への供述の大半は事実〝証言的〟であることを認めたうえで、クロフォード判決によって要求された反対尋問を保障しつつ被害者の公判外供述を容易に許容するには法改正が必要であることを認めることである。

本稿は後者のコースを採用し、公判前の反対尋問の機会を提供する手続きを提唱する、その結果、たとえ彼女が公判で証言できなかったとしても被害者の伝聞が提出されうる手続きを提案した。

本稿で示した提案の下であっても、クロフォード判決のルールの実施（implementation）は虐待された女性に困苦を強いるであろうことに疑問はない。議会は画期的な憲法解釈を無効（undo）とすることはできない、議会は精々、虐待された女性による信頼できる公判外供述を許容するために憲法上認められている機会を最大のものにすることによってクロフォード判決のインパクトを緩和することだけである。

クロフォード判決はアメリカの捜査実務に決定的影響を与えた。そして判例法国であるためアメリカの各州は第六修正の証人対面権の解釈に関するクロフォード判決に対応する必要があり、右論文は如実にこのことを示している。

ところで、クロフォード判決は第六修正制定時（一七九一年）にすでに確立していた〝共謀者の供述〟や〝利益に反する供述〟などの伝聞例外以外は証人対面権に抵触するとしながら、「原供述者が公判で反対尋問のために出頭するとき彼の以前の［不一致］供述の利用に関して対面条項は全く障害とならない」と脚注で指摘していた。しかし、連邦証拠規則制定時に原供述者が公判に出頭して反対尋問を受けている限り以前の不一致供述をすべて実質証拠として許容する最高裁規則原案が連邦議会によって二転、三転の後に退けられた結果、不一致供述を限定して許容する現行の第八〇四条(b)(一)(A)が成立し、その後の判例によって少なくとも捜査機関への不一致供述は同規則に該当しないことが確立している。そして合衆国最高裁は、このような不一致供述の中でとりわけ信用性に欠ける被告人を巻き込む共犯者の自白を被告人に不利な証拠として許容することは憲法上の証人対面権に違反すると例示しているのである。

このようにみてくると、共犯者の自白をめぐるアメリカ法の動向を正確に把握するには、米連邦証拠規則第八〇一条(d)(一)(A)（不一致供述）、同第八〇一条(d)(二)(E)（共謀者の供述）および同第八〇四条(b)(三)（利益に反する供述）の各草案作成過程から成立するまでの経緯を踏まえつつ、それとのかかわりを明らかにする作業が欠かせないことになる。

以下、章を改めて、順次やや詳しく検討することとしたい。

# 第七章　共犯者の自白と共謀者の供述

米連邦証拠規則第八〇一条(d)(二)(E)（以下、規則(E)ともいう）は、共謀者が「コンスピラシーの過程において、かつコンスピラシーを推進するためにした供述」は伝聞ではないと定義し、これを他の共謀者の不利な証拠として許容することを明らかにしている。これは「共謀者の供述」を伝聞ではないとした点において従来の理解とは異なるが、許容性については伝統的な要件を保持しているため被告人を巻き込む共犯者の逮捕後の自白は従前どおり右規則の定義する「共謀者の供述」に該当せず、被告人に不利な証拠として用いることはできない。このことはすでに詳論した関連判例の中でも繰り返し指摘されているとおりである。

以下、コモンローから証拠規則制定に至るまでの経緯を改めて辿りつつ、規則(E)が採用したというクルールウィッチ最高裁判例を詳しく紹介することにより、共犯者の自白と共謀者の供述とのかかわりについて検討することにしたい。ただ、共謀者の供述の問題点についてはコンスピラシーとの関係ですでに詳論（『共謀罪とコンスピラシー』）したことがあるので規則(E)とのかかわりを中心にごく簡単に検討するにとどめる。

## 第一節　コモンロー

英米法では、共犯者の公判外供述は伝聞であるから被告人に対する関係では許容されないが、コンスピラシーの関与者すなわち共謀者である場合には一定の要件の下に例外が認められている。すなわち共謀者の公判外供述は、それがコンスピラシーの継続中ないしその過程において、コンスピラシーを推進するためになされたものであり、かつコンスピラシーの存在および共謀者と被告人とのコンスピラシーへの結びつきに関する独立証拠がある場合に、他のすべての共謀者に不利な証拠として許容される、これを共謀者の供述の伝聞例外という(1)。

ところで、コンスピラシーとは「不法な目的を遂行すること、または不法な手段により適法な目的を遂行することについての二人以上の者の合意」であると定義づけられていることから明らかなように、未完成の段階にある不法な合意そのものを実体犯罪とは独立した犯罪として処罰する英米法に特有の犯罪形態である。しかし、このようなコンスピラシーの存在はその性質上、立証が困難であり、ここに「共謀者の供述」の伝聞例外が重要な役割を果すことになる。

### 一　沿　革

コンスピラシーは未完成犯罪であり、その本質は不法行為遂行の合意であるから目的とした犯罪が完成したとしてもコンスピラシーは原則としてそれに吸収されず、それぞれ別個の刑を科すことも許される。不法な合意それ自体を独立した犯罪とする理由は、かような共同行為（concerted action）は社会にとって極めて危険であるから結合それ自体を処罰すべきだというのである。しかし、共謀者をコンスピラシーで有罪とするには、犯罪目的に関する主観的な意思の合致（subjective meeting of minds）が必要であるから、直接的な立証は不可能である。共謀者が進んで訴追側証人とならない限り、情況証拠または共謀者本人の自白による立証しかない。共謀者の供述を相互に利用する方法があるが、共謀者の公判外供述は伝聞として排除される。そこで登場したのが共謀者の供述の伝聞例外である。いずれにせよ、イギリスでは一八世紀に至ってフランス革命の同調者の一連の大逆事件でこの伝聞例外が初めて正面から肯定され、アメリカでは一八二七年のグッディング判決（Gooding v. United States, 25 U.S. 460, 469-470）で米連邦最高裁が初めて共謀者の供述は代理の範囲内ですべての共謀者を拘束するという広汎な原理が承認されたという。(2)

最近の英米法では、今まで拡大の一途をたどったコンスピラシーの成立範囲を限定する傾向にあるが、コンスピラシーという犯罪それ自体害悪（an evil itself）で実体犯罪とは異なる特有の著しい危険を有するという考えは依然根強い。例えば、合衆国最高裁は一九六一年のカラナン判決において次のように判示している。

「集団犯罪の合意――犯罪協力――は、単独犯よりも社会に対しより大きな潜在的脅威を与える。共同行為は、犯罪目的が成功裏に達成される可能性を高めそれに関係した個人が犯罪の道から離脱する蓋然性を減少させる。犯罪目的のための集団的結合は、通常とまではいえないにしてもしばしば一人の犯罪者が達成できる目的よりもより複雑な目的を達成することを可能にする。またコンスピラシー集団の危険性は、当初の特定の目的に限定されない。犯罪のための結合（combination in crime）はグループ結成時の目的とは無関係の犯罪遂行をより可能にする。(3) 要するに、コンスピラシーが生み出す危険性は、その企図の直接の目的である実体犯罪に限定されないのである。」

## 二　許容性の根拠、要件

わが国でも周知のローゼンバーグ原子力スパイ事件では〝転向者〟の法廷証言が問題となったが、いわゆる共謀者の供述は被告人関与を肯定する供述を原供述者たる共謀者から聞知した旨の伝聞供述であるから、その危険性は法廷証言の比でない。そのため合衆国最高裁は、共謀者供述の許容性を原則として否定しつつ、それがコンスピラシーの存続中にかつそれを推進するためになされたときには一般に伝聞例外として許容できるとする。複数の人間が不法目的のための合意に達するとき、彼らは相互に特別代理人（ad hoc agents）となり犯罪で協力し合うことになる、したがって、その一人がコンスピラシーの目的を果たすためにしたことは供述を含めてすべての者がしたこととなり、すべての参加者に不利益な証拠として許容されるというのである。米連邦証拠規則第八〇一条(d)(一)(E)は、共謀者が「コンスピラシーの過程において、コンスピラシーを推進するためにした供述」は伝聞でないと規定し、共謀者供述を非伝聞として許容することを明らかにしたが、伝聞例外か非伝聞かの争いは〝技術的なもの〟にとどまり、共謀者供述の許容性の要件に差異はない。ちなみに、岡原昌男元最高裁長官は「法学において概念を重視し、理論構築に力を注ぐ今までの考え方に対し、英米法は〝必ずしも理論に捉われず〟具体的に最も適切と思われる措置を講じている旨書き遺されている（長島敦「岡原記念英米法研究会のいわれ」法律のひろば四九巻五号五九頁）とのことだが、この〝必ずしも理論に捉われ〈ない〉〟という考え方は、伝聞例外か非伝聞かをめぐる争いにも示されているのである。

共謀者の供述を伝聞例外として許容する根拠については、必ずしも明確で統一的な理解があったわけではないが、一般的には古典的な代理承認（vicarious admissions）ないし代理論（agency theory）に求められていた。共謀者は

共同代理人であり、したがって一人の共謀者の供述について他の共謀者も共同して責任を負うというのである。(4)

共謀者の供述の許容性については理論的で統一的な根拠が欠けていることは疑いないが、この伝聞例外に対する批判は、それが理論的に説明できないということではなくその濫用に向けられてきたのであって、(5)連邦証拠規則が「推進」の要件を保持したのは、これと軌を一にするのである。

このように、伝聞例外としての共謀者の供述の許容性の根拠は許容性の要件と一体不可分の関係にあることは疑いない。合衆国最高裁も一九七四年のアンダーソン判決で「コンスピラシーの伝聞例外およびその限定の理論的根拠（rationale）は、共謀者は犯罪の仲間であるという考えである。そうであるから、法は彼らを相互に代理人（agents）とみなす。そして代理人が権限の範囲内で行動するときに限り代理人の供述が本人を拘束するのと丁度同じように、共謀者の供述を他の仲間に不利に許容するためにはそれがコンスピラシーを推進するために（in furtherance of the conspiracy）されたものでなければならない(6)」と判示している。

（1）　Comment, Developments in the Law: Criminal Conspiracy, 72 Harv. L. Rev. 920, 984-985（1959）.

（2）　Levie, Hearsay and Conspiracy: A Reexamination of the Co-Conspirator's Exception to the Hearsay Rule, 52 Mich. L. Rev. 1159, at 1160-1161（1954）.

（3）　Callanan v. United States, 364 U.S. 586, at 593-594（1961）.

（4）　Levie, *supra* note 2, 1163.

（5）　Marcus, The Prosecution and Defense of Criminal Conspiracy Cases §5. 02, 5-11～5-12（1978）.

（6）　Anderson v. United States, 417 U.S. 211, 218 n.6（1974）.

## 第二節　最高裁クルールウィッチ判決（一九四九年）

米連邦証拠規則第八〇一条(d)(二)(E)は、合衆国最高裁クルールウィッチ判決で採用された立場と一致している。関連する合衆国最高裁判例はすでに別途紹介したことがあるので、最も重要な右判決だけを新たに同調意見を加えて改めて詳しく紹介しておく。

右判決（Krulewitch v. United States, 336 U.S. 440）は、売春婦の州外移送を禁止するマン法に違反してクルールウィッチ（X）とYはニューヨーク市からフロリダのマイアミに売春目的で出かけることをAに説得し同女を移送した等で起訴されXだけが公判に付されすべての訴因につき有罪とされ控訴裁判所もこれを支持した事案につき、被告人が関与している旨の州外移送完了後の共謀者の伝聞供述はコンスピラシーを推進するためのものでないから許容できないとしたうえで、犯罪の隠蔽というコンスピラシーの副次的側面を推進するためにされた供述を共謀者の供述の伝聞例外として許容できないとして原判決を破棄したものである。コンスピラシー犯罪をカメレオンに譬えたジャクソン裁判官の同調補足意見は今日まで繰り返し引用されており、判示に続いて新たにやや長い同調意見を紹介しておく。

### 一　判　示

問題の証言は、XとYから売春目的でニューヨークからフロリダに出かけることを勧誘されたAが訴追側証人として証言したものである。この証言は、AとXの共謀者とされるYとの間の次のような会話について述べていた。すなわち、彼女（Y）は私（A）に〃Xにはまだ話していないわね〃と聞きました。そして私は〃はい〃と言いました。すると彼女は〃結構よ、話さないでね、あなたに弁護人をつけるまでは〃と言いました。それから彼女は〃話すことにはとくに気をつけてね〃と言いました。そして正確な言葉で表現できませんが、〃ケイ（被告人）よりも女の私達二人で責任をとった方がいいよ（It would be better for us two girls to take the blame）、彼はそれに耐えられない（he couldn't stand to take it）から〃と言ったというのである。

このいわゆる会話がされたのは、Aがマイアミに出かけた一九四一年一〇月二〇日から一月半も後のことであった。Aを一九四一年一〇月にマイアミに行かせることでXとYとの間でどのようなコンスピラシーが存在していたにせよ、一九四一年一二月に上述の会話がされたとき、そのようなコンスピラシーはもはや存在していなかった、この一二月の時点でフロリダへの移送（trip）は完了し、Aはフロリダを立ち去りニューヨークに舞い戻り再びそこで住居を定めていた、この会話が交わされた時点でAの共謀者とされるYとXは逮捕されていたからである。

本件コンスピラシーの主たる目的――売春目的でのA女のフロリダへの移送――は、共謀者Yが彼女のものとされているそのいわゆる供述をしたとき全く存在していなかったか、又は成功または失敗したためそれよりずっと以前に終了していたことに疑問の余地はない。この供述は明らかに本件犯罪でXが有罪であることを暗示していた。それはXのいないところでされたものであり、かつ訴追側はそれがXの命令（authority）でされたことを立証するいかなる努力も払っていない。それ故、この証言はXの有罪に関する公判外の無宣誓供述である。共謀者Yのものとされるこの伝聞供述は、起訴状で告発されているコンスピラシーの目的に沿って、かつそれを推進するためにされたものでなかった。このような供述がされたとしても、それはこのような目的が失敗したか又は達成された後でされたものであるからである。このような状況の下では、主張されている犯罪的な移送計画を推進するためにされたものであるとの理論に基づいて、そのいわゆる共謀者の伝聞供述を許容することはできない。

訴追側は、コンスピラシーの主たる目的——売春目的での移送——は前述の会話がされた以前に成功または失敗したことについてはこれを認めているにもかかわらずなお継続中のコンスピラシーの副次的目的を推進するためにされた供述として（as one in furtherance of a continuing subsidiary objective of the conspiracy）この伝聞供述を許容するよう主張する。すなわち、犯罪を犯そうとする共謀者は常に明示または黙示に有罪判決および処罰を阻止するために事実を隠蔽すべく相互に協力することに合意している。それ故、コンスピラシーの主たる犯罪目的の達成または失敗後においてもコンスピラシーの黙示的な副次的側面（implicit subsidiary phase of the conspiracy）すなわち隠蔽（concealment）を唯一の目的とする局面は存続すると主張するのである。控訴裁判所はこの見解を採用した。同裁判所は、この伝聞供述をこのような継続中のコンスピラシーの副次的側面を推進するためにされた〝隠蔽のための黙示的合意〟（"the implied agreement to conceal"）の一部と考えた。したがって、同控訴審は、この供述が許容されたのは正しいと判示したのである。

われわれは、訴追側の主張を受け入れることはできない。一人の共謀者の公判外供述を他の共謀者に不利に用いることを認める特別な証拠法則に反対して主張できる論理的かつ実際的な理由は多く存在する。しかし、これらの理由がいかに説得的なものであれ、現に進行中のコンスピラシーの目的を推進するためにされた場合には、そのような供述は伝聞法則の例外として許容できることは確立している。若干の共謀者による伝聞供述が他の共謀者に不利な証拠として許容されるためには告発されているコンスピラシーを推進するためにされたものでなければならない、このような許容性の前提要件は、連邦裁判所によって誠実に（scrupulously）順守されてきた。訴追側は今、この限定的な伝聞法則の例外を拡大して主張されている刑事上の移送のコンスピラシーを推進するためにされたものでなく摘発と処罰の阻止を目的とする黙示ではあるが告発されていない（uncharged）コンスピラシーを推進するためにされた供述を許容できると判示するよう求めている。……訴追側によってその採用が主張されている法則は、余りにも広範囲な結果（far-reaching results）をもたらすことになろう。このような法則の下では、証拠として提出された多くの公判外供述が共謀者をかばうのに役立っているというもっともらしい（plausible argument）主張がコンスピラシー事件でされるであろうからである。われわれは、すべての刑事上のコンスピラシー事件において伝聞証拠の許容を禁ずる一般法則のなお一層の侵害（a further breach）を必然的に惹起するであろうこのような訴追側の黙示のコンスピラシー理論を採用することには納得できない。

## 二　ジャクソン同調補足意見

本件は、コンスピラシーの連邦法における現在の方向性を示しているので若干のコメントをする必要がある。コンスピラシーは伸縮自在で不規則にしてどこにでも浸透する発展性を特徴としているからである。コンスピラシーの歴史は、カードウソ判事の簡潔な表現によれば、〝その限界までの原理の拡張の傾向〟を示している。「実体犯罪自体での訴追に代えて、あるいはそれに付加して、コンスピラシーで訴追する慣習の増加に対する裁判官の空しい抗議は、この犯罪に関する杜撰な実務がわれわれの裁判運営における公平さに重大な脅威となっていることを示唆している。」

現代のコンスピラシー犯罪は、曖昧模糊でほとんど定義できない程である。若干の基本的で不可欠な構成要素（elements）があるにもかかわらず、それはカメレオンのように自己がかぶさる多数の各独立犯罪のそれぞれの特色ある色彩を頂戴する。

コンスピラシー犯罪は、歴史的な政治的暗殺、クーデター、小暴動、革命、および現代での政権の獲得などを背景に行われているようにみえる。しかしコンスピラシーは、政治的動機を有しない多くの共同一致の（concerted）犯罪にも利用される。「基本的なコンスピラシー原理は現代の刑法において何等かの位置を占めていることを疑問とする意味ではない。犯罪目的を背景に、多くの人手、機会、および才能を結びつけることは、一人の悪人の努力よりも明らかにより危険であり、取締りがより困難であるからである。」それは本件のようにコンスピラシーが商売に精を出すためにニューヨークからフロリダに出かけるという売春仲介者と売春婦との忌わしい協力から成る場合のように、単なるマン法違反の訴追で連邦法の威厳が守られる下らない事件もある。しかし、適切に援用されたとしても、この理論の緩和性と柔軟性は、特定の事案の要求に応じるためにどこにでも拡張しようとする司法的思考（judicial thought）を背景にした固有の危険がある。軽罪を犯すために結合する（confederating）という行為は、たとえ無害な顕示行為であっても、その遂行に引き続いて行われると重罪である。たとえ軽罪が決して達成されなかったとしても、やはり重罪である。さらによりラディカルな立場も十分に確立している。コモンローおよび若干の制定法の下で結合（combination）は、たとえそれが一人の個人でしたとき、あるいは多くの者が単独でしたときには全く犯罪とならない行為だけを意図していたとしても、刑事上のコンスピラシー足りうるのである。

「それ故、コンスピラシー原理は、教唆や幇助（aiding and abetting）、あるいは事前従犯（accessory）で有罪とならない犯罪の周辺にいる人を有罪にする（incriminate）ことになる。」犯罪となる行為を予想していない結合であるにもかかわらず、その行為が共謀者の一人によって行われたのであれば、犯罪性を付与するというのは英米法に特有の実務である。コンスピラシー犯罪の広範な定義が星室裁判所に起因することにはほとんど疑いがない。実際、〝現代のコンスピラシー犯罪はほとんど専らコンスピラシーが星室裁判所によって取り扱われた方法の結果である。〟組織社会は組織犯罪と闘う合法的な武器を持たねばならないことが普遍的に是認されているにもかかわらず、コンスピラシーの原理は大陸法の法律家に気に入らない。ローマ法では全く未知であり、現代の大陸法典にも見い出せない。ほとんどの大陸法の法律家はそのことを聞いたこともない。

被告人には、合衆国憲法第六修正の下で〝犯罪が行われた州および地域で公平な陪審による〟裁判を受ける権利が保障されている。コンスピラシー訴追のてこの作用（leverage）によってこの保障は幻影となっている。コンスピラシー犯罪は非常に気まぐれ（vagrant）であるため、共謀者の一人がその目的を達成する意図で行為の一つを行えば、それがいかに無害なものであってもその地域で行われたことになる。ホウムズ裁判官はハイド判決（Hyde v. United States, 225 U.S. 347）において、コンスピラシー原理を圧制的（oppressive）であり〝われわれの祖先が阻止しようとした不法行為（wrongs）の一つ〟として極印を押すことにためらいはないと書いた。訴追側は、仲間の誰かがごく些細なそれ自体無害な行為をその地域でしたことを理由に被告人が何らかの行為をした場所からはるかに離れたところでの弁護を被告人に強制できるし、かつしばしば強制している。状況いかんによれば、訴追側は裁判地をワシントンＤＣに定めることもできるのである。

裁判が始まると、被告人はコンスピラシー戦略の十全な衝撃力を感じる。厳密に言えば、訴追側は最初にコンスピラシーの存在を一応証明（prima facie）しかつ共謀者の特定をして、その後にコンスピラシーの遂行過程における各人の行為および供述の証拠がすべての共謀者に不利な証拠として許容されることになる。しかし、立証の順序は極めて不規則であるため、裁判官がそれをコントロールするのは難しい。実際上の問題として、被告人はしばしば、その権限を与えたこともその意図もなかったにもかかわらず、コンスピラシー自体の存続を陪審に説得するのに役立つ他の共謀者の行為や供述など雑多な証拠（hodgepodge）に直面する。陪審への偏頗な影響は説示によって克服できるとの素朴な考えは、全くのフィクションにすぎないことをすべての実務法曹は知っている。

コンスピラシー裁判は、むろん訴追側に大きな負担を課している。しかし、それは被告人にとってとりわけ困難な状況である。証拠法則のルーズな適用から生ずる危険は訴追側が大規模裁判（mass trial）を開始する場合に増加する。

「さらに、連邦の実務では、多くの法域において存在するような共犯者の補強されない証言（uncorroborated testimony of accomplice）に基づいた有罪判決を阻止するルールはない。そして被告人が期待できる最上の慰めは、裁判所が〃より良い慣行〃に従って〃共犯者の証言を信頼しすぎてはいけない〃と陪審に説示することである。」

コンスピラシー裁判での共同被告人は、容易ならざる立場に置かれている。通常、誰かによる悪事の証拠はあろう。すでに〃類は類を呼ぶ〃と信じている陪審の胸中に被告人自身の主張を植えつけるのは難しい。もし彼が沈黙すると、それは承認したものとして受け取られる。そして度々生じているように、共同被告人が相互に非難したり矛盾供述をしたりすると、お互いの有罪を証明することになる。詳論はしないが、コンスピラシー訴追に対する防禦には実際上多くの困難がある。

以上の不十分なスケッチを背景に、私は、本件での下級審の判断にはコンスピラシー法の不気味な拡大（ominous expansion）が提示されていると考える。訴追側は、公判に付されていない被告人のいわゆる共謀者との会話を売春婦に繰り返させることによって被告人を罪に陥れることが許された。この会話は、実体的犯罪が達成された後で、被告人、他の共謀者および当の証人がすべて逮捕された後で、そして証人と他の二人がすでに仲間割れ（a falling out）をした後でされたものである。控訴裁判所は、本件での共謀者の供述は「隠蔽の黙示の合意の範囲内」にあるので被告人に不利な証拠として許容できるとした。

黙示の犯罪や解釈上のコンスピラシー（constructive conspiracy）の原理を裁判所が導入する根拠は全くない。それは古い犯罪に新しい犯罪を付加し、あるいはそれを拡大するものである。確かに現代のコンスピラシー法は裁判官によって大いに展開されてきた。しかし、裁判官の創造した（judge-made）合衆国に対する犯罪はあり得ないということは十分かつ賢明に確立している。いかなる制定法も、証拠から認定されうるものを除き、連邦裁判官がコンスピラシーを推定ないし解釈することを認めていない。そのようにすることは、新しい犯罪の創造にほぼ相当し、その合憲性は疑わしい。いずれにせよ、そのようなことは無罪の推定と相容れず、それと根本的に矛盾する。

もちろん、それが犯罪者の有罪を維持する唯一の方法であると思われるとき、厳格な基準を緩和する強い誘惑はある。しかし、コンスピラシー訴追に内在する個人の自由や司法過程の廉潔性（integrity）への危険なしに、実体犯罪で多くの犯罪を訴追する権限を制定法は認めている。四回もの裁判の後での破棄は残念ではあるが、この誤りを無害として看過することはできない。

## 第三節　連邦証拠規則第八〇一条(d)(二)(E)

米連邦証拠規則第八〇一条(d)(二)(E)は、共謀者の公判外供述について一定の要件の下に伝聞ではないと定義することにより、これを実質証拠として許容することを明らかにしている。これは伝聞でないとした点については格別、許容性の要件については「伝統的な共謀者の供述の伝聞例外の要件を本質的に保持し」(7)その範囲を限定したもので、連邦議会でも最高裁規則原案がそのまま採用されたのである。

このように、共謀者の供述を従前どおり実質証拠として許容することにはさしたる争いはないが、これを伝聞例外とみるか非伝聞とみるかについては見解が混乱しているためその根拠を理論的に説明することは困難であるといわれる。いずれにせよ、規則(E)が共謀者の供述の許容性の要件につき伝統的見解に従い「推進」の要件を保持したことはきわめて重要な意義を有するのである。

そこで以下、この点を中心に改めて同規則制定の経緯を明らかにした後、ごく簡単に許容性の三要件についてその問題点を指摘することとしたい。

## 一　諮問委員会草案、最高裁規則原案

証拠規則に関する諮問委員会は、従前の裁判所の取扱いに従い「推進するため」という要件を保持しつつ「共謀者の供述を伝聞ではないとしたことにつき明確な理由を述べていない」が、連邦においては種々の理由で共謀者の供述を伝聞例外とは呼ばず、古典的な伝聞の定義にあてはまるもののこれを伝聞でないとするのが一般的な傾向であるところから、規則(E)もこれに従ったものであるという(8)。

諮問委員会の注釈は、「推進」要件を保持した点について、次のように説明している。「共謀者の供述の許容性に関する〝コンスピラシーの過程において、かつコンスピラシーを推進するため〟にした供述という限定は一般に認められているものである(is in accepted pattern)。コンスピラシーの代理論はせいぜい擬制にすぎず、すでに確立している以上の許容性の根拠として利用すべきでない。本規則は、コンスピラシーの目的の挫折またはその達成後にされた供述の許容性を否定する点で(クルールウィッチ判決等における)連邦最高裁の見解と一致している。類似の限定的規定については、カリフォルニア証拠法典第一二二三条およびニュージャージ規則第六三条(9)(b)を見よ。」

ところで、一九四二年の模範証拠法典(Model Code of Evidence)第五〇八条(b)は、共謀者の供述の許容性につきコンスピラシーに関してコンスピラシーの継続中にされたものであれば足りるとし、コンスピラシーを推進するためという要件を削除し、そして一九五三年の統一証拠規則(Uniform Rules of Evidence)第六三条(9)(b)も同旨の規定を設けた。「推進するため」という要件を削除したのは、証拠法の中に証拠法の関心とは関係のない限定句を導入する

ことになるとの考えに基づいている。すなわち、コンスピラシーの「推進」は代理論の「雇用範囲」に相当するから、この要件を保持すれば代理論を採用せざるを得ない。しかし、代理論は共謀者の供述の許容性の根拠として説得力に欠けるうらみがあり、証拠法則になじまないというのである。(9)

規則(E)は、このような民間草案のアプローチを退け「推進」要件を保持したので、当然に伝統的で限定的な代理論のアプローチを採用したことになる。その理由は、これが「説得的な理論的根拠であると考えたからではなく、コンスピラシーによる訴追というきわめて現実的な不公正と危険から被告人を保護するために有用な方策であると判断したためである。(10)」

いずれにせよ、理論的根拠に欠けることを認めつつ「基準を緩和すると信用性の乏しい証拠が許容されることになりかねない(11)」との政策的判断から、諮問委員会が「模範証拠法典や統一証拠規則のアプローチを否定」して推進要件を保持し、そしてこれがそのまま連邦議会で承認されたのである。

## 二　許容性の要件

連邦証拠規則第八〇一条(d)(二)(E)は「コンスピラシーの過程において、かつコンスピラシーを推進するためにした」共謀者の供述は伝聞ではないと定義することにより、これを他の共謀者に不利な証拠として許容できることを明らかにしている。これは、理論的な弱点を十分に認識しつつ、右に述べた政策的判断から古典的な代理承認ないし代理論に由来する「推進」要件を保持することによって、共謀者の供述の許容性の範囲を限定したものである。また、被告人とコンスピラシーとの結びつき等に関する独立証拠の存在は共謀者の供述を許容するためのいわば前提要件であるから、この点についても従前と異なるところはない。

以下、共謀者の供述の許容性の三要件、すなわち「推進」「過程」「独立証拠」について、それぞれの問題点をごく簡単に指摘しておく。

(1)　共謀者の供述を被告人に不利な証拠として用いるためには、訴追側は第一に、それが「コンスピラシーを推進するため」にされたものであることを立証しなければならない。当該供述が実際にコンスピラシーを推進したことは必ずしも必要でなく、たとえコンスピラシーの目的を推進せず、あるいはそれを妨げる結果となっても許容されることはありうる。「推進」の判断基準は、原供述者本人がコンスピラシーの範囲内でその遂行に関して供述していると信じていたかどうかである。したがって、特定の供述がコンスピラシーの目的を推進するためにされたものといえるかは、それぞれの文脈において判断するほかない。ただ、逮捕後の共謀者の供述は一般に、コンスピラシーを推進するためのものということはできない。「逮捕後の共謀者の自白ないし不利益な事実の承認は、いかなる意味においても犯罪の企図を推進するものではない。それはむしろ、それ（犯罪の企図）を挫折させるものである。」しかし、その逆は必ずしも真実ではない。コンスピラシーを推進するためになお活動中の未だ逮捕されていない共謀者の供述が、逮捕された共謀者に不利な証拠として許容されることはありうるし、また、共謀者が逮捕後もなおコンスピラシーから離脱していない場合には、その供述が推進の要件を満たすことはありうる。(12)

共謀者の話し相手が捜査官であるとしても、未だ身分の知られていない覆面捜査官である場合には、その供述は推進の要件を満たさないわけではない。しかし「身分の明らかな法執行官に対する自白に相当する供述は、とりわけ原供述者がコンスピラシーの摘発や仲間の身許割出しに協力することにより訴追免除ないし有利な取扱いを受けることを期待して自己自身の個人的利益を図ろうとする場合には、推進の要件を満たさないものとみなされる。」(13)

(2)　訴追側は第二に、それが「コンスピラシーの継続中ないしその過程において」されたものであることを立証しなければならない。このことに疑問の余地はないが、コンスピラシーの始期と終期を確定することは容易でない。コンスピラシーには正式な合意のないのが普通で少なくとも目に見える証拠はないから、犯行後の一連の行為からコンスピラシーの存在を推認しなければならない。ここにコンスピラシー法の最も厄介な側面がある。[14]

「コンスピラシーは一旦始まると、継続していると推定される。その目的が達成され、または妨げられたことが立証されない限り、なお努力は続けられているもの (ongoing endeavor) と推定される。当事者はコンスピラシーの終了前に、それとの関係を絶つ (renounce) ことはできるが……当事者のコンスピラシーへの参加は一旦立証されると、継続していると推定されるのである。……原供述者の逮捕はコンスピラシーへの彼の参加を終了させるから、逮捕後の供述はこの例外に該当しない。[15]」

コンスピラシーが終了すると、すべての共謀者に終了の効果が発生する。コンスピラシーの結果は継続するが、コンスピラシー自体はそのことにより当然に継続するのではない。もっとも、ある種の犯罪はその目的が達成されるまで継続する。例えば、略取誘拐のコンスピラシーは身代金が手渡されるまで継続し、強盗罪も犯罪の果実が処分されるまで継続する。いずれも不法手段により利益を得ることがコンスピラシーの目的であるからである。[16]

(3)　訴追側は第三に、規則(E)の明示するところではないが、「コンスピラシーの存在および共謀者と被告人とのコンスピラシーへの結びつきに関する独立証拠」のあることを立証しなければならない。つまり、コンスピラシーの存在それ自体が許容性の前提要件であるから、コンスピラシーの事実を立証するために共謀者の供述を用いることはできず、それ以外の独立した証拠が必要であるというのである。[17]

独立証拠の立証につき困難な問題は、訴追側の立証の有無を判断するのに、いかなる基準が用いられるべきかである。この判断基準につき「一応の証明」で足りるとするもの、「証拠の優越」で足りるとするもの、コンスピラシーが存在したことにつき「実質的な独立証拠」を必要とするものなど、判例は区々に分かれている。

このほか、立証の順序などが問題になる。独立証拠を共謀者の伝聞供述より先に提出することは必ずしも必要でない。判例は一貫して、公判裁判官の裁量で、後に検察官に立証させることを条件として先に伝聞供述を提出することを認めているという(18)。

(7) Marcus, Co-Conspirator Declarations: The Federal Rules of Evidence and Other Recent Developments, From a Criminal Law Perspective, 7 Am. J. Crim. Law 287, 289 (1979).

(8) Marcus, *supra* note 5, at 5-7～5-8.

(9) 4 Weinstein & Berger, Weinstein's Evidence 801 (d) (2) (E) 〔1〕, at 801-169 (1980).

(10) Id. at 801-170.

(11) Id. at 801-173.

(12) Cf. Marcus, *supra* note 5, at 5-29～5-30.

(13) 4 Louisell & Mueller, Federal Evidence (1980), at 355-356.

(14) Weinstein's Evidence, *supra* note 9, 801 (d) (2) (E) [01], at 801-178.

(15) Mueller, *supra* note 13, at 338-341.

(16) Cf. Weinstein's Evidence, *supra* note 9, 801 (d) (2) (E) [01], at 801-180.

(17) Cf. Annotation, Necessity and Sufficiency of Independent Evidence of Conspiracy to Allow Admission of Extrajudicial Statements of Co-Conspirators, 46 ALR 3d 1106, at 1159-1160.

(18) Cf. Davenport, The Confrontation Clause and Co-Conspirator Exception in Criminal Prosecution: A Functional Analysis, 85 Harv. L. Rev. 1378, at 1387-1390 (1972).

# 第八章　共犯者の自白と不一致供述

米連邦証拠規則第八〇一条(d)(一)(A)（以下、規則(A)ともいう）は、一定の要件の下に証人の以前の不一致供述を伝聞でないと定義している。これは、いわゆる自己矛盾供述は証人の信用性を減殺するための弾劾証拠としてのみ許容できるとするコモンローの法則を論理的でないとして採用せず伝聞法則を緩和したものであるが、不一致供述（自己矛盾供述）を実質証拠として許容することを明らかにしたためいわゆる「寝返り証人」の公判外供述が法廷に顕出可能となり、共犯者の白白とのかかわりが重要な問題となる。ただ、前述のようにクロフォード判決は脚注で「原供述者が公判で反対尋問のために出頭しているとき彼の以前の〝不一致〟供述の利用に関して対面条項は全く障害とならない」と指摘していた。

以下、コモンローから規則(A)制定に至るまでの経緯を辿ることで右指摘の意味内容を明らかにしつつ、改めて共犯者の白白と不一致供述とのかかわりについて検討することとしたい。

## 第一節　コモンロー

コモンローでは、証人の自己矛盾供述ないし不一致供述は弾劾証拠としては格別、実質証拠として許容できないことは確立していた。たとえ証人が以前に現在の法廷証言と相矛盾する供述をしていたことが明白であっても、事実認定者の面前で宣誓下に供述して相手方の反対尋問を受けたものでないから、これを実質証拠として許容することはまさに伝聞法則に反するというのである。このほかコモンローでは自己矛盾の供述によって証人を弾劾するには、あらかじめ当の証人に対しその供述内容等を具体的に示して弁明の機会を与えておくことが不可欠とされ、また積極的要件ではないが、自己側証人の弾劾が禁止されていたため自己矛盾供述による証人弾劾もその範囲はかなり限定されていた。

以下、ひとまずコモンロー上の許容性の根拠、要件について、簡単にみておく。

## 一　許容性の根拠

証人の信用性を攻撃する証人弾劾の方法には六つの方法があるが、自己矛盾供述の立証による証人弾劾が最も効果的であるといわれる。この種の証人弾劾は早くから確立していたが、むろん、現在の証言が虚偽で以前の供述が真実であることを前提にするのではなく、同一の事柄に関して相異なる供述をする証人は定見がなく気まぐれである（blowing hot and cold）といえるから、両供述の真実性に疑問が生ずるとの考えに基づいている。(1) つまりこの場合、証人の二つの供述がともに正しいということはありえない、少なくともそのうちの一つは誤りであることに間違いはない。以前の矛盾供述による証人弾劾が最も効果的であるといわれるのは、証人が前後に相矛盾する供述をしているという事実を立証するだけで証人の信用性を減殺できるからである。これを敷衍すると、次のようになる。

「証人に不信を抱くのは、証人の供述が前後相矛盾しているからであって、証人の以前の自己矛盾供述が積極的に（assertively）用いられたからでないことは明らかである。すなわち、証人の以前の供述を証言と考えることが求められているのではなく、両供述のどちらかを選択しなければならないわけでもない。単に両供述を相互に比較し、両者がともに正しいということはありえないと気付けば、そのどちらであるかを判断することなしに、それだけで直ちに証人は一方または他方において誤っていると結論できる。証人の誤りが明らかであるのは、両供述に食違いがあり相矛盾しているからであって、以前の供述の信用性がより優っているからではない。それ故、必ずしも証人の以前の供述が現在の供述に代るものとして受け入れられたわけではないのである。」

「要するに、以前の供述は本来、伝聞ではない。というのは、それは積極的に提出されたものではない、すなわち証言的なものではないからである。伝聞法則は単に、公判外供述を信頼できる証言的な陳述（testimonial assertion）として用いることを禁止するにすぎない。以前の矛盾供述は信頼できる証言的な陳述として提出されたのではない。それ故、信用性を減殺するために以前の自己矛盾の供述を用いることは伝聞法則に触れないことになる。(2)」

## 二　許容性の要件

このようにコモンローでは、以前の不一致供述は実質証拠としては許容されず、単に証人の信用性を減殺するための弾劾証拠として用いられたにすぎないが、その場合でもさらに一定の要件を満たすことが前提とされた。

証人が信用できないのは、証人の法廷証言と公判外の以前の供述とが一致せず矛盾しているからである。したがって、両供述の矛盾が証人弾劾の前提要件であることはいうまでもない。証人の信用性に疑問が生ずるといえるには両供述の間にどの程度の不一致が必要かが問題となるが、一般に認められている見解によると、証言と以前の供述との間に何らかの重要な食違い（any material variance）があれば足りる。(3)

コモンローでは、自己矛盾供述を用いて証人を弾劾するには反対尋問の前にまず当の証人に対しその供述の内容、日時、場所、相手方等を具体的に示して、そのような供述をしたことがあるかどうかを尋ね、あらかじめ本人にその理由を弁明しまたは否認する機会を与えておくことが必要とされた。これがいわゆる「基礎固め（foundation）」としての予備質問で、一八二〇年のキャロライン女王事件判決（Queen Caroline's Case, 129 Eng. Rep. 976）に由来する。証人に矛盾供述を説明する機会を与えることは公正で不意打防止に役立ち、そして時間の節約にもなるというのである。証人が当該供述を否認しまたはこれを認めず〝知らない〟〝記憶にない〟と述べると、「基礎固め」の要件は満たされ、反対尋問者は次の段階で証人が当該供述をしたことを立証できるのである(4)。この要件は次第に精緻なものとなり、キャロライン女王事件判決は「以前の不一致供述を含む書面の内容に関して証人に質問するにはその前にその書面自体を証人に提示しまたはその内容を証人に朗読しなければならないという要件を付加した(5)」という。

コモンローではこのほか、当事者は自ら喚問した証人を弾劾できないという周知の「自己側証人弾劾禁止の法則」があった。この法則は主にコモンロー上のいわゆる「保障人法則（voucher rule）」に由来する。証人を喚問する当事者は、その前提として証人の信用性を保障しているから自己側証人を弾劾できないというのである(6)。この自己側証人弾劾禁止の法則は「初期の見解の残滓にすぎず、これを維持する実質的理由はない」といわれながら、不一致供述の立証によると証人の性格に関する攻撃や証人の偏見ないし利害関係の立証によるとを問わず、一般にすべての弾劾方法に適用された。自己側証人弾劾禁止の法則が最近まで廃止されず維持されてきた根本的理由は「以前の供述が陪審によって陳述された事実の実質証拠として考慮されることが懸念されたからである(7)」という。つまり、自己側証人弾劾禁止の法則には合理的根拠はないが、これを廃止すると証人の以前の不一致供述が広汎に法廷に顕出されることになる。むろん、この種の供述は実質証拠としてでなく単に弾劾証拠として許容されるにすぎない、しかし、その旨の限定説示は効果的でなく陪審が事実上これを実質証拠として用いるおそれがあるというのである[8]。いずれにせよ、自己側証人弾劾禁止の法則は、弾劾証拠としての不一致供述の許容性の積極的要件ではないが、いわゆる「寝返り証人」に対する最も効果的な弾劾方法に門戸を閉ざすものであったことは留意しておかねばなるまい。

アメリカの各法域では従来、ほぼコモンロー上の法則を踏襲してきたが、その後、不一致供述の場合には原供述者は事後にせよ公判廷で反対尋問に服しているからこれを実質証拠として許容しても伝聞法則に反しないとする見解が次第に有力となる。規則(A)はこのような近時の有力説を採用したものであるが、あわせて自己側証人弾劾禁止の法則を廃止したため訴追側の「寝返り証人」の以前の不一致供述が法廷に顕出される機会が飛躍的に増大するのである。

（1）McCormick, Evidence §§33-34, at 62-63 (1954).

（2）3 Wigmore, Evidence §§1017-1018, at 994-996 (Chadbourn, rev. 1970) (hereafter cited as Wigmore).

（3）McCormick, *supra* note 1, §34, at 63-64.

（4）Id. §37, at 67-68.

（5）Graham, Employing Inconsistent Statements for Impeaching and as Substantive: A Critical Review and Proposed Amendments of Federal Rules of Evidence 801 (d) (1) (A), 613, and 607, 75 Mich. L. Rev. 1565, at 1595 (1977).

（6）Wigmore, §899, at 665.

（7）McCormick, *supra* note 1, §38, at 70〜71.

（8）Graham, *supra* note 5, at 1612. Cf. Graham, Examination of a Party's Own Witness under the Federal Rule of Evidence: A Promise Unfulfilled, 54 Texas L. Rev. 917, at 979-80 (1976).

## 第二節　学説の批判

アメリカでは早くからウィグモアによって、自己矛盾供述を実質証拠として許容しても伝聞法則に反しないことが指摘されていたが、裁判所は一貫してコモンロー上のいわゆる正統説に従い、例えば、連邦最高裁は一九四五年のブリッジズ判決（後出）で、訴追側証人の捜査官に対する以前の不一致供述につき、このような伝聞供述を実質証拠として許容することは「わが法制の基盤である公正の観念に反する」とした。しかしその後、マコーミックやE・モーガンなどの賛同を得て、ウィグモアのいわゆる少数説は次第に有力となり、ついに第二巡回区連邦控訴裁判所は一九六四年以降の一連の判例で、その範囲を限定しつつ少数説に与することを明らかにした。証拠規則第八〇一条(d)(一)(A)は、ほぼこの「第二巡回区の見解」を採用したものである。

以下、とりあえず代表的な学説として、ウィグモアとマコーミックの正統説批判を紹介しておこう。

### 一　ウィグモアの批判

ウィグモアは有名な証拠法の初版では正統説に従ったが、一九二〇年の第二版以降これを改め、自己矛盾の供述を実質証拠として許容しても伝聞法則に反しないと主張するに至る。ウィグモアの主張は簡潔であるが、最も早くかつ最も明確に正統説を批判し少数説の理論的根拠を明らかにしたものとして重要である。次のようにいう。

「このように［自己矛盾の供述に積極的な証言的価値を否定］する唯一の根拠は伝聞法則であろう。しかし伝聞法則の理論は、法廷に出頭していない者（absent person）が反対尋問を受けずに公判外でしたものであるから公判外供述は排除されるというのである。ところが、この場合には、証人が法廷に出頭して反対尋問を受けていることが前提である。以前の供述の根拠に関して証人を吟味する機会は十分にある。伝聞法則の目的はすでに全て満たされている。……しかしながら、これと異なる見解が正統説である。以前の自己矛盾の供述は実質的ないし独立的な証言的価値を有するものとして取り扱われるべきでないというのが裁判所によって、普遍的にとまではいえないにしても、広く維持されている見解である。(9)」

「筆者は本書の第一版では正統説を是としたが、さらに考察を重ねた結果、自然でかつ正しい解答は本文で述べたそれであると考えるに至った。(10)」

## 二　マコーミックの批判

マコーミックの正統説批判は周到をきわめ、そしてウィグモアの簡潔な批判とともに繰り返し判例や学説において引用され、立法にも大きな影響を与えた。その論旨は、およそ次のとおりである。

「証人の以前の供述は、弾劾のためには許容できるが、そこで述べられている事実の証拠にはならないという正統説の理由は明白である。かかる目的のために用いられるときには、その供述は伝聞である。その価値は原供述者の信用性にかかっているが、原供述者は供述時に宣誓をしておらず反対尋問を受けていないというのである。」

それにもかかわらず、証人の以前の供述はその真実性の〝実質〟証拠として許容すべきであるという反対説には理由がある。これらの理由はあまり明確でない。それは価値較量に関する判断に依拠しているからである。しかし熟慮すればするほど、この理由は説得的であるように思われる。

この分野の第一人者の改説を見よ。彼（ウィグモア）は、かような供述は実質証拠として許容すべきであるとの見解を明らかにした後、〝筆者は本書の第一版では正統説を是としたが、さらに考察を重ねた結果、自然でかつ正しい解答は本文で述べたそれであると考えるに至った〟とつけ加えているのである。

証人台での証言の真実性を保障する二つの方法は、偽証の責任が伴う宣誓および反対尋問の吟味である。現に証人台に立っており公判廷で利用可能な証人の以前の供述が述べられた事実の証拠として提出されたときに欠けているのは、前者すなわち宣誓とそれに伴う責任だけである。公判弁護士や証拠法学者は今日では大抵、宣誓と偽証の制裁は重要であるけれども、証言の信用性の主たる保障方法ではないことに同意するであろう。コモンローの伝統では、宣誓供述書は宣誓の下に作成されるが正式裁判（plenary trial）では証拠として認められない。さらに伝聞証拠が例外的に許容される一五ほどの事例中ただ一つの伝聞例外だけが、当該伝聞は宣誓の下になされたものでなければならないとしているにすぎない。しかも、この事例すなわち以前の証言は、伝聞例外というよりむしろ伝聞法則のポリシーが満たされている一場面として理解しておく方がより適切である。

証言の真実性の主たる保障方法および公判外の供述よりも証言の方を優先する主たる要因は、反対尋問の吟味を受けるというところにあり、このことは、裁判所、法律家、そして証拠法学者の間で疑問の余地なく一般に認められていることである。

もし証人の以前の供述が証人台での供述と矛盾しているのであれば、両当事者が反対尋問と再尋問によってその二つの供述の真実性を吟味する機会のあることが理想的である。疑わしい証人に反対尋問する者は、すべすべしてのっぺりした壁に直面することがよくある。証人は終始、虚偽であるかもしれないがそれ自体首尾一貫し、そしてかなたを眺める登山家に何の足掛りも残さない話をすることができるのである。しかし、以前にはある話をし、そして今日は別の話をするという証人は、真実を解明するために反対尋問および再尋問というコモンロー上の慣行が考案されたその真実の展望台への門戸をすべて開放してしまったのである。困難ではあろうが、二人の尋問者は、表面上の変化の原因が健忘症、不注意、同情心、恐怖あるいは金銭欲（greed）のいずれにあるかをあばき出し、かくして、どちらが真実の供述で、どちらが虚偽の供述であるかを明らかにすることになる。原供述者が証人台でそれについて説明できるときには、その以前の不一致供述に関する証拠には高度に尋問された証言という保障があるという見解は避け難い。

したがって、もしわれわれが同一証人の以前の供述と現在の証言についてその真実性の手続的担保に着目するならば、両者はともにコモンロー上の立証方法に関する主たる発明品でかつ信頼性ある反対尋問という同一の吟味を受けているのであるから、ほぼ同等であると結論できることになる。しかし両者を比較すると、さらに決定的ともいえる他の要素がある。そして、この要素は、以前の供述は証人の証言と同等に信頼できるというだけでなく、信用性の点でより優っていることを合理的にわれわれに納得させるのである。弁舌さわやかな証人はこのことをおい隠してしまうが、記憶は近接性いかんによる（memory hinges upon recency）ということは明白な事実である。以前の供述は常に証言よりも出来事により近く、そしてきわめて近いのが普通である。記憶は鮮明であればあるほど、それだけ完全かつ正確である。記録された事柄がなお記憶に鮮やかである間に作成されたときに限りその使用を認めるところの過去の記憶に関するメモの法則は、まさしくこの原理に基づいている。

むろん、このことは、証人が供述を変えたときには、最初の供述が必ず真実であって、後の供述は歪められた記憶、買収行為、虚偽の示唆、強迫、同情心の産物であるということではない。そうではないが、時間という要素は重要な役割を果し、これらの危険についてはすべて常に以前の供述に有利に働くのである。事件と公判との間の時間的間隔が大であればあるほど、証人がこれらの影響のいずれかに身を曝す機会はますます大きくなる。以前の供述がこのような影響を受けているという可能性はア・プリオリに常により小さい。このような検討に鑑み、かつ多くの啓発的な判例に目を通した後で、筆者は結局、以前に不一致供述をしたことが疑問の余地なく立証されたときには、その以前の不一致供述は一つの類型として、同一証人の後の証言よりも事実に関する証拠としてより信頼できると考えるのである。

そうすると、以前の供述の実質的使用を禁止する法則は、かような供述に合理的に備わっている完全な証拠上の効果を否定しようとする点で根本的に誤っていると思われる。わが法則を遵守させるための唯一可能な強制方法は、証人の以前の供述は主たる争点に関する実質証拠としてでなく単に証人の信用性にだけ関係するものとして考慮しなければならない旨の陪審への説示である。かような説示は、一般に認められていることと思われるが、単なる言葉の儀式にすぎない。この区別は、多くの陪審が理解できるような区別ではない。たとえ理解できたとしても、陪審がこれに従おうとするかは疑わしいように思われる。公判裁判官はこの説示を無益なジェスチャーと考えているようである。以前の供述と現在の証言とを比較検討せよという場合、その目的は何か。直観的な分別ある素人や法律家であれば、ただ単に証言の信用性を検討することではなく、二つの供述のうちでどちらが真実であるかを決定すること、これがその唯一の合理的目的であるということに同意するであろう。このようにすることは通常、争点を実質的に決定することである。

以前の供述を真実性を示す証拠として用いることと、それと異なる証言をしている原供述者が嘘をついているまたは間違っている証拠として用いることとの区別は、まさにきわめて人工的な区別である。その供述が真実であるかもしれないのでなければ、それには証言の信用性をぐらつかせる効果はない、そしてそれが真実であるかもしれないということは、ある供述を真実性を示す証拠として受け入れることとほぼ同義である。裁判官や陪審の言えることはただ単に〝どちらの供述が真実であるかはわれわれには分らない、言えることは、証人は定見がなく気まぐれであり、それ故、どちらの供述も信用すべきでないということだけである〟というような考え方は、陪審裁判の雰囲気とは相容れない余りにも技巧的な中立性を要求しているのである。

いずれにせよ陪審は、証人の証言の効果を取消すためにそれを用いることができる。かくして、弾劾供述は〝実質的〟でないとはいえ、評決のための十分な資料たりうる。証人台での証人の供述が信用できないほど十分に以前の供述およびその供述時の情況が立証されたというのであれば、それはまさにその供述それ自体を陪審が信用してよいことの十分な担保というべきである[11]。

（9）　Wigmore, §1018, at 996-998.
（10）　Id. at 996 n. 2.
（11）　McCormick, The Turncoat Witness: Pevious Statements as Substantive Evidence, 25 Texas L. Rev. 573, at 575, 582（1947）; McCormick, *supra* note 1, §39, at 74-78.

## 第三節　法改正の動き

以前の不一致供述を実質証拠として許容することを認めない正統説の根拠は、⑴原供述者は供述時に宣誓していない、⑵原供述者は供述時に事実認定者の面前で相手方当事者による反対尋問を受けていない、⑶事実認定者は供述時における原供述者の態度を観察していない、したがって、このような以前の供述を実質証拠として許容するのは反対尋問を経ていない信用性に欠ける供述をその供述内容の真実性を立証するために用いることになり、これはまさに伝聞法則に反するというのである。しかしその後、このような考え方に疑問が提起されることになる。以前の供述が法廷に顕出されるのは、原供述者が公判でこれと相矛盾する供述をしたからである。この場合、原供述者は在廷しており事後にせよ以前の供述についても宣誓の下に証人台で反対尋問を受けることになるから、事実認定者はその供述態度を十分に観察できる。したがって、このような事後の反対尋問が事実上（effectively）十分に効果的と考えられる場合には、以前の不一致供述を実質証拠として許容しても伝聞法則に反しないというのである。要するに、原供述者は在廷し宣誓の下に両供述に関し反対尋問を受けるのであるから伝聞法則の趣旨は満たされている、当該供述が徹底的に吟味される限り反対尋問がいつ行われるかは重要でない、供述がいつどこでなされたかにかかわりなく、原供述者の出来事についての知覚は公判前のことであり、公判開始までは反対尋問によって吟味できないというのである。(12)

正統説に対するこのような批判は種々の立法提案として具体化するが、現実に実定法化されたものに一九六七年のカリフォルニア証拠法典がある。このほか連邦法域では第二巡回区が少数説に与し、そしてケンタッキー州およびウィスコンシン州はいずれも一九六九年の判例法で少数説を採用することを明らかにしている。(13)

以下、関係条文を中心に法改正の動きをごく簡単にみておこう。

## 一　民間草案

正統説を否定する具体的な立法提案として最も有名なのは、一九四二年の模範証拠法典（Model Code of Evidence）と一九五三年の統一証拠規則（Uniform Rules of Evidence）である。模範証拠法典第五〇三条(b)は「原供述者が在廷しかつ反対尋問を受けていると認められた場合」には伝聞供述を証拠として許容できると規定し、また統一証拠規則第六三条(一)は「審問手続に出頭し当該供述およびその内容に関して反対尋問のために利用可能である者がそれ以前にした供述」を伝聞例外として許容できると規定している。(14)いずれも、現に法廷に出頭しかつ反対尋問を受けている者の公判外の供述をすべて実質証拠として許容する。「その最も大きい実務上の効用は前の自己矛盾供述を容易に法廷に顕出しうるところにある」[15]といってよいであろう。もっとも、このような立法提案は余りにも広汎に以前の供述を伝聞例外として許容する「急進的変革」を内容とするものであるだけに批判も強く、現実にこれを採用した法域はない[16]。

## 二　カリフォルニア証拠法典

カリフォルニア州は早くから積極的に証拠法の改革に取り組んでいたが、これがカリフォルニア証拠法典として結実し、一九六七年一月一日から施行されることになった。以前の供述に関する新しい関係条文は、次のように規定している。

第一二三五条　「証人の供述に関する証拠は、その供述が証人の審問手続（hearing）における証言と一致せず、かつ第七七〇条の定めに従って提出された場合には、伝聞法則により不許容とされることはない。」[17]（なお、「第七七〇条の定めに従って」とは、公判のいずれかの段階で、以前の供述を説明しあるいは否認する機会を証人に与えることをさす。）

ところで、証人の以前の供述を伝聞ではないとする一九七五年の米連邦証拠規則第八〇一条(d)(一)は、右のカリフォルニア証拠法典第一二三五条の「影響下に立案されたことは明らかである」[18]だけに、同規定の起草者であるカリフォルニア州法改正委員会の見解はとりわけ重要と思われる。同委員会は、カリフォルニア証拠法典第一二三五条の立法趣旨につき、次のように述べている。

「第一二三五条の規定は証人の不一致供述を許容している。その理由は、伝聞法則が回避しようとした危険がほとんど存在しないからである。原供述者は在廷しており、自己の供述およびその内容に関して尋問を受け、そして反対尋問を受けることができる。多くの場合において、不一致供述は公判における証人の証言よりもより真実であるように思われる。それはそれが述べている出来事に時間的により接近してなされたものであり、訴訟の原因となった争いの影響を受けることがより少ないからである。事実審判者は自らの面前に原供述者がいるから、不一致供述を否認しあるいは説明する際の彼の態度およびその証言の性格を観察できる。それ故、事実審判者は、公判でなされた不一致証言の真実性または虚偽性を判断できるのと同様に、以前の供述の真実性またはその虚偽性を判断できるのである。さらに、第一二三五条の規定は、証人台で供述を変えて証人を喚問した当事者から主張立証に不可欠な証拠を奪ってしまう〝寝返り〟証人に対する望ましい対策をその当事者に用意している。(19)」

(12) 4 Weinstein & Berger, Weinstein's Evidence 801 (d) (1) [01], at 801-77～801-78 (1979).
(13) Note, The Confrontation Test for Hearsay Exceptions: An Uncertain Standard, 59 Cal. L. Rev. 580, at 580-581 (1971).
(14) McCormick, *supra* note 1, §39, at 81-82.
(15) 安倍治夫・刑事訴訟法における均衡と調和五四頁（一九六三年）。
(16) ただし、カンザス州では統一証拠規則をそのまま採用したという。4 Louisell & Mueller, Federal Evidence, at 41 (1980).
(17) People v. Johnson, 441 F. 2d 111, at 114 n. 2 (1968). なお、松尾浩也「証拠法の一断面——刑訴法三二一条一項を中心に——」研修三三四号一〇頁以下（一九七七年）参照。
(18) 松尾・同一一頁。
(19) Wigmore, §1018, at 998 n. 3.

# 第四節　判　例（正統説）

相矛盾する両供述に関して反対尋問の機会が十分に保障されている限り以前の不一致供述を実質証拠として許容しても伝聞法則に反しないとするウィグモアの見解は次第に有力となるが、判例は依然としてこれを「異端」として退け、事後の反対尋問はまさに「手遅れ」で其の反対尋問とはいえないとする正統説に従ってきた。この争いはつまるところ、効果的な反対尋問のためには供述と同時の反対尋問が不可欠であると考えるか事後のいわゆる「手遅れの反対尋問（belated cross-examination）」でも十分と考えるかの争いに帰着するといってよい。

以下、前後するが、いずれも引用不可欠な四判決を一括して検討しておく。いずれも別途紹介済みであるが、いわゆる正統説の意味内容を確認するうえで有益を思われるので判示のみを簡単に紹介しておく。

## 一　サポーレン州最高裁判決（一九三九年）

本判決（State v. Saporen, 285 N.W. 898）は、犯行日時の点で訴追側に不利に証言したにすぎない自己側証人を弾劾するために同人の日時に関する以前の不一致供述だけでなく被告人が決定的瞬間に被害者と同じ部屋にいた旨の保護観察官に対する以前の供述が公判廷に顕出された事案につき、弾劾の範囲を大幅に逸脱し不公正であるとして新公判を命じたものである。

**【判　示】**　この種の弾劾証言の唯一の機能は、その対象たる証言を否定ないし中和することであるという法則は十分に確立している。これがウィグモアのいうところの正統説で、アメリカ判例法により〝普遍的に維持されている〟法則である。ウィグモアは証拠法の第一版ではこの正統説に同意したが、第二版ではこれに反対した。ウィグモアの不同意の理由は、弾劾されている証人は結局、宣誓の下に証言しかつ反対尋問を受けているとの理由に基づく。それ故、ウィグモアは〝伝聞法則の目的はすでに全て満たされている〟から〝公判外供述にそれに値する証言的価値を付与することを禁止する理由は何もない〟と結論するのである。

このような主張は傾聴に値するが、以前の矛盾供述を実質証拠として許容するにはなお十分でない。以前の供述は、その供述時に宣誓も反対尋問もなしになされた一方当事者の事柄であったし、現在も依然としてこのことに変りはない。

「反対尋問の主たる長所は、いつか将来の時点で相手方当事者にその者に不利な証言を批判する権利を与えることではない。その主たる価値は、その吟味の過程を直ちに適用するところにある、その一撃は鉄が熱いうちに下される。証人に再考の機会があり、そして真実よりもむしろ虚偽を維持することに利益がある他人の示唆の影響を受ける機会があればあるほど、虚偽の証言は固まり真実の一撃にも屈しなくなるものである。」(at 901.)

## 二　ブリッジズ判決（一九四五年）

本判決（Bridges v. Wixon, 926 U.S. 135）は、暴力により合衆国政府の転覆を唱導する組織すなわち米国共産党の党員ないし支持者であったことを理由とする外国人に対する国外追放命令訴訟において捜査官に対する友人の以前の供述に基づき党員ないし支持者であったと認定され国外追放令状が発付された事案につき、このような宣誓を経ていない供述を実質証拠として許容し人を有罪とすることは合衆国法制の基盤である公正の観念に反するとして右令状に基づく身柄の拘束を違法としたものであるが、ウィグモアの見解を退けた合衆国最高裁判例として著名なものである。

**【判　示】**　本件国外追放命令が依拠する二つの理由――すなわちブリッジズ（X）は一時共産党を支持していたこと、そして党員であったこと――は、異なる問題を提起しているので、各別に論ずることとする。

(1)　制定法は〝支持〟を定義して、上記の教義を唱導するための資金援助等をいうとする。ここにいう教義とは暴力による合衆国政府の転覆である。しかし、この定義だけでは〝支持〟という文言の意味はほとんど解明できない。個人は、国家と同様に、その究極の目的は一致していないにもかかわらず、共通の大義のために一定の年月間協力することはありうる。限定された目的のための連合軍は周知のことである。ナチスを打破するためにロシアとともに軍隊に参加したものは共産主義の大義を広めるために連合したのでないことは間違いない。飢えた人々に食事を与えるために努力する個人は、これらの人々が共産主義者であるから共産主義を〝支持した〟のではない。〝支持〟を証明する行為は、単なる合法的活動による協力とは異なり、禁止団体の趣旨ないし目的に固執しまたはそれを促進することを示す性質のものでなければならない。(at 143-144.)

本件事実に目を転ずると、完全に合法的な目的を達成するために共産主義者グループと協力したことを示す一連の行為以外のものはほとんど認められない。言論および出版の自由は、この国に居住する外国人にも与えられている。Xの目的が極めて急進的であることは認められるが、彼がその目的を実現するために採用しようとした方法は、民主的で立憲的な政体が認めている方法以上のものであることを確証する証拠はない。

(2)　〝支持〟に関する証拠は、Xが共産党を支持していたとの認定を裏付けるためだけでなくXが一時党員であったとの認定を補強するためにも用いられた。問題は、党員の認定が支持の認定と同様に曖昧なことである。オニール（O）は訴追側証人であった。彼はXの親友であった。Oは尋問の途中で、数か月前に捜査官にしたといわれる供述について尋ねられた。これらの供述はOによって署名されていない。宣誓の下に尋問されたものでもない。Oは捜査官に供述をしたことは認めたが、このような供述をしたことはないと否認した。

　オニール（O）がしたという供述は伝聞である、それは弾劾の目的のためには許容できると考えてよい。しかし、これらの供述は刑事事件において実質証拠として許容できないことは明らかである。許容できると判示することは、宣誓を経ていない証人の証言で人を有罪とすることを認めることになり、これはわが法制の基盤である公正の観念に反する慣行である。（at 153-154.）

　ウィグモアは証拠法の第三版《ママ》で、これと異なる立場を採用した。彼は〝しかしながら、これと異なる見解が正統説である。以前の自己矛盾の供述は実質的ないし独立的な証言的価値を有するものとして取り扱われるべきでないということが裁判所によって普遍的に維持されている〟と付け加えているのである。（at 154 n.9.）

　Xは、制定法が用いている〝支持〟という文言の誤った解釈に基づき、かつ党員であるかの問題に関する不公正な審問手続によって国外追放を命ぜられたのであるから、令状に基づくXの本件拘置は違法である。

## 三　ジョンソン州最高裁判決（一九六八年）

　本判決（People v. Johnson, 441 P. 2d 111）は、訴追側証人（被告人の妻と娘）が公判で近親相姦の事実はないと証言したので大陪審における以前の不一致供述がカリフォルニア証拠法典一二三五条の規定に従い実質証拠として許容された事案につき、事後の反対尋問は憲法上十分でないとして第六修正の証人対面権の侵害にあたるとしたものである。

【判　示】　一九六七年一月一日施行の新証拠法典第一二三五条は、〝証人の供述に関する証拠は、その供述が証人の審問手続における証言と一致せず、かつ第七七〇条の定めに従って提出された場合には、伝聞法則により不許容とされることはない〟と規定する。かくして第一二三五条は、証人の以前の不一致供述は限定的な弾劾目的のためにのみ許容できるとする十分に確立していた従来の法則を廃止し、かような供述はその中で陳述されている事柄の真実性についての実質証拠となることを宣明した。要するに、これは制定法上の伝聞例外である。

学者は早くから、証人の以前の不一致供述をその中で陳述されている事柄の真実性を立証する証拠として許容しても伝聞法則に反しないと説いてきたが、それは原供述者は後の公判において反対尋問のために利用可能な証人であるからである。第一二三五条の起草者はこの見解を採用した、そして新しい証拠法典の理由を次のように説明している。すなわち〝第一二三五条の規定は証人の不一致供述を許容している。その理由は、伝聞法則が回避しようとした危険がほとんど存在しないからである。原供述者は在廷しており、自己の供述およびその内容に関して尋問を受け、そして反対尋問を受けることができる。事実審判者は自らの面前に原供述者がいるから、不一致供述を否認しあるいは説明する際の彼の態度およびその証言の性質を観察できる。それ故、事実審判者は、公判廷でなされた不一致証言の真実性または虚偽性を判断できるのと同様に、以前の供述の真実性または虚偽性を判断できる〟というのである。

われわれは、このような楽観論に与することはできない。学者のアプローチに対する主たる反対理由は、反対尋問を〝真実発見のために発明された最も偉大な法的装置〟たらしめているところの諸特徴の一つについてその価値を余りにも軽視しすぎているという点にある。いつか後に原供述者を反対尋問できるときには伝聞の危険は〝ほとんどなくなる〟と主張し、あるいはこのような反対尋問でも後の事実審判者は、現在の法廷証言を判断する場合と同様に公判廷外の供述の真実性を判断できると主張するのは、時を得た（timely）反対尋問の決定的重要性を無視することになる。

英米法系のほとんどすべての裁判所は、ここで述べた学説を採用することを拒否してきた。指導的判例である一九三九年のサポーレン判決において、裁判所はその理由を次のように述べている。すなわち〝この種の弾劾証言の唯一の機能は、その対象たる証言を否定ないし中和することであるという法則は十分に確立している。ウィグモアは証拠法の第二版ではこれに反対した。ウィグモアの不同意の理由は、弾劾されている証人は結局、宣誓の下に証言しかつ反対尋問を受けているとの理由に基づく。このような主張は傾聴に値するが、以前の矛盾供述を実質証拠として許容するにはなお十分でない。反対尋問の主たる長所は、いつか将来の時点で相手方当事者にその者に不利な証言を批判する権利を与えることではない、その主たる価値は、その吟味の過程を直ちに適用するところにある。その一撃は鉄が熱いうちに下される〟というのである。

ほとんど四半世紀にわたり、州と連邦とを問わず、すべての裁判所の経験的判断は、早くからウィグモアによって唱導されてきた緩和化の提案とは異なる正統説に従ってきた。〝供述時に証人と対決する権利は刑事裁判においては最も重要である〟というのである。連邦裁判所の強調する右文言は、本件争点の焦点でもある、われわれはここで証拠法の問題として証人の以前の不一致供述を実質証拠として許容すべきかどうかを検討しているのではない、学界と裁判所との意見の不一致は、当州においては議会が証拠法典第一二三五条を制定施行したことによって解決された。われわれは、この解決の賢明さを再吟味することはできない。

しかし、かかる（立法府の）権限は疑問の余地がないとはいえ、無制限ではなく、依然として州および連邦の憲法により課せられた制約を受けるのである。……とすると、本件争点は、EおよびYの以前の不一致供述を実質証拠として用いたことが……〝刑事訴訟における被告人〟の憲法上の権利を侵害したかどうかである。連邦最高裁は一九四五年のブリッジズ判決において明確に、証人の公判外の供述は弾劾のためには許容できるが〝刑事事件において実質証拠として許容できないことは明らかである。許容できると判示することは、宣誓を経ていない証人の証言で人を有罪とすることを認めることになり、これはわが法制の基盤である公正の観念に反する慣行である〟と述べているのである。

これと同様に明らかなことは、かような公正を保障するために不可欠である反対尋問権を、いかにそれが一見無害なものであれ、全ての侵蝕から保持する裁判所の責任である。かくして連邦最高裁は、証人の所在不明が訴追側の過失による場合、あるいは証人を喚問するための誠実な努力に欠けている場合には、（以前の証言を）その後の公判で提出することは憲法上の対面権を侵害することになるとし、後者の一九六八年の【5】バーバ判決は〝これほど安易に対面の権利をなしに済ませることはできない〟と指摘し……さらに〝対面の権利は基本的には公判での権利である。それは反対尋問をする機会と陪審が証人の態度を観察する機会の両者を含む。予備審問は、その機能が公判のため被疑者を拘束しておく相当な理由があるかどうかを決定するというより限定的なものであるため、通常は公判に比べ、事件の実質的内容（merits）につきあまり詳細に探究しない〟と判示しているのである。

以上の諸判例に照らし、われわれは、本件被告人に与えられた反対尋問の機会は憲法上十分でないと結論する。証拠法典第一二三五条は、刑事事件において被告人に不利に適用されるときには、反対尋問権を侵害することになり、これは連邦最高裁も当裁判所も黙認することのできないことである。

### 四　グリーン判決（一九六八年）

本判決（People v. Green, 451 P.2d 422）は、訴追側証人が公判廷で記憶喪失を主張し曖昧な答弁に終始したので予備審問における以前の供述がカリフォルニア証拠法典第一二三五条の規定に従い実質証拠として許容された事案につき、供述と同時の反対尋問の不可欠性を強調して第六修正の証人対面権の侵害に当たるとしたものである。カリフォルニア州最高裁は、前出のジョンソン判決と同じく全員一致で、証拠法典第一二三五条の適用を第六修正違反と断じたのであるが、すでに詳論したように合衆国最高裁は一九七〇年の【7】グリーン判決でその合憲性を肯定するのである。

【判　示】　われわれはジョンソン判決で、証拠法典第一二三五条は大陪審面前での証言に適用されると違憲であると判示した。その結果、ジョンソン判決はこの分野でのカリフォルニア州法を同証拠法典施行前に効力を有していた一般的なコモンロー上の法則に戻したことになる。われわれの下したこの判決は、第六修正の保障する対面権を詳論する最近の諸判例に促されたものである。

われわれは、本件は重要な点においてジョンソン判決と異なることは認識している。本件では、ジョンソン判決とは異なり、以前の不一致供述の供述時すなわち予備審問において被告人には証人を反対尋問する機会があった。このことは憲法上十分に対面権の要求を満たしていると訴追側は主張する。しかしながら、かかる主張は、ジョンソン判決におけるわが判例の鋭い一撃および予備審問制度の現実を看過しており、そして最近の連邦最高裁の態度とも全く相容れない。

【5】バーバ判決その他の最近の連邦最高裁判例の趣旨はジョンソン判決で詳述された。すなわち、〝これらの判決は、同じ事実審判者の面前において、すなわち証人台で語られている証人の直接証言の真実性につき判断を下す同一の審判者の面前において反対尋問する被告人の権利を保障することが重要であるとの最高裁の信念を強調している〟というのである。われわれは、この〝同時の〟反対尋問というのは証人の信用性およびその証言の重みについて最終的な判断を下さなければならないその同じ審判者の面前において、直接証言と同時になされた反対尋問の

ことであることを繰り返しておく。要するに、反対尋問は後にも先にも行うことはできないのである。われわれは、まさに同時に行われる反対尋問の不可欠性は経験の示すところであると結論する。

しかし、事実審判者による主観的評価の問題は当面別にするとしても、連邦最高裁は【5】バーバ判決で予備審問手続と公判手続の性質・目的には重大な相違があることを明確に認めた。〝予備審問は、その機能が公判のため被疑者を拘束しておく相当な理由があるかどうかを決定する〟というはるかに限定的な予備的問題に答えることだけを目的としているというのである。裁判官は予備審問手続においては〝合理的な疑いを容れない程度に〟被疑者の有罪を確信することを要求されず、彼を拘束する合理的理由（reasonable credibility）の有無だけを判断すればよい。さらに、訴追側も被告人側もこの手続の初期の段階では一般に、その持駒をすべて使い切ることを望まないし、また使い切ることもできないのである。予備審問証言と法廷証言とを同一視することになれば、予備審問手続は完全な公判手続に化してしまおう。このことは、徹底的かつ長時間の反対尋問を招来し……ついには予備審問の当初の目的を破壊し、公判裁判所の時間および資源に耐え難い負担を課すこととなろう。

## 第五節　米連邦証拠規則第八〇一条(d)(一)(A)

米連邦証拠規則第八〇一条(d)(一)(A)は、証人の以前の不一致供述について一定の要件の下に伝聞供述ではないと定義し、これを実質証拠として許容することを明らかにした、これはウィグモアやマコーミックに代表される近時の支配的見解の影響をうけつつ、第二巡回区連邦控訴裁判所のデ・シストおよびカニンガムの両判決（後出）に従い許容性の範囲を限定したものである。

このように以前の不一致供述を実質証拠として許容するのが近時の支配的見解であるとはいえ、その許容性の範囲ないし要件については必ずしも見解が一致しているわけではない。規則(A)制定時においても、この点をめぐり連邦議会で激しい議論があり、二転、三転の後に成立したのが現行規定である。最高裁規則原案では原供述者が公判廷で証人として反対尋問を受けることだけを不一致供述の許容性の要件としていただけに、いわゆる共犯者の自白と実質証拠としての不一致供述との関係を検討するには、右の原案修正の理由およびその経緯を明らかにしておくことが不可欠といってよい。

以下、とりあえずこの点を中心に、規則(A)制定の経緯を明らかにした後、右の問題点について検討することとしたい。

## 一　諮問委員会最終案、最高裁規則原案（一九七一年、七二年）

証拠規則制定に関する諮問委員会は一九六九年の予備草案以来一貫して、原供述者たる証人が公判または審問手続において証言し、そして以前の供述に関して反対尋問を受けている限り、同人の以前の不一致供述はすべて伝聞法則の適用を除外される旨提案していた。合衆国最高裁は、諮問委員会最終案をそのまま最高裁規則原案として、同委員会作成の注釈とともに連邦議会に提出した。

諮問委員会最終案の注釈は、この点につき、次のように述べている。

宣誓下にかつ事実審判者の面前でその供述に関し現に反対尋問のため利用可能な者がした以前の公判外供述は伝聞として分類すべきかという問題については、かなりの議論がなされてきた。もし証人が証人台で、そのような供述をしたことを認めかつそれが真実であることを認めるならば、彼はその供述を援用したのであるから伝聞の問題は生じない。伝聞の問題が生じるのは、証人台の証人が、そのような供述をしたことを否認し、あるいは供述したことを認めつつその真実性を否認したときである。後者の供述を伝聞として取り扱うことに好意的な見解は、宣誓、反対尋問、態度観察という諸要件は供述時に満たされておらず、その後の尋問によってこれを十分に満たすことはできないことをその理由とする。この立場の論理は苦しい（troublesome）。宣誓に関する限り、宣誓があればそれだけで原供述を伝聞のカテゴリーから除外するのに十分であると考えられたことは決してなく、そして宣誓は真実発見装置（truth-compelling device）としての反対尋問ほどには重視されない。偽証罪で訴追されるおそれのない状況下の供述であることを理由に、有罪判決を言い渡しあるいは重要な権利を剥奪することはできない旨の有力な意見（一九四五年のブリッジズ判決）もあるが、多くのコモンロー上の伝聞法則の例外の中で記録された証言の例外だけが当該供述は宣誓下のものであることを必要としている。また、この見解は、反対尋問は事後では効果がないとするその理由を十分に説明していない。事後の反対尋問の不十分性を強く主張する判例（一九三九年のサポーレソ判決、一九六八年のジョンソン判決）は実際、以前の供述に伴う弱点および疑問が徹底的に調査されうることを示している。態度に関しては、一九二五年のディ・カーロ判決（DiCarlo v. United States, 6 F. 2d 364）でハンド裁判官が指摘したように〝もし陪審が……証人が今述べていることは本当ではなく、証人が以前に述べたことが本当であるとの判断を下すとしても、それにもかかわらず陪審は、自分たちが当の人物を公判廷で見てかつ聞いたところから判断しているのである。〃しかし、判例法の大半は、証人の以前の供述を一般的に実質証拠として用いることに反対してきた。ほとんどの論者……はこれとは反対の見解をとってきた。

この法則部分を公式化する（formulating）際に当諮問委員会のとった見解は、以前に準備された供述を実質証拠として一般的に使用することを認めることには賛同できないが、特定の状況下にこれと反対の結論が必要であることは承認するということに基づいている。この判断は、論理的なものというよりも経験的なものである。

以前の不一致供述は伝統的に実質証拠としてではなく弾劾のために許容されてきた。本規則の下では、それらは実質証拠である。カリフォルニア州法改正委員会の注釈は、本規則と類似の規定であるカリフォルニア証拠法典第一二三五条に関して、次のように述べている。

第一二三五条の規定は証人の不一致供述を許容している、その理由は、伝聞法則が回避しようとした危険がほとんど存在しないからである。原供述者は在廷しており、自己の供述およびその内容に関して尋問を受け、そして反対尋問を受けることができる。多くの場合において、不一致供述は公判廷における証人の証言よりもより真実であるように思われる。それはそれが述べている出来事に時間的により接近してなされたものであり、訴訟の原因となった争いの影響を受けることがより少ないからである。事実審判者は自らの面前に原供述者がいるから、不一致供述を否認しあるいは説明する際の彼の態度およびその証言の性格を観察できる。それ故、事実審判者は、公判廷でなされた不一致証言の真実性または虚偽性を判断できるのと同様に、以前の供述の真実性またはその虚偽性を判断できるのである。さらに、第一二三五条の規定は、証人台で供述を変えて証人を喚問した当事者から立証に不可欠な証拠を奪ってしまう〝寝返り〟証人に対する望ましい対策をその当事者に用意しているのである。

当委員会は、一九六八年のジョンソン判決で明らかにされた見解よりもこの見解の方がより説得的であると考える。当委員会の見解の合憲性は一九七〇年の【7】グリーン判決で確認された。さらに、供述と証言との不一致という要件は、両供述に関する証人台での徹底的な吟味を保障し、以前に準備された供述の一般的かつ無差別的な使用を禁止しているのである。(20)

## 二　下院小委員会案（一九七三年）

下院司法委員会の小委員会は、一九七三年二月七日から三月一五日にかけて、この最高裁規則原案に関する大規模な公聴会を開いて審理した結果、同年一〇月一〇日、下院小委員会案を作成した。

ところで、最高裁提出の規則(A)の原案は、証人たる原供述者が公判廷で宣誓の下に証言して被告人側の反対尋問にさらされている限り、その公判外供述は伝聞ではないから実質証拠として許容できるとする。しかし、このように大幅にコモンローから逸脱して広範に以前の不一致供述を実質証拠として許容する最高裁規則原案は議会の承認するところとはならず、下院は許容性の範囲を厳しく限定する。注目されるのは第二巡回区連邦控訴裁判所のフレンドリィ（Friendly）裁判官の果たした役割である。一九六四年のデ・シスト判決（DeSisto v. United States, 329 F. 2d 929）および一九七一年のカニンガム判決（United States v. Cunningham, 446 F. 2d 194）を執筆したフレンドリィ裁判官は間接的ながら、現行証拠規則(A)の成立に重要な役割を果たしたのである。

フレンドリィ裁判官は、下院小委員会が一九七三年二月、最高裁規則原案に関する公聴会を開催すると証人として証言し、次のように述べて、規則(A)原案に反対する旨明確に主張した。

「わたくしは、この原案に強く反対します。わたくしには、誰も原案の意味が本当にわかっていないように思われます。原案の意味とは――そしてこれは、とりわけ刑事裁判において生じる背景ですが――被告人が一人の証人を喚問する、そしてその証人は、被告人は現場にいなかった、被告人は訴追されているようなことをしていないと述べる。そこで訴追側は捜査官を紹介する、そしてその捜査官は、たとえそれが口頭による供述であっても、右証人がしたというそれとは反対の供述について証言する。そうすると本規則の下では、証人によって反論されている右捜査官の供述――当該供述がなされた旨の捜査官自身の証言以外に証拠はありません――が被告人に不利な積極証拠として用いられるということなのです。このことにわたくしは不快の念を禁じえません（That really revolts me）。以前の不一致供述は証人台の証人を弾劾するためにのみ用いうるという従来の法則を若干修正した点については、わたくしに責任がありますが、われわれは、これをきわめて注意深く以前の公判における証言または大陪審面前における証言に限定してきました。わたくしは、本規則原案には絶対に弁護の余地がないと考えます。」

他の多くの証人も、以前の不一致供述を広範に許容する最高裁の規則原案は行きすぎであるとの意見を表明したため、下院小委員会は、結局、この反対意見に同意し、「公判または審問手続または証言録取書または大陪審の面前において宣誓の下に、そして偽証罪の制裁の下になされた」以前の不一致供述に限定する旨の文言を最高裁規則原案に追加した修正案を採用した。

下院小委員会は、右修正案につき、次のように説明している。

「現在の連邦法は一般に、弾劾のためにのみ証人の以前の不一致供述の使用を認めている。最高裁提出の規則(A)原案は、このような供述を実質証拠として許容しようとする。主として証人脅迫の効果を除去する必要性を理由に最高裁規則原案に支持を表明するものもあるが、当小委員会はとりあえず、第二巡回区の見解に従った本規則の妥協案（a compromise version of the rule patterned after the position of the Second Circuit）を採用することに決定した。デ・シスト判決およびカニンガム判決を見よ。（当委員会が）是認した規則は、以前の不一致供述の類型に差異を設けて、大陪審の面前で、または公判または審問手続き、または証言録取書においてなされた不一致供述だけを、その真実性の証拠として許容することを認める。当委員会の判断の根拠は……以前の供述がなされたことに関しては議論の余地がないこと、そして正式手続きの文脈および宣誓が以前の供述の信用性につき確実な付加的保障を提供しているということにある。[21]」

## 三　下院の修正案（一九七四年）

下院司法委員会は、下院小委員会よりもさらに歩を一歩進め「公判または審問手続または証言録取書において宣誓の下に反対尋問を受け」てなされた以前の不一致供述だけを〝伝聞ではない〟とする修正案を採用した。したがって、下院司法委員会修正案によると、下院小委員会修正案とは異なり、大陪審面前における供述は除外されることになる。下院では、下院小委員会修正案や最高裁規則原案を支持する動きも一部にみられたが、下院司法委員会修正案が圧倒的多数で下院を通過した。

下院司法委員会は、同修正案につき、次のように説明している。

「現在の連邦法は、第二巡回区を除き、証人の以前の不一致供述につき、弾劾のためにのみその使用を認める。最高裁提案の規則第八〇一条(d)(一)(A)は、このような供述をすべて実質証拠として許容しようとする。これは、少数ではあるが、各州法域が次第にこれに従い、最近の【7】グリーン判決で合憲と判示されたアプローチである。主として刑事事件における証人脅迫の効果を除去することの必要性を理由に最高裁規則原案に支持を表明するものもあるが、当委員会は、第二巡回区の見解に類似する本規則の妥協案（a compromise version of the rule similar to the position of the Second Circuit）を採用することに決定した。（当委員会が）修正した規則は（現在一般に許容されているところの知覚後になされた人の識別に関する供述以外の）以前の不一致供述の類型に差異を設けて、原供述者が公判または審問手続または証言録取書において反対尋問に服してした不一致供述だけをその真実性の証拠として許容することを認める。一九六四年のデ・シスト判決および一九七一年のカニンガム判決（実質証拠としての以前の不一致供述の許容性を正式手続において宣誓の下になされた不一致供述に限定するが、反対尋問の機会のあったことを要件としない）と比較せよ。当委員会の判断の根拠は……以前の供述がなされたことに関しては議論の余地がないこと、そして正式手続の文脈、宣誓および反対尋問の機会が以前の供述の信用性につき確実な付加的保障を提供しているということにある」(22)。

## 四　上院の再修正案（一九七四年）

上院司法委員会は、公聴会を開き、下院の修正案を審議した結果、最高裁規則原案を復活させて再修正案を作成し、上院はこれを可決した。

ところで、上院の修正案採択に影響を与えたのはクレアリー教授の見解および（証拠規則諮問委員会その他から成る）合同委員会のコメントであったという。クレアリー教授は上院司法委員会の公聴会の席上、規則(A)の廃案を主張するアーヴィン上院議員（Senator Ervin）とのやりとりの中で最高裁規則原案の復活を主張し、下院の修正案では「証人が供述を変える原因である記憶喪失、買収行為（bribery）、脅迫等の問題に対処しその解決を狙いとした本規則の効用は実際上、完全に破壊される」と証言した。また合同委員会も詳細なコメントを公表し、「一つの正式手続ではなくて二つの正式手続、一つの宣誓ではなくて二つの宣誓、そして一つの反対尋問ではなくて二つの反対尋問」を要求する下院修正案は信用性の保障方法としての合理性を越えており本規則制定の意味もほとんどなくなるとして「最高裁提出の規則原案の復活を強く主張」したのである。

上院司法委員会は、最高裁規則原案を復活した点について、次のように説明している。

規則第八〇一条は、以前の供述を実質証拠として許容するために、何が伝聞であり、何が伝聞でないかを定義している。……最高裁提出の規則第八〇一条(d)(一)(A)は、現在の証言と一致しない証人の以前の供述を実質証拠として許容できるとする。

下院は、以前の供述は反対尋問を受けたものでなければならないという要件を追加し、かくして大陪審供述の使用をも排除することによって、以前の不一致供述の許容性を厳しく制限した。以前の供述は反対尋問を受けていなければならないという要件は不必要と思われる。本規則は、証人が現に公判で証言しているときにのみ用いられるからである。その時点で彼は証人台に立っているから、以前の立場を説明し、そして両供述に関して反対尋問を受けることができる。

当該供述は宣誓の下になされたものでなければならないという要件も不必要と思われる。供述時の宣誓は欠如しているが、証人は、証人台に立って以前の供述を修正しあるいは否認するときには宣誓している。いずれにせよ、多くの確立した伝聞法則の例外の中で、ただ一つの例外（すなわち以前の証言）だけが公判外の当該供述は宣誓下になされたものであることを必要としている。以前の供述時における証人の態度証拠の欠如に関しては、〝もし陪審が……証人が今述べていることは本当ではなく、証人が以前に述べたことが本当であるとの判断を下すとしても、それにもかかわらず陪審は、自分たちが当の人物を公判廷で見てかつ聞いたところから判断しているのである〟という（一九二五年のディ・カーロ判決の）ハンド裁判官の見解をしのぐことは困難であろう。

最高裁提出の規則原案には積極的な長所がある。以前の供述は、記憶がより鮮明で介在する影響の及ばない出来事により近い時点でなされている。証人台で供述を変える寝返り証人の取扱いに対する現実的な対策が用意されているのである（カリフォルニア証拠法典第一二三五条注釈、マコーミック証拠法第三八章を見よ）……。

なお、この規則の下で許容できる証拠だけで人を有罪となしうることが懸念されることを理由に、この規則に反対するものも見受けられるが、本規則は、事件を陪審に送るための証拠の十分性の問題ではなく、単にその許容性に関する問題を取り扱っているにすぎない。もしこれが唯一の証拠であるというのであれば、起訴取下げ(dismissal)が妥当とされる事実上の状況が生じることになろう。(23)

## 五　両院協議会の妥協案、両院の合意（一九七四年）

上院は一九七四年一一月二二日、最高裁提出の規則(A)原案を通過させたため、上院の見解と下院の見解とを調整する仕事が、両院協議会に委ねられることになった。その結果、妥協案がとりまとめられ合意を得て成立したのが、ただ一つの主要な点、すなわち〝又はその他の手続〟という文言を追加している点で下院小委員会案とは異なる、現行証拠規則(A)である。

両院協議会は、この妥協案につき、簡単に次のように説明している。

「下院案は、原供述者が証言し当該供述に関して反対尋問を受け、そして当該供述がその証言と一致せず、かつ公判または審問手続または証言録取書において宣誓の下に反対尋問を受け、そして偽証罪の制裁の下になされたときには、その供述は伝聞ではないとする。上院の修正案は以前の供述が公判または審問手続または証言録取書において宣誓の下に反対尋問を受け、そして偽証罪の制裁の下になされたときという要件を削除している。

当協議会は、修正を加えて上院の修正案を採用する（adopts the Senate amendment with an amendment）。その結果、本規則は今では、以前の不一致供述が、公判、審問手続、またはその他の手続、または証言録取書において偽証罪の制裁を科せられる宣誓の下になされたものであることを必要としている。（当委員会が）採用した規則は、大陪審面前の供述に及ぶ。もちろん、証人の信用性を弾劾するために以前の不一致供述を用いることはできる。以前の不一致供述が刑事事件において被告人によりなされたものであるときには、規則第八〇一条(d)(二)が適用される。(24)」

## 六　残された問題

このように、規則(A)は上下院の妥協の産物ではあるが、両院協議会で追加挿入された〝その他の手続き〟という文言を除くと、第二巡回区の見解を採用した下院小委員会修正案とほぼ同一である。規則(A)は「第二巡回区の見解を基本的に採用している(25)」、「上院の規則(A)修正案を大部分（largely）採用したとの両院協議会の指摘にもかかわらず……規則(A)は明らかに下院の修正案の実質を取り入れている。供述時の反対尋問の機会という下院の要件を削減したとはいえ、連邦議会は結局、きわめて信用できる以前の不一致供述だけが刑事訴訟において許容されるべきであるとの下院の基本的見解を受け入れたことは明らかである(26)」といわれる所以である。

しかし他方、規則(A)が伝聞法則を緩和し、大陪審や予備審問における不一致供述の許容性を肯定していることは右の立法経緯からも明らかで、また「その他の手続き」についても、いかなる手続きがこれに該当するかが分明でないだけに、なお拡大の余地のあることは否定できない。さらに、証拠規則第六〇七条は「証人を喚問した当事者を含め、いずれの当事者も」証人を弾劾できるとし、いわゆる自己側証人弾劾禁止の法則を廃止したので、訴追側が容易に「寝返り証人」の以前の供述を利用できるようになり、そして現に、規則(A)を適用した判例の圧倒的多数は刑事事件で「その最も頻繁な適用例は……公判廷で〝寝返った〟訴追側証人の以前の供述を被告人に不利益な証拠として訴追側が提出する場合である(27)」ことが指摘されているのである。

いずれにせよ、規則(A)は不一致供述の許容性の範囲を限定したが、訴追側に有利な規定であることは明らかである。しかも、「寝返り証人」の大半は純然たる証人ではなくいわゆる共犯者であることから、被告人を巻き込む共犯者の自白が同号の定義する非伝聞に該当するとして被告人に不利に用いられる余地が残されており、どの範囲でこれを認めるかが問題となる。

ところで、アメリカで刑事事件の重要証人が法廷で供述を変える典型的な事例は、次の二つであるという。「その一つは、組織的な犯罪活動の訴追にかかわる場合である。この場合、情報提供者または共犯者は大陪審の秘密下においては進んで証言するが、公判では公開の法廷で被告人を巻き込むことをおそれる。他の一つは、家族に関する殺人ないしは重大な暴行にかかわる場合である。この場合、怒りに狂いあるいは悲しみに打ちひしがれた被害者の家族や友人は、犯罪直後には進んで行われたことを警察に告げるが、時の経過とともに被害者の記憶も薄れ、被告人の窮状に対する関心や同情心も高まり、公判廷では以前の（被告人を）罪に陥れる証言を変えるのである。きわめて多いのは、法廷証言が以前の供述と完全に矛盾する事例で、より厄介とはいえないまでも同様に多いのは、証人が記憶の喪失を主張し、答弁を拒否し、あるいは以前に主張していなかった特権を主張する事例である。[28]」

訴追側は、例えば右のような事例で、法廷で供述を変えるおそれのある重要証人をかかえているときには、その証人を大陪審面前に出頭させておけばよい、規則(A)が訴追側に有利な規定であるといわれるのは、重要証人が被告人の公判で供述を変えて訴追側に敵対的な態度をとっても、訴追側は同人の大陪審証言を利用することによって被告人の無罪判決を回避しうるからである。[29]

むろん、規則(A)は不一致供述の許容性について今後予想される問題点をすべて解決したわけではなく、「その他の手続き」の射程距離、「不一致」の判断基準、そして「反対尋問」の程度について沈黙しており、「公判廷外の供述を実質証拠として許容すれば時には問題となりうる憲法上の対面条項やデュー・プロセスの保障についても触れていない。[30]」

しかしいずれにせよ、規則(A)は大陪審証言に及ぶから、少なくともその限りにおいて共犯者の以前の不一致供述が実質証拠として許容されることは明らかであり、右の許容性の要件および憲法上の証人対面権の解釈いかんによっては、被告人を巻き込む共犯者の自白一般が訴追側によって活用される余地があることは否定できず、それはあげて裁判所の判断に委ねられていることになる。

## 七　連邦下級審の動向

筆者は四半世紀以前に規則(A)をめぐる連邦控訴審判例の特徴として、以下の諸点を指摘しておいた。

第一、同規則制定の立法史とりわけ連邦議会による最高裁規則原案の修正経緯を詳細にたどり、それぞれの事案の解釈の参考にしていることである。むろん、このこと自体は異とすることではないが、原案によれば原供述者が事後の公判で証言して反対尋問に服しさえすれば以前の不一致供述がすべて実質証拠として許容されたこともさることながら、先にやや詳しく紹介した立法経緯を把握せずに、例えば〝その他の手続〟という文言だけを「解釈」して伝聞法則を「緩和」したアメリカ法を論ずるのは思わぬ誤りを犯しかねないのである。

第二、少なくとも管見した限り、判例はすべて訴追側のいわゆる寝返り証人の以前の不一致供述が証拠として提出された事案で、しかもその大半は被告人と共犯関係にある者の供述であることである。この問題は立法上解決されたわけであるが、従来から指摘されていたように、自己側証人弾劾禁止の法則の廃止と相まって訴追側が極めて有力な武器を入手したことは明らかである。

第三、共犯者が証人台で供述を変え、あるいは記憶喪失を主張すると、訴追側が被告人を巻き込む以前の供述をすべて規則(A)に該当すると主張して法廷に顕出しようとする事案が少なくないことである。このような見解は、最高裁規則原案によれば格別、連邦議会の承認するところとはならなかったわけであるが、訴追側のなお執拗な抵抗を示すものとして興味深い。

そこで、右の第三点、すなわち被告人を巻き込む公判外の以前の不一致供述は規則Ⓐに該当するかであるが、この問題については、次の四点はほぼ明らかにされたといって大過ないように思われる。

第一、規則Ⓐは、宣誓下の不一致供述に限定するが、供述時の反対尋問を不可欠としていない。したがって、大陪審における以前の不一致供述は実質証拠として許容できる。これは立法の沿革にも合致している。

第二、宣誓下の供述であっても、大陪審ないしそれに相当する正式手続下のものに限定され、捜査機関に対する不一致供述は一般に、規則Ⓐの適用範囲外で、従来どおり単に弾劾証拠として許容されるにとどまる。これは「第二巡回区の見解」や下院小委員会公聴会におけるフレンドリー裁判官の反対意見によれば当然の結論であり、立法の沿革にも合致している。

第三、原供述者が二つの相矛盾する供述に関して反対尋問のために「利用可能」であることが必要である。したがって、黙秘権を行使しあるいは事実上証言を拒否した場合には、原供述者に対する反対尋問は不可能となるから右要件を満たさないことになる。記憶喪失の主張の場合には、完全な記憶喪失から曖昧な答弁に終始しつつ単に記憶がないと主張するにすぎない事例に至るまでその程度や態様はさまざまであるから、各事案毎に判断するほかない。しかし、単なる反対尋問の機会だけでは足りず、少なくとも一度は「全面的で十分な反対尋問」の機会が被告人に与えられていない限り、以前の不一致供述を実質証拠として許容するのは第六修正の証人対面権を侵害することになる。原供述者が証人として利用不能である場合の伝聞例外を規定する規則第八〇一条(d)(一)Ⓐは、その背後に憲法上の要件として、原供述者がこのような意味の反対尋問に服することを不可欠としている。

第四に、以前の供述の存在自体は疑問の余地なく立証されていることが必要である。これは当然の前提であるが、「速記によるものであれ電子装置によるものであれ、公の逐語的記録が法的権威の下に日常的に保管されている情況」下のものであることが必要とされる。

このように、連邦控訴裁判所は、最高裁規則原案に立脚し以前の不一致供述の広汎な利用を求める訴追側の主張を退け、許容性の範囲を予備審問や大陪審ないしそれに相当する正式手続下の不一致供述に限定し、少なくとも捜査機関に対する供述については、犯罪捜査の過程で得た供述と「正式手続での宣誓下の証言」とを峻別した連邦議会の意思を強調して、たとえ公判廷で十分な反対尋問が保障されているとしても、これを被告人に不利な実質証拠として許容することはできないとの判断を示しており、そしてこの点については完全に一致しているのである。

（『共犯者の自白』二六九頁以下）。

もっとも、筆者の指摘はあくまでも規則(A)の解釈としてのものであり憲法上の証人対面権とのかかわりについては必ずしも十分に触れていない、しかし合衆国最高裁はとりわけ一九八〇年の【10】ロバツ判決において伝聞法則と証人対面権の関係について明示の判断を示したため、その後の関連判例はロバツ判決の判断枠組に従って各法域の伝聞例外の合憲性を判断してきた。その間の判例の動向として注目されるのは、規則(A)の適用範囲外とされる被告人を巻き込むいわゆる共犯者の捜査官への自白について憲法上の証人対面権に違反する旨の判示が相次いでいることである。ところが合衆国最高裁は二〇〇四年のクロフォード判決で突如として四半世紀にわたり確立していたロバツ判決を変更した。そして合衆国最高裁は一九九四年六月の【19】ウィリアムソン判決において共犯者の捜査官への自白は規則八〇四条(b)(三)の定める「利益に反する供述」の伝聞例外に該当しない旨判示し、さらに一九九九年六月の【21】リリー判決において共犯者の捜査段階での自白が州法の下で利益に反する供述の伝聞例外として許容された事案につき合衆国憲法第六修正の証人対面権に違反する旨判示したためわが国でも大いに話題となっているのである。

(20) McCormick, Evidence, at 1111-1122 (3d ed. 1984).

(21) 4 Louisell & Mueller, Frderal Evidence §410, at 30-31 (1980).

(22) Id. at 36-37. Cf. McCormick, *supra* note 1, at 1112-1113.

(23) ld. at 37-44. Graham, Employing Inconsistent Statements for Impeachment and as Substantive Evidence: A Critical Review and Proposed Amendments of Federal Rules of Evidence 801 (d) (1) (A), 613, and 607, 75 Mich.L. Rev. 1565, at 1565, at 1575-1576 (1977). Cf. Weinstein, at 801-18〜801-29.

(24) McCormick, *supra* note 1, at 1114.

(25) Silbert, Federal Rule of Evidence (b) (1) (A), 49 Temple L. Quarterly 880, at 884.

(26) Graham, *supra* note 5, at 1578-1581.

(27) Mueller, *supra* note 16, at 178-179. Cf. Bein, Prior Inconsistent Statement; The Hearsay Rule, 801 Id) (1) (A) and 803 (24), 26 U.C.L.A.L. Rev. 967, at 980 (1979).

(28) Silbert, *supra* note 25, at 880.

(29) Cf. id, at 884.

(30) Weinstein's Evidence, *supra* note 12, 801 (d) (1) [01], at 801-87.

# 第九章　共犯者の自白と刑事上の利益に反する供述

米連邦証拠規則第八〇四条(b)(三)（以下、規則(三)ともいう）は、「原供述者の金銭上ないし財産上の利益に反し、または原供述者に民事上もしくは刑事上の責任を科すおそれがあり、……合理的な人であれば、それを真実であると信じていない限りしないであろうような供述」を〝利益に反する供述〟の伝聞例外として許容することを明らかにしている。これは、金銭上ないし財産上の利益に反する供述と刑事上の利益に反する供述とを峻別し前者に限り伝聞例外として許容してきたコモンロー上の法則を合理的理由がないとして採用せず伝聞法則を緩和したものであるが、刑事上の利益に反する供述を伝聞例外としたため、共犯者の自白とのかかわりが最も重要な問題となる。先にも触れたように、わが法は利益に反する供述を伝聞例外としていないが、平野龍一氏が早くから共犯者の自白には補強証拠を要しないとの自説を展開した際に共犯者の自白は刑事上の利益に反する供述の伝聞例外に該当しないにもかかわらず積極説はこのことを理解していないことを強調したため、平野説の真意を解明するうえで両者の関係を明らかにすることが欠かせないのである。

以下、やや複雑なコモンローからサセックス判決を経て規則(三)制定に至るまでの経緯を改めて辿り問題点を把握したうえで同規則に関する下級審判例の動向に触れた後、【19】ウィリアムソン判決および【21】リリー判決の意義を再確認しつつ共犯者の自白と刑事上の利益に反する供述とのかかわりについて検討することとしたい。

## 第一節　コモンロー

伝聞法則は歴史的に徐々に形成されたコモンローの法原則であるからその成立時期の特定はできないが、ウィグモアによると、一六七五年から一六九〇年にかけての時期がその結晶期で一八世紀の中葉には伝聞排除の法則は確立していたので当時の争いは伝聞例外の範囲をめぐるものであった(1)。そして自己の利益に反する供述ほど確実な理由に基づく伝聞例外はないとされていた、人は本当でなければ自分自身の利益に反する供述をするはずはないから信用性に欠けるところはないというのである。こうして一八〇〇年から一八三〇年頃になると、一定の厳格な要件の下に故人のした利益に反する供述をすべて伝聞例外として許容するという原理はコモンローにおいて十分に確立していた(2)。

利益に反する供述は一九世紀初頭には伝聞例外として確立するが、イギリスの貴族院は一八四四年のサセックス公爵位継承事件判決において、刑事上の利益に反する供述を除外し金銭上ないし財産上の利益に反する供述に限定してこれを許容することを明らかにするのである。

以下、利益に反する伝聞例外の沿革を概観した後、サセックス判決およびコモンローでのその許容性の根拠、要件について、簡単にみておく。

### 一　沿　革

利益に反する供述は、元来、別々の二つの判例の流れに由来するが、これが後に一般的原理に統一されて合流し、一つの伝聞例外として確立するに至ったものであるという。すなわち、一つの判例の流れとして、伝聞法則が確立してほどなく、金銭を受領した旨の記載ある故人（とくに土地管理人）の会計簿を証拠として許容することが慣行化し、その理由は明示されなかったが、この慣行は次第に判例上確立する。これに類似する流れとして、教区牧師の代理人による十分の一税帳（vicar's tithebook）への税受領の記載や金銭借用証書への払込みの裏書などを証拠として許容する慣行があった。他の判例の流れとして、受寄者にすぎないなど自己の管理する財産の所有権を否定する財産管理人の供述を証拠として許容する慣行があった。こうした二つの判例の流れは、一九世紀の初頭までは独立に発展したが、その頃になると次第に統一的な原理が認識されるようになった。例えば、一八〇八年の二判例は、原告に財産を与えた旨の故人の供述ないし妊婦の診察および出産代金受領済の記載ある医師（故人）の日付入り診察簿を証拠として許容したものであるが、いずれも原供述者（故人）自身の利益に反すること、記載内容が記載者本人にとって不利であることを指摘していた。そして後者のハイアム対リッジウェイ判決[3]では、ある事実について特別な知識を有する者がその事実に関し自己の利益に反する供述をした場合には、虚偽の供述をすることに利益を有すると認められる場合を除き、当該供述は本人の死後においても証拠として許容されることは明らかである旨判示していた。

このように当初は明確な理由づけに欠けていたものの、次第にこのような供述は原供述者自身の利益に反する事柄に関するものであるので信用性に富み、したがって原供述老死亡の場合には伝聞例外を形成するとの原理の下に許容されるようになり、利益に反する供述は一般に伝聞例外として確立する。ところがイギリスの貴族院は一八四四年のサセックス判決において、利益に反する供述の伝聞例外から刑事上の利益に反する供述を除外することを明らかにしたのである。

## 二　サセックス公爵位継承事件判決（一八八四年）

本判決（Sussex Peerage Case, 8 Eng. Dep. 103, [1843-1860] All E.R. 55）は、ジョージ三世の第六王子であるサセックス公爵FとMとの間に生まれたXがF死亡後に爵位等の継承を申し立てた際に、ジョージ二世の直系の子孫は国王の事前の同意なしに結婚できずこれに違反した当事者および悪意の関係者には刑罰が科せられる旨王室婚姻法が規定していたところから、国王の事前の同意のない右FとMの結婚式をローマで司式した旨のイギリス国教会牧師Gの子息に対する供述の許容性が争われた事案につき、原供述者の金銭上ないし財産上の利益に反する供述だけが伝聞例外として許容されることを理由にGの供述が排除されたため、この判示部分がいわゆるサセックス法則としてその後およそ一世紀にわたり英米判例法を支配することになる。

**【事　実】**　Xはサセックス公爵Fの死亡直後に、ヴィクトリア女王に対し、サセックス公爵の爵位等の諸特権の継承を求める請願書を提出した。それによると、英国王ジョージ三世の第六王子であるFは一七九三年四月四日にローマでMと結婚した。この結婚式は、イギリス国教会の牧師Gが司式し、ほぼイギリス国教会の儀式に従って行われた。二人はその後、イギリスで正式に結婚し、一七九四年一月一三日にXがロンドンで生まれた。Fは後にサセックス公爵等の爵位を授与されて貴族院議員となり、一八四三年四月二一日に死亡した。XはFのただ一人の子息で唯一の直系の男子相続人であるというのである。女王は法務総裁に調査報告を命じた。同総裁は、FとMの二人が一七九三年にローマで結嬉したことは確認できたが、王室婚姻法との関係で問題があり貴族院の判断を求めるのが相当である旨勧告した。なお、王室婚姻法には、ジョージ二世の直系の子孫は王（またはその後継者）の事前の同意なしに結婚することはできず、同意のない結婚は無効であり当事者および悪意の関係者には刑罰

(praemunire) が科せられる旨の規定がおかれていた。女王はこの勧告に従って、右報告書を添えて請願書を貴族院に付託し、貴族院はこれをさらに貴族院特典審査委員会 (Lord's Committee for Privileges) に付託した。同委員会は一八四四年六月七日、大法官 (Lord Chancellor) の出席の下に第一回の審理を行った。

X側代理人は、ローマでのFとMの結婚はイギリス法上も有効な結婚であり王室婚姻法はイギリス国外での結婚には適用されないとしたうえで、二人の結婚式をローマで司式した旨のイギリス国教会牧師Gの子息に対する供述などを証拠として提出して次のように主張した。

「Gは、問題の結婚式を司式した点で違法行為をしたと考えてよい。それ故、違法な法律行為に関係したことを認めることはGの利益に反することである。Gが (生前) 大法官法廷で供述することを拒否したのはこのためである。法が考えている利益は金銭上の利益に限定されない。当該供述は故人たる当事者の考えでは彼自身の利益に反するものであること、彼はそれを知る手段を有していたこと、そして彼には自己が知り得た知識を偽って供述する動機がなかったことが立証されると、当該供述は証拠として許容される。自己自身の利益に反してなされた当事者の口頭による供述は常に証拠として許容される」と主張したのである。

貴族院特典審査委員会は、Gの供述は金銭上ないし財産上の利益に反するものではないとしてこれを排除し、結局、いずれの点についてもXの主張を退けた。これに対し、X側が貴族院の判断を求めたところ貴族院は、要旨次のように判示してXの主張を退けたのが本件である。

【判　示】　「[X側代理人の主張によると] 当事者がある事実を知った、そして死亡した、(ところが) 死亡前にある供述をしており、その供述は彼の利益に反するもので、もし彼が生きておれば彼は (その供述を理由に) 訴追されていたであろうと考えられる、このような場合にはその供述はすべて証拠として許容されるという。これは広汎かつ一般的な主張である。このような主張は支持できない。通常生ずる事例によって、この主張を検討してみよう。例えば、Aが謀殺罪で訴追された。B（故人）が生存中に謀殺現場にいた旨の供述をしていたとせよ。このような供述はB自身の利益に反するもので、もしBが生きておればBは（その供述を理由に）訴追されていたであろう。……しかし、このような供述を証拠として許容することはできない。また、例えば、サセックス公爵Fが王室婚姻法に違反して結婚した廉で裁判にかけられたとせよ。牧師Gの供述はFに不利な証拠として許容できると主張することは果して可能であろうか。X側代理人の主張が支持できないことを示すには、これらの事例を挙げるだけで十分である。人の供述は、それが何らかの点で供述をした当事者の利益に反するものである場合には、あらゆる状況下に証拠として許容されるということは真実でない。さらに、本件はこのような事案でない。Gの供述は彼自身の子息に対するものである。当該供述をすることによってGは訴追されていたであろう、あるいは訴追されるであろうと信じてGが当該供述をしたということは考えられない。それ故、Gの供述を証拠として認める何らの理由もないことになる。」

一八〇八年のハイアム対リッジウェイ判決（前出）が本件争点に関する法を宣明している。同判決を考察すればするほどますます明確に二つの結論に至らざるを得ない。まず第一に、同判決で証拠が許容されたのは、供述内容が供述をした当事者の特別な知識に属するものであったからではなくて、それが特定の性質を有する利益、すなわち金銭上の利益に反してなされた供述であったがためであることを理解しておかなければならない。もう一つの結論は、このような証拠の性質を考えると、同判決で明らかにされた法則を、適切に限定することなく、そこで設定された限界を越えて拡大することに対しとくに注意すべきであるということである。人がその廉で訴追されるおそれのある重罪を自白したとせよ、彼が死亡するや否や、彼の述べたことはすべて、他の者に対するあらゆる訴え、あらゆる訴追において、証拠として採用すべきであるということはきわめて奇怪な主張で支持できない。今日理解されるところの法は、故人の供述で証拠として許容されるのは、供述内容が供述をした当事者の特別な知識に属するもので、かつ供述をした当事者の金銭上ないし財産上の利益（pecuniary or proprietary interest）に反してなされた供述のみである。（at 1044-1045.）

## 三　許容性の根拠、要件

先に少し触れたように、利益に反する供述ほど確実な根拠に基づいて許容される伝聞例外はないといわれる。人は真実でなければ、明らかに自己の利益に反する事実を承認するはずはない。原供述者が自己の利益に反することを認識しながらあえてした供述は、原供述者の証言とほぼ同等に信頼できるから信用性の要件を満たす、したがって原供述者が証人として利用不能である場合には必要性の要件をも満たすから伝聞例外として許容されるというのである。(4) もっとも、現実世界の人間は、金銭上の損得にかかわらず真実を述べ、あるいは虚偽の供述をする非合理的存在であるから、真実でなければ自己の金銭上の損失となるおそれのある供述をわざわざ偽ってするはずはないとする理由づけには説得力がなく、これは単に一八世紀哲学の所産にすぎないとする見解もないわけではない。(5) しかしコモンローでは、利益に反する供述の許容性の根拠を信用性に欠けるところはないとするこのような常識論ないし経験論に求めていることには疑いがない。問題はむしろ、信用性の保障と表裏一体の関係にある許容性の要件にある。

伝聞例外としての利益に反する供述は文字どおり「利益に反する」というところに信用性の保障を求めるわけであるから、(1)供述内容が原供述者自ら直接に体験した事実であること、(2)原供述者に事実を偽って述べる動機がないこと、(3)原供述者が供述時に供述内容が自己の利益に反することを認識していたことのほか、(4)供述内容が原供述者の金銭上ないし財産上の利益に反すること、(5)原供述者が死亡していることなどが一般に許容性の要件として確立していた[6]。

アメリカの各法域ではほぼコモンロー上の見解を踏襲していたが、その後、刑事上の利益に反する供述も金銭上ないし財産上の利益に反する供述と同様に信用性があるとしてその許容性を肯定し、あるいはまた原供述者死亡の場合にとどまらず証人として一般に利用不能である場合にも必要性の要件を満たすとする見解が次第に有力となる。規則㈢は、このような近時の支配的見解を採用したものである。

（1）Wigmore, Evidence §1364, at 18-20（3d ed. 1940）(hireinafter cited as Wigmore).
（2）Jefferson, Declarations against Interest: An Exception to the Hearsay Rule, 58 Harv. L. Rev. 1, at 6（1944）.
（3）Higham v. Ridgway, 103 Eng. Rep. 717, 722（K. B. 1808）.
（4）Jefferson, *supra* note 2, at 6.
（5）Cf. Ward v. H. S. Pitt & Co.,〔1913〕2 K. B. 130, at 138.
（6）Jefferson, *supra* note 2, at 1, 17, 22 n.47.

## 第二節　サセックス判決批判

アメリカでは早くからウィグモアによって、刑事上の利益に反する供述を除外するサセックス公爵位継承事件判決の不合理性は明確に指摘されていたが、裁判所は一般にこれを認めず、例えば、連邦最高裁は一九一三のドネリー判決（Donnelly v. United States, 228 U.S. 243）において殺人の真犯人である旨告白してまもなく死亡した第三者の自白につき利益に反する供述の伝聞例外は金銭上の利益に反するものに限定されることはイギリスで確立しており、アメリカでも同様であるとしてこれを排除した。しかしその後、とりわけホウムズ裁判官が右判決の反対意見で「殺人の自白ほど利益に反する供述はない」と喝破しウィグモアの批判的見解に同調して以降、刑事上の利益に反する供述をも伝聞例外として許容する法域が漸増し、今日ではむしろ多数を占めるに至る。そして規則㈢制定に際しては、ドネリー判決のような結論を変更することの必要性がとくに強調されていたのである。

そこで以下、いずれも著名なものであるが、代表的なものとして、ホウムズ、ウィグモア、ジェファソソ、マコーミックの批判を整理して紹介しておこう。

## 一　ホウムズ裁判官の批判

ホウムズ裁判官は、ドネリー判決の反対意見において、殺人の真犯人である旨の第三者（ディック）の自白を排除した多数意見に対し、次のような見解を明らかにした。

「ドネリーがその廉で公判に付されているところの殺人を犯したのは自分である旨のディック（その後死亡）の自白は、その真実性を指し示す諸情況と相まって、裁判所以外の何人であっても、ドネリーが本件犯罪を犯していないことを確信するのに役立つものである。むろん、わたくしは、この自白が実際になされたこと、そしてドネリーとディックとを結びつける理由がないことを前提にして、このことを述べている。……イギリスの判例は、両国の分離以降、われわれを拘束しない。利益に反する供述の伝聞法則の例外はよく知られている。殺人の自白ほど利益に反する供述はない。それは、人を紋首刑にすることのできる臨終の供述よりもはるかに説得力に富むものである。……法の歴史とイギリスの原理に反対する論拠は、ウィグモアによって巧みにかつ十分に述べられているから、それらをここで詳述する必要はない。」（at 277-278.）

## 二　ウィグモアの批判

ウィグモアは、最も早くから最も明確に、刑事上の利益に反する供述を除外するサセックス判決の限定を野蛮な原則であるとして痛烈に批判した。ウィグモアは、任意にされた自白は信用できるという確立した原理と矛盾し、また利益に反する供述をすべて伝聞例外として許容していた先例を検討せず逆行して恣意的な制限を加えたものであるとしたうえで、さらに同判決の限定について次のようにいう。

「この限定は一見、共謀者の不利益な事実の承認である場合を除き、共犯者の自白（the confession of an accomplice）を訴追側は被告人に不利に用いることはできないという原則によって支持されそうである。というのは、自己自身と被告人Bとを巻き込むAの自白は、少なくともA自身の刑事上の利益に反するものであり、それ故、前述の（自白の許容性の）原理が適用されるように思われるからである。しかし、自白をして相棒（cocriminals）を裏切ることによって恩恵に浴するというAの利益は、このような場合には通常きわめて大きいから、いわゆる利益の優越の原理によれば、このような供述は本例外の下でも許容されないことになろう。[7]」

さらに、この限定は政策論によっても正当化しえない。「従来、かような限定を推進してきた政策論の中でもっともらしい唯一の論拠は、このような口頭による承認についての虚偽証言入手の可能性である。これは、証拠法則における改革に反対して常に振り回されてきた古くさびついた武器である。すなわち、濫用の危険があるという主張である。これは証人を認めることに一切反対する有力な主張といえよう。というのは、周知のとおり、証人の中には嘘をつく者があり、そして証人の嘘に騙されないようにすることは難しいからである。無辜の人に身の潔白を証明することを認めないような法則は、他方、それが犯人を誤って無実とすることを防止しているとしても、やはり不当な法則であるということ、このことはたしかなことである。」

「この不合理な限定の実際上の唯一の結果は、正義感覚を有する者にとってはショッキングである。というのは、最も通常の適用例においてそれは、自分が真犯人である旨告白した後で死亡ないしは精神に障害を来し、あるいは法域外に逃亡した（それ故、まったく利用不能である）者がいたとしても、その自白を、それがいかに信憑性に富むものであれ、刑事裁判において排除することを要求するからである。」

「それ故、われわれの歩みを元に戻し、今では正義の手の届かぬところにいる真犯人によってまさに絞首刑台上でなされた、その信用性が完全に保障されている書面による自白を裁判所に提出したとしても、無実の被告人は自己の無実を立証することができないというこの野蛮な原則を廃棄するのに遅すぎるということはない。一八九九年にドレフュス大尉の裁判の進行経過を一人よがりに憤慨して見守っていた者は、もしあの裁判がわれわれ自身の国で行われていたとして、われわれがいわゆる先例に従って、フランスの裁判所が一瞬の躊躇なしに許容した自白、すなわちドレフュスが起訴された反逆罪の真犯人は自分である旨告白して失踪した、そして今日では疑問の余地なく真実反逆者であったことが知られている、エステラージ大佐の確実に信用できる自白を許容することを拒否していたならば、その光景は実に恥じるべきものになっていたであろうことを銘記しておくべきである。(8)」

## 三　ジェファソンの批判

ジェファソンは、刑事上の利益に反する供述は民事事件では許容されているので、刑事事件でこれを排除することは政策論によるのでない限り論理的でないとして、次のようにいう。

「利益に反する供述の例外は、原理上は、原供述者に真実を語らしめるに足りる重要なものであれば、いかなる種類の利益に反する供述をも許容するものである。刑事上の利益は人にとって、たしかに金銭上ないし財産上の利益と同じ程度に重要なものであるといえよう。同じことは、社会的利益についてもいえよう。そのような事実が真実でないのであれば、人は自己に刑事責任を科すような事実の存在を認めることはないであろう。またその事実が真実でないのであれば、人はコミュニティにおいて社会的批判の対象とされるような事実の存在を認めることはないであろう。」

刑事上の利益という観念をこの伝聞例外から除外する考え方は、サセックス判決によって確立されたといわれる。アメリカの裁判所は、このサセックス判決の一般原理を受け入れてきた。「刑事上の利益という観念を除外する真の理由は、刑事上の利益は信用性の確実な蓋然性を提供するものではないという考えに基づくと信ずることは難しい。もし、ある供述が刑事上ないし金銭上の利益に反するという場合には、裁判所は民事事件においては容易にこれを許容してきた。刑事上の利益の存在は許容性を破壊せず〝証言の重みを増す〟というのである。かくして、自分は雇用者の金銭を五千ドル横領したというXの供述は、民事事件では許容される。自分はXを殺害した旨の原供述者の供述は、原供述者の保険会社に対する請求を無効にするという理由で、民事訴訟においては許容されてきた。かような事例においては、信用性の保障は金銭上の利益の存在に拠ると論ずることはまったく非論理的である。このような供述をするときに原供述者の胸中にある中心的な考えは、金銭上の効果ではなく刑事上の結果であるに違いない。判例は、かように重なり合った供述の場合には訴訟の性質ではなく、供述の性質を強調しているけれども、このような供述が刑事事件において許容されるかは疑わしい。しかし、裁判所がこうした重なり合った供述の場合に行っている分析からすれば、政策論が介在して、被告人ではなく自分が当該犯罪を犯した旨の第三者の供述を刑事被告人が自己に有利な証拠として提出することを阻止するのでない限り、刑事事件においてもそれらは許容されることになろう。(9)」

# 四　マコーミックの批判

マコーミックは簡潔に、次のようにいう。

「貴族院は一八四四年のサセックス判決において、先例を無視して、犯罪を犯したことを自白する原供述者の供述は利益に反する供述として許容できないと決定した。この判決は、おそらく他のいかなる判決よりも、この伝聞例外の発展を狭い物質的な限界内に閉じ込めてしまった。この国では刑事事件においては一般にこれに従ってきた。裁判所はこの限定を廃棄していないにもかかわらず、民事事件においては、当該犯罪は不法行為でもあり、かくして述べられた事実は原供述者に損害賠償責任を課す物質的な利益に反するものであるという（いささか技巧的な）理論に基づいて、犯罪に関する第三者の自白の許容性をときには正当化することができた。」

「刑事事件においてこのような自白を排除する慣行は正当化しうるか。人が刑事上の処罰を受けるおそれのある事実を認めることは借金を認めることよりも信用できないという理由で、これを正当化しえないことは明らかである。排除の動機は、おそらくこれとは異なること、すなわち、決してなされなかった自白について偽って証言する偽証証人の洪水に門戸を開くことになるという懸念（the fear of opening a door to a flood of perjured witnesses）であったろう。……しかしながら、偽証の危険はすべての人間の証言に伴うものであるから偽証の危険という論拠は疑わしいと考えて〝無辜の人に身の潔白を証明することを認めないような法則は、他方、それが犯人を誤って無実とすることを防止しているとしても、やはり不当な法則である〟と結論したウィグモアはおそらく道理に適っているといえよう。(10)」

さて、以上の批判から明らかなように、刑事上の利益は金銭上の利益と同様に重要であるから、人を殺したという供述も借金があるという供述もともに利益に反する供述の伝聞例外として許容するのが合理的であると思われるにもかかわらず、コモンローが両者を峻別し前者の刑事上の利益に反する供述を除外したのは、マコーミックのいう「偽証証人の洪水に門戸を開くことになるという懸念」に基づいていた。つまり、刑事上の利益に反する供述を伝聞例外として許容すると、法の手の届かないところにいる人物が被告人を助けるつもりで虚偽の自白をし、あるいは被告側証人が第三者のさもありそうな自白を捏造するおそれが大いにあるというのである。[11] しかし、刑事上の利益に反する供述をすべて排除すると、例えば、真犯人が家族や友人に殺人を告白した後に死亡したような場合にも、その自白を被告人に有利な証拠として許容することは一切できなくなる。そこで批判的見解は、第三者の自白を一切排除するサセックス法則を不合理であると激しく攻撃したが、同時に「偽証証人の洪水」の危険に対処するため、自白の真実性を裏付ける情況証拠の存在等をその前提要件としていた。規則㈢の立法趣旨も同旨である。

このように、刑事上の利益に反する供述の問題は、少なくとも沿革上は、あくまでも被告人に有利な供述、すなわち被告人が犯人ではなく自分が真犯人である旨の第三者の自白の許容性をめぐるものであって、ウィグモアの説くとおり、被告人に不利な供述すなわちいわゆる共犯者の自白の問題とは関係がなかった。ところが、規則㈢は、被告人に有利な刑事上の利益に反する供述についてはその信用性を明示する補強証拠の存在等を要件にこれを伝聞例外としたが、被告人に不利な刑事上の利益に反する供述については一切言及していない。そこで、両者の関係が問題となるのである。

（7） Wigmore, §1477, at 3581.

（8） Id. at 1477, 358-360.

（9） Jefferson, *supra* note 2, at 39–40.
（10） McCormick, Evidence §255, at 549 (1954); Evidence §278, at 673–674 (2d ed. 1972).
（11） Id. at 549–550; at 674.

## 第三節　米連邦証拠規則第八〇四条(b)(三)

米連邦証拠規則第八〇四条(b)(三)は、金銭上ないし財産上の利益に反する供述と刑事上の利益に反する供述とを峻別し、前者の場合に限り伝聞例外とするコモンロー上の法則を合理的理由がないとして退け、後者の刑事上の利益に反する供述についても一定の要件の下に同一の伝聞例外として許容することを明らかにした。これは、ウィグモアやホウムズ裁判官の反対意見に代表される近時の支配的見解を採用したものである。

ところで、両者を峻別することには合理的理由がないと思われるにもかかわらず、一世紀有余にわたり刑事上の利益に反する供述が除外されたのは、すでに指摘したように、「偽証証人の洪水に門戸を開くこと」が懸念されたからである。そしてこのような懸念にも相当の理由がある。そこで批判的見解は「原供述者が真犯人であることを示すに役立つ他の何らかの証拠」を要求することによって虚偽自白ないし虚偽証言を誘発しかねないというその固有の危険性の防止に意を用いたのであり、ホウムズ裁判官の反対意見が「ディックの自白は、その真実性を指し示す諸情況と相まって」被告人ドネリーが犯人でないことを窺わせるものであるとしたのも同旨といってよい。規則(三)号が「原供述者に刑事上の責任を科すおそれがある供述で被告人の無実を晴らすために提出された供述」につき「その供述の信用性を明示」する補強証拠を要求しているのも、かような被告人の防禦権の保障という観点からするところの被告人に有利な証拠の必要性とその悪用の可能性との調和を図ろうとしたものである。

しかしながら、元来は被告人に有利な場合に限って許容される刑事上の利益に反する供述であっても、金銭上ないし財産上の利益に反する供述に劣らず信用性があるとしてこれを伝聞例外として許容することになれば、訴追側が明文規定がないにもかかわらず、被告人との共同犯行を認める共犯者の公判外自白を刑事上の利益に反する供述であることを理由に被告人に不利な証拠として利用することも考えられる。しかも、規則㈢制定時に「第三者の自白は、通常、被告人の無実を晴らす供述について考えられるが……被告人を巻き込む供述を含むこともありうる」ことが再三にわたり指摘され、さらに「刑事事件において被告人に不利な証拠として提出された供述ないし自白は、共同被告人その他の者がしたもので供述者本人と被告人の双方を巻き込むときには」本例外に該当しないというい わゆる「ブルートンの文言（Bruton sentence）」が一旦は同規則末尾に付加されながら、二転、三転の後に削除されて成立したのが現行規定である。共犯者の自白と刑事上の利益に反する供述との関係を明らかにするためには、右の明文規定削除の理由およびその経緯を明らかにしておくことが不可欠といってよい。

以下、とりあえずこの点を中心に、規則㈢制定の経緯を明らかにした後、右の問題点について検討することとしたい。

## 一　諮問委員会草案

連邦証拠規則制定に関する諮問委員会は、クレアリー教授を報告者とする三年半に及ぶ精力的な立案作業の結果、一九六九年一月に諮問委員会予備草案を作成するが、一九六八年五月に連邦最高裁が【6】ブルートソ判決を言い渡したことからこれを受けたクレアリー教授の提案を容れて同年三月段階での決定を変更し、規則㈢末尾に被告人を巻き込むいわゆる共犯者の自白は利益に反する供述の伝聞例外に該当しない旨の「ブルートン文言」を付加することに決めた、そして一九七〇年の諮問委員会修正案でもこれを維持した。もっとも、クレアリー教授は当初、この文言を同規則末尾に付加することは「ダグラス、ブルートンの両判決により憲法上要求されていると考えていた」が、その後二度にわたりこの見解を改め、まず「被告人を巻き込む供述は原供述者の刑事上の利益に反するものではない」とし、次に「そういうこともありうる」と考えるに至ったといわれる(12)。

諮問委員会予備草案の注釈は、この点について、次のように述べている。

「第三者の自白は、通常、被告人の無実を晴らすという観点から考えられているが……被告人を巻き込む供述を含むこともありうる。このような供述は、利益に反する供述の一般的な理論に従って関連供述として許容されることになろう。［しかし］この種の自白を利益に反する供述として受け入れることのできないことはホワイト裁判官の［ブルートン判決における］反対意見の中で強調されている。すなわち、他人を巻き込むことが自己の利益となることは容易に認められることから、共同被告人の供述は伝統的に疑わしいと考えられてきたというのである。この見解は本例外の結びの文言に反映している(13)。」

## 二　諮問委員会最終案、最高裁規則原案

諮問委員会は、先に公表した修正案に対して寄せられたコメソトに応じて「ブルートンの文言」削除を含む若干の手直しをして諮問委員会最終案を作成し、これがほぼそのまま最高裁規則原案として一九七二年二月に公表された。なお、最高裁規則原案は、原供述者に刑事上の責任を科すおそれがある供述で被告人の無実を晴らすために提出されたものについては、現行規定とは異なり、単に「補強証拠がない限り」許容できないとしていた。

ところで、いわゆる「ブルートンの文言」が諮問委員会最終案で削除されたのは、司法省とりわけマクレラン上院議員（Senator McClellan）の政治的圧力によるという。上院司法委員会の有力メンバーであるマクレラン上院議員は、刑事上の利益に反する供述を許容できるように連邦法を改正すべきであるとする点については同意したが、諮問委員会修正案は余りにも被告人に寛大すぎるとし、かつドネリー判決におけるホウムズ裁判官の反対意見も同旨であるとして、被告人側提出の供述については被告人の自白に必要とされるのと同じ程度の補強証拠の存在を要件とすることを主張し、また憲法上の対面条項は被告人を巻き込む供述をすべて排除するものではないとして、規則㈢の「末尾の文言（final sentence）」を削除すべきであると主張した。そして同上院議員は、補強証拠の趣旨は第三者の捏造供述を排除することにある旨証拠規則の注釈で強調し、かつこの「ブルートンの文言」を削除すれば他の規定に対する修正要求を放棄する用意がある、しかし、これを拒否するというのであれば今後は一切、証拠規則の制定に反対することを明らかにしたというのである。[14]

クレアリー教授はマクレラン上院議員の意見に同意し、その結果「ブルートンの文言」を削除した諮問委員会最終案が作成され、最高裁はこれを最高裁規則原案として公表した。

諮問委員会最終案および最高裁規則原案の注釈は、この点について、次のように述べている。

「これらの判決（ブルートン判決およびダグラス判決）は、他人を巻き込む供述をすべて利益に反する供述のカテゴリーから除外することを命じているわけではない。ある供述が実際に利益に反するといえるかどうかは各事案の諸情況から判断しなければならない。かくして、自己の有罪を認めかつ他人を巻き込む供述は、それが身柄拘束中になされたときには、当局に迎合したいとしてなされたものと考えてよいから、それ故、利益に反する供述としての資格に欠けることになる。ブルートン判決におけるホワイト裁判官の反対意見を見よ。他方、同一の言葉がこれと異なる情況下に、例えば、知人に話されたときには利益に反する供述としての資格があるとすることに困難はないであろう。本規則は対面権の問題を取り扱おうとするものではない。[15]」

## 三　下院の修正案

合衆国最高裁は一九七三年二月五日、先に公表した最高裁規則原案を同年七月一日を発効日として諮問委員会作成の理由書とともに連邦議会に提出した。

下院司法委員会の連邦刑事法改正特別小委員会（以下、下院小委員会という）は一九七三年二月七日から三月一五日にかけて公聴会を開き審議した結果、同年六月二八日、最高裁規則原案のいわゆる「単純補強（simple corroboration）」の要件を強化し、また「ブルートンの文言」を付加するなど重要な変更を加えてこれを公表し、そして同年一〇月一〇日、下院小委員会案を作成した。下院司法委員会は同年一一月一五日、若干の修正を加えてこの小委員会案を採択し、下院は一九七四年二月六日、これを可決した[16]。

ところで、司法省は当初、刑務所の収容者が同房者に根も葉もない犯罪の自慢話をするのは刑務所の中では日常茶飯事であり刑事上の利益に反する供述といってもその大半はこの手の同房者の供述であるから、これを伝聞例外とする抽象論はこうした現実に対処しきれないとして、刑事上の利益に反する供述を伝聞例外とする規定の削除を強く主張し、また補強証拠の程度についてもマクレラン上院議員と同旨の反対論を展開していた、しかし下院小委員会の公聴会の段階になると、もはやこのような反対意見を述べなくなった。ところが、この段階で有力な反対意見が現われた。第二巡回区連邦控訴裁判所のフレンドリー裁判官が公聴会で証人として証言し、当初の司法省と同じ懸念を繰り返したのである。

フレンドリー裁判官は、刑事上の利益に反する供述を許容するのは理論的に正当であることは一般に認められているが「経験という文脈の中でこれをみると」まったく事情が異なるとして、法を現状のままにしておくよう主張した。そして最高裁規則原案によると、被告人ではなく自分が当該犯罪を犯した旨の長期刑の囚人による供述が許容されることになると警告した。有罪判決の言渡しを受けた者が、長期刑に服している同房者に同人の死亡前に実は被告人ではなく自分が真犯人である旨供述させることがある。これが被告人側提出の供述で通常生じうると考えられる文脈であるというのである。フレンドリー裁判官はまた、「単純補強」の要件についても、その意味が不分明であるとしつつ、被告人は被告人自らの証言を自己の無実を晴らすために提出した供述の補強証拠とすることが懸念されるとしてこれに強く反対したのである。

下院小委員会は、「単純補強」の要件はあまりにも曖昧（その限りにおいてフレンドリー裁判官の見解に同意した）かつ不十分であるとして、この要件に代えて新しい要件を採用した。すなわち、原供述者に刑事上の責任を科すおそれのある供述で被告人の無実を晴らすために提出された供述は「補強証拠のない限り」許容できないとの原案の末尾を大きく変えて「補強情況がその供述の信用性を明示していない限り」許容できないとした。(17)

下院司法委員会は、「単純補強」の要件を修正した点について、次のように説明している。

「刑事上の利益に反する供述に関して、当委員会は、かような供述の中にはたしかに信用性の保障が十分なものもあるからそれは許容すべきであるとの最高裁の見解に与した。しかし、最高裁と同じく当委員会は、被告人の無実を晴らすのに役立つこの種の供述は［金銭上ないし財産上の供述よりも］疑わしいから、その許容性についてはさらに信用性を保障する規定を条件とすべきであると考えたが、単純補強の要件を付加した最高裁規則原案では、この目的を果す効果がないと思われる。けだし、必ずしも当該伝聞供述の信用性を高めるものでないにもかかわらず、被告人自身の証言で足りるとされうるからである。当委員会の結論は、……諸情況が明らかに信用性を示していたドネリー判決におけるような結論を変更することを意図したものである。」

下院司法委員会は、「ブ、ル、ー、ト、ン、の文言」を復活させた点について、次のように説明している。
「当委員会はまた、本規則に諮問委員会の一九七一年草案の末尾の文言を付加した。これはブ、ル、ー、ト、ン、原理の法典化を意図したものである。当委員会は、共同被告人が証人台に立って反対尋問にさらされた場合に認められているブ、ル、ー、ト、ン、原理の例外に影響を与えることを意図していないが、かような情況に関する特別規定を本規則に設ける必要はないと考えた。かかる場合には、原供述者は〝利用不能〟でないからである。[18]」

## 四　上院の再修正案、両院協議会の合意

上院司法委員会は一九七四年六月四日と五日の両日、公聴会を開き、下院から回付された証拠規則修正案を審議し、同年一〇月一一日、再修正案を採択した。二日間の公聴会では利益に反する供述の伝聞例外はほとんど注目を引かなかったが、同委員会は、下院の修正案を再修正し「ブ、ル、ー、ト、ン、の文言」を削除して最高裁の原案に戻した。

上院司法委員会は、「ブ、ル、ー、ト、ン、の文言」の規定を削除した点について、次のように説明している。
「当委員会は、本規則の基本的アプローチは第五修正の自己帰罪拒否の特権や当面の問題である第六修正の対面権のような憲法上の証拠原理の法典化ないし法典化の試みを回避することにあるので、この規定を削除することに決定した。憲法上の原理を法典化することは不必要であり、そして憲法上の原理が発展途上にある場合には、しばしば不賢明でもある。さらに下院の規定は、例えば、共同被告人が証人台に立って反対尋問にさらされた場合、被告人が自白している場合、被告人が犯罪現場に居合わせた場合に認められているブ、ル、ー、ト、ン、法則の例外を認めていないように思われる。当委員会は以上の理由で、この規定を削除することに決定した。[19]」

両院協議会は一九七四年一二月一一日と一二日の両日、上下両院の見解の差異につき審議した結果、「ブ、ル、ー、ト

ンの文言」についてはこれを削除する上院の見解を採用することに決定した。

両院協議会は、上院の見解を採用した点について簡単に、次のように説明している。

「当協議会は上院の修正案を採用する。……当協議会は、憲法上の証拠原理の法典化を回避するという本証拠規則における一般的なアプローチを考慮して、［下院が付加した］共同被告人による供述に関する規定を削除することに同意する。[20]」

## 五　残された問題

アメリカ法では、被告人を巻き込む共犯者の捜査官に対する逮捕後の自白は、およそ被告人に不利な証拠として許容できない。このことは確立している。ところが、規則㈢は、このような共犯者の自白の許容性について重大な問題を提起した。

第一、共犯者の自白は利益に反する供述の伝聞例外に該当しない旨のいわゆる「ブルートンの文言」削除の意味が問題となる。一旦同規則末尾に付加されながら結局削除され、現行規定には明記されていないことをいかに解するかの問題である。

諮問委員会の当初の注釈は、若干曖昧ではあるが、ブルートン判決におけるホワイト裁判官の反対意見に言及し「他人を巻き込むことは自己の利益となるのは容易に認められることであるから、共同被告人の供述は伝統的に疑わしいと考えられてきた」のである、したがって共犯者の自白は利益に反する供述とはいえないことを明らかにするため「ブルートンの文言」を付加したと説明した。そして諮問委員会最終案および最高裁規則原案の注釈は、同じくホワイト裁判官の反対意見に言及し「自己の有罪を認めかつ他人を巻き込む供述は、それが身柄拘束中にされたときには当局に迎合したいとしてされたものと考えてよい、それ故、利益に反する供述としての資格に欠けることになる」としつつ、ブルートン判決は他人を巻き込む供述のすべてを利益に反する供述の伝聞例外から除外することを命じているわけではない、したがって「ブルートンの文言」を削除したと説明している。これに対し、下院司法委員会は「ブルートン原理の法典化を意図」して「ブルートンの文言」を復活させ、そして上院司法委員会は「憲法上の原理を法典化することは不必要であり……しばしば不賢明でもある」として「ブルートンの文言」を削除し、両院協議会でもこの上院の見解が採用されて、現行規定が成立したのである。

右の立法経緯で最も重要なことは、諮問委員会の各草案がブルートン判決に言及したものの一貫して共犯者の自白の信用性を問題としたのに対し、連邦議会がブルートン判決を誤解して「ブルートン判決は伝聞例外の事案ではないにもかかわらず」ブルートン判決と憲法上の証人対面権とのかかわりを問題としたため、共犯者の白白と伝聞例外としての利益に反する供述の問題に関する議会の意図が不明確であるということもさることながら、被告人を巻き込む供述であっても利益に反する供述として許容しうる場合のあることが再三にわたり指摘されていることである。

第二、規則㈢の明文規定の解釈が問題となる。同規則の文言は、金銭上ないし財産上の利益に反する供述と刑事上の利益に反する供述とを併記し、両者をともに「利益に反する供述」にあたることを明らかにしたうえで、被告人が自己に有利な刑事上の利益に反する供述を提出する場合には、さらにその供述の信用性を明示する補強証拠の存在を許容性の要件としている。したがって、少なくとも文理解釈上は、訴追側提出の被告人に不利な刑事上の利益に反する供述について、金銭上ないし財産上の利益に反する供述と同一の要件の下に、これを伝聞例外として許容したものと解することもあながち不可能ではない。

このように、規則㈢は共犯者の自白と刑事上の利益に反する供述とのかかわりについて触れていないが、右の立法経緯に照らしてみても、当初の意図に反して、被告人を巻き込む共犯者の自白が同規則の伝聞例外に該当するとして被告人に不利に用いられる余地が残されていることになる。

(12) Tague, Perils of the Rulemaking Process: The Development, and Unconsitutionality of Rule 804 (b) (3)'s Penal Interest Exception, 69 Georgetown L. J. 851, at 866 n. 52 (1981).
(13) Id. at 892 nn. 189, 191.
(14) Id. at 873-875, at 878.
(15) Id. at 894.
(16) Id. at 854 n. 10.
(17) Id. at 884-886.
(18) 4 Weinstein & Berger, Weinstein's Evidence, at 804-12 (1979).
(19) Tague, *supra* note 12, at 891.
(20) Weinstein's Evidence, *supra* note 22, at 804-14.

# 第四節　連邦控訴審の動向

## 一　許容性の要件と問題点

規則㈢は、①原供述者が証人として利用不能であること、②原供述者の立場にある合理的な人であれば、それを真実であると信じていない限りしないであろう供述であること、③供述時において原供述者の金銭上その他の利益に反すること、この三点を利益に反する供述の許容性の一般的な要件とし、そして原供述者に刑事上の責任を科すおそれのある供述で被告人の無実を晴らすために提出されたものについては、さらに④その供述の信用性を明示する補強証拠の存在を許容性の要件としている。この補強証拠の要件は、単に「補強証拠のない限り」許容できないという最高裁規則原案が連邦議会で強化修正されて成立したという経緯が示しているように、このような供述の信用性に対する疑念がなお根強いことを裏付けているといってよい。偽証の危険はすべての証言について考えられるが「犯罪活動に関する自白はしばしば、それとは無関係なことを動機としてなされるから、金銭上ないし財産上の利益に反する供述ほどには内在的に信用できない[21]」というのである。

ところで、右の許容性の要件の中でとりわけ厄介なのは、当該供述が原供述者の利益に反するといえるかの判断が微妙な場合が少なくないことである。例えば「俺が一人で強盗をした」と原供述者が述べたとせよ、この供述には、原供述者が強盗犯人であるということと他の者は関係がないということの二つの事実が含まれている。では、右のように分析できる供述のうちで、原供述者の利益に反することが明らかである「俺が強盗をした」旨の供述部分だけを許容し、他の「一人で強盗をした」旨の供述部分についてはこれを排除すべきなのであろうか。[22]「ジョン（被告人）と俺と二人で銀行強盗をした」旨の原供述者の供述についても同じことが問題となりうる。[23]これは一見、原供述者の利益に反する供述であるが、それが同時に中立的な供述や原供述者の利益となる供述をも含んでいる場合の取扱いに関するいわゆる付随的供述（collateral statements）の許容性の問題である。ところが、規則㈢は刑事上の利益に反する供述の最も厄介なこの問題に触れていない。すなわち、原供述者の刑事上の利益に反する供述が同時に被告人を巻き込む場合にこれを被告人に不利益な証拠として許容できるかの問題に言及していない。したがって、例えば、右に掲げたような、被告人Yと一緒に銀行強盗をした旨の原供述者Xの供述をYに不利な証拠として許容できるかという重要な問題が曖昧なまま残されているというのである。[24]

もっとも、ジェファソンはすでに早く、利益に反する供述に関する古典的といわれる論稿をものした際に、右の論点につき、次のような注目すべき指摘をしている。

「もし仮に、刑事上の利益という観念が裁判所に受け入れられて、かつ付随的供述の原理が刑事上の利益に反する供述に適用されるとすると、興味ある問題が生ずる。刑事上の利益に反する供述を取り扱う判例のほとんどは民事事件であり、そして被告人が当該供述を自己の無実を晴らし原供述者の有罪を立証するために用いようとする刑事事件である。訴追側が、自分と被告人とがともに当該犯罪を犯した旨の原供述者の供述を提出したとせよ。もし付随的供述の許容性についての民事上の法則が適用されるとすると、被告人の有罪に関する右供述は、利益に反するものではなくかつその真実性を保障するものがほとんどないにもかかわらず、許容されることになろう。これは、共同被告人の自白は他の被告人に不利に許容できないという周知の原則をかいくぐる（get around）ことになり、きわめて問題のある結論である。[25]」

規則㈢は、刑事上の利益に反する供述を一切排除することは理論的にも政策的にも妥当でないとする近時の支配的見解に従い、金銭上ないし財産上の利益に反する供述と刑事上の利益に反する供述とをともに「利益に反する供述」の伝聞例外として許容しつつ、被告人の無実を晴らすために提出された被告人に有利な刑事上の利益に反する供述については、金銭上ないし財産上の利益に反する供述とは異なり、さらにその供述の信用性を明示する補強証拠の存在を許容性の要件とした。これは、被告人保護の観点からするところの証拠の必要性と従来から懸念されてきた濫用の危険性との調和をはかろうとしたものである。このように、被告人に有利な刑事上の利益に反する供述を一定の要件の下に伝聞例外として許容すること自体はサセックス法則を不合理とする近時の支配的見解に従いこれを立法化したもので格別問題はないが「この規定には解釈問題が充満し」「複雑にからみ合った多くの憲法上および証拠法上の問題」が未解決のまま残されているという。[26]とりわけ問題解決が複雑困難であるのは、規則㈢をめぐる重要な問題で連邦議会の意図が判然としないところが少なくないうえ指針となるべき連邦最高裁の態度が必ずしも明らかでないからである。[27]

ところで、ウィグモアなどがサセックス法則を不合理であると批判したのは、被告人は無実で自分が真犯人である旨の第三者の自白が一切排除されたからである。規則㈢は右の主張を入れてこれを立法上解決した。ところが、被告側が同規則の刑事上の利益に反する供述の伝聞例外に該当すると主張して提出する証拠の大半は、少なくとも控訴裁判所判例の事案による限り、純然たる第三者の自分が真犯人である旨の自白ではなくむしろ被告人と共犯関係の疑いある者の被告人は無実である旨の供述であり、その事実関係がきわめて錯綜している事案が多い。すなわち、被告人との共同犯行を認める共犯者の自白が刑事上の利益に反する供述の伝聞例外として法廷に顕出されるおそれがあり、規則㈢制定の過程において再三にわたり、被告人を巻き込む供述であっても刑事上の利益に反する供述の伝聞例外として許容しうる場合のあることが指摘されていたのであり、そして現に、訴追側が規則㈢に該当すると主張していわゆる共犯者の自白を被告人に不利益な証拠として提出する事案が少なくないのである。

証拠規則第八〇四条(b)(三)は、被告人に有利な刑事上の利益に反する供述について一定の要件の下にこれを伝聞例外として許容することを明らかにしているが、被告人に不利な刑事上の利益に反する供述の許容性の問題については一切言及していない。しかし、同規則は「供述時において原供述者の金銭上ないし財産上の利益に反し、または原供述者に刑事上の責任を科すおそれがあり、その立場にある合理的な人であれば、それを真実であると信じていない限りしないであろうような供述」を利益に反する供述の伝聞例外に該当するとした後で被告人の無実を晴らすために提出された刑事上の利益に反する供述については、さらに「補強情況がその信用性を明示していない限り、許容されない」と定めている。したがって、少なくとも規則(三)の文理解釈としては、被告人に有利な刑事上の利益に反する供述についてのみ補強証拠の存在を許容性の前提要件にしているから被告人に不利な刑事上の利益に反する供述については金銭上ないし財産上の利益に反する供述と同一要件の下にこれを許容したものと解することもあながち不可能なことではない。

## 二　連邦控訴審の特徴

筆者は四半世紀前に、証拠規則第八〇四条(b)(三)をめぐる連邦控訴裁判所判例の特徴として、以下の諸点を指摘しておいた。

第一、同規則制定の立法史とりわけ「ブ、ル、ー、ト、ン、の文言」削除に至る経緯を詳細に辿りそれぞれの事案の参考に供していることである。むろん、このこと自体は当然で異とすることではないが、先にやや詳しく紹介した立法経緯を把握せずに、証拠規則の文言だけをあれこれ「解釈」して伝聞法則を「緩和」したアメリカ法を論ずることの危険性を示しているようにも思われる。

第二、被告側が被告人の無実を証明するものとして提出する証拠の大半は、純然たる第三者の真犯人である旨の自白ではなく、被告人と何らかの関係ある人物の伝聞供述であることである。この問題は立法上解決されたわけであるが、まさに従来から懸念されていた「偽証証人の洪水に門戸を開く」結果を招来したとの感がなくもない。

第三、訴追側が同規則の伝聞例外に該当するとして、被告人を巻き込む共犯者の公判廷外の自白を被告人に不利益な証拠として提出する事案が少なくないことである。司法省は当初、刑事上の利益に反する供述を伝聞例外とすることに難色を示したが、証拠規則制定後はこれを逆手にとり、共犯者の自白の活用に利用したわけで興味深い。

そこで、右の第三点、すなわち被告人に不利な刑事上の利益に反する供述を規則㈢の伝聞例外として許容できるかであるが、この問題については、なお不分明で今後の判例の積み重ねを待つほかないところも少なくないが、次の四点はほぼ明らかにされたといって大過ないように思われる。

第一、規則㈢は、被告人に有利な刑事上の利益に反する供述について一定の要件の下にこれを伝聞例外とすることを明示したにとどまり、被告人に不利な「負罪的な刑事上の利益に反する供述の許容性の要件を明らかにする仕事についてはこれを裁判所に委ねている。」したがって、裁判所は適当な要件の下に、これを伝聞例外として許容することができる。

第二、たとえ被告人に不利な刑事上の利益に反する供述を伝聞例外として許容することを認めるとしても、少なくとも被告人に有利な刑事上の利益に反する供述の場合と同一の要件を満たさなければならない。したがって、その供述の信用性を明示する補強証拠が不可欠である。

第三、捜査官に対する身柄拘束中の共犯者の自白は一般に当局に迎合したいとしてなされたものと考えてよいから、原供述者の利益に反するものとはいえず、したがって利益に反する供述の伝聞例外には該当しない。諮問委員会の各注釈もこのことを明らかにしている。

第四、捜査官に対する身柄拘束中の共犯者の自白を伝聞例外として許容することは、少なくともそれが被告人を直接に自己の犯罪に巻き込み被告人に〝決定的に〟不利益な証拠となる限りにおいて、自己に不利な証人と対決する権利を被告人に保障する合衆国憲法第六修正の対面条項を侵害することになる。

このように連邦控訴裁判所は、共犯者の自白の活用を求める訴追側の主張を退け、例えば、友人や家族に思わず口走った被告人に不利な供述を伝聞例外として許容する余地を残しつつ、少なくとも共犯者の身柄拘束中の自白は捜査官に迎合してむしろ自己の利益のためになされたものと考えられるから、原供述者の利益に反するというところに信用性の保障を求める利益に反する供述の伝聞例外に該当しない、そしてこのような共犯者の自白を被告人に「決定的に」不利な証拠として許容することは憲法上の対面条項を侵害することになるとの判断を示しており、この点については完全に一致しているのである。（『共犯者の自白』一七八―一七九頁）

（21）Chambers v. Mississippi, 410 U.S. 284, at 299–300 (1973).

（22）Note, Declarations Against Penal Interest: Standards of Admissibility under an Emerging Majority Rule, 56 Boston U. L. Rev. 148, at 165 n.95 (1976).

（23）Cf. Comment, Federal Rule of Evidence 804 (b) (3) and Inculpatory Statements Against Penal Interest, 66 Cal. L. Rev. 1189, at 1190 n.7 (1978).

（24）Id. at 1189–1190.

（25）Jefferson, *supra* note 10, at 62.

（26）Tague, *supra* note 12, at 855.

（27）Cf. Weinstein's Evidence, *supra* note 18, at 804–103.

# 第五節　合衆国最高裁二判決

そして前述のように合衆国最高裁は、一九九四年の【19】ウィリアムソン判決において共犯者の自白は伝聞例外としての刑事上の利益に反する供述に該当しないと判示し、一九九九年の【21】リリー判決においてこのような信用性の保障に欠ける共犯者の自白を伝聞例外として許容するのは合衆国憲法第六修正の証人対面権に違反すると判示したのである。

以下、改めて両判決を振り返りつつ、その意義と問題点について触れておく。

## 一　ウィリアムソン判決（一九九四年）

まず【19】ウィリアムソン判決は、被告人を巻き込む共犯者の逮捕後の供述を連邦証拠規則八〇四条(b)(三)の利益に反する供述の伝聞例外として許容した原判決を全員一致で破棄差し戻したが、今後の差戻審での処理方法について見解が分かれたため一見やや複雑な様相を呈している。しかし、本判決の最大の意義は、ケネディ補足意見が指摘するように、従来から争いのあったいわゆる付随的供述の許容性を否定し刑事上の利益に反する供述の許容性の範囲を限定した点にある。少なくとも同規則の文言によれば、広狭両様の解釈が可能であったにもかかわらず、刑事上の利益に反する供述として許容できるのは原供述者本人に実際に罪を負わせる供述部分に限られる旨判示したのである。

ところで、被告人側弁護人は一九九四年四月二五日の口頭弁論時に「逮捕後、身柄拘束中の共犯者がした他人を巻き込む供述は内在的に信用できない、」このことはすべての判例の指摘するところであり最高裁は本件でこのことを明示して欲しいと主張していた。さらに弁護人は各裁判官の質問に対しハリスの本件供述の中には信用できるものがあることを認めたものの、「被告人（ウィリアムソン）を巻き込む供述部分は自己奉仕的かつ付随的（self-serving and collateral）であるから排除されるべきであった」とし、この供述部分は責任の大半をウィリアムソンに転嫁しており、到底ハリスの利益に反する供述といえないことを強調した。これに対し検察側は、「コカインをウィリアムソンに届ける途中であった」との供述部分もハリスの利益に反する供述といえるから公判裁判所の認定は合理的であると主張していたのである。（Cf. 82 LW 3715, at 3710 ; 55 CrL 3037–3039.）

本判決はいわゆる共犯者の自白を一切排除する画一的法則の採用には至らなかったが、ほぼ被告人側の主張に沿ったものといってよい、もっとも、各裁判官のやや異なる理由付けに関して、さしあたり以下の諸点を指摘しておく。

まず第一、法廷意見とケネディ補足意見との対立は、いわゆる付随的供述すなわち刑事上の利益に反する供述に付随する〝中立的〟ないし〝自己負罪的でない〟供述の許容性をめぐるもので自己奉仕的な各供述は利益に反する供述としての資格がないことについては異論がなく「全裁判官が一致している。」ケネディ補足意見は付随的供述の許容性を肯定するが、それはあくまでも中立的な供述に限られており自己奉仕的ないし捜査当局に迎合してされた付随的供述についてはこれを排除している。これはウィグモアの見解に従ったものである。ウィグモアは当初から刑事上の利益に反する供述をも伝聞例外とすることを提唱していたが、それはあくまでも被告人に有利な供述に限られ、被告人に不利ないわゆる共犯者の自白（the confession of an accomplice）はこれに該当しないことを強調しているのである。

第二、法廷意見は、付随的供述を一切排除しても刑事上の利益に反する供述の伝聞例外が骨抜きになることはないとし、「逮捕された共犯者の自白であっても、それが他に責任を転嫁したり迎合したりするものでなく真に自己負罪的なものであれば、許容される」とする。前述のように証拠規則制定時においても同旨の見解は繰り返し表明されていたのであって格別目新しいものでない。

第三、本件への適用については法廷意見が形成されなかったことは押えておく必要がある。法廷意見に加わった六人の裁判官のうちオコーナ裁判官ら二人は、ハリスの供述の中で真に自己負罪的なものは許容できるからこの点を判断させるために破棄差し戻しを相当とした、これに対しギンズバーグ裁判官ら四人は、ハリスの供述は〝負罪的〟部分と自己奉仕的な供述部分とが相分かち難く結びついているからおよそ許容できない、したがって、無害の誤りでない限り、有罪判決を破棄すべきであるとした。そしてケネディ裁判官ら三人は、ハリスの供述をすべて許容した点で原判決は破棄を免れないが、刑事上の利益に反する供述に付随する中立的供述は許容できるからこの点について改めて判断させる必要があるとしたのである。

オコーナ裁判官執筆の法廷意見とケネディ補足意見との見解の差異を本件事実に即して検討すると、次のようになる。本件で問題とされたYの供述によれば、⑴ハリス（Y）はウィリアムソン（X）のためにコカインを運搬していた、⑵Xはその直前をレンタカーで走行していた、⑶XはYの停車に気づいて車をバックさせてその横を通過した。したがって、⑷XはY車の捜索を現認したはずであるから、泳がせ捜査には協力できないというのである。

法廷意見によれば、「Yの供述の中で直接Yに刑事責任を科す供述だけが許容され、Xを巻き込む供述は一切許容されないことになろう」から、コカインがトランク内にあることを知りつつ車を運転していた旨のYの供述部分だけが許容されることになる、これに対しケネディ補足意見によれば、Yの供述の中でどの供述部分が許容できるかを判断するにはまず当該供述が全体として利益に反する供述といえるかを判断し、次にその供述が自己奉仕的であるかを判断することになる。本件では「Yはコカインがトランク内にあるのを知っていたことを認めており、かつコカインの運搬に関与していたことを是認しているから」Yの供述は第一要件を満たしているが、(1)「Xのためにコカインを運搬中であった」旨の供述部分は許容されないであろう。しかし、(2)「Xが他の車で直前を走行していた」旨の供述部分と、(3)「Yが車を寄せたときにXは車をバックさせた」旨の供述部分は、「Yの利益に関しては中立的であり、それ故、付随的供述として」許容されることになろう。これらの供述部分は「Yが車中でコカインを所持していたという事実を僅少化する（minimize）ものでも、Xをコカインの所有者とするものでもないから」中立的と考えてよいというのである。[28]

このようにみてくると、ケネディ補足意見のように、刑事上の利益に反する供述に付随する供述を伝聞例外として許容したとしても、それはあくまでも中立的な供述部分に限られているため、被告人を自己の犯罪に巻き込む共犯者の自白が証拠として許容される余地はない。本判決は全員一致でこのことを確認したものであるだけに、ここに本判決の最大の意義があることになる。

## 二　リリー判決（一九九九年）

次に【21】リリー判決は、被告人が本件射殺犯である旨の共犯者の捜査段階での巻き込み供述を州法上の伝聞例外としての刑事上の利益に反する供述に該当するとして許容した原判決を憲法上の対面権違反を理由に破棄差し戻したが、被告人を巻き込む共犯者の伝聞供述を一切排除できるかについては見解が分かれたため一見やや複雑な様相を呈している。しかし、本判決の最大の意義は、従来必ずしも明確でなかった共犯者の自白と証人対面権との関係につき、少なくとも本件事案のように、被告人が殺人の実行犯である旨の共犯者の逮捕後の供述を伝聞例外として許容したのは第六修正の対面権条項に違反する旨明示した点にある。

合衆国最高裁は【19】ウィリアムソン判決において「自己自身と被告人を巻き込む共犯者の自白は刑事上の利益に反する供述の伝聞例外の範囲外である」と判示したが、共犯者の自白を全面的に排除するには至っていない。刑事上の利益に反する供述に付随する〝中立的〟ないし〝自己負罪的でない〟供述の許容性に関しては見解が分かれていたのである。ギンズバーグ裁判官の補足意見（ブラックマン、スティヴンズ、スータ各裁判官同調）が〝負罪的〟部分と〝自己奉仕的〟部分とは相分かち難く結びついているから共犯者の自白はおよそ許容できないとしたのに対し、ケネディ裁判官の補足意見（レンキスト首席裁判官、トマス裁判官同調）は、自己奉仕的ないし捜査当局に迎合してされた付随的供述についてはこれを排除するが刑事上の利益に反する供述に付随する中立的供述は許容できるとしたからである。これを受けてスティヴンズ裁判官はリリー判決において、スータ、ギンズバーグ、ブライア各裁判官の同調を得て、かねてからの共犯者供述の全面的な利用禁止の持論を展開した、これに対し、レンキスト首席裁判官はオコーナ、ケネディ、トマス各裁判官の同調を得て、全面的禁止論は本件事実および先例から逸脱しているとして、被告人に責任を負わせるマークの身柄拘束中の自白は深く根を下ろした伝聞例外に該当しない旨の判断で足りるとしたのである。

このように被告人を巻き込む共犯者の自白はおよそ伝聞例外としての刑事上の利益に反する供述とはいえず、それを被告人に不利な証拠として許容するのは証人対面権に違反するといえるかにつき最高裁の内部で真っ向から見解が対立しているものの、見解の対立は、友人や家族への被告人関与を認める供述を刑事上の利益に反する供述として許容できるかをめぐる争いにすぎず、少なくとも被告人を当該犯罪に直接巻き込む逮捕後の共犯者の捜査官への自白が伝聞例外として許容される余地はない。本判決は全員一致でこのことを改めて確認したうえで、そのような共犯者の自白を許容するのは憲法上の証人対面権にも違反することを明示したものであり、ここに本判決の最大の意義があることになる。

もっとも、共犯者供述の全面的排除については見解が分かれているため、友人等への供述のほか自己の責任を積極的に肯定したうえで同時に被告人の関与をも認める共犯者の自白が〝特段の信用性の保障〟があるとして許容される余地はある。

現に、合衆国最高裁は一九八六年の判決（New Mexico v. Eamest, 477 U.S. 648）（*Per Curiam*）において、共同被告人（Y）の被告人（Xら）を巻き込む逮捕後の殺人の自白を許容したのは対面条項に違反する等を理由に被告人の有罪判決を破棄した州最高裁判決について、証人台に立たない共犯者の身柄拘束中の供述は信用性がないと推定されるが、この推定は〝特段の信用性の保障〟を立証することによって反証しうるとして、これを破棄差し戻した。そしてこれを受けた州最高裁は【12】リー判決の基準を適用してY供述の信用性を肯定したため、被告人の有罪判決は確定している。なお、この事件につき人身保護令状による救済の申立てを受けた第一〇巡回区連邦控訴裁判所は一九九六年の判決（Eamest v. Dorsey, 8 7 F.3d 1123）において、Y供述にはそれを裏付ける補強証拠があるとしつつ責任を他の共犯者らに転嫁することなく「平等に（equally）自己自身と三人の共犯者を巻き込む身の毛もよだつような供述」をしており、とりわけ自分が被害者の首をナイフで掻き切った旨の供述をしていること等に照らすと十分な信用性の徴憑があるから、Y供述を被告人Xらの不利な証拠として許容しても対面条項に違反しないと判示している。

(28)　Cf. Note, The Williamson Standard for the Exception to the Rule against Hearsay for Statements Against Penal Interest ? Crim.L. & Criminology 1084, at 1103-1104 (1995).

# 第一〇章　問題点の検討

以上、共犯者の自白をめぐるわが国の問題状況に触れた後、近時の伝聞法則と証人対面権に関する合衆国最高裁の動向を詳論してきた、ここでこれらを踏まえつつ改めてわが国の伝聞法則とりわけ検察官面前調書での共犯者供述の取扱いの問題点について少し考えてみたい。

わが国では従来、共犯者の自白の問題は証明力の問題として——しかも憲法三八条三項の解釈論として——論じられてきた。これはひとつには、英米法では共犯者の法廷証言につき補強証拠ないし「共犯者の警告」の有無が問題とされていたことによる。ところが現在のアメリカでは、一九七五年の米連邦証拠規則が「刑事上の利益に反する供述」や「不一致供述」を実質証拠として許容したことから伝聞例外としての共犯者の自白とのかかわりが問題となり、被告人を巻き込む共犯者の自白は憲法上許容できないことが初めて確立しているのである。

そこで以下、共犯者の自白をめぐる判例・学説の問題点を簡単に整理し、前代未聞の大阪地検特捜部による証拠改ざん事件にも触れた後、近時のアメリカ法と対比しつつ、被告人を巻き込む共犯者の自白を比較的容易に伝聞例外として許容し、その証明力を裁判官の自由心証に委ねる実務の問題点について検討することとしたい。

# 第一節　問題の所在

## 一　判例・学説の問題点

判例は当初かなり動揺したが、昭和三三年（一九五八年）の練馬事件大法廷判決[1]において、「共犯者の自白をいわゆる『本人の自白』と同一視し又はこれに準ずるものとすることはできない。けだし共同審理を受けていない単なる共犯者は勿論、共同審理を受けている共犯者（共同被告人）であっても、被告人本人との関係においては、被告人以外の者であって、被害者その他の純然たる証人とその本質を異にするものではないからである。されば、かかる共犯者又は共同被告人の犯罪事実に関する供述は、憲法三八条二項のごとき証拠能力を有しないものでない限り、自由心証に委かさるべき独立、完全な証明力を有するものといわざるを得ない」と判示し、共犯者の自白には、「本人の自白」の場合とは異なり、補強証拠を必要とせず、それはあげて裁判官の自由心証に委かさるべき問題であるとの判断を示した。しかも「突如として」[2]共犯者の公判廷外の供述すなわち検察官に対する供述調書について、被害者その他の純然たる証人の供述と差異はないことを理由に、それだけで犯行を否認している被告人を有罪と認定しても憲法の趣旨に反しないとの判断を示したのである。

被告人に反対尋問の機会が与えられたにもかかわらず、それが功を奏せず裁判官が被告人有罪の心証を得たというのであれば、明文規定がない以上、必ずしも他に補強証拠を不可欠とするまでもないとの解釈はそれなりに一貫している。ところが、判例は、共犯者を証人として反対尋問にさらすことを必ずしも必要とせず、刑訴法三二一条一項各号の要件を充足する場合には伝聞例外として共犯者の公判廷外の供述に証拠能力を認める。そこで平野龍一氏は早くから、「このように被告人に不利益な面（補強証拠がいらない面）では証人と同じに取り扱い、被告人に利益な面（反対尋問権の保障という面）では、被告人と同じく取り扱う（反対尋問の機会がなくとも証拠にとれる）というのでは、日本の被告人は、まったく裸の被告人になってしまうではないか」と批判し、「せめて、十分に反対尋問に答えたときに限って証拠にとってもらいたい」「反対尋問の機会を与えなくともすませるほど、わが国の裁判官は神様に近くはないと思われる」(3)との痛烈な批判を加えていたのである。

もっとも、最高裁も、例えば昭和四三年（一九六八年）の八海事件第三次上告審判決(4)において、吉岡供述の信用性につき「かかる場合に、犯人が自己の刑責の軽からんことをねがうの余り、他の者を共犯者として引き入れ、これに犯行の主たる役割を押しつけようとすることは、その例なしとしないから……その供述内容が他の証拠によって認められる客観的事実と符合するか否かを具体的に検討することによって、さらに信用性を吟味しなければならない」とし、そして「この場合に符合するか否かを比較される客観的事実は、確実な証拠によって担保され、殆ど動かすことのできない事実か、それに準ずる程度のものでなければ意味がない」との厳格な判断基準を示したうえで、「吉岡の供述は、それが自己の行為に関する部分については、確実な物的証拠により裏付けられているのであるが、他の被告人らの行為に関する部分については、必ずしもかような物的証拠は存在しない」と結論づけているように、共犯者の自白の危険性を看過しているわけではないが、補強証拠を不可欠とするまでには至らず「自由心証主義の合理的な運用」で対処することで足りるとするのである。

他方、学説は、団藤重光氏に代表される積極説と平野龍一氏に代表される消極説とが鋭く対立しているが、団藤説は補強証拠を要求することによって、そして平野説は被告人に十分な反対尋問の機会を与えることによって、それぞれ直接または間接に自由心証主義を規制し、共犯者の自白の危険性に対処しようとしているのであって、論理一貫して判例に反省を迫っている点において差異はない。もっとも、共犯者の自白は「本人の自白」に含まれるとする積極説内部においては、共犯者一名の場合に限定しかつ罪体の重要部分についての補強証拠で足りるとする団藤説では誤判防止の趣旨が貫徹されていないとして、被告人と犯罪との結びつきについて補強証拠を必要とするにとどまらず、共犯者の自白の補強証拠能力をも否定する見解が主張されている。これは自白一般に対する不信感と裁判官の自由心証にこれを委ねることへの危惧感の表明でもあるといってよいであろうが、たとえいかに多数の共犯者の自白（証言）がありかつ被告人本人の自白があるとしても、さらに被告人と犯罪との結びつきに関する補強証拠がなければ、被告人を有罪とすることはできず、そしてこれは憲法三八条三項の要求するところであるという点に問題がある。

わが国では当初から、検察官面前調書の必要性にからめて「英米では……訴追側の証人は訴追側に有利な証言を、被告側のそれは被告人に有利な証言をするのが原則であり、従って、証人が法廷に立って証言する以上は検察官調書を証拠とする必要は殆んどないのに反し、わが国では検察側の証人が検察官調書と相反する供述をしたり、前には確定的に供述したところをボヤかして証言したりすることが少なくなく、従って実体的真実の発見という必要から、検察官調書に証拠能力を認むべき場合が多い」、そしてこれがわが法と英米法との「本質的相異」の一つであることが指摘されていた(5)。ところが前述のように、現在のアメリカでは訴追側の重要証人が法廷で供述を変えたり前には確定的に供述していたことを曖昧に証言することが少なくないのである。わが国では証人が公開の法廷では必ずしも真実を述べず、これが日本人の国民性であるとの見解が有力に主張されていただけに(6)、少なくともこの点に関する日米の国民性に差異はないという右事実は直視しておかねばなるまい。

## 二　共犯者供述の危険性

共犯者供述の危険性はわが国でも一般に認識されているが、アメリカ法制をわが国に持ち込むことには依然根強い抵抗があるように見受けられる。例えば板倉宏教授は、補強証拠の要否に関してであるが、次のようにいう。「（アメリカの）公判では、法廷での供述が重視される。共犯者の自白のみで有罪にすることに慎重でなければならないとか、補強証拠を必要とするというのは、事実審理が素人の陪審員によって行われる場合――それが原則――を前提にしているものといってよく、検察官が公訴提起について全体として極めて厳正で、職業的裁判官が事実認定をし、しかも実際上、司法警察員や検察官にした供述と法廷における供述と喰い違った場合、前者の方がむしろ信用される場合が多い日本の裁判に、そのままあてはめることは、早計である。(7)」

たしかに刑事裁判の仕組みも実体刑法上の概念も文化も違う日本にアメリカ法を「そのまま持ち込むのは妥当でない」が、共犯者と称する者の供述とりわけ公判廷外の自白の不信用性はむしろ普遍的なものと思われ、少なくとも日米において共通に認識されているだけに、この問題について日本法の独自性を強調する右の見解にはやや問題があるように思われる。さしあたり、以下の二点を指摘しておきたい。

まず、アメリカでは最近までいわゆる自己側証人弾劾禁止の法則のため「寝返り証人」の弾劾が禁止されていたことに留意する必要がある。同法則を廃止しかつ以前の不一致供述を実質証拠として許容した連邦証拠規則の下では訴追側の重要証人が法廷で供述を変えたためそれと矛盾する以前の供述の許容性が争われる事例が少なくないことに照らし考えると、重要証人が法廷で供述を変えるのは日米に共通に見られる現象であるにもかかわらず、これを日本人の国民性と称して日本法に独自な検察官調書の必要性を強調することには疑義がある。いずれにせよ、法廷での供述よりも捜査段階での供述の方を信用する日本の裁判にむしろ根本的な問題があると思われる。

さらに、共犯者の公判廷外の自白は密室で作成された「作文」であることである。わが国における供述調書は原供述の逐語的録取ではなく、そのほとんどが供述者の原供述を捜査官が聴取しこれを要約して録取したものである。かつてはこのような捜査官による要約調書の作成方法の問題点が正面から論議されたが「現在では、要約調書の形式は、捜査官の調書作成方式として定着し、裁判官の側からもこれを違法ないし不当視する意見をほとんどみない」(8)のが現状である。谷口正孝元最高裁判事は「およそ筋道の通らない自白調書を作成するがごとき捜査官がどこにいるのか」(9)と喝破するが、共犯者の公判廷外の自白は捜査官の思い込みと「共犯者」の利害とが完全に合致するところにその危険性があるだけに、「作文」の危険性は本人の自白調書の比でないといってよい。

むろん、陪審員のような素人でない日本の職業裁判官であれば、このような危険きわまりない共犯者の公判廷外の自白であっても「自由心証主義の合理的な運用」によってその信用性を十分に判断しうるというのであれば、たとえこれを唯一の決定的証拠として被告人を有罪としても、何ら日本の憲法や法律に違反するいわれはないと主張することもそれなりに説得力がある。ところが、例えば以下の事例は、「自由心証主義の合理的な運用」によっては共犯者供述の危険性に対処し切れない日本の刑事裁判の現実を如実に示しているように思われるのである。

## 三　逆転無罪判決

共犯者が共同被告人のままであるいは証人として公開の法廷で被告人に不利な供述（証言）をした場合には、それが真実であれば、通常、被告人と犯罪との結びつきを示す証拠が他に存在するであろうし、また仮にそれを裏付ける他の証拠がないとしても「本人の自白」の場合とは異なり被告人の反対尋問は十分に保障され、かつ裁判官も直接その供述態度等を観察できるから、共犯者供述の危険性はなお残るとしても、純然たる証人の場合と同様その信用性の評価を「裁判官の自由な判断」に委ねてよいというのは理解できる。ところが、共犯者が供述を翻した場合には、はとんど直ちに捜査段階での検察官面前調書が伝聞例外として証拠採用されるが、法廷証言とは異なり、それは密室で作成された「作文」であり、しかも以前に作成された調書の供述内容に関する反対尋問は「やりにくく、成功する度合は低いのが普通」[10]といわれる。とすると、このような反対尋問の奏功が期待し難い検察官面前調書だけで被告人を有罪として差支えないとした場合、誤判の危険性は高まり「自由心証主義の合理的な運用」だけではそれに対処しえないのではないかとの疑念を払拭できない。以下の事例はこのような危険性を示す好個の素材を提供している。筆者にとって忘れ難い事件でもあるので改めてやや詳しく紹介しておく。

最高裁（第三小法廷）昭和五九年四月二四日判決[11]および同（第一小法廷）昭和六〇年一二月一九日判決[12]は、いずれも対立抗争中の暴力団組長をけん銃で射殺した殺人の実行行為者Xの被告人Yからけん銃等を交付された旨の検察官面前調書のみでYが殺人教唆等で有罪とされたという同種事案につき、重大な事実誤認の疑いを理由に原判決を破棄差し戻し、あるいは重大な事実誤認を理由に原判決を破棄自判しYに逆転無罪の判決を言い渡した。

前者の破棄差戻しの事案では、第一審の福井地裁昭和五四年一二月一五日判決は、「被告人Yが教唆者であることを認めた（X）検察官調書には他の情況証拠に照らし高度の信用性が認められ……Yの判示教唆行為を認める結論に達せざるをえない」としたうえで、「公判廷においては自己の犯行を否認し、虚偽の供述を繰り返すなど本件に対する反省の念はいささかも窺われない」としてYに懲役二〇年を、そしてXには「四人の実行行為者のリーダー格として本件に及んだ責任は重大であり、また、公判廷においてもYをかばう態度に終始し、反省の念は必らずしも充分ではない」として懲役一五年を言い渡した。これに対し、第二審の名古屋高裁金沢支部昭和五六年四月一四日判決[13]は、控訴審において初めて主張されたYのアリバイ主張をごく簡単に退けたうえで、「Xの供述内容の変更はその変更の都度より多くの真実を含むものになって行く傾向にあることを優に看取することができ（る）」「その供述内容の変更は新事情の説明が加わるに従い……より自然で合理性の強いものに発展してゆくことが明らかである」「Xの供述がその変更の度ごとにより正しい真相に近づいてゆく傾向を有していることを十分看取できる」「Xの供述の変動過程に認められる漸時的真実性への傾斜傾向にも照らして検討するに」Xの検察官に対する供述調書の記載は「その大綱において十分措信できる」として、Yの本件控訴を棄却した。しかし、Xについては、「共犯者らが犯行後もそれぞれやくざ社会の仁義を守り、犯行の背景事情の詳細を明らかにすることを拒み……やくざ渡世人としての生活を昂然として継続して行こうとする」のに対し、「兇行の敢行を痛恨してその愚を悟り、やくざ生活から足を洗うことを決意し、後に公判廷で翻えしたとはいえ自己の経験した犯罪の全貌を卒直に供述して悔悟の意を表した」のに、Xら実行行為者を「等しく懲役一五年の刑に処した原判決の量刑は右犯行後の情状を無視した点で共犯者間の刑の均衡を失し」たとして、この点に関する第一審判決を破棄し、Xに懲役一三年を言い渡した。

ところが、最高裁第三小法廷は「X検面調書の信用性は必ずしも確固不動のものであるとまではいいがたいのであって、例えば有力なアリバイ立証などがあれば、右の諸事情と相俟って、被告人Yが教唆者であるとするその核心部分の信用性まで根底から覆りかねないということができよう」と説示したうえで、アリバイの成否について詳細な判断を示し、この点に関する「原審の審理判断は粗略の感を免れず」「YのXに対する殺人教唆等についての唯一の直接証拠であるX検面調書についてその証拠価値に疑問を容れる余地がないとはいえず、Yのアリバイの成否については幾多の疑問が残されている」として、審理不尽、重大な事実誤認の疑いを理由に、原判決を破棄差し戻した。

本件差戻審の名古屋高裁金沢支部昭和六〇年一二月一九日判決(14)は、右最高裁判決が指摘した点につき調査した結果、X検面調書については「種々の問題があり、その信用性に疑いが残るとの結論に達した」として、被告人Yを無罪とした。ちなみに、裁判長は判決言渡しの後「大変長い間ご迷惑をかけました」と述べてYに頭を下げ、そしてその後、暴力団幹部ら四人が本件殺人教唆等の真犯人として逮捕されたという。(15)

## 四　自由心証主義の限界

このようにみてくると、「自由心証主義の合理的な運用」によって共犯者の自白の危険性に対処するにはやはり限界があり、判例は再考を要するように思われる。現実の訴訟においては、判決に掲げうる証拠は共犯者の自白以外になくても、それ以外の表現しえない法廷の印象をも加えて、裁判官が被告人を有罪と確信する場合が少なくないといわれるが、(16)いずれにせよ右の各事例では、「共犯者」は被告人の公判では被告人以外の第三者が真犯人である旨供述を変えたため、被告人の犯行関与を直接立証する証拠は公判廷外で作成された「共犯者」の検察官面前調書のみといってよく、したがってその信用性いかんが争われ、そしてこの点に関する職業裁判官の評価が大いに異なったことは否定できない。被告人はいずれも暴力団組織に所属し、かつ「共犯者」に近い人物であるため捜査当局が疑いを抱いたことにはそれ相当の理由があるなど、多くの共通点のあることも興味深いが、このような共犯者の検察官面前調書が刑訴法三二一条一項二号後段の規定により証拠採用され、その信用性の評価が裁判官の自由心証に委ねられたところ、この点に関する評価が大いに異なったという事実は、とりわけこれが被告人に「不利益な唯一の証拠」であるだけに看過できない。いずれにせよ、まったく同一の「共犯者」の検察官面前調書の信用性に対する職業裁判官の評価がこれほど異なったという事実はまことに脅威ともいうべきであり、共犯者の検察官面前調書だけで被告人を有罪とするのは自由心証主義の限界を超えているように思われる。問題は、現行法の解釈論として、これをどのように構成するかである。

なお、筆者はかつて、昭和四三年（一九六八年）の八海事件第三次上告判決において最高裁は吉岡供述について「かかる場合に犯人が自己の刑責の軽からんことをねがうの余り、他の者を共犯者として引き入れ、これに犯行の主たる役割を押しつけようとすることはその例なしとしない」としてその不信用性を明示していることからすると、わが法が被告人本人の自白については補強証拠を不可欠としつつ、同時にそれよりもはるかに信用性に欠ける共犯者供述についてはその評価を裁判官の自由な判断に委ねているというのはまさに自家撞着というほかなく「全く考えられない」態度であると指摘したことがある（『共犯者の自白』三一四頁）。

## 五　大阪地検特捜部証拠改ざん事件

自称障害者団体「凛の会」に厚労省が二〇〇四年五月に発行した証明書による郵便割り引き不正事件に関し二〇一〇年九月、村木厚子元厚労省局長の無罪が確定した。しかし、上村勉担当係長（当時）から押収したＦＤに記録されていた証明書の最終更新日時を特捜部が描いた事件の構図に合うよう前田恒彦主任検事（当時）が改ざんしたというわが国の捜査と刑事司法への信頼性を根幹から揺るがす前代未聞の大事件であり、これを契機に「検察の在り方検討会議」が発足したのは周知のとおりである。同事件で懲役一年六か月の実刑判決を受け服役した元特捜検事の前田氏は二〇一四年五月三一日「元特捜検事が語る検事の闇」のテーマで京都市内であったシンポジウムで講演したという（朝日新聞二〇一四年六月一日）、そして筆者も後日大阪市内であった講演会で同氏の〝打ち明け話〟を直接聞いたことがある。

この事件は先に指摘した検察官面前調書の問題点を余すことなく示している。本来ならば無罪確定判決に即して検討すべきであるが到底その時間的余裕がないこともさることながら、石塚章夫「厚労省元局長無罪事件を元裁判官の立場から考える」自由と正義（二〇一一年九月号）一九頁以下で問題点が過不足なく指摘されているので、やや長いが、その要旨を以下に紹介することでそれに代えることとしたい。

(1)　はじめに

前田元検事による証拠改ざんの事実が明らかになった今は、厚生労働省元局長無罪事件（以下「本事件」という）も、足利事件同様「無実」が立証された完全な「白」の事件と言える。しかし、本事件の起訴の当時、いや第一審の判決時点でも、この事件の有罪方向での証拠構造は相当程度維持されていたのである。証拠改ざんの事実が明らかにならず、あの一審判決のまま控訴されたらどうなったかわからなかったという一審弁護人の言がそれを物語っている。そして一審判決自体も、「すっきりした」無罪判決ではない。いわば「行きつ戻りつ」しながら慎重に結論に到達している。

本稿は、元裁判官の立場から本無罪事件を考えるものである。その際の関心は、本無罪判決を下した一審裁判所（以下「本裁判所」という）の以下の三つの点に関する姿勢である。すなわち、①刑訴法三二一条一項二号の検面調書に関する証拠決定の手法、②矛盾する供述証拠群の信用性判断の手法、③判決文からうかがえる本裁判所の「事実観」である。まず、本件の起訴当時及び弁論終結当時の証拠構造を概観した上で、順次検討して行きたい。

(2)　検察官主張の証拠構造

(イ)　起訴当時の証拠構造

共犯者の自白　①被告人から証明書作成を指示されたという上村の検面調書、②被告人と会って証明書作成を依頼し、かつ被告人から証明書の交付を受けたというAの検面調書、そして、③このA検面調書を補強するかたち行の報告を被告人から受けたというCの検面調書、⑤Aが被告人に　挨拶した席にいたというDの検面調書、⑥被告人から証明書発行の件とA来所の件を告げられ、課員にそのことを伝えたというEの検面調書、⑦Eから呼び出されて被告人の席まで行きそこで被告人からAを紹介され、その後被告人から「ちょっと大変な案件だけど、よろしくお願いします」と言われたというFの検面調書がある。

本事件における検察官主張の証拠構造の特徴は、物的証拠の少なさである。起訴時点で申請されていた物的証拠の主なものは、⑧本件偽造文書と⑨Aの手帳（Aの当時の行動が詳細に記録されている）のみであった。

証明予定事実記載書及び検察官の冒頭陳述では、上記①～⑦までの供述証拠が中心に据えられていた。特にこの時点で検察側が柱にしていたのは、上村が被告人の指示なく独断で偽造証明書を発行する動機がなく、被告人の指示で証明書を作ったという上村供述は信用できるという点であった。

（ロ）　一審弁論終結当時の証拠構造

供述証拠群　本裁判所は、被告人質問終了後、論告・弁論前に、刑訴法三二一条一項二号該当書面について証拠決定をした。その内容は、検察官請求の検面調書四三通のうち、九通のみを採用し、その余の請求を却下するというものであった。特に実行犯とされる上村の検面調書が特信性なしとしてすべて却下されたため、検察官の立証活動が相当程度困難になった。しかし、上村の検面調書を除いても、Cの検面調書（④）、Dの検面調書（⑤）、Eの検面調書（⑥）、Pの検面調書（⑦）は、これらと相反する公判廷での証言と対比して特信性があるとして証拠採用されていた。また、Aは、公判廷において、被告人自身から証明書を受け取ったと証言した。

検察側は、有罪の立証は主に供述証拠を柱としていたから、公判段階での物的証拠は、主に弁護人側から提出された。その主なものは、⑩被告人の手帳（被告人の当時の行動が詳細に記録されている）、⑪Aの自宅から押収された大量の名刺（Dの名刺はあったが、被告人の名刺がない、なお、この「ない」という部分の立証は、弁護士事務所職員の「証拠物閲覧報告書」というかたちでなされている）、Gが、Aからの要請の存在を否定した証言の際に使われたGの手帳⑫、⑬Hの弁護人の申入書（Hに対する取調べへの抗議が記載されている）、⑭上村の被疑者ノート（上村の取調状況と供述調書作成過程が記載されている）などである。なお、問題の⑧の文書が保存されていたフロッピーディスク⑮は、上村方から押収され、その内容（プロパティ内のデータ作成時が平成一六年六月一日午前一時過ぎとされている）に関する捜査報告書⑯が作成され、これは弁護人側から証拠申請されて採用されている。

（八）　一審弁論終結当時の証拠構造―有罪の可能性

偽造の実行犯である上村の検面調書が却下されたため、被告人が上村に証明書作成を指示したとする証拠はなくなってしまったが、第一審弁論終結時点においても、被告人に対して証明書発行への対応を指示し、かつその後証明書発行の報告を被告人から受けたというCの検面調書④や、被告人から「ちょっと大変な案件だけど、よろしくお願いします」と言われたというFの検面調書⑦などの検面調書群、さらには、被告人自身から証明書を受け取ったというAの公判廷での証言が存在していた。他方、AとGが直接会っていないというGの手帳や、フロッピーディスクのプロパティから読み取れる偽造文書作成時は六月一日午前一時すぎであるという報告書に関しては、前者は「Aが予約を勘違いした」、後者は「出力―印刷―書面の最終的完成はもっと後である」ということにすれば説明不可能な矛盾ではない、という余地が残されていた。

したがって、一審の弁論終結時においても、証拠評価いかんでは有罪とされる余地は十分に残っていたのである。

### (3)　刑訴法三二一条一項二号書面の証拠決定についての本裁判所の判断手法

（イ）　採用決定について

本裁判所は、D、C、E、F、Bの各検面調書を特信性ありとして採用している。この五名とも、公判廷では検面調書の内容と相反する供述をし、検面調書については、検察官からの特信性を疑わせる取調べ（強圧的追求、利益誘導、誤導、暗示等）があったと主張している。

本裁判所は上記五名の検面調書の特信性を肯定してこれを採用したが、その手法は、これまで裁判所が行ってきた手法とほぼ同一である。すなわち、強圧的な取調べなどがあったとする五名の公判廷での証言に対しては、これを否定する取調べ検察官の供述を基本的に信用して「大きな問題があるとはいえない」とし、また公判廷での証言については、一般的に言って、否認している被告人の面前で真実を供述し難い状況があるとし、両者を総合して特信性を肯定しているのである。結局、証人側と検察官側で水掛け論になったときは、後述の却下決定の場合のような物的証拠がない限り、特信性を肯定するというこれまでの裁判所の判断と大差はない。

（ロ）　却下決定について

特信性なしとして検面調書が却下されたのは、H、上村、Aの三名である。このうちAには、虚言癖という独特の却下理由があったが、H・上村の却下と前記五名の採用の判断を分けたのは、物的証拠の存否であった。すなわち、Hについては、被疑者段階の弁護人が検察庁に提出した取調べに関する申入書⒀であり、上村については、同じく被疑者段階の弁護人が差し入れて上村が付けていた被疑者ノート⒃である。強引な取調べを主張する弁護人側とこれを否定する検察側の水掛け論に決着をつけたのは、結局これらの物的な証拠だったのである。

（ハ）　判断手法について

上記のとおり、本裁判所は、水掛け論の場面では検察官側の主張を採用している。また、検察官がすべての取調メモを廃棄したことについても、特信性判断の一つの事情としか評価していない。しかし、この当時までには、本来保管しておくべき取調メモを「存在しない」として検察官が証拠開示に応じない場合、将来の任意性・特信性判断に重大な影響を及ぼすと警告する証拠開示裁定が積み重ねられていたはずである。

証拠能力のレベルで正面からの判断を避け、信用性のレベルで結論を出そうとするのが、これまでの刑事裁判官の一般的な姿勢であった。このような姿勢が、検面調書さえ作れば後は裁判所が何とかするという本事件のような捜査手法を助長してきたのである。本裁判所の判断手法もその責任を完全には免れていない。

(4)　供述証拠群の信用性判断の姿勢

(イ)　客観的証拠との関連での供述の信用性の検討

供述の信用性検討との関連で重視された客観的証拠は、Aの手帳⑨、被告人の手帳⑩、Aの自宅から押収された大量の名刺の中に被告人の名刺がないことについての「証拠物閲覧報告書」⑪、Gの手帳⑫、本件フロッピーディスクの内容に関する捜査報告書⑯などである。しかし、いずれの場面でも、この客観的証拠との対比が供述の信用性判断の最終的な決め手とはなっていない。例えば、A手帳・G手帳とA供述の齟齬は、それが実際に会った日ではなく、予約であったとすれば齟齬はなくなる、フロッピーディスクの最終更新日（六月一日午前一時）と被告人の作成指示の日（六月上旬）の齟齬は、プリントアウトした用紙の最終的な作成日が六月上旬とすれば齟齬はなくなる、といった具合である。

(ロ)　供述証拠群の信用性判断

結局、本判決が最も力を注いたのは、相互に矛盾あるいは合致する供述証拠群の信用性判断である。前記のとおり、裁判所は、公判廷での証言と相反し被告人の有罪方向を示す五名の検面調書の特信性を認めて証拠採用している。したがって、裁判所が判断対象とした四つの場面のすべてにおいて、それぞれ相反する供述群が存在していることとなるから、その判断は複雑にならざるを得ない。この点、裁判所は実に根気よくかつ丁寧に一つ一つの供述を対比検討している。例えば、被告人の有罪方向への重要な証拠であるCの検面調書の信用性判断について見てみよう。「Cの検察官調書のうち、当該記載部分（Gとのやりとりと A との面談）は、、事実と反する疑いがある。」（括弧内及び下線部分は石塚章夫、以下同じ）、「CとGに接点があったことについては、Gも否定していないことに鑑みると、その限度では特に不自然、不合理ではないといえる。」、「このような事情（取調べ初日の調書など）は、Cの検察官調書の信用性を高める事情となりうる。」、「しかし、Cが、公判廷において、…旨述べており、それ自体は不自然・不合理とはいえないことなどに照らすと、Cは、検察官に迎合して供述する可能性は想定できる。」、「Cの検察官調書の供述のうち、…の部分は、内容自体特に不自然な点は見られない上、前記のAの公判供述とも整合しており、検察官の強い誘導等があったともみられず供述したことが認められる。」「以上からすると、Cの検察官調書のうち、Gからの電話の有無に関する部分は、それなりに高い信用性を肯定できるものの、直ちに確定的に事実を認定できるほどの信用性を認めることはできない。」この下線部分を読むだけでも、裁判所がいかに丹念に、かつ行きつ戻りつしながら信用性判断をしているかがうかがわれるであろう。そして、このような判断方法が、四つの場面における各関係者の供述全部についてなされている。それに続いてこの四つの場面を総合しての各供述の検討をし、最後に供述全体の検討をして最終結論に到達している。

(5)　判断手法の背景にあるもの

(イ)　裁判所の判断手法の特徴

上述したように、本裁判所が採った供述の信用性判断の手法は、客観的証拠との対比を重視するとしながらも、その対比のみでは結論を出さず、矛盾する供述証拠群の信用性を一つ一つ丹念に検討し、相互の対比を積み重ねながら最終の結論に到達するというものであった。この手法は、信用できると思われる証拠によって一定の事実を認定し、この認定に反する証拠は信用できないとして排斥するいわゆる総合認定の手法と対極にあるものである。本件においても、上村の検面調書の特信性を否定した延長で、上村の単独犯というストーリーをまず認定し、これと矛盾する証拠群をまとめて排斥するという判断手法も採ることができたはずである（あるいは、この手法の方が、村木被告人の「無実」を明確にできたであろう）。

にもかかわらず、裁判所が上記のような錯綜した判断方法を採ったのはなぜであろうか。筆者には二つの理由が思い当たる。その一つは控訴審への配慮であり、他の一つは本裁判所の事実観である。

（ロ）　控訴審への配慮

この点は、木谷明元判事が「検察官の上訴が認められているわが国の刑事裁判制度の下では、やむを得ないことではないか」と書かれているところである。この視点から本判決を見ると、判断の落ちが全くないほどに細かな検討をし、その上、一旦却下した調書の内容の信用性まで検討するという念の入れ方である。

果たしてここまでしなければならないのか、特に本事件は、前田元検事の証拠改ざんが明らかになり無実が明らかになったものだけに、釈然としないところである。しかし、筆者の経験でも、控訴審ではどうなるかわからないという危惧は拭いきれないものがある。そして、控訴審を意識して慎重になればなるほど、証拠能力のレベルでの判断を避け、それが結果的に任意性・特信性の判断基準を甘くして本事件のような取調べを助長してきたのである。この点は、事実誤認を理由とする検察官控訴の制度自体の問題と言えようが、ここではこれ以上言及しない。

（ハ）　刑事事実認定における事実観　（略）

## (6) おわりに

本事件について筆者は二つの感想をもった。その一つは、「無実」の本事件に無罪判決を下した本裁判所の判断手法に潜む逆説である。すなわち、その判断の丁寧さの裏面に、証拠能力に関する判断の甘さがつきまとい、それが、検察官をして、強引な取調べをさせてしまうことにつながるという矛盾である。

二つ目は、刑事裁判における事実観の転換の兆しである。本裁判所も、内心では、上村単独犯説を、「一連のストーリーとしてまとめて」持っていたかもしれない。しかし、あえてそれを表面に出さず、あくまで個々の証拠との対比でのみ「事実」を検討するという姿勢を貫いている。ここにおける事実観は、「現出」している限度の証拠との関係でしか事実は認識できないという考えに通じるものである。

(1) 最高裁(大法廷)昭和三三年五月二八日判決・刑集一二巻八号一七一八頁。
(2) 従来の判決はいずれも「共犯又は共同被告人が二人以上あるか、被告人本人が自白していて共犯又は共同被告人の自白が補強証拠とされた事案であった」。横井大三「共犯者の自白」警察研究二九巻八号五頁(一九五八年)。
(3) 平野龍一『訴因と証拠』(刑事法研究第四巻)二六四―二六六頁(一九八一年)。
(4) 最高裁(第二小法廷)昭和四三年一〇月二五日判決・刑集二二巻一一号九六一頁。
(5) 本田正義「刑訴三二一条一項二号の特信性の情況について」自由と正義八巻三号七頁(一九六二年)。
(6) 青柳文雄『刑事裁判と国民性(総括篇)』一四一頁(一九七九年)参照。
(7) 板倉宏「日米刑事法比較雑感――国際犯罪防止の観点から――」研修四四九号一一―一三頁(一九八五年)。なお、平井義丸『検察官面前調書の証拠能力』研修四六七号一〇二頁は「日本人は一般に公判廷より捜査官の面前での方が真実を供述するという民族性を有していること」などから言えば、英米法より伝聞法則適用除外の要件を緩和したとしても、違憲とまでは言い得ないとする。

(8) 全国裁判官懇話会報告「現代社会の裁判と裁判官像を求めて」判例時報一一四〇号二一頁（一九八五年）。なお、守屋克彦「供述調書の効果と限界」人権と司法一五九頁以下（一九八四年）参照。
(9) 谷口正孝「法服を脱いで」ジュリスト八八一号六九頁（一九八七年）。
(10) 平井・前掲注7一〇〇—一〇一頁参照。
(11) 刑集三八巻六号二一九六頁。最高裁判例解説刑事篇昭和五十九年度一八事件参照。
(12) 判例時報一一九四号一三八頁。
(13) 判例時報一〇一九号一三五頁。
(14) 判例時報一二〇四号一四八頁、判例タイムズ六二〇号二四三頁。
(15) 朝日新聞（大阪本社版）一九八五年一二月二〇日、同・一九八六年一一月二〇日。
(16) 横井大三・前掲注（2）一一頁（一九五八年）参照。

# 第二節　アメリカ法との対比

## 一　日米憲法の共通性

合衆国憲法にはわが憲法三八条三項に相当する規定はない。「何人も、自己に不利益な唯一の証拠が本人の自白である場合には、有罪とされ、又は刑罰を科せられない」との規定はわが国独自のものである。他方、わが憲法三七条二項の保障する証人審問権は合衆国憲法第六修正の証人対面権に「由来する」ばかりか、被告人を巻き込む共犯者の自白を伝聞例外として許容するのは証人対面権およびデュー・プロセスに違反するとのアメリカ法の態度は日本法の解釈論としても無視できまい。デュー・プロセスという観念自体はわが国でも完全に定着しておりそのことを否定する見解は皆無であることを考えると、アメリカ法とは全く異なるわが国独自の解釈論を憲法上維持できるのか頗る疑問に思われる。わが国では当初から「英米にはそういう検察官調書の取扱い方がないという理由だけで、検察官調書に広い証拠能力を認める日本の法制度を非難するのは当らない」との見解（横井大三氏）が主張されていた。しかし、問題は、「英米法にはない」伝聞例外云々ではなく「アメリカで証人対面権およびデュー・プロセスに反する」としてその許容性が否定されている共犯者の自白の合憲性をわが国で今なお維持できるのか頗る疑問に思われるのである。

英米法では長年にわたり共犯者の供述（証言）に補強証拠ないし〝共犯者の警告〟が不可欠であるかが問題とされてきた。ただ、ウィグモアが唯一〝共犯者の自白（confessions of an accomplice）〟という言葉を用いていることに筆者は早くから気付いていたが、余りにも簡潔な一文であるためその真意を量りかねていた。ウィグモアが突然〝共犯者の自白〟になぜ言及しているのかが容易に把握できなかったのである。そして本書上梓の機会に改めて検討したところ、それは要するに、被告人を自己の犯罪に巻き込む共犯者の自白は少なくとも共犯者自身の刑事上の利益に反するものであるから何人も自己の利益に反する供述をするはずがないという早くからコモンローで確立した伝聞例外の法理が適用されるように思われるが、いわゆる共犯者にとっては自白をして仲間を裏切ることによって恩恵に浴するという利益の方がはるかに大きいのが通常である、それ故、それを被告人に不利な証拠として許容するのは相当でない、したがって、サセックス判決に反して共犯者の自白を刑事上の利益に反する伝聞例外として許容したとしても訴追側は従前どおり共犯者の自白を被告人に不利に用いることはできないという原則は貫徹され[17]

ているという趣旨であることが初めて明確に理解できたのである。

このようにみてくると、アメリカで共犯者の自白という言葉が用いられないのはおよそ伝聞例外として許容できないからであり、ウィグモアはこのことを強調するために脚注でわざわざ〝共犯者の自白〟という言葉を用いたことが判明し、筆者なりの長年の疑問が氷解した。そして一九九九年の【21】リリー判決に至る判例法の展開過程においても〝共犯者の自白〟という用語は度々出てくるが、それはあくまでも伝聞例外に該当しないという意味で言及されていたのであり、共犯者の自白か共犯者の供述かというのは単なる用語の問題ではなかったのである。ちなみに筆者は、後に世紀の冤罪事件として大問題となった〝セントラルパーク暴行事件(18)〟発生時に偶然ニューヨークにいたが、X、Y共犯を認めるXの公判廷外の自白は自白者本人に対してのみ不利な証拠となることがテレビで繰り返されていたことが記憶に新しい(19)。被告人を巻き込む共犯者の自白はおよそ被告人に不利な証拠として用いられないことが判例上確立しているばかりかメディア報道を介して一般市民に浸透する教育的効果にあわせて陪審制度の意義に思いを至したのである。

わが国でも早くから共犯者の自白は共犯者の供述とは異なるという藤岩睦郎氏による実に明快な指摘（本書二八頁参照）があったにもかかわらず、団藤重光氏の圧倒的な影響を受けて共犯者の自白は専ら憲法三八条三項の「本人の自白」に含まれるという証明力の問題とされていたため、肝心の証拠能力の問題——とりわけ検面調書とのかかわり——がやや疎かにされた嫌いがある。例えば、ほぼ同時に相次いで刊行された下村幸雄『共犯者の自白』（日本評論社、一九九六年四月）と池田眞一＝池田　修＝杉田宗久『共犯者の供述の信用性』（法曹会、一九九六年七月）もそうである。もっとも、前者は、「共犯者の自白の信用性の問題が自白と一緒に論じられて来たことに疑問をもっていた」（四六二頁）と指摘しており、後者は、「共犯者の供述の危険性として、被告人本人の自白も同様の危険性を指摘する見解（例えば、団藤重光）もあり、この点に着目して「共犯者の自白」と呼ばれることがあるが、本研究ではより一般的な「共犯者の供述」の語を使用する」と注記している（一頁）。興味深いのは、両用語を併記している福島裕「共犯者の供述（共犯者の自白）の証明力」（判例タイムズ七三三号二一頁）（一九九〇年）である。論者はいずれも藤岩睦郎氏と問題意識を共有しているにもかかわらず団藤説を無視できず――ここに団藤説の功罪がある――判例も同様であるという評価も可能であろう。そして筆者も圧倒的な団藤説の影響下に英米法制を参照しつつ専ら共犯者の自白の証明力の問題に傾斜していたが、次第に関心が証拠能力の問題に移行していったのである。

## 二　似て非なる日米最高裁

日米最高裁の決定的相違は、その静的態度と動的態度にある。わが国の最高裁は、この問題に関し一九五〇年代のまま静止している、他方、合衆国最高裁は、ウォーレン・コート（一九五三―六九）下のデュー・プロセス革命による権利の章典の州への適用を受けてその意味内容を不断に発展しつつ共犯者の公判外の自白を被告人に不利な証拠として許容するのは第六修正の対面条項に違反すると判示している。しかも合衆国最高裁は、法廷でのコバム伯との直接対面を拒否したため公判外供述（手紙等）で断罪された五〇〇年前のサー・ウォルター・ローリの事件を引用し、このような恥ずべき事件を繰り返してはならない旨強調し続けている。これに対しわが国の最高裁は、松川事件や八海事件での共犯者の自白に依りかかった明白な誤判の教訓を生かすことなく従前どおり共犯者の自白の伝聞例外を肯定しつつその信用性判断を裁判官に委ねている。厚労省元局長が指示したとされる郵便割引不正事件での検察官による証拠改ざん事件を阻止できなかったという背景には「検面調書さえ作れば」という旧態依然たる事実がある。

要するに、日米最高裁は証人対審（面）権という重要かつ普遍的な憲法条項を共有しているにもかかわらず、歴史上の教訓を謙虚かつ真摯に学び取るか否かの点で決定的に異なっている。筆者はむろん、一九五〇年代当時の日本の最高裁判所を批判しているのではない。しかし、そのことは最高裁が今日に至るまで憲法上の観点からの見直しを怠ってきたことの免罪符にはならない。

この点、以下の平場安治氏の指摘は頗る示唆に富む。すなわち

国際的な人権規定の水準をもちながら、わが国の司法実務が国際的に孤立しているのは、新憲法・新刑事訴訟法の施行直後の最高裁判所の態度に根源があるものと思われる。この時期、現在とは逆に、刑事事件の憲法違反の上告は山積した。当時、「適正手続」の原則に対する理解が十分でないなかで、刑事司法・刑事手続の安全を図るため、急速に最高裁判所の判断を示す必要があり、暫定的に憲法判断を次々に示した。それが、今日まで判例として実務を支配しているのである。その立場は、わが国の国民性や陪審制をとらぬ裁判制度の相違などから、必ずしもアメリカと同一の解釈をとる必要はないとして、旧刑事訴訟法との連続性を重んじた日本的司法の確立を狙いとするものであった。英米法と大陸法の融合、両者の長所の結合をいうのであろうが、見方を変えれば、両者の短所を結びつけたものとの批判も成り立つであろう。五〇年の経験を踏まえ、刑事手続に対する内外の批判もあることでもあり、新法施行直後の一連の最高裁判決を腰を据えて再検討すべきときにきているといえよう。

さらに、最初の英米法と大陸法の融合という段階から、それが日本独自の司法として定着する段階になったといえると思うが、それは意図的にそうなったのではなく、裁判所の消極性からそのようになってしまったのである。このようなわが国の刑事訴訟法の現状に対する危機感は、裁判官のなかでさえ生じているのである。たとえ、日本的司法を発展させるにしても、憲法の「適正手続」の精神のもとに刑事司法の立法的改正を考えるべきときであろう。(20)

わが国では今なおアメリカとは異なる日本の文化や日本人の国民性を強調する向きが多い。しかし、いわばその旗振り役でもあった鈴木義男氏は一九九七年の段階になると次のように指摘していた。すなわち「わが国刑事司法の特色を説明するにあたって、前著（『刑事司法と国際交流』）では日本社会ないし日本人の特性という文化的な要素を重視しすぎたことについて、真剣な反省が必要ではないかと考えるようになった。もし、ある国の犯罪現象及びこれに対する反動としての刑事政策が文化という動かし難い要因によって決定されるものとすれば、状況の改善あるいは政策の変更を図ることはほとんど不可能となる。諸国間の差異が国民性に由来するというのであれば、一国で有効であった施策も他国のためには役立たない道理であって、各国が問題解決のためにそれぞれの経験を持ち寄って共通の改善策を探求することも、結局は無駄な努力にすぎないこととなる」(21)と指摘していたのである。

このようにみてくると、厚労省元局長無罪判決を契機にして従来から指摘され続けている検面調書さえ作ればよいという実務の問題点が表面化しかつ国民の関心も高まっているこの機会をむしろ好機と捉えて、最高裁は、アメリカ法とは似て非なるわが国の現在の実務は憲法上の証人審問権の観点から頗る問題のあることを明確に判断すべきでないかと思われる。幸い裁判員裁判の影響もあってか、わが最高裁は以前には見られなかった新しい判例を積極的に打ち出しているのであり、共犯者の自白に関してもそろそろ国際的にも通用する画期的な判断を示して国民の期待にも応えて欲しいと思われるのである。

しかも合衆国最高裁は一九六〇年代以降、第一四修正のデュー・プロセス条項を積極的に活用して各州の刑事司法の改善に努めたため今日のアメリカは世界に誇る人権重視の国家としての地位をほぼ確立するに至っている。そして法廷での反対尋問を経ていない被告人を巻き込む共犯者の公判外の自白に関してはそれを被告人に不利な証拠として許容するのは第六修正の証人対面権および第一四修正のデュー・プロセス条項に違反することを明示するに至っているのである。わが最高裁も「国際的に孤立している」のではなく、このような合衆国最高裁の積極的な態度を前向きに取り入れ従前の「消極性」から脱皮する必要があるのではないか、もはや世界に通用しない極東の島国日本でのいわばガラパゴス的解釈に汲々とするような時代ではないと考えるがいかがなものであろうか。

(17)　Wigmore, §1477, at 358 n. 1.
(18)　詳しくは、小早川義則『デュー・プロセスと合衆国最高裁Ⅳ――自己負罪拒否特権、［付録］セントラルパーク暴行事件』（成文堂、二〇一四年）二五一頁以下。
(19)　小早川義則『ＮＹロースクール断想』（成文堂、二〇〇四年）四二五頁以下。
(20)　平場安治「刑事訴訟法学と現実の刑事手続」季刊刑事弁護第三号（一九九五年）。
(21)　鈴木義男『日本の刑事司法再論』はしがき（成文堂、一九九七年）。

# 終　章

本書は、わが国でも大いに話題となった二〇〇四年のクロフォード合衆国最高裁判決を契機に伝聞法則に関する主要な関連判例をほぼ網羅的に引照しつつ、かねて関心のある共犯者の自白の問題点を筆者なりに総合的に検討したものである。ただ、最高裁判例を中心にアメリカ法を研究・紹介することについては早くから「その連邦最高裁の各判例は、事案としては、それぞれ別個の法域を出自とし、その意味で、各法域ごとの多様な実態をそれぞれに反映するものである。それ故、それらを介して得られる情報を総合して一つの刑事手続像を構築してみても、それは、異別の石片を継ぎ合わせたモザイク画のように、実在のどの法域の刑事手続とも似て非なるものでしかない(1)」と鋭く指摘されていた。確かにその通りだが、アメリカの刑事手続きの全体像を把握するには個々の連邦最高裁判例を「介して得られる情報を総合」する必要性を否定する趣旨ではあるまい。そして現在のアメリカでは第一四修正のデュー・プロセス条項を介して州にも適用される統一的アメリカ法が成立しているのであり、その限りにおいて合衆国最高裁判例を抜きにしてアメリカ法を論ずることはできない。もっとも、それはあくまでも権利の章典にかかわる憲法上の権利に関するものに限定されていることに留意する必要がある。

アメリカ合衆国は実に多様な歴史を有する独立した各州法域から構成される連邦国家ではあるが、権利の章典の各規定に関しては合衆国最高裁の判断がアメリカ全土で画一的に適用されるアメリカ法が成立している。そのため各州法域の雑多な刑事事件についても、権利の章典に関連する限り、合衆国最高裁判例の理解が欠かせない。例えば、クロフォード判決を理解するにはフリードマン論文の理解が前提となり、同論文を理解するにはそれまでの一連の合衆国最高裁関連判例の理解が欠かせないのである。ところがわが国では、残念ながら未だこのような基本的作業が必ずしも十分に行われていない。

フリードマン論文がクロフォード判決に大きな影響を与えたという事実は否定できないにもかかわらず、同論文を精査しないまま原意主義者スカーリアの見解が法廷意見となったなどの指摘がその一例である。筆者はかねて原意主義（originalism）の指摘に疑問を持っていた。権利の章典が成立した一七九一年当時に理解されていた意味内容が二〇〇有余年後の今日においてそのままいわば規範として適用されるというのであれば、憲法は固定化したままで発展性がなくなる。このことはボーデンハマ（Bodenhamer）教授が「公正な裁判（Fair Trial）」(2)で指摘している通りである。スカーリア裁判官が強調したのはそのようなことではなく、とりわけロバツ判決以降の最高裁判例が一七九一年に理解されていた意味から大きく外れて信用性が認められさえすれば伝聞証拠を許容しても証人対面権に違反しないとして両者を同一視する現在の最高裁判例の傾向を危惧して、いわば憲法の復権を強調したにすぎないのではないかと思われたのである。

なお、わが国ではクロフォード判決につきその歴史認識を疑問とする見解がある。しかしクロフォード判決に大きな影響を与えたフリードマン論文の中でイギリス法制史の専門家との共同研究で得た知見が織り込まれている旨の記述がある（本書二〇三頁参照）。そして「証拠の森」で迷子にならないためには光り輝く道しるべ（lodestar）としての合衆国最高裁判例があることを強調しておきたい。

合衆国最高裁判例の分析を中心とした筆者なりの研究の過程で幾度も疑問に思ったのは、アメリカは何といっても判例法国であると言いながら大半の論者はその判例に直接当たることなくアメリカ人の書いた解説を介して判例の内容を把握しているため、その理解にややずれのある見解が多く見られることである。例えば、ミランダ判決の適用外としたわが国でも著名な一九七一年のハリス判決（Harris v. New York, 401 U. S. 222）につきブレナン裁判官の誠に激しい反対意見をそのまま引用してミランダが骨抜き（evisceration）になるかのような紹介がある。これは一例にすぎないが、反対意見の激しさは日本人とは異質のアメリカ人ないし英語表現の特性に由来する一面があるにもかかわらず、それを看過したまま日本語に直訳するとその真意を誤解することにもなりかねないのである。

筆者は一九八〇年のロバツ判決の正面からの変更を成し遂げるにはこれほど徹底的な過去の判例の分析が必要であることを知り重厚なアメリカ判例法の存在を再確認しつつフリードマン論文に大いに啓発された。このことは数年前の大阪刑訴研究会でも強調したが、わが法の解釈運用にも資する伝聞法則と証人対面権をめぐるリリー判決に至る合衆国最高裁判例の展開過程を筆者なりに改めてほぼ網羅的に把握できたのは誠に有益であった。

また当時のGHQ側の係官は大陸法系の刑事手続法について「恐らく殆んど知るところがなかった……そこに現行証拠法のあらゆる問題の根源がある」との横井大三氏の指摘に対しては、GHQ側のリーダーだったアルフレッド・オプラーは大陸法を熟知していたため「日本側との意見交換をスムーズにした部分もあった」との松尾浩也氏の最新の資料に基づいた指摘（本書一七頁）を引用すれば十分だろう。

なお付言するに、筆者は、現行法施行直後の早い時期から「旧刑訴法を懐かしむ熱気」のあることを知り、論者は明治憲法下に法曹となった人たちであり、彼らにとって無縁であった英米法にはどうしてもなじめなかったのがその背景にあるように思われたことがある。いずれにせよ、このような旧刑訴法を懐かしむ熱気は急速に消えて新しい刑事訴訟法が定着した以上、明治憲法とは全く異質の「個人の尊厳」を基調とする新しい日本国憲法の視点から各問題点を再検討する必要があろう。日米両国が共有する憲法上の証人対面権およびデュー・プロセスの視点からの共犯者の自白の問題点の解明は極めて重要であるとはいえ、その一例にすぎない。積み残しの各問題点については今後の検討課題としたい。

（1） ロ―ク・M・リード＝井上正仁＝山室恵『アメリカの刑事手続』はしがき（有斐閣、一九七八年）。同書は「アメリカの五二の法域中テキサス州という一つの法域を選び、さらにその中でも「ダラス市」という地域に焦点を絞ってそこでの刑事手続の実際を描き出そうと試みた」ものであるが、詳細な補足説明があるため三〇年近くを経た現在においても『アメリカの刑事手続』に関する正確な概説書としてきわめて有用である。

（2） 小早川義則『デュー・プロセスと合衆国最高裁Ⅶ』付録二九六頁（成文堂、二〇一六年）。

Lilly v. Virginia, 527 U.S. 116, 119 S.Ct. 1887 (1999)
【21】リリー共犯者公判外自白許容違憲判決 …………………………… 127
Mancusi v. Stubbs, 408 U.S. 204 (1972)
【9】マンクーシ法廷証言原供述者外国永住後許容合憲判決 …………… 78
Maryland v. Craig, 497 U.S. 836 (1990)
【17】クレイグ被害者園児別室証言許容合憲判決 ……………………… 104
Mattox v. United States, 156 U.S. 237 (1895)
【2】マトックス原供述者死亡後法廷証言許容合憲判決 ………………… 52
Ohio v. Roberts, 448 U.S. 56 (1980)
【10】ロバツ予備審問証言反証法廷証言許容合憲判決 ………………… 81
People v. Green, 451 P. 2d 422 (1968)
グリーン判決 ……………………………………………………………… 323
People v. Johnson, 441 P. 2d 111 (1968)
ジョンソン州最高裁判決 ………………………………………………… 320
Pointer v. Texas, 380 U.S. 400 (1965)
【3】ポインター予備審問証言対面条項州適用判決 …………………… 54
Reynolds v. United States, 98 U.S. 145 (1879)
【1】レイノルズ前公判証言許容重婚罪合憲判決 ……………………… 49
State v. Saporen, 285 N.W. 898 (1939)
サポーレン州最高裁判決 ………………………………………………… 317
Sussex Peerage Case, 8 Eng. Dep. 103, [1843-1860] All E.R. 55 (1884)
サセックス公爵位継承事件判決 ………………………………………… 344
United States v. Inadi, 475 U.S. 387 (1986)
【11】イネイディ共謀者供述許容合憲判決 ……………………………… 86
United States v. Owens, 484 U.S. 554 (1988)
【14】オウェンズ記憶喪失前犯人識別供述許容合憲判決 ……………… 97
White v. Illinois, 502 U.S. 346 (1992)
【18】ホワイト被害者女児伝聞供述許容合憲判決 ……………………… 108
Williamson v. United States, 512 U.S. 594 (1994)
【19】ウィリアムソン不利益供述伝聞例外否定判決 …………………… 115

# Table of Cases

Barber v. Page, 390 U.S. 719 (1968)
【5】バーバ他州連邦刑務所収容共犯者予備審問証言許容違憲判決 …… 58
Bourjailey v. United States, 483 U.S. 171 (1987)
【13】ブルージェイリー共謀者伝聞供述許容合憲判決 …… 95
Bridges v. Wixon, 926 U.S. 135 (1945)
ブリッジズ判決 …… 318
Bruton v. United States, 391 U.S. 123 (1968)
【6】ブルートン共犯者公判外自白限定説示許容違憲判決 …… 61
California v. Green, 397 U.S. 149 (1970)
【7】グリーン予備審問不一致供述実質証拠許容合憲判決 …… 66
Coy v. Iowa, 487 U.S. 1012 (1988)
【15】コイ被害者遮断別室法廷証言許容違憲判決 …… 100
Crawford v. Washington, 541 U.S. 36 (2004)
クロフォード判決 …… 230
Douglas v. Alabama, 380 U.S. 415 (1965)
【4】ダグラス共犯者証言拒否後自白調書朗読違憲判決 …… 56
Dutton v. Evans, 400 U.S. 74 (1970)
【8】ダットン共謀者伝聞供述許容合憲判決 …… 74
Gray v. Maryland, 523 U.S. 185, 118 S.Ct. 1151 (1998)
【20】グレイ共犯者公判外自白限定説示許容違憲判決 …… 120
Idaho v. Wright, 497 U.S. 805 (1990)
【16】ライト性犯罪被害者供述伝聞例外肯定違憲判決 …… 102
Krulewitch v. United States, 336 U.S. 440 (1949)
最高裁クルールウィッチ判決 …… 290
Lee v. Illinois, 476 U.S. 530 (1986)
【12】リー共犯者公判外自白許容違憲判決 …… 89

Confessions of an Accomplice and the Confrontation Clause
by Yoshinori Kobayakawa

**著者略歴**
小早川義則（こばやかわ　よしのり）
1939年　大阪市に生まれる
大阪外国語大学イスパニア語学科卒業後、大阪市立大学法学部を経て、同大学院博士課程退学。その後、名城大学法学部教授、ニューヨーク・ロースクール客員研究員、桃山学院大学法学部教授、名城大学大学院法務研究科教授を歴任。
現　在　名城大学名誉教授

**主要著書**
共犯者の自白（1990年）、ミランダと被疑者取調べ（1995年）、NYロースクール断想（2004年）、デュー・プロセスと合衆国最高裁Ⅰ―残虐で異常な刑罰、公平な陪審裁判（2006年）、共謀罪とコンスピラシー（2008年）、毒樹の果実論（2010年）、裁判員裁判と死刑判決（2011年）、デュー・プロセスと合衆国最高裁Ⅱ―証人対面権、強制的証人喚問権（2012年10月）、裁判員裁判と死刑判決［増補版］（2012年12月）、デュー・プロセスと合衆国最高裁Ⅲ―弁護人依頼権、スーパー・デュー・プロセス（2013年）、デュー・プロセスと合衆国最高裁Ⅳ―自己負罪拒否特権、(付)セントラルパーク暴行事件（2014年）、デュー・プロセスと合衆国最高裁Ⅴ―二重の危険、証拠開示（2015年）、デュー・プロセスと合衆国最高裁Ⅵ―刑事免責、実体的デュー・プロセス（2015年）デュー・プロセスと合衆国最高裁Ⅶ（完）―奴隷制度、言論・出版等の自由（2016年）以上、成文堂

共犯者の自白と証人対面権
――証拠法研究第三巻――

2016年８月15日　初版第１刷発行

著　者　小早川　義　則
発行者　阿　部　成　一

〒162-0041　東京都新宿区早稲田鶴巻町514番地
発行所　株式会社　成　文　堂
電話　03(3203)9201(代)　Fax　03(3203)9206
http://www.seibundoh.co.jp

製版・印刷　シナノ印刷　　製本　弘伸製本　　検印省略

ISBN978-4-7923-5186-1　C3032

定価（本体8,000円＋税）